Frank Decker

Regieren im „Parteienbundesstaat"

Frank Decker

Regieren im „Parteienbundesstaat"

Zur Architektur
der deutschen Politik

VS VERLAG

Bibliografische Information der Deutschen Nationalbibliothek
Die Deutsche Nationalbibliothek verzeichnet diese Publikation in der
Deutschen Nationalbibliografie; detaillierte bibliografische Daten sind im Internet über
<http://dnb.d-nb.de> abrufbar.

1. Auflage 2011

Alle Rechte vorbehalten
© VS Verlag für Sozialwissenschaften | Springer Fachmedien Wiesbaden GmbH 2011

Lektorat: Frank Schindler

VS Verlag für Sozialwissenschaften ist eine Marke von Springer Fachmedien.
Springer Fachmedien ist Teil der Fachverlagsgruppe Springer Science+Business Media.
www.vs-verlag.de

Umschlaggestaltung: KünkelLopka Medienentwicklung, Heidelberg
Gedruckt auf säurefreiem und chlorfrei gebleichtem Papier
Printed in Germany

ISBN 978-3-531-17681-9

Inhalt

Verzeichnis der Abbildungen

Vorwort / Einleitung

Die in diesem Band versammelten Studien zur „Architektur der deutschen Politik" stellen die vorläufige Quersumme meiner Beschäftigung mit dem Regierungssystem der Bundesrepublik dar. Sie gehen auf Arbeiten zurück, die im Laufe der letzten zehn Jahre entstanden sind. Einige Beiträge, die an anderer Stelle bereits publiziert wurden, werden hier in erweiterter und aktualisierter Form nochmals vorgelegt. Die restlichen sind neu geschrieben bzw. dort, wo sie noch zur Veröffentlichung anstehen, so verfasst worden, dass sie die fehlenden Lücken des Bandes schließen. Dieser bewegt sich insofern in der Mitte zwischen einer „bloßen" Aufsatzsammlung und einer geschlossenen monografischen Abhandlung. Einerseits handelt es sich um vertiefende Darstellungen bestimmter Bereiche des bundesdeutschen Institutionensystems, die für sich stehen und deshalb auch unabhängig voneinander gelesen werden können. Andererseits bilden die Studien ein zusammenhängendes Ganzes, dessen roter Faden die Frage bildet, wie das Zusammenwirken von mehrheits- und konsensdemokratischen Merkmalen den Regierungsprozess in der Bundesrepublik beeinflusst. Angezeigt wird dieser Zusammenhang durch den titelgebenden Begriff des „Parteienbundesstaates".

Angesichts der zahlreichen gut brauchbaren Einführungen in das bundesdeutsche Regierungssystem, die es heute auf dem Markt gibt, erschien es dem Verfasser weder sinnvoll, dem ein weiteres Lehrbuch hinzuzufügen, noch hat er eine Gesamt- oder Überblicksdarstellung intendiert.[1] Ersteres bedeutet, dass bei der Lektüre gewisse Grundkenntnisse der deutschen Innenpolitik vorausgesetzt werden – sie wären zumindest nicht schädlich. Letzteres führt dazu, dass nicht alle relevanten Institutionen Berücksichtigung finden. Ausgespart bleiben z.B. die Ministerialverwaltung oder das Verfassungsgericht, weil diese nicht unmittelbar in den politischen Wettbewerb eingebunden sind und somit keine „Vetospieler" im engeren Sinne darstellen. Dasselbe gilt für die Europäisierung der Entschei-

---

[1] Die besten Überblicksdarstellungen mit einführendem Charakter stammen von Schmidt (2007) und Rudzio (2006). Als wissenschaftliches Standardwerk gilt weiterhin Hesse / Ellwein (2010). Von den älteren deutschsprachigen Einführungen seien Jesse (1997), von Beyme (2004) und Sontheimer / Bleek / Gawrich (2007) empfohlen, von den ausländischen Darstellungen Katzenstein (1987) und Conradt (2005).

dungsprozesse, die den Charakter des nationalen Regierungssystems nachhaltig verändert (Sturm / Pehle 2005).

In anderer Hinsicht möchte das Buch über vorhandene Darstellungen des deutschen Regierungssystems ausdrücklich hinausgehen. *Erstens* verfolgt es einen vergleichenden Ansatz, um die spezifischen Eigenarten der bundesdeutschen Politik besser herausarbeiten zu können. Dies schließt auch den Rückgriff auf historische Erklärungsmuster mit ein, die sich am Theorem der „Pfadabhängigkeit" orientieren.[2] Der Eröffnungsbeitrag, der das deutsche Regierungssystem typologisch einzuordnen versucht, hat von daher programmatischen Charakter. Und *zweitens* verstehen sich die Studien als problem- und reformorientiert. In den Mittelpunkt rückt stets die Frage nach dem „fit" oder „misfit", das sich aus dem Zusammenspiel der Institutionen mit anderen Organen und Akteuren sowie den im Wandel begriffenen äußeren Anforderungen an das Regieren ergibt. Wo es ihm angebracht erschien, hat der Verfasser sich nicht gescheut, Reformüberlegungen anzustellen und konkrete Verbesserungsvorschläge zu machen.

Die Aktualität der Ereignisse hat den ursprünglich für das Frühjahr geplanten Abschluss des Manuskripts verzögert. Bis das politische Ergebnis der Landtagswahl in Nordrhein-Westfalen feststand und in die verschiedenen Beiträge eingearbeitet werden konnte, sollten fast zwei Monate vergehen – sie stehen symptomatisch für die im deutschen Parteien- und Regierungssystem in den letzten Jahren eingetretenen Veränderungen. Dass es nötig werden könnte, auch das abschließende Kapitel über das Staatsoberhaupt umzuschreiben, nachdem mit Horst Köhler zum ersten Mal in der Geschichte der Bundesrepublik ein Bundespräsident von seinem Amt zurückgetreten ist, war dagegen beim besten Willen nicht vorauszuahnen. Der Verfasser hat auf eine Aktualisierung verzichtet, weil er glaubt, dass seine aus Anlass der Bundesversammlung 2009 formulierten Überlegungen durch die Umstände der Wahl von Christian Wulff nicht widerlegt worden sind. Deren Analyse erfolgt deshalb an anderer Stelle (Decker 2010).

Am Schluss bleibt die angenehme Pflicht Dank abzustatten: den Mitarbeitern an der Professur – Volker Best, Sandra Fischer, Marcus Höreth, Marcel Lewandowsky, Marcel Solar, Jared Sonnicksen und Stefan Thierse – für viele konstruktive Gespräche, die meine Gedanken beeinflusst haben, den studentischen Helfern Sandra Elgaß, Michael Fischer, Anna Schmitz-Temming und Hari Har Wolfer sowie Frau Gabriele von Hagen für die ausgezeichnet erledigten

---

[2] Dasselbe Credo verfolgt die ausgezeichnete Studie von Helms (2007). Eine systematische Darstellung des politischen Systems der Bundesrepublik „im Kontext" wurde zuerst von Hartmann (2004) vorgelegt.

Recherche- und Schreibarbeiten und – last but not least – Frank Schindler vom VS Verlag dafür, dass er auch dieser Buchidee etwas abgewinnen konnte. Der Hinweis erübrigt sich, dass alle verbliebenen Fehler auf die Kappe des Verfassers gehen. Er sei hier mit der Bitte an die Leser verbunden, ihm solche Fehler zu melden, damit sie bei einer eventuell fällig werdenden Neufassung korrigiert werden können.

Bonn, im August 2010 Frank Decker

Literatur

Beyme, Klaus von (2004), Das politische System der Bundesrepublik Deutschland. Eine Einführung, 10. Aufl., Wiesbaden.
Conradt, David P. (2005), The German Polity, 8. Aufl., New York u.a.
Decker, Frank (2010), Das Präsidentenamt in der Parteiendemokratie. Eine Nachlese zum Grundsätzlichen aus politikwissenschaftlicher Sicht, in: MUT. Forum für Kultur, Politik und Geschichte Nr. 515 (September), S. 36-43.
Hartmann, Jürgen (2004), Das politische System der Bundesrepublik Deutschland im Kontext, Wiesbaden.
Helms, Ludger (2007), Die Institutionalisierung der liberalen Demokratie. Deutschland im internationalen Vergleich, Frankfurt a.M. / New York.
Hesse, Joachim Jens / Thomas Ellwein (2010), Das Regierungssystem der Bundesrepublik Deutschland, 10. Aufl., Baden-Baden.
Jesse, Eckhard (1997), Die Demokratie der Bundesrepublik Deutschland, 8. Aufl., Baden-Baden.
Katzenstein, Peter J. (1987), Polity and Politics in West Germany. The Growth of a Semisovereign State, Philadelphia.
Rudzio, Wolfgang (2006), Das politische System der Bundesrepublik Deutschland, 7. Aufl., Wiesbaden.
Schmidt, Manfred G. (2007), Das politische System Deutschlands. Institutionen, Willensbildung und Politikfelder, München.
Sontheimer, Kurt / Wilhelm Bleek / Andrea Gawrich (2007), Grundzüge des politischen Systems Deutschlands, München / Zürich.
Sturm, Roland / Heinrich Pehle (2005), Das neue deutsche Regierungssystem. Die Europäisierung von Institutionen, Entscheidungsprozessen und Politikfeldern in der Bundesrepublik Deutschland, 2. Aufl., Wiesbaden.

I. Zwischen Mehrheits- und Konsensdemokratie: Der deutsche „Parteienbundesstaat" in der Typologie der Regierungssysteme

1. Mehrheits- versus Konsensdemokratie: Die Typologie von Arend Lijphart

Ausgangspunkt und Hauptgegenstand der vergleichenden Betrachtung von Regierungssystemen sind deren institutionelle Grundlagen. Sie umfassen unter anderem die Staatsform, die Organisation des Verhältnisses von Regierung und Parlament, die Verfassungsgerichtsbarkeit, die territoriale Herrschaftsorganisation, das Wahlsystem, die Strukturen des Parteiensystems und der Interessenvermittlung sowie die Einrichtungen der direkten Demokratie. Die institutionellen Merkmale in ihren verschiedenen Ausprägungen darzustellen und unter Rückgriff auf konkrete Länderbeispiele vergleichend zu analysieren, gestaltet sich in vielerlei Hinsicht schwierig. Nicht nur, dass diese Merkmale schon für sich betrachtet von Land zu Land unterschiedlich ausfallen und „funktionieren" – sie stehen auch untereinander in Wechselbeziehung und wirken dabei mehr oder weniger harmonisch zusammen. Ziel des Vergleichs muss es folglich sein, die Merkmale in ihrer Gesamtheit und jeweiligen institutionellen Verknüpfung so darzustellen, dass nicht nur die typischen Ausprägungen der Einzelelemente, sondern auch die typischen Merkmalsverbindungen herausgefunden werden können. Der Begriff Typus steht in diesem Zusammenhang für eine systematische Zuordnung verschiedener Eigenschaften, die mindestens von einem, in der Regel aber von mehreren Ländern erfüllt werden (Kluge 1999). Im Kern geht es also um die Gewinnung einer Klassifikation demokratischer Regierungssysteme durch Zusammenfassung derjenigen Objekte zu Typen, die einander im Hinblick auf bestimmte Merkmale ähnlich sind. So können z.B. mit Blick auf die Organisation des Verhältnisses von Parlament und Regierung die parlamentarische und präsidentielle Regierungsform oder hinsichtlich der territorialen Herrschaftsorganisation die föderalen und einheitsstaatlichen Systeme voneinander unterschieden werden. Innerhalb dieser Grundtypen ist wiederum die Bildung von spezifizierenden Untertypen möglich (rein parlamentarische versus semi-präsidentielle Systeme, Dual- versus Verbundföderalismus etc.).

Komplizierter wird die Bildung einer Typologie, wenn man über die einzelnen Elemente hinaus nach charakteristischen Merkmalskombinationen fragt. Hierzu gibt es eine umfangreiche politikwissenschaftliche Literatur, die an dieser Stelle nicht ansatzweise ausgebreitet werden kann. Dies ist auch verzichtbar, weil die Beiträge in der heutigen Typologiedebatte fast ausnahmslos um einen einzelnen Vorschlag kreisen, den der niederländische Politikwissenschaftler Arend Lijphart (1999) entwickelt hat: die Unterscheidung von Mehrheits- und Konsenssystemen. So wie die gesamte politische Ideengeschichte einem geflügelten Wort zufolge eine Fußnote zu Platon darstellt, so könnte man die Typologiedebatte demokratischer Systeme zugespitzt als Fußnote zu Lijphart bezeichnen!

Lijphart fasst die verschiedenen institutionellen Merkmale politischer Systeme und deren je spezifische Ausprägungen in einzelnen Ländern zu zwei dominanten Typen zusammen. Übergreifendes Unterscheidungskriterium ist das vorherrschende Konfliktregelungsmuster, also die Logik, nach der gesamtgesellschaftlich verbindliche Entscheidungen im Regierungssystem zustande kommen. Soll die Konfliktregelung demokratischen Kriterien genügen, kann sie nach Lijphart entweder mittels Wettbewerb und Mehrheitsentscheid herbeigeführt werden, oder sie erfolgt durch gütliches Einvernehmen und Aushandeln, im besten Falle auf der Grundlage von Einstimmigkeit.

Mehrheits- und Konsensprinzip geben unterschiedliche Antworten auf das demokratische Dilemma, das sich aus den in der Lincoln-Definition formulierten Ansprüchen des „government by the people and for the people" ergibt. Einerseits muss geklärt werden, wer entscheiden, also regieren soll, andererseits stellt sich die Frage, wessen Meinung die Regierung vertreten soll, wenn darüber innerhalb der Gesellschaft keine Einigkeit besteht und die Einzelnen unterschiedliche Interessen verfolgen. Das Mehrheitsprinzip gibt auf diese Frage eine klare Antwort: Entscheiden und in seinen Interessen bevorzugt berücksichtigt werden soll die Mehrheit, da dies gerechter (fairer) sei und dem demokratischen Ideal besser entspreche als eine Entscheidung durch die Minderheit. Die Befürworter des Konsensprinzips würden die Frage anders beantworten: So viele Menschen wie möglich sollen entscheiden und ihren Interessen Rechnung getragen werden. Das Mehrheitsprinzip wird gemäß dieser Sichtweise nicht verworfen, aber als unzureichend betrachtet. Angestrebt werden Entscheidungen, die – über eine einfache Mehrheit hinaus – von möglichst breiter Zustimmung getragen sind.

Konzentriert das mehrheitsdemokratische Modell die Macht in den Händen der Mehrheit, so setzt das Konsensmodell auf Teilung und Begrenzung der Macht. Das Mehrheitsmodell ist seinem Wesen nach ausgrenzend, auf Wettbewerb angelegt und gegnerschaftlich, das Konsensmodell einbeziehend und auf

Ausgleich bedacht. Anstelle der wettbewerblichen Entscheidung tritt hier die Kompromisssuche durch geduldiges und zähes Verhandeln, weshalb das Konsensmodell in der Literatur auch gelegentlich als Verhandlungsdemokratie bezeichnet wird.

Das mehrheitsdemokratische Modell sieht Lijphart in annähernder Reinform in Großbritannien verwirklicht. Aus diesem Grund – und nicht nur, weil es das parlamentarische Regierungssystem mit der längsten Tradition darstellt – hat es weltweite Bewunderung auf sich gezogen. Das britische Regierungssystem wurde von zahlreichen Commonwealth-Ländern übernommen, wobei Neuseeland dem Original bis heute am nächsten kommt. In der Literatur wird es daher häufig als „Westminster-Modell" apostrophiert (Wilson 1994).

Für die Konsensdemokratie drängt sich demgegenüber kein bestimmtes Land oder System als Referenzfall auf, der für das Modell als solches Pate stehen könnte. Die von Lijphart genannten Beispiele – Schweiz, Belgien und Europäische Union – haben mindestens so viele Unterschiede wie Gemeinsamkeiten. Die reinen Konsensdemokratien weisen somit empirisch eine wesentlich höhere Variationsbreite auf als die reinen Mehrheitsdemokratien.

Welche institutionellen Elemente sind es nun, die das mehrheits- und konsensdemokratische Modell jeweils charakterisieren? Lijphart kommt auf insgesamt zehn Unterscheidungskriterien:

(1) Macht der Exekutive. Diese konzentriert sich im Westminster-Modell in der Regel auf eine einzelne Partei, die die Regierung stellt, während im Konsensmodell Koalitionsregierungen üblich sind. Die weitestgehende Form der exekutiven Machtteilung innerhalb der Konsensdemokratie stellen Große Koalitionen dar (bis hin zum Extremfall einer Proporz- oder Allparteienregierung, wie sie in Österreich auf der Länderebene und in der Schweiz gegeben ist).

(2) Machtverhältnis von Exekutive und Legislative. Im parlamentarischen Regierungssystem Großbritanniens wird das Parlament von der Regierung (dem Kabinett) klar dominiert. Das Konsensmodell ist demgegenüber durch ein annäherndes Machtgleichgewicht zwischen Legislative und Exekutive charakterisiert. In der Schweiz und in der Europäischen Union gewinnt das Parlament eine relative Unabhängigkeit dadurch, dass es die Regierung nicht im Amt halten muss (aufgrund des fehlenden parlamentarischen Abberufungsrechts). In Belgien profitiert es von den instabilen, häufig wechselnden Regierungen, die ein typisches Kennzeichen von Mehrparteienkoalitionen sind.

(3) Parteiensystem. Mehrheitsdemokratien halten typischerweise ein Zweiparteiensystem vor und realisieren das Prinzip der alternierenden Regierung.

Zweiparteiensysteme sind charakteristisch für Gesellschaften mit einer relativ homogenen Konfliktstruktur. In solchen Gesellschaften gibt es in der Regel nur eine dominante Konfliktlinie oder -dimension, die parteienbildend wirkt und die politische Landschaft strukturiert. So speist sich der Gegensatz zwischen Labour und den Konservativen in Großbritannien bis heute aus der sozialökonomischen Auseinandersetzung (Arbeit versus Kapital). Konsensdemokratien weisen im Gegensatz dazu eine heterogene, mehrdimensionale Konfliktstruktur auf. Über die sozialökonomischen Spaltungen hinaus treten hier auch konfessionelle, ethnisch-sprachliche oder sonstige regionale Spaltungen auf, die sich in einer entsprechend vielgestaltigeren Parteienlandschaft niederschlagen. Typisch für Konsensdemokratien sind also Mehr- oder Vielparteiensysteme.

(4) *Wahlrecht.* Dieser Punkt steht mit den Parteiensystemen in engem Zusammenhang. So geht die britische Zweiparteienstruktur mit einem Mehrheitswahlsystem einher, während in den kontinentaleuropäischen Mehrparteiensystemen das Verhältniswahlrecht überwiegt. Anders als von der älteren, rein institutionalistisch argumentierenden Politikwissenschaft vermutet, wird die Parteiensystemstruktur aber nicht durch das Wahlsystem determiniert. Der Zusammenhang ist eher umgekehrt: Politische Systeme suchen sich das Wahlrecht, das zu ihren gesellschaftlichen Grundlagen passt. In kulturell segmentierten Gesellschaften, die durch das Vorhandensein struktureller Minderheiten gekennzeichnet sind, könnte ein mehrheitsbildendes Wahlrecht leicht zu einer „Tyrannei der Mehrheit" führen und damit politisch desintegrierend wirken.

(5) *Interessengruppen.* Kennzeichnend für Mehrheitsdemokratien ist ein pluralistisches System der Interessenvermittlung, bei dem die Interessengruppen ihre Forderungen von außen an den Staat herantragen (*pressure politics*). Konsensdemokratien tendieren demgegenüber dazu, die Interessen in den Entscheidungsprozessen schon vorab zu berücksichtigen, indem sie die Interessengruppen in diese Prozesse institutionell einbeziehen („inkorporieren"). Um den Unterschied zwischen pluralistischer und korporatistischer Interessenvermittlung zu kennzeichnen, spricht man in der Literatur gelegentlich auch von *outside* und *inside lobbying.*

(6) *Territoriale Herrschaftsorganisation.* Mehrheitsdemokratien zeichnen sich laut Lijphart durch die Abwesenheit von Gewaltenteilung auch in vertikaler Hinsicht aus, gehen also mit einem unitarischen (zentralisierten) Einheitsstaat einher. Konsensdemokratien sind demgegenüber häufig föderalistisch organisiert. Dies gilt vor allem dann, wenn es sich um multinationale oder -sprachliche Staaten bzw. Gesellschaften handelt. Beispiele sind Belgien und die Schweiz.

(7) Verhältnis der beiden legislativen Kammern. In Mehrheitsdemokratien verfügt die erste Kammer des Parlaments über eine so starke Hegemonie, dass man von einer faktisch unikameralen Legislative sprechen muss. In Konsensdemokratien besitzt die Zweite Kammer demgegenüber weitgehende Mitwirkungsrechte, die bis zur völligen gesetzgeberischen Gleichstellung mit der ersten Kammer reichen können (so etwa in der Schweiz). In der Regel handelt es sich dabei um föderal konstituierte Kammern.

(8) Verfassungsstaatlichkeit. Das Westminster-Modell Großbritanniens kennt keine geschriebene Verfassung. Das britische Regierungssystem weist daher ein äußerst hohes Maß an konstitutioneller Flexibilität auf, die im Begriff der „Parlamentssouveränität" Ausdruck findet. Jedes Gesetz, das die ungeschriebene Verfassung ergänzt oder verändert, kann in Großbritannien mit einfacher Mehrheit beschlossen werden. In den Konsensdemokratien müssen demgegenüber hohe Hürden überwunden werden, will man die (geschriebene) Verfassung verändern. Qualifizierte und / oder doppelte Mehrheiten tragen hier dem Gedanken des Minderheitenschutzes Rechnung.

(9) Verfassungsgerichtliche Normenkontrolle. Wo es keine geschriebene Verfassung gibt, kann es auch keine Instanz geben, die das einfachgesetzliche Recht auf seine Vereinbarkeit mit dem höheren Verfassungsrecht hin überprüft: Die Institution der (verfassungsgerichtlichen) Normenkontrolle ist dem Wesen der Mehrheitsdemokratie fremd. Im Konsenssystem, wo die verfassungsstaatlichen Begrenzungen weitaus rigider sind, liegt es nahe, dem Verfassungsgericht eine solche Funktion zuzubilligen. Die von Lijphart als Beispiele für Konsensdemokratien genannten Länder Schweiz und Belgien erfüllen diese Bedingung allerdings nur eingeschränkt.

(10) Zentralbank. Eine Notenbank, die bei der Gestaltung ihrer Geldpolitik autonom, das heißt von der Regierung unabhängig ist, verträgt sich mit den mehrheitsdemokratischen Prinzipien des Westminster-Modells nur schwer. Aus diesem Grund hat es lange – bis 1997 – gedauert, dass sich die funktionellen Argumente für eine unabhängige Zentralbank auch in Großbritannien durchgesetzt und zu einer entsprechenden Gesetzesreform geführt haben. In Konsensdemokratien sind unabhängige Zentralbanken demgegenüber die Regel und besitzen eine sehr viel längere politische Tradition.

Lijpharts dichotomische Unterscheidung der Demokratietypen hat in der Forschung eine intensive und zugleich kritische Rezeption erfahren, die bis heute fortdauert. Unter den gegen das Konzept vorgebrachten Einwänden stechen insbesondere drei hervor:

Erstens wendet Lijphart zur Bestimmung der beiden Grundtypen ein rein additives Verfahren an, das heißt: Er zählt die einzelnen Systemelemente nur auf, ohne sie nach ihrer Bedeutung zu gewichten. Dies kann aber bei der empirischen Anwendung zu Missverständnissen führen. Ein Beispiel sind die USA. Diese erfüllen in immerhin vier von zehn Merkmalen die Kriterien einer Mehrheitsdemokratie, was den Blick auf den tatsächlichen Konsenscharakter der amerikanischen Politik jedoch verstellt. Dieser wird vor allem durch die Beziehungen zwischen Legislative und Exekutive bestimmt, die die Logik des gesamten Regierungssystems in den USA prägen (einschließlich seiner mehrheitsdemokratischen Elemente). Ihre Bedeutung reicht daher über diejenige der anderen Systemmerkmale weit hinaus (Kaiser 1998: 531).

Zweitens erweckt Lijpharts Typologie den Eindruck, dass die den beiden Typen jeweils zugeordneten Systemmerkmale harmonieren, das heißt in einem komplementären und widerspruchsfreien Verhältnis zueinander stehen. Tatsächlich handelt es sich jedoch um eigenständige Dimensionen, die sich in ihrer Funktionsweise auch negativ beeinflussen können. Ein Beispiel ist der Korporatismus. Dieser „funktioniert" nur, wenn die Regierung in ihren Verhandlungen mit den Interessenverbänden autonom ist und für die Durchsetzung der gefassten Beschlüsse garantieren kann. Korporatistische Arrangements der Interessenvermittlung vertragen sich insofern schlecht mit einer starken Verfassungsgerichtsbarkeit, einer mitregierenden Zweiten Kammer oder anderen Vorkehrungen des Minderheitenschutzes, die dem Handlungsspielraum der Zentralregierung konstitutionelle Grenzen auferlegen. Am besten gedeihen sie in unitarischen Staaten mit einer homogenen sozialen Konfliktstruktur – beides Merkmale, die Lijphart dem mehrheitsdemokratischen Modell zuordnet (Czada 2000: 28).

Drittens bleiben manche Systemeigenschaften bei Lijphart ganz außen vor – etwa die Institutionen der direkten Demokratie –, während andere falsch oder einseitig zugeordnet werden. Letzteres gilt z.B. für den Föderalismus. Entgegen der Annahme Lijpharts muss dieser nicht zwangsläufig zu einer Verstärkung der Konsenslogik des politischen Systems führen. Dies ist nur dort der Fall, wo die Gliedstaaten über die Zweite Kammer unmittelbaren Einfluss auf die Politik des Gesamtstaates nehmen – wie etwa in der Bundesrepublik. Die legislative Vetomacht des Bundesrates wird zum Problem, wenn die Regierungsparteien dort über keine Mehrheit verfügen, weil sie dann von der politischen Konkurrenz in den Ländern zu handfesten Zugeständnissen gezwungen werden können. In den föderalen Systemen der USA oder Australiens wäre eine solche Konstellation nicht denkbar. Die mehrheitsdemokratischen Arrangements koexistieren hier auf beiden Regierungsebenen, ohne sich gegenseitig in die Quere zu kommen. Sind die gesamt- und gliedstaatliche Ebene institutionell getrennt, lassen sie sich mit dem mehrheitsdemokratischen Modell also durchaus vereinbaren (Kaiser 1998: 531).

Selbstverständlich hat Lijphart sich nicht damit begnügt, die Demokratiekriterien theoretisch zu konzeptualisieren, sondern sie auch empirisch zu überprüfen versucht. Die Grundunterscheidung von Mehrheits- und Konsensdemokratie hat sich dabei als tragfähig erwiesen. Allerdings förderte die von Lijphart durchgeführte Faktoranalyse zutage, dass nicht alle zehn Merkmale des jeweiligen Typus zusammenhängend auftreten; vielmehr bilden sie zwei voneinander unabhängige Cluster. Lijphart zog daraus den Schluss, dass man zwei Dimensionen der Mehrheits- und Konsensdemokratie unterscheiden müsse: die Exekutive-Parteien-Dimension, die durch den Grad der Machtfusion auf der eigentlichen Regierungsebene gekennzeichnet sei, und die föderal-einheitsstaatliche Dimension, die gleichbedeutend sei mit einer durch verfassungsrechtliche Vorkehrungen herbeigeführten Gewaltenteilung. Die erste Dimension wird durch die Merkmale 1 bis 5 der Typologie, die zweite Dimension durch die Merkmale 6 bis 10 erfasst. Daraus ergibt sich ein vierteiliges Kategorienschema bestehend aus 1. der (reinen) Mehrheitsdemokratie, 2. der (föderalen) Mehrheitsdemokratie, 3. der (reinen) Konsensdemokratie und 4. der (föderalen) Konsensdemokratie.

Abb. I.1   Die zweidimensionale „Landkarte" der Demokratietypen nach Lijphart (1999: 248)

		Dimension II (Exekutive-Parteien)	
		Machtdiffusion	Machtkonzentration
Dimension I (föderal-unitarisch)	unitarisch	(reine) Konsensdemokratie *Skandinavien*	(reine) Mehrheitsdemokratie *Neuseeland* *Großbritannien* *Frankreich* *Griechenland*
	föderal	föderale Konsensdemokratie *Deutschland* *Schweiz*	föderale Mehrheitsdemokratie *Australien* *Kanada* *USA*

Mit der zweidimensionalen Konzeptualisierung wird ein Teil der oben aufgeführten Einwände gegen das Ausgangsmodell berücksichtigt. Dies gilt insbesondere für den letzten Kritikpunkt, der die Zuordnung der föderalen Arrangements
zum mehrheits- oder konsensdemokratischen Typus betrifft. Dennoch kann auch
das vierteilige Schema nicht restlos befriedigen. Einerseits bleibt es hinter der
Vielfalt der theoretisch vorstellbaren und empirisch vorgefundenen Merkmalskombinationen zurück. Andererseits nimmt Lijphart keine theoretische Bestimmung der empirisch festgestellten Cluster vor, was insbesondere mit Blick auf
das Föderalismuskriterium misslich ist. Denn hierunter werden von ihm auch
anderweitige konstitutionelle Begrenzungen subsumiert, die mit der territorialen
Herrschaftsorganisation unmittelbar gar nichts zu tun haben.

Die theoretischen Schwächen der dichotomischen Unterscheidung führen zu
Fehlern bei der empirischen Zuordnung. So fällt z.B. auf, dass Lijphart die Bundesrepublik auf der Exekutive-Parteien-Dimension im Feld der Konsensdemokratie verortet, was dem *conventional wisdom* der Regierungslehre widerspricht. Legt
man die Merkmale 1, 3 und 4 des Lijphart'schen Katalogs zugrunde – Konzentration der exekutiven Macht (Einparteienregierung) versus exekutive Machtteilung
(Koalitionsregierung), Zweiparteiensystem versus Mehrparteiensystem und
Mehrheitswahlrecht versus Verhältniswahlrecht – scheint Deutschland in der Tat
die typischen Merkmale einer Konsensdemokratie zu erfüllen. Dies gilt jedoch,
wie man bei genauerem Hinsehen rasch feststellt, nur in formeller Hinsicht. Auf
einem Kontinuum müsste das deutsche Regierungssystem eher in der Nähe des
mehrheitsdemokratischen Pols angesiedelt werden. Die Wirklichkeit eines stark
gegnerschaftlichen Parteienwettbewerbs wird in seinem Fall durch die Lijphart'schen Kriterien (und deren Operationalisierung) also mehr verdeckt als
erhellt. Ablesbar ist sie an den Regierungskonstellationen, den vorherrschenden
Koalitionstypen sowie an der Art und Häufigkeit der durch Wählerhand herbeigeführten Machtwechsel.

2. Institutionelle Spielarten der Konsensdemokratie: Der Typologisierungsvorschlag von Roland Czada

Der Verlegenheit, die unterschiedlichen Systemmerkmale der einen oder anderen
Dimension zuordnen zu müssen, lässt sich entrinnen, wenn man das ehrgeizige
Unterfangen einer dichotomischen Abgrenzung aufgibt, wie sie Lijphart mit
seiner Grundunterscheidung von Mehrheits- und Konsensdemokratie vornimmt.
Der deutsche Politikwissenschaftler Roland Czada hat einen Vorschlag entwi-

ckelt, der genau dies versucht und damit der Kritik an der Lijphart'schen Typologie Rechnung trägt. Bei der Typenbildung geht Czada methodisch etwas anders vor als dieser, indem er die Systemmerkmale in ihren jeweiligen Ausprägungen nicht dichotomisch gegenüberstellt, sondern das Westminster-Modell parlamentarischer Mehrheitsherrschaft als Referenzfall und idealtypischen Ausgangspunkt betrachtet, von dem aus die realen Abweichungen der Konsensdemokratie typologisch sichtbar gemacht werden sollen. So stellt er von vornherein klar, dass es sich bei allen demokratischen Verfassungsstaaten um Mischformen zwischen Mehrheits- und Konsensdemokratien handelt, die sich lediglich in den Zutaten sowie im Mischungsverhältnis voneinander unterscheiden.

Czada zieht den Begriff der Verhandlungsdemokratie dem der Konsensdemokratie vor. Beides meint für ihn aber dasselbe, nämlich ein politisches System, „in dem wesentliche Entscheidungen nicht mit Stimmenmehrheit, sondern auf dem Wege von Aushandlungsprozessen getroffen werden" (2000: 23). Die von Lijphart lediglich aneinander gereihten Merkmale fasst Czada zu drei Dimensionen zusammen, die verschiedene Ausprägungen der Konsensdemokratie benennen. Czada bezeichnet sie als Konkordanz, Korporatismus und konstitutionelle Politikverflechtung.

Unter *Konkordanz* werden im Anschluss an Gerhard Lehmbruch solche politischen Systeme verstanden, die zwar demokratisch und parlamentarisch verfasst, im übrigen aber dadurch charakterisiert sind, dass hier „ein eigentümliches ‚Muster' *(pattern)* der Regelung von Konflikten zwischen den wichtigsten politischen Gruppen vorherrscht: Das Prinzip der Mehrheitsentscheidung wird weitgehend zugunsten jenes Grundsatzes ausgeschaltet, der im Westfälischen Frieden ‚amicabilis compositio' heißt. Solches ‚gütliches Einvernehmen' als Konfliktregelungsmuster erfährt seine institutionelle Sicherung in der Regel so, dass die wichtigsten Gruppen in der Exekutive vertreten sind und durch umfangreiche Ämterpatronage ihren Einfluss auf die politischen Entscheidungen sicherstellen" (Lehmbruch 1976: 7).

Realisiert wird die Konkordanz durch formelle oder informelle Große Koalitionen. Beispiele sind die Schweiz, Österreich oder früher die Niederlande. Konkordanzdemokratien gehorchen der Logik des Proporzes, weshalb sie von Lehmbruch (1967) seinerzeit auch als „Proporzdemokratien" apostrophiert wurden. Der Parteienwettbewerb wird bei ihnen „nicht nur gezügelt, sondern regelrecht überwölbt von speziellen Konsensbildungsgremien, die mehr oder weniger institutionalisiert sind. An die Seite, nicht unbedingt auch an die Stelle des Parteienwettbewerbs tritt die Konsensbildung in einem Kartell von Parteieliten. Dies kommt etwa in der Schweizer ‚Zauberformel' zum Ausdruck, nach der die Regierung unabhängig vom Ausgang der Wahlen aus allen wichtigen Parteien gebildet wird.[1] Der Sinn einer solchen Konstruktion liegt in der Verhinderung struktureller Mehrheiten für den Fall einer inhomogenen Wahlbevölkerung. [...] Konsensstrategien sollen verhindern, dass die Kosten politischer Entscheidungen auf strukturelle Minderheiten abgewälzt und so die Legitimationsgrundlagen der Politik in einer fragmentierten Gesellschaft erodiert werden" (Czada 2000: 27). Der Vorteil eines solchen Arrangements besteht darin, dass es keine gesellschaftliche Gruppe übervorteilt; die Konkordanzdemokratie funktioniert – mit anderen Worten – nach den Regeln eines Positivsummenspiels. Der Nachteil liegt in der Schwerfälligkeit der Entscheidungsfindung. Kompromisse sind in der Konkordanzdemokratie – wenn überhaupt – nur auf kleinstem gemeinsamem Nenner möglich. Dies gilt insbesondere dann, wenn es sich um umverteilungswirksame Entscheidungen handelt, die der Logik eines Nullsummenspiels unterliegen.

Die zweite Dimension der Verhandlungsdemokratie ist der *Korporatismus*, das heißt die Einbeziehung der Verbände in die staatlichen Entscheidungsprozesse (Siaroff 1999: 175 ff.). Parteipolitische Konkordanz und Korporatismus stehen in einem engen Zusammenhang. So wie die Konkordanz den Parteienwettbewerb einhegt, so relativiert der Korporatismus das Grundmuster der pluralistischen Interessenorganisation und -vermittlung, das für liberale Demokratien charakteristisch ist. Von daher ist es kein Zufall, dass politische Systeme mit breiten Koalitionsregierungen und Parteienproporz häufig von korporatistischen Strukturen der Interessenvermittlung begleitet werden. Wie das Beispiel Belgiens zeigt, gibt es allerdings auch Ausnahmen. (Die Herausbildung korporatistischer Strukturen wurde hier durch den Regionenkonflikt vereitelt.) Umgekehrt beweisen die skandinavischen Staaten, dass korporatistische Strukturen auch dort aufgebaut werden können, wo parteipolitische Proporzpraktiken fehlen und Minderheitsregierungen keine Seltenheit darstellen.

Die dritte Dimension der Verhandlungsdemokratie bezeichnet Czada als *konstitutionelle Politikverflechtung*. Darunter werden institutionelle Arrangements

---

[1] Die seit 1959 gültige „Zauberformel", die die Sitze in der Regierung zwischen Freisinnigen, Sozialdemokraten, Christdemokraten und Schweizerischer Volkspartei im Verhältnis 2, 2, 2 zu 1 aufteilte, wurde 2003 zugunsten der SVP verändert, nachdem diese in den neunziger Jahren zur stärksten Partei aufgestiegen war. Nach der Abwahl des SVP-Bundesrates Christoph Blocher im Jahre 2007 zog sich die SVP vorübergehend in die Opposition zurück. Die beiden Bundesratssitze verblieben bei der von ihr abgespaltenen Bürgerlich-Demokratischen Partei, ehe Ende 2008 erneut ein SVP-Mitglied in die – jetzt aus fünf Parteien bestehende – Proporzregierung gewählt wurde (Anmerkung des Verfassers).

bzw. Konstellationen verstanden, „in denen die Regierungsmacht zwischen verschiedenen staatlichen Organen formal geteilt ist, deren Repräsentanten der gleichen oder teilweise gleichen Wählerschaft verantwortlich sind" (2000: 31). Beispiele sind das Verhältnis von Präsident und Kongress in den USA, wobei letzterer aus zwei Kammern (Repräsentantenhaus und Senat) besteht, deren parteipolitische Mehrheitsverhältnisse ebenfalls auseinanderfallen können; die aus dem Premierminister und seiner Regierung und dem Staatspräsidenten bestehende doppelte Exekutive im semi-präsidentiellen Regierungssystem der Fünften Französischen Republik und der Dualismus von Regierungs- und Bundesratsmehrheit im Parteienbundesstaat der Bundesrepublik. Alle diese Fälle haben gemeinsam, dass zwei bzw. – in den USA – drei Organe, die in sich mehrheitsdemokratisch legitimiert sind, von Verfassungs wegen zusammenwirken müssen, um Regierungsfähigkeit zu gewährleisten. Erschwert wird die Zusammenarbeit dann, wenn sich die Organe in ihrer parteipolitischen Ausrichtung voneinander unterscheiden. Die Erfahrung der letzten Jahre und Jahrzehnte zeigt, dass diese Konstellation in den genannten Ländern keineswegs die Ausnahme darstellt. In den USA firmiert sie als „divided government", in Frankreich als „cohabitation". Lediglich in der Bundesrepublik hat sie bislang noch keine griffige Formel gefunden, obwohl es die Regierungsmehrheit auch hier immer öfter mit einer gegnerischen Mehrheit in der Länderkammer zu tun hat (zur typologischen Unterscheidung von Systemen mit geteilter Regierungsmacht vgl. auch Elgie 2001a).

Der Vorteil von Czadas Typologie gegenüber derjenigen von Lijphart liegt darin, dass sie eine sehr viel größere Zahl von theoretisch vorstellbaren institutionellen Konfigurationen zulässt. Unterscheidet man zwischen schwacher und starker Ausprägung, so ergeben sich in der Verbindung der drei Dimensionen rein rechnerisch acht verschiedene Konfigurationen. Nimmt man um der empirischen Spezifizierung willen noch ein drittes (mittleres) Maß der Ausprägung hinzu, sind es bereits 27 mögliche Kombinationen. Selbstverständlich sind nicht alle diese Kombinationen gleich wahrscheinlich und somit gleichermaßen empirisch vorfindbar. Das heißt: Die verschiedenen Dimensionen der Verhandlungs- und Konsensdemokratie – parteipolitische Konkordanz, korporatistische Verbändeeinbindung und konstitutionelle Politikverflechtung – wirken zwar auf vielfältige, jedoch keineswegs beliebige Weise zusammen. Das folgende Schaubild gibt einen Überblick über die theoretisch möglichen und empirisch vorfindbaren Kombinationen:

Abb. I.2   Typologie demokratischer Regierungssysteme

Konkordanz	Korporatismus	Konstitutionelle Politikverflechtung	Länderbeispiele
schwach	schwach	schwach	Großbritannien, Spanien, Griechenland, Neuseeland
schwach	schwach	mittel	Frankreich, Italien (seit 1994), Kanada
schwach	schwach	stark	Australien
schwach	mittel	stark	Deutschland
mittel	schwach	stark	USA
mittel	mittel	mittel	Belgien
mittel	stark	schwach	Skandinavien, Österreich (seit 1999), Niederlande, Japan
stark	schwach	mittel	Italien (bis 1994)
stark	stark	schwach	Österreich (bis 1999)
stark	stark	stark	Schweiz

Quelle: Czada 2000: 37, modifizierte Darstellung.

Begünstigt der Korporatismus die Herausbildung parteipolitischer Konkordanztechniken, so verträgt er sich auf der anderen Seite schlecht mit starker konstitutioneller Politikverflechtung. Theoretisch gesehen wäre es zwar durchaus denkbar, dass die Einbindung der Verbände zum Abbau von Entscheidungsblockaden beiträgt, die sich aus einem System des „divided government" ergeben können. Wahrscheinlicher dürfte allerdings – wie oben gesehen – das Gegenteil sein. Ist die Regierung in ihrer Handlungsfähigkeit durch konstitutionelle Mit- und Gegenspieler beschränkt, wird eine verlässliche Zusammenarbeit zwischen ihr und den Interessengruppen erschwert (Czada 2000: 28). Ein Blick auf das Schaubild zeigt, dass es mit der Schweiz und Deutschland zumindest zwei Länder gibt, die einen stark bzw. mittelstark ausgeprägten Interessengruppenkorporatismus mit starker konstitutioneller Politikverflechtung scheinbar „systemwidrig" kombinieren. In der Schweiz bereitet das deshalb keine großen Probleme, weil die institutionellen Vetostrukturen in das Konkordanzsystem eingebunden werden, das die Geschlossenheit des staatlichen Akteurs wiederherstellt bzw. weiterhin gewährleistet. (Dies gilt auch für die Verfahren der direkten Demokratie, die in den Entscheidungsprozessen häufig als retardierendes Element wirken.) In der Bundesrepublik wird die Funktionsfähigkeit des Korporatismus demgegenüber durch

das Aufeinanderprallen von hartem Parteienwettbewerb und institutionell be-
schränkter Handlungsmacht der Regierung unterminiert.

Auch mit Blick auf das Verhältnis von parteipolitischer Konkordanz und
konstitutioneller Politikverflechtung ist das Schaubild aufschlussreich. Beide
Systemmerkmale stehen in einem positiven Zusammenhang, was ebenfalls unmittelbar einleuchtet: Wo sich verschiedene Organe die Regierungsmacht teilen,
können drohende Entscheidungsblockaden nur dann abgewendet werden, wenn
die parteipolitischen Akteure innerhalb und zwischen diesen Organen kooperieren. Verkörpert die Schweiz den Musterfall eines solchen Arrangements, so sorgen in den USA und Frankreich unterschiedliche institutionelle Vorkehrungen
dafür, dass Blockadesituationen eher selten sind und – falls sie doch auftreten –
vergleichsweise gut gemeistert werden können.

In elektoraler Hinsicht repräsentieren die USA zwar das klassische Beispiel
eines mehrheitsdemokratischen Systems mit dualistischem Wettbewerb und einer Zweiparteienstruktur. Auf der Regierungsebene findet dieser Dualismus aber
keine Entsprechung, da das gewaltentrennende präsidentielle System die gemeinsame Wahrnehmung der Regierungsfunktionen durch Präsident (*administra-
tion*) und Kongress vorsieht, ein organisiertes Zusammenwirken der politischen
Akteure also zwingend geboten ist. Dies gilt selbst für den (in der Vergangenheit
immer seltener gewordenen) Fall des „unified government", wenn beide Zweige
der Regierung von derselben Partei kontrolliert werden. Der Konsensualismus
des präsidentiellen Systems findet Ausdruck im parlamentarischen Abstimmungsverhalten, wo sich Abgeordnete und Senatoren allenfalls in Personalfragen
einer strikten Partei- und Fraktionsdisziplin unterwerfen (Thurber 1991).

In Frankreich wird die Brisanz einer möglichen „cohabitation" durch die
formelle und informelle Arbeitsteilung abgemildert, die sich zwischen Staatspräsident und Premierminister eingebürgert hat. Dem Premier obliegt danach die
Führungsrolle in der Innenpolitik, während der Staatschef bestimmte Vorrechte
in der Außenpolitik als „domaine reservé" für sich beanspruchen kann. Die bisherigen drei Kohabitationsphasen der Fünften Republik sind relativ reibungslos
verlaufen, da sich beide Seiten bemüht haben, die Sphäre des anderen zu respek-
tieren und Konflikte tunlichst zu vermeiden. Bei Meinungsverschiedenheiten
konnte sich die Regierung in der Regel durchsetzen, doch achtete sie stets darauf,
dass der Präsident dabei sein Gesicht nicht verlor (Elgie 2001b: 106 ff.).

Am anderen Ende der Skala stehen mit Deutschland und Österreich zwei
Länder, in denen die konstitutionellen und parteipolitischen Dimensionen der
Konsensdemokratie auseinanderstreben. Dies allerdings in genau der entgegen-
gesetzten Richtung: Während sich in der Bundesrepublik trotz starker konstituti-

oneller Gewaltenteilung ein lebhafter Parteienwettbewerb entfaltet hat, verkörperte Österreich bis zum Amtsantritt der Mitte-Rechts-Koalition aus ÖVP und FPÖ Anfang 2000 das Musterbeispiel eines Proporz- oder Konkordanzsystems (Pelinka 2003: 69 ff.). Die Einbeziehung der Rechtspopulisten in die Regierung gestaltete sich unterdessen schwierig, sodass Österreich in seiner Annäherung an die Usancen einer Wettbewerbsdemokratie auf halbem Wege stecken blieb. Das Land musste schon 2006 zur ungeliebten Großen Koalition zurückkehren, in der sich die inzwischen stark dezimierten Großparteien fortan immer feindseliger begegneten. Dies brachte die Stabilität der Konkordanz ins Wanken.

In der Bundesrepublik stellt sich das Anpassungsproblem umgekehrt dar. Um die Entscheidungsblockaden zu überwinden, die infolge der konstitutionellen Politikverflechtung potenziell entstehen, hätten die parteipolitischen Akteure hier eigentlich zu einer verstärkten Konkordanzpraxis übergehen müssen, was aber durch den stark gegnerschaftlich ausgerichteten Parteienwettbewerb verhindert wurde. Vor diesem Hintergrund war es keine Überraschung, dass Union und SPD die Große Koalition, die sie nach der Bundestagswahl 2005 mangels anderer Alternativen schließen mussten, von vornherein nur als Notlösung betrachteten. Obwohl das Bündnis eine durchaus ansehnliche Bilanz vorzuweisen hatte, stieß es als Regierungsformat bei den Wählern auf so wenig Akzeptanz, dass diese bei der darauffolgenden Bundestagswahl die Wiederherstellung des vertrauten Wettbewerbsmodells ermöglichten.

Fallen die institutionellen Anpassungen in Österreich und Deutschland vergleichsweise moderat aus, so stellt Italien den Fall einer veritablen Systemtransformation dar. Bis Mitte der neunziger Jahre galt das Land noch als „blockierte Demokratie", das von der *Democrazia Cristiana* wie eine Staatspartei allein oder in wechselnden Koalitionen regiert wurde. Auf diese Weise sollten die Kommunisten von der Regierungsverantwortung dauerhaft ferngehalten werden. Nachdem der Zusammenbruch des Sowjetkommunismus dem Quasi-Konkordanzsystem[2]

---

[2] Aufgefangen wurde das Demokratiedefizit des Konkordanzsystems in Italien zum Teil durch das 1970 eingeführte „abrogative Referendum", das den Bürgern die Möglichkeit gibt, vom Parlament beschlossene Gesetze einer nachträglichen Volksentscheidung zu unterwerfen. Die Korrektivfunktion der Volksrechte folgt dem Modell der Schweiz, wo sie allerdings in eine ganz anders geartete, nämlich quasi-präsidentielle Regierungsform eingebettet ist, die sich durch ihre gewaltentrennende Grundstruktur vom gewaltenfusionierenden parlamentarischen System unterscheidet (Decker 2009). Italien blieb deshalb lange Zeit die einzige parlamentarische Demokratie, die ein solches plebiszitäres Veto vorhielt. Erst nach dem Umbruch in Mittel- und Osteuropa sollten weitere Länder das Instrument in ihre ebenfalls parlamentarisch verfassten Systeme übernehmen.

die Grundlage entzogen hatte, bewegte Italien sich geradewegs auf das Gegenteil zu: ein bipolares Wettbewerbssystem, das den Machtwechsel in rascher Folge (1996, 2001, 2006 und 2008) gestattete. Unmittelbare institutionelle Auswirkungen hatte das beim Wahlrecht, das von nun an zu einem notorischen Streitpunkt zwischen Regierungs- und Oppositionsparteien wurde. Die Grundstruktur des parlamentarischen Systems blieb dagegen durch den Transformationsprozess unangetastet.

3.   Perspektiven des Vergleichs

Die Typologie bildet die Basis und den Rahmen der eigentlichen Vergleichsbetrachtung. Deren Ziel ist es, die historische Genese und den institutionellen Wandel der Regierungssysteme in einer dynamischen Perspektive nachzuzeichnen und sie einander gegenüberzustellen. Die Analyse des Wandels folgt dabei dem neoinstitutionellen Paradigma der „Pfadabhängigkeit" (Pierson 2004). Damit „soll nicht bloß historische Kausalität in dem Sinne bezeichnet werden, dass Entscheidungen der Vergangenheit Einfluss auf zukünftige Entwicklungen haben. Pfadabhängige Entwicklungen sind vielmehr dadurch charakterisiert, dass Strukturen, die in einer eigentümlichen historischen Ausgangssituation entstanden sind, in der Folge dazu tendieren, sich selbst zu reproduzieren. Veränderungen sind dann zwar denkbar, aber nur als Variationen innerhalb eines durch bestimmte historische Merkmale charakterisierten ‚Pfades', der als solcher irreversibel ist" (Lehmbruch 2002: 60).

Die Trägheit des institutionellen Wandels gewinnt Bedeutung (und Brisanz) mit Blick auf den ihm vorangehenden bzw. ihn begleitenden gesellschaftlichen Wandel. Dieser ist weniger an nationale Traditionen gebunden als jener und somit auch den Gesetzen der Pfadabhängigkeit nicht so stark unterworfen. Wenn es ein Charakteristikum der heutigen postindustriellen Gesellschaften ist, dass sie im Zuge von ökonomischen und kulturellen Globalisierungsprozessen in ihrer Problembetroffenheit immer enger zusammenrücken, schlägt sich das zugleich in Angleichungstendenzen der sozialen und politischen Entwicklung nieder. Die Frage lautet deshalb, ob und in welcher Form die historisch gewachsenen Strukturen, die ein Produkt der jeweiligen gesellschaftlichen Gegebenheiten darstellen, in der Lage sind, diesen Wandel aufzunehmen und zu verarbeiten. Gelingt die Anpassung nicht, könnte die Legitimität der Demokratie Schaden nehmen. Zugrundegelegt werden dabei in der Bewertung zwei Kriterien: die demokratische Qualität des Systems im engeren Sinne („Input-Legitimation") und dessen Regierungs- bzw. Leistungsfähigkeit („Output-Legitimation").

Galt das Mehrheitssystem lange Zeit unter beiden Aspekten als vorzugswürdig, so hat ihm das Konsenssystem unter dem Einfluss der Lijphart-Schule inzwischen als normativ gleichwertiger, ja sogar überlegener Gegenentwurf der Demokratie den Rang streitig gemacht. Hingewiesen wird in diesem Zusammenhang einerseits auf das höhere Maß an Inklusion, das die Konsensdemokratie gewährleiste, andererseits auf ihre vermeintlich bessere politikinhaltliche Leistungsbilanz. Der Paradigmenwechsel ist so umfassend, dass manche Autoren sich bemüßigt fühlen, die mehrheitsdemokratischen Prinzipien des Wettbewerbs und der Alternanz gegen die Dominanz des Inklusionskriteriums zu verteidigen (z.B. Kaiser 2004). Tatsächlich besteht der „unschlagbare" Vorteil des Mehrheitssystems darin, dass es im Rahmen der parlamentarischen Regierungsform klare Verantwortlichkeiten herstellt (Hennis 2000: 133 ff.). Die Regierung muss für ihre Entscheidungen (oder Nicht-Entscheidungen) einstehen, während die Opposition den Wähler glauben machen möchte, dass sie in derselben Funktion eine bessere Politik betrieben hätte bzw. eine solche in Zukunft betreibt. Der dualistische Parteienwettbewerb lebt insofern von der Vorstellung, dass es einen Unterschied macht, wer regiert. Und selbst wenn sich dies als Schimäre entpuppen sollte, bleibt der Regierung zumindest genügend Spielraum, ihr angekündigtes Programm in die Tat umzusetzen. Dafür sorgt z.B. ein Wahlsystem, das knappe Wählermehrheiten in breite parlamentarische Mehrheiten übersetzt.

Nachdem die großen ideologischen Gegensätze verblasst und die einstmals identitätsstiftenden Bedingungen der Parteien brüchig geworden sind, haben sich die Voraussetzungen für das Mehrheitssystem jedoch deutlich verändert. In der Vergangenheit war es die Gleichzeitigkeit von gesellschaftlicher Segmentierung und ideologischer Polarisierung, die die demokratische Funktionalität des Parteienwettbewerbs gewährleistete und damit zugleich eine Schutzvorkehrung gegen den Populismus bildete (Mair 2002: 81 ff.). Die Massenintegrationsparteien, die sich parallel zur Demokratisierung des Wahlrechts herausgebildet hatten und aus denen später die Volksparteien hervorgingen, waren repräsentativ, indem sie für die Interessen und Wertvorstellungen ganz bestimmter Bevölkerungsgruppen standen. Pflegten sie diese Bindungen, konnten sie sich auf die Unterstützung ihrer natürlichen Anhängerschaft relativ sicher verlassen.

Die heutigen Parteien müssen demgegenüber um eine zunehmend wechselbereiter werdende Wählerschaft buhlen, die sich bei der Stimmabgabe nicht mehr an ideologische oder soziologische Gewissheiten gebunden fühlt. Die geringeren Handlungsspielräume der nationalen Politik und ihr eigenes Bedürfnis nach

Stimmenmaximierung zwingen sie, im Prinzip dieselben Ziele zu verfolgen und Lösungen anzubieten. Um gegenüber der Konkurrenz zu bestehen, bleibt den Parteien daher nur die Wahl, entweder auf die unterschiedlichen Details in den Problemlösungen zu verweisen. Oder sie führen eine gezielte „Depolitisierung" der Wählerschaft herbei, indem sie auf Personalisierungsstrategien und symbolische Handlungen ausweichen und in ihrer Rhetorik das Volk zum zentralen Bezugspunkt machen. Dabei leisten ihnen die Medien willkommene Hilfsdienste (Jun 2006).

Die plebiszitäre Transformation des Parteienwettbewerbs hat in zweierlei Hinsicht problematische Konsequenzen. Zum einen besteht die Gefahr, dass dort, wo die Darstellungslogik gegenüber den inhaltlichen Entscheidungsgesichtspunkten die Oberhand gewinnt, die Substanz der Politik in Mitleidenschaft gezogen wird. *Das politische Handeln wird responsiver, aber zugleich unverantwortlicher.* Zum anderen droht sich die Darstellungssphäre von den realen Entscheidungsprozessen abzukoppeln, die in ihrer Komplexität über die vergleichsweise simple Logik des Parteienwettbewerbs hinausweisen. Margaret Canovan (2002: 25) hat dies einmal als „demokratisches Paradox" der heutigen Politik bezeichnet. In dem Maße, wie die Entscheidungsprozesse infolge der komplizierten Probleme inklusiver, konsensueller und „outputlastiger" werden, werden sie für das Publikum zugleich undurchschaubarer. Der Populismus stellt eine Reaktion auf dieses Paradox dar. Mit seinem Hang zur radikalen Simplifizierung vermittelt er jenes Gefühl der Eingängigkeit und Transparenz, das in der demokratischen Wirklichkeit zunehmend auf der Strecke bleibt. Die Gegenbewegung beschränkt sich dabei keineswegs auf die rechts- und linkspopulistischen Kräfte, die das Parteiensystem von außen herausfordern, sondern greift auf das gesamte Spektrum der elektoralen Politik über. *Das politische Handeln wird introvertierter und gleichzeitig extrovertierter.*

Die Vor- und Nachteile der Konsensdemokratie verhalten sich spiegelbildlich dazu. Die Bedeutung des Wettbewerbs als Steuerungsprinzip ist bei ihr geringer, was sich auch auf die demokratische Qualität der Wahlen negativ auswirkt. Deren Funktion liegt in erster Linie in der Bestellung des Regierungspersonals und weniger in der Entscheidung für eine bestimmte politische Grundrichtung. Durch das höhere Maß ihrer Interessenberücksichtigung eignen sich die konsensdemokratischen Systeme besonders für Gesellschaften mit strukturellen Minderheiten (Lijphart 1999: 225). Ihr anti-plebiszitärer Charakter kommt darin zum Ausdruck, dass der Konsens stets an der Spitze des Systems formuliert wird – durch eine vertrauensvolle Zusammenarbeit der politischen und gesellschaftlichen Eliten. Hier liegt zugleich die Achillesferse. Werden die Interessen bestimm-

ter Bevölkerungsgruppen systematisch vernachlässigt, sind auch Konsensdemokratien gegen populistische Gegenreaktionen nicht gefeit. Wie die Entwicklungen
in Österreich, der Schweiz und den Niederlanden zeigen, kann der Protest soweit
gehen, dass das System selbst unter Reformdruck gerät und sich in Richtung
Wettbewerb stärker öffnen muss. Der „eingebaute" Populismus in den konkur-
renzdemokratischen Systemen und der antiparteienstaatliche Protestpopulismus
in den Konsensdemokratien sind so betrachtet Seiten derselben Medaille (Mény /
Surel 2002).

Am Beispiel der drei genannten Länder lässt sich auch der Einfluss unterschiedlicher institutioneller Arrangements gut illustrieren. Vergleichsweise geringe Auswirkungen auf die Konkordanz hatte der gesellschaftliche Wandel in
der Schweiz. Dies lag zum einen daran, dass ein wesentliches Element der Segmentierung – die sprachlich-kulturelle Spaltung des Landes – vom Wandel unbe-
rührt blieb. Zum anderen ist es der Schweiz gelungen, das Proporzsystem im
Rahmen der quasi-präsidentiellen Regierungsform des Landes fest zu institutio-
nalisieren und mit den direktdemokratischen Verfahren in Einklang zu bringen.
In Österreich und den Niederlanden wurden die Konkordanzstrukturen demgegenüber in ein parlamentarisches Regierungssystem eingelagert, das auf der
Ebene der Verfassung der mehrheitsdemokratischen Logik entsprach. Ihre ratio
bestand darin, durch eine Kooperation der politischen Eliten den Graben zu
überwinden, der zwischen den verschiedenen Lagern (Österreich) oder Säulen
(Niederlande) in der Gesellschaft verlief. Als diese sich allmählich auflösten, verschwanden die Konkordanzstrukturen allerdings nicht mit ihnen. Das politische
System geriet dadurch in eine Legitimationskrise, die Rechtspopulisten vom
Schlage Haiders und Fortuyns zu ihrem Vorteil nutzen konnten (Frölich-Steffen
2006).

Dass die Krise in Österreich früher einsetzte und ein größeres Ausmaß erreichte als in den Niederlanden, verweist auf die unterschiedliche Ausgestaltung
der Konkordanz. In Österreich war diese auf der parlamentarischen Ebene
gleichbedeutend mit einer sich selbst perpetuierenden Großen Koalition, die wiederum im verbandlichen Vorfeld durch die sogenannte „Sozialpartnerschaft" ab-
gesichert wurde. Beides zusammengenommen führte dazu, dass die parlamentarischen Verfahren faktisch bedeutungslos waren und nur noch als Fassade dienten, um die wahren Entscheidungswege zu verbergen. In den Niederlanden spielte sich die Konkordanz demgegenüber weitgehend innerhalb der Institutionen
ab. Zudem sorgte das Vielparteiensystem für regelmäßige Wechsel an der Regie-
rungsspitze und einen ebenso regelmäßigen Austausch der Koalitionspartner,

auch wenn die Parteieliten die Koalitionen stets unter sich ausmachten und diese oftmals ohne Rücksicht auf den Wahlausgang geschlossen wurden.

Wenden wir den Blick von der Input- auf die Outputseite. Der Konsensdemokratie wird in diesem Zusammenhang häufig nachgesagt, dass sie zu schwerfällig sei und aufgrund der zahlreichen Akteure, die in den Entscheidungsprozess eingebunden werden müssen, nur suboptimale Ergebnisse produziere. Die Mitregenten und Gegengewichte, die einer parlamentarischen Regierung das Leben schwer machen, firmieren in der neueren Institutionenanalyse bezeichnenderweise als „Vetospieler" (Tsebelis 1995: 83 ff.). Damit soll zum Ausdruck gebracht werden, dass Verhinderungsmacht in den konsensdemokratisch genannten Systemen eine bedeutsamere Ressource darstellt als (positive) Durchsetzungs- oder Gestaltungsmacht. Dieser Hinweis ist gewiss richtig. Dennoch sollte er nicht zu dem Missverständnis verleiten, dass ein solches System beinahe zwangsläufig zu Blockaden führt, wie es der Begriff des Vetospielers suggeriert.[3] Die empirische Forschung hat dafür bislang keine schlagenden Beweise erbracht. Zwei Argumente scheinen aber eher dagegen zu sprechen. Zum einen könnte man sagen, dass der ganze Sinn, ja das Wesen der Politik darin besteht, drohende Blockaden zu erkennen und – wenn sie doch eingetreten sind – zu überwinden. Das Bemühen um einen Konsens wäre dann gerade die Lösung, nicht das eigentliche Problem (Benz 2000: 217). Zum anderen haben wir gesehen, dass die institutionellen Konfigurationen der politischen Systeme, die das Mehrheitsprinzip zugunsten anderer Konfliktregelungsmechanismen zurückdrängen, zu verschieden sind, als dass man sie unter dem Begriff der Konsensdemokratie alle in einen Topf werfen könnte. Es kommt also nicht auf das *Ob*, sondern auf das *Wie* des Konsenses an. Die Institutionen müssen so beschaffen und aufeinander abgestimmt sein, dass die Akteure einen Anreiz haben, produktiv zusammenzuwirken. Nur so springen am Ende vernünftige Problemlösungen heraus (Czerwick 1999).

Der Vorteil der Mehrheitsdemokratie liegt darin, dass sie über den Wettbewerbsmechanismus rasche politische Kurswechsel bewirken kann, die zu Innovationen führen. Die britische Politik unter den Regierungen von Margaret Thatcher (1979 bis 1990) oder Tony Blair (1997 bis 2007) liefert dafür eindrucksvolle Belege. Die vergleichsweise größere Schwerfälligkeit der konsensdemokratischen Strukturen bedeutet aber nicht, dass diese weniger effizient und leistungsfähig wären (Schmidt 1998: 181 ff.). Mit der Schweiz, Österreich, Dänemark, Schweden und

---

[3] Dieses Missverständnis liegt den meisten journalistischen Darstellungen der Reformprobleme in Deutschland zugrunde, in denen Konsens mit genereller Entscheidungsunlust oder -unfähigkeit assoziiert wird (z.B. Darnstädt 2006).

den Niederlanden lassen sich zahlreiche konsensdemokratisch verfasste Länder anführen, die in den letzten zwei Jahrzehnten eine erfolgreiche Reformpolitik betrieben haben. Von der Flexibilisierung des Arbeitsmarktes über die Anpassung der Sozialsysteme bis hin zu den Investitionen in das Bildungswesen gilt dies für sämtliche wachstums- und beschäftigungsrelevante Felder. Auch bei der Eindämmung der Staatsverschuldung stehen die konsensdemokratischen Systeme im Schnitt besser da als die mehrheitsdemokratischen.

Folgt man den empirischen Analysen von Lijphart (1999: 293 ff.), so besteht an der Überlegenheit des Konsensmodells unter Regierungsgesichtspunkten kein Zweifel. Dessen Logik einer möglichst umfassenden Interesseninklusion bewirkt einerseits einen größeren gesellschaftlichen Zusammenhalt, der z.B. am Kriminalitätsniveau oder der Einkommensverteilung abgelesen werden kann. Zum anderen schlägt sie sich in einer längerfristigen Ausrichtung der Politik nieder, die dazu führt, dass Zukunftsinteressen stärker beachtet werden, wohingegen der mehrheitsdemokratische Parteienwettbewerb als Entscheidungsverfahren eine ausgesprochene Gegenwartsfixierung aufweist (Kielmansegg 2003). Als Belege führt Lijphart unter anderem die Entwicklungshilfe und den Umweltschutz an. Ein weiteres Beispiel sind die – von ihm nicht untersuchten – Konsequenzen der demografischen Entwicklung, die nahezu sämtliche Felder der wohlfahrtsstaatlichen Politik betreffen (Gesundheit / Pflege, Rente, Bildung etc.).

Gegen die These einer natürlichen Überlegenheit der Konsensdemokratie spricht, dass diese stark zeit- und ortsgebunden ist und sich ihre Vorzüge möglicherweise nur unter bestimmten Umständen entfalten. Während das mehrheitsdemokratische Entscheidungsverfahren eine große Robustheit aufweist, bleibt das Konsensmodell darauf angewiesen, dass die Interessen in der Gesellschaft nicht zu weit auseinanderdriften. Wird das Gefälle zu groß, stoßen seine Ausgleichsmechanismen an Grenzen. Dieselben Strukturen, die sich in ruhigen Zeiten als Fehlervermeidungssystem bewähren, könnten von daher in Krisensituationen, wenn es auf zügiges und konsistentes Handeln ankommt, unter Stress geraten. Tatsächlich deutet manches darauf hin, dass die Funktionsbedingungen der Konsensdemokratie durch den Globalisierungsprozess stärker in Mitleidenschaft gezogen werden als jene der Mehrheitsdemokratie. So mindert z.B. der Standortwettbewerb den Anreiz für die Unternehmen, sich weiterhin in ein korporatistisches Verhandlungssystem einbinden zu lassen, das sie zur Einhaltung von Mindeststandards in der Lohn-, Sozial- und Arbeitsmarktpolitik verpflichtet (Streeck 2006).

Schwieriger zu beantworten ist die Frage, welche Folgen die Übertragung von Entscheidungskompetenzen auf die trans- oder supranationale Ebene für den konsens- bzw. mehrheitsdemokratischen Charakter nach sich zieht. Aus Sicht der nationalen Politik scheint sie eher dem Mehrheitsmodell in die Hände zu spielen. Europäisierung und Internationalisierung führen dazu, dass sich die Macht weg von den Parlamenten (und sonstigen an der Gesetzgebung beteiligten Organen) hin zu den Regierungen – als den eigentlichen Trägern der zwischenstaatlichen Entscheidungen – verlagert. Je mehr Handlungsfreiheit diese genießen, umso erfolgreicher dürften sie bei der Durchsetzung der jeweiligen nationalen Interessen sein. Die trans- oder supranationalen Entscheidungsprozesse selbst funktionieren demgegenüber nach der Logik von Verhandlungssystemen. Wie das Beispiel der Europäischen Union zeigt, treten dabei ähnliche Tendenzen der Verrechtlichung und Informalisierung auf, die auch im nationalen Kontext zum Vordringen der Konsenslösungen beigetragen haben. Das Defizit an Input-Legitimation, das die abgehobenen Entscheidungsstrukturen begleitet, fällt auf der europäischen Ebene allerdings viel drastischer aus als in den nationalen Konsensdemokratien und kann durch die Erfolge der Integrationspolitik längst nicht mehr kompensiert werden (Decker 2000).

4. *Elemente des „deutschen Modells"*

Die zweite deutsche Demokratie gilt auch in ihrer eigenen Selbstwahrnehmung als „Erfolgsgeschichte". Mehr als die institutionelle Stabilität des nach 1945 wiederaufgerichteten Gemeinwesens hat dabei der Wandel hin zu einer demokratisch reifen politischen Kultur Erstaunen hervorgerufen. In ihrer berühmten Vergleichsstudie hatten Almond und Verba (1963) Ende der fünfziger Jahre noch einen Überhang obrigkeitsstaatlicher Orientierungen in der westdeutschen Bevölkerung konstatiert, der erst im darauffolgenden Jahrzehnt abgebaut werden sollte. Genauso große Bedeutung hatte es, dass die Demokratie jetzt auch im Bewusstsein der politischen Eliten des Landes fest verankert war – im Unterschied zur gerade daran gescheiterten Weimarer Republik.

Mit der unverhofft möglich gewordenen deutschen Einheit wurde der Geschichte ab 1989 ein weiteres Erfolgskapitel hinzugefügt. Die Integration der ostdeutschen Teilgesellschaft vollzog sich zwar nicht so bruchlos, wie man zunächst erwartet hatte (Thumfart 2002). Das Gefühl der ökonomischen Benachteiligung erschwerte das Zusammenwachsen der beiden Landesteile, und es drückte auf die Demokratie- und Systemzufriedenheit der Ostdeutschen, was nicht zuletzt in den hohen Stimmenanteilen der postkommunistischen PDS Niederschlag fand (Niedermayer 2009). Eine nennenswerte Beeinträchtigung der Systemstabilität ging von diesen Rückschlägen aber nicht aus, zumal sich die Bundesrepublik damit nur vergleichbaren Tendenzen in anderen westeuropäischen Demokratien annäherte.

Reibungsloser verlief der Einigungsprozess in institutioneller Hinsicht. Die Perfektion, mit der das komplette Verwaltungs- und Rechtssystem der alten Bundesrepublik auf die frühere DDR übertragen wurde, löst im Nachhinein Respekt aus. Dass man dabei in den neuen Ländern wie auch im Gesamtstaat manche Gelegenheit für Innovationen verpasste, steht auf einem anderen Blatt (Decker 2004). Die Bereitschaft, der Bevölkerung im Westen größere Veränderungen zuzumuten, war in der politischen Klasse der Altbundesrepublik nicht wirklich gegeben. Die nahezu vollständige Überstülpung des westdeutschen Politikbetriebs auf den Osten lag insofern in ihrem Interesse. Sie korrespondierte mit einem umfangreichen Import der Funktionseliten aus den Altbundesländern, von dem lediglich der aus Wahlämtern bestehende politische Führungsbereich weitgehend ausgenommen war.

Zum Sinnbild der Kontinuität wurde die Entscheidung, auf die Ausarbeitung einer neuen Verfassung zugunsten des bestehenden Grundgesetzes zu verzichten. Dies entsprach zum einen den realen Machtverhältnissen zwischen der west- und ostdeutschen Seite, zum anderen brachte es die hohe Wertschätzung für die ursprünglich nur als Provisorium gedachte Verfassung der alten Bundesrepublik zum Ausdruck, die sich als demokratischer Stabilitätsanker hervorragend bewährt hatte und deshalb auch andere Länder in ihrer Verfassungs- und Institutionenpolitik nachhaltig beeinflusste (Helms 2010: 216 ff.).

Wenn mit Blick auf diesen Vorbildcharakter in der Literatur vom „deutschen Modell" gesprochen wird, bezieht sich das in der Regel nicht auf die Gesamtheit des Systems, sondern nur auf bestimmte Systemeigenschaften oder –merkmale. Legt man die Typologien von Lijphart und Czada zugrunde, stechen in der Bundesrepublik drei Merkmale besonders hervor:

Konstitutionelle Vetostrukturen. Die traumatischen Erfahrungen der Weimarer Republik und des NS-Regimes haben dazu geführt, dass von den Autoren des Grundgesetzes der Verfassungsstaat wesentlich größer geschrieben worden ist als die Demokratie. Der konsequente Verzicht auf direktdemokratische Beteiligungsrechte findet hier ebenso seine Ursache wie die Schaffung einer mächtigen, mit Normenkontrollbefugnis ausgestatteten Verfassungsgerichtsbarkeit und die Wiedererrichtung bzw. Neugründung eines machtdezentralisierenden Bundesstaates. Nimmt man die unabhängige Zentralbank und die Sektoren der gesellschaftlichen Selbstverwaltung hinzu, rechtfertigten diese Vetostrukturen schon vor der Einheit die Charakterisierung der Bundesrepublik als „semi-souveräner Staat" (Katzenstein 1987).

Betrachtet man die Institutionen im Einzelnen, zeigen sich in der Bewertung allerdings deutliche Unterschiede und Verschiebungen. Während die plebiszitäre Enthaltsamkeit des Grundgesetzes in jüngster Zeit immer mehr in Frage gestellt wird und der Föderalismus schon seit den siebziger Jahren in der Kritik steht (s.u.), scheint die Stellung des Bundesverfassungsgerichts heute unangefochtener denn je. Gelegentliche Vorwürfe, dass das Gericht in die Sphäre des Gesetzgebers zu sehr eingreife, konnten seine hohe öffentliche Reputation nicht beeinträchtigen. Diese beruht vor allem darauf, dass es als neutrale Institution kein Vetospieler im engeren Sinne ist. Die Karlsruher Richter werden ja nicht aus eigenem Antrieb tätig, sondern nur, wenn andere Organe sie politisch ins Spiel bringen. Obwohl das Gericht durch seine Rechtsprechung quasi-legislative Funktionen ausübt, steht es damit über bzw. außerhalb des Parteienwettbewerbs und bleibt in der politischen Auseinandersetzung weitgehend unangreifbar. Auch international hat das Bundesverfassungsgericht eine enorme Anziehungskraft entwickelt und als Modell für manches andere Land Pate gestanden.[4] Dabei sollte ihm zugute kommen, dass durch die zunehmende Verrechtlichung der politischen Prozesse und die gestiegene Bedeutung des Grundrechtsschutzes die Stärkung der Verfassungsgerichtsbarkeit ohnehin im Trend liegt und zu einem festen Topos der normativen Demokratietheorie geworden ist (Stone Sweet 2008).

Gewaltenfusionierendes parlamentarisches System. Während die gewaltenteilenden Elemente des Grundgesetzes in Richtung Konsens wirken, sind die Verfassungsgeber bei der Ausgestaltung des parlamentarischen Regierungssystems der gewaltenfusionierenden Logik der Mehrheitsdemokratie gefolgt. Auch hier war der Stabilitätsgedanke leitend. Die Machtrivalität innerhalb der Exekutive (zwischen Präsident und Regierung) und die Erscheinungsformen des „negativen" Parlamentarismus, die sich in der Weimarer Republik als verhängnisvoll erwiesen hatten, sollten beseitigt und die Position der parlamentarisch verantwortlichen Regierung gestärkt werden. Dazu galt es die Reservebefugnisse des Staatsoberhaupts auf ein Minimum zu begrenzen, die Ablösbarkeit der parlamentarisch verantwortlichen Regierung zu erschweren (durch die Neuerung eines „konstruktiven" Misstrauensvotums) und die Stellung des Regierungschefs im Verhältnis zu seinen Ministern aufzuwerten.

---

[4] Die Rezeption lässt sich auch dort belegen, wo sie abschreckende Wirkung erzeugt. So wird in der Schweiz die Einführung selbst einer rudimentären Verfassungsgerichtsbarkeit durch die starke Fixierung auf das deutsche Modell bis heute erschwert.

Wie gelungen die Neuerfindung des parlamentarischen Regierungssystems auch war, konnten sich dessen Stabilitätseigenschaften aber erst durch die Entwicklung des Parteiensystems richtig zur Geltung bringen. Auch hier trugen institutionelle Vorkehrungen wie die Einführung der Fünfprozent-Sperrklausel im Wahlrecht dazu bei, dass die Mehrheitsbildung erleichtert wurde. Vorbildcharakter für andere Länder gewann des Weiteren die im Grundgesetz-Artikel 21 vorgenommene Anerkennung der Parteien als Verfassungsinstitutionen, die der Einführung einer staatlichen Parteienfinanzierung den Weg ebnete (Helms 2010: 218 f.). Die Hyperstabilität der Parteiendemokratie kam darin zum Ausdruck, dass es in sechzig Jahren auf der Bundesebene nur vier Regierungsstürze gab (1966, 1972, 1982 und 2005), von denen drei in vorgezogene Neuwahlen mündeten. Minderheitsregierungen, wie sie in der Weimarer Zeit noch gang und gäbe waren, blieben der zweiten deutschen Republik – von kurzen Übergangsphasen abgesehen – ganz erspart.

Unter den veränderten Bedingungen des neuen Fünfparteiensystems erweist sich die Stabilitätsfixiertheit des deutschen Parlamentarismus zunehmend als Belastung. Sind Mehrheiten für die gewünschten Koalitionen nicht mehr automatisch garantiert, müssen die Parteien jetzt entweder bereit sein, Bündnisse auch mit „nicht geborenen" Partnern zu schließen (was ihnen schwer fallen dürfte, nachdem sie die gegnerschaftliche Logik des alternierenden Regierungsmodells jahrzehntelang verinnerlicht haben). Oder sie legen ihre Abneigung gegenüber Minderheitsregierungen ab, die eine größere Flexibilität bei der Koalitionsbildung gestatten. Welches Szenario das wahrscheinlichere ist, lässt sich heute noch nicht absehen. Sicher scheint jedoch, dass sich die Bundesrepublik in Zukunft auf langwierigere Regierungsbildungsprozesse und häufigere Koalitionszusammenbrüche einstellen muss.

Korporatistische Interesseneinbindung. Am meisten wurde der Begriff des deutschen Modells für den Versuch verwendet, die Verbindung von wirtschaftlichem Erfolg und sozialem Ausgleich institutionell abzusichern; hier sind seine Konturen zugleich am stärksten verblasst (Dyson 2001). Der Erfolg des bundesdeutschen Korporatismus ruhte auf mehreren Säulen. Im Zentrum standen die Tarifpartnerschaft zwischen Arbeitgeberverbänden und Gewerkschaften, die dazu führte, dass in der Hochzeit des Systems die Löhne und Arbeitsbedingungen von über 80 Prozent der Beschäftigten durch einen Flächentarif geregelt waren, und die rund zwei Drittel der Unternehmungen und Betriebe erfassende Mitbestimmung. Flankiert wurden die Tarifbeziehungen durch die industriepolitische Inpflichtnahme der Banken und öffentlich-rechtlichen Sparkassen, die duale Berufsausbildung, das berufsständisch organisierte Kammerwesen sowie die Selbstverwaltungseinrichtungen der Sozialversicherung. Den Höhepunkt der korporatistischen Steuerung bildete die Einrichtung der „Konzertierten Aktion" (1967 bis 1976), in der Arbeitgeber, Gewerkschaften und Bundesregierung zusammentrafen, um ihre wirtschafts-, lohn- und arbeitsmarktpolitischen Positionen aufeinander abzustimmen. Die Institutionalisierung der Staat-Verbände-Beziehungen erreichte in Deutschland zwar nicht denselben Grad wie in anderen Ländern (z.B. Österreich). Sie sorgte aber für ein ähnlich hohes Maß an politischer Stabilität und sozialem Frieden, das unter anderem an der geringen Streikhäufigkeit ablesbar war (Schmidt 2007: 128 ff.).

Deutliche Erosionserscheinungen des korporatistischen Modells machten sich in den neunziger Jahren bemerkbar. Auf der Unternehmerseite brachen immer mehr mittelständische Firmen aus dem Flächentarif aus, während die Gewerkschaften mit einer dramatischen Schwächung ihrer Organisationsmacht zu kämpfen hatten. Mit dem Bedeutungsverlust der verbandlichen Interessenorganisation ging ein Wandel der Interessenvermittlungsstrategien gegenüber Regierung und Parlament einher, die nun zunehmend dem Muster des „klassischen" Lobbyismus entsprachen (von Winter 2004).

Die staatliche Seite sah sich unterdessen mit einer wachsenden Überforderung der sozialen Sicherungssysteme konfrontiert, die aus der hohen Arbeitslosigkeit herrührte und von den Tarifpartnern sogar noch gezielt verschärft wurde (durch Frühverrentungsmaßnahmen u.ä.). Hatte sich der Aus- und Umbau des Wohlfahrtsstaates bis dahin – bei aller sonstigen Gegnerschaft – im grundsätzlichen Einvernehmen der beiden großen Parteien vollzogen, so sollte der Elitenkonsens der Sozialpolitiker spätestens in der rot-grünen Regierungszeit zerbrechen. Symptomatisch dafür war, dass in den darauffolgenden Regierungen der Großen und schwarz-gelben Koalition die Minister für Arbeit / Soziales und Wirtschaft nicht mehr aus dem Umfeld der Gewerkschaften bzw. großen Unternehmen rekrutiert wurden, wie es in der Bundesrepublik bis dahin fast immer der Fall gewesen war.

5.   Handlungsblockaden im Parteienbundesstaat

Zu den konstitutiven Elementen des deutschen Regierungssystems, die im Inland weniger Anerkennung erfahren haben als im Ausland, gehört der Föderalismus. Nachdem die Bundesrepublik zu einer politisch reifen Demokratie geworden ist, in der die konstitutionelle Wächterrolle überwiegend von der Verfassungsgerichtsbarkeit ausgeübt wird, haben sich dessen machtdezentralisierende Funktionen in gewisser Weise erledigt. Auch mit Blick auf das primäre Ziel einer föderalen Ordnung, den Gliedstaaten innerhalb des Gesamtstaates ein bestimmtes Maß an eigener Gestaltungsfreiheit zu ermöglichen, erhält der deutsche Bundesstaat in der internationalen Literatur recht gute Noten, obwohl dieses Ziel in der deutschen Wahrnehmung niemals eine große Rolle gespielt hat. Weil der Föderalismus hierzulande aus der Perspektive des Einheitsstaates gedacht wurde, stand man seinen dezentralisierenden Tendenzen stets skeptisch gegenüber. Die Unitarisierung der Gesetzgebung, die mit den Föderalismusreformen der ersten Großen Koalition ihrem Höhepunkt zustrebte, traf deshalb auf allgemeine Zustimmung. Kritik wurde erst laut, als wissenschaftliche Studien die Schwächen des Systems offen legten (Scharpf / Reissert / Schnabel 1976). Ins Visier gerieten dabei zum einen die Effizienzmängel, die aus der übermäßigen Verflechtung der Bundes- und Länderpolitik resultierten, zum anderen die Konsequenzen der föderativen Mitregierung für den Parteienwettbewerb.

Die Machtverteilung zwischen den beiden staatlichen Ebenen beruht in einem föderalen System sowohl auf verfassungsrechtlich garantierten eigenen Zuständigkeiten der Gliedstaaten, als auch auf der Mitwirkung der Gliedstaaten an den Zuständigkeiten des Bundes. Betrachtet man letzteres als ein konstitutives Föderalismusmerkmal (was in der Literatur umstritten ist), würden z.B. Großbritannien, Italien oder Spanien nicht zu den Föderalstaaten zählen, obwohl die Provinzen dort mittlerweile über größere Zuständigkeiten verfügen (oder demnächst verfügen werden) als die deutschen Bundesländer. In der Bundesrepublik hat sich die Balance vom Kompetenz- zum Mitwirkungsföderalismus immer mehr verschoben. Die Ursachen dafür reichen weit zurück. Eine Folge der verspäteten Nationalstaatsgründung, lagen die prägenden Strukturmerkmale der Bundesstaatlichkeit in Deutschland einerseits in der funktionalen Verschränkung – das Gros der Gesetzgebungsbefugnisse sollte beim Reich liegen, während die Länder mit ihren Verwaltungen für die Durchführung der Reichsgesetze zu sorgen hatten –, andererseits in der damit zusammenhängenden Ausgestaltung der Zweiten Kammer als Vertretungsorgan der Länderregierungen (Lehmbruch 2002).

Nachdem der Bund die ihm vom Grundgesetz verliehenen Kompetenzen umfassend ausgeschöpft hat, sind den Ländern in der Bundesrepublik nur noch wenige originäre Gesetzgebungszuständigkeiten – vorwiegend im Bereich Schule und Hochschule – verblieben. Für diesen Verlust wurden sie jedoch durch eine verstärkte Beteiligung an der Bundesgesetzgebung über den Bundesrat „entschädigt", was an der steigenden Quote der zustimmungspflichtigen Gesetze (von ursprünglich 40 auf annähernd 60 Prozent) ablesbar war. In den meisten Fällen gründete die Zustimmungspflicht dabei auf der Verwaltungshoheit der Länder, ergab sie sich also unmittelbar aus dem für den deutschen Föderalismus konstitutiven Verflechtungsprinzip.

Eine andere Folge der Unitarisierung war, dass sie der Zentralisierung des Parteienwettbewerbs und Wählerverhaltens Vorschub leistete. So wie die Parteien die Bühne des Bundesrates nutzten, um bundespolitische Ziele durchzusetzen, und sich dazu der Hilfe „ihrer" Landesregierungen bedienten, so nutzten die Wähler die Gelegenheit der Landtagswahlen, um ihre aktuelle Zufriedenheit oder Unzufriedenheit mit der Bundespolitik auszudrücken. Ins öffentliche Bewusstsein drang das in der föderativen Mitregierung angelegte Konfliktpotenzial, als die Mehrheitsverhältnisse zwischen Bundestag und Bundesrat in den siebziger Jahren erstmals auseinanderfielen – eine Konstellation, die bedingt durch den „Zwischenwahleffekt" später fast zum Regelfall wurde (Decker / von Blumenthal 2002).

Czada (2000: 41 ff.) beschreibt das aus den doppelten Mehrheiten resultierende Problem, im Gesetzgebungsprozess mehrheits- und konsensdemokratische Entscheidungsmuster unter einen Hut bringen zu müssen, als „deutsches Dilemma". Damit greift er auf die klassische Analyse von Lehmbruch (1976) zurück, der den in der Struktur des „Parteienbundesstaates" angelegten Systemwiderspruch als erster offenlegte. Das für das parlamentarische Regierungssystem konstitutive Wechselspiel von Regierung und Opposition wird Lehmbruch zufolge unterlaufen, wenn letztere durch die Hintertür des Föderalismus an den Gesetzgebungsprozessen gleichberechtigt mitwirken könne. Bei allen Gesetzesvorhaben, denen der Bundesrat zustimmen muss, bestehe dann die faktische Notwendigkeit einer Allparteienregierung.

Der Zwang zur Übereinkunft ist für Regierung und Opposition gleichermaßen prekär. Den Oppositionsparteien verschafft er zwar Einfluss und die Möglichkeit der Verbesserung oder Verhinderung von Gesetzesvorhaben, dies aber um den Preis der politischen Mitverantwortung, der Fehler-Korrektur und damit auch der Stabilisierung der Regierungsmacht. Wenn die Opposition wirksam für Ausgleich sorgt, trägt sie in gewissem Sinne dazu bei, dass die Regierung eine „gute" bleibt. Damit jedoch gibt sie ihre Alternativfunktion zum Teil auf und steht vor dem Problem, dem Wähler zu vermitteln, wozu überhaupt ein Regierungswechsel notwendig oder gar unerlässlich sein sollte (Böckenförde 1980: 182 ff.). Nicht weniger heikel sind die Folgen der doppelten Mehrheiten für die Regierungsseite. Wie groß der faktische Anteil der Opposition an einem Gesetzesvorhaben auch sein mag – es bleibt die Regierungsmehrheit, die für das Ergebnis in erster Linie gerade stehen muss. Der Grund dafür liegt in ihrer höheren demokratischen „Dignität": Während der aus den Vertretern von 16 Landesregierungen zusammengesetzte Bundesrat nur über eine mittelbare Legitimation verfügt, kann sich die Regierung auf das direkte Votum der Gesamtwählerschaft stützen. Dies gibt ihr das Vorrecht der politischen Initiative und belastet sie zugleich mit der primären Bürde der Verantwortung. Die Oppositionsmehrheit im Bundesrat hat demgegenüber den strategischen Vorteil, dass sie ihre faktische Mitwirkung – falls erforderlich – hinter dem breiten Rücken der Regierung verstecken kann.

Dass gegen eine geschickt angelegte Obstruktionspolitik kein Kraut gewachsen ist, hat sich in der jüngeren Vergangenheit in einer Reihe von Fällen gezeigt. Zu nennen wären hier z.B. die von Oskar Lafontaine organisierte Ablehnung der von der Regierung Kohl eingebrachten Steuerreform im Jahre 1997 oder die Weigerung der Unionsmehrheit im Bundesrat, die von der rot-grünen Bundesregierung 2005 vorgeschlagene Streichung von Steuersubventionen mitzutragen. Dies bedeutet nicht, dass Blockaden und Stillstand im deutschen Föderalismus die Regel wären. Die Ausnahmen sind aber schwerwiegend genug, um Zweifel an einer institutionellen Konstellation zu wecken, in der die politischen Parteien, wie es Fritz Scharpf (1997) einmal ausgedrückt hat, gleichzeitig aufeinander einschlagen (auf der parlamentarischen Ebene) und miteinander kooperieren sollen (auf der bundesstaatlichen Ebene).

6. Institutionelle Reformperspektiven

Rein theoretisch ist eine Überwindung der institutionellen Blockaden auf zwei Wegen möglich: durch eine Rückführung der zu stark gewordenen Beteiligungsposition des Bundesrates oder durch eine „Mäßigung" des Parteienwettbewerbs, um konsensuelle Entscheidungsmechanismen bereits auf der parlamentarischen Ebene zu etablieren. Es ist bemerkenswert, dass beide Wege in der Bundesrepublik in den letzten Jahren unabhängig voneinander nahezu zeitgleich beschritten worden sind. Während die Föderalismusreform auf eine Stärkung der mehrheitsdemokratischen Funktionsweise des Systems abzielte, wirkte die Pluralisierung des Parteiensystems in die gegenteilige Richtung, indem sie die Parteien nötigte, vermehrt „lagerübergreifende" Koalitionen zu bilden.

Die Föderalismusreform basierte auf einem Tauschgeschäft: Die Länder sollten Kompetenzen zurückerhalten, die zuvor vom Bund oder von Bund und Ländern gemeinsam wahrgenommen worden waren, und dafür im Gegenzug einen Teil ihrer Vetorechte im Bundesrat abgeben. Um dieses Ziel zu erreichen, richtete man 2003 eine paritätisch besetzte Kommission ein, deren Beschlüsse 2006 in die bis dahin weitreichendste Verfassungsänderung der bundesdeutschen Geschichte mündeten. Dies galt allerdings nur in quantitativer Hinsicht, da die Reform hinter ihrem Anspruch weit zurückblieb. Einerseits blieb eine nennenswerte Rückübertragung von Kompetenzen aus, sodass auch der Anteil der zustimmungspflichtigen Gesetze nur unwesentlich gesenkt werden konnte. Andererseits hätten die Ministerpräsidenten selbst dann auf vielen Feldern der Bundespolitik weiter kräftig mitmischen können – besonders wo es um finanzielle Fragen geht. Am Problem der abweichenden Mehrheiten hätte die Reform ohnehin nichts geändert, da der Zwischenwahleffekt durch eine bescheidene Aufwertung der Landespolitik wohl kaum beseitigt worden wäre.

Auch was die „Mäßigung" des Parteienwettbewerbs angeht, kann die Bundesrepublik noch nicht mit wirklichen Erfolgsmeldungen aufwarten. Lagerübergreifende Koalitionen von Union oder SPD mit FDP und Grünen scheiterten auf der Landesebene wiederholt an der wechselseitigen Blockade der beiden letztgenannten und ein schwarz-grünes Zweierbündnis existierte bislang nur in Hamburg. Die Große Koalition entwickelte sich ebenfalls nicht zum bevorzugten Regierungsmodell, sondern blieb eine ungeliebte Notlösung. Entweder die Partner kamen erst gar nicht zusammen, weil der eine von ihnen sich weigerte, dem anderen das Amt des Regierungschefs zu überlassen (wie nach der Landtagswahl in Nordrhein-Westfalen 2010). Oder die Parteien pflegten ihre Gegnerschaft so stark, dass die Bündnisse vorzeitig platzten (Schleswig-Holstein 2009) bzw. eine Neuauflage nur unter großer Überwindung möglich gewesen wäre. Letzteres erleichterte 2009 auf der Bundesebene den Rückweg in das vertraute Modell einer kleinen Zweierkoalition.

Als weiteres Hindernis auf dem Weg zu einer konsensuellen Transformation des Parlamentarismus erweist sich die fehlende Akzeptanz von Minderheitsregierungen. Die tief verankerte Praxis der Konkurrenzdemokratie in der Bundesrepublik hat dazu geführt, dass diese auch unter Politikwissenschaftlern weit verbreitet ist (z.B. Patzelt / Schirmer 1996). Symptomatisch dafür stehen das heftig umstrittene „Magdeburger Modell" einer von der PDS tolerierten rot-grünen bzw. SPD-Minderheitsregierung in Sachsen-Anhalt, die von 1994 bis 2002 immerhin zwei Legislaturperioden Bestand hatte, oder die Debatte um die Rolle des Südschleswigschen Wählerverbandes bei der Regierungsbildung in Schleswig-Holstein im Jahre 2005. Auch die nach der Landtagswahl 2010 in Nordrhein-Westfalen auf den Weg gebrachte rot-grüne Minderheitsregierung wird von ihren Urhebern eher als Verlegenheits- oder Übergangslösung bis zu vorgezogenen Neuwahlen betrachtet und nicht als besonders taugliche Regierungsalternative.

An nachvollziehbaren Gründen für diese Haltung fehlt es auf der Länderebene bis heute. Dies gilt vor allem für den Fall, dass in der Zusammenarbeit nicht auf ein koalitionsähnliches Stützabkommen, sondern auf bloße Duldung durch einen Teil der Opposition abgestellt wird, was man in der Bundesrepublik gerne verwechselt (Schütt-Wetschky 1987). Beide Varianten haben gemeinsam, dass der stützende bzw. tolerierende Teil der Regierung zwar bei der Durchsetzung ihrer Gesetzesvorhaben im Parlament unter die Arme greift (das heißt zur Mehrheit verhilft), sie aber nicht mit eigenen Ministern und Portfolios förmlich in die Regierung eintritt. Der Unterschied liegt darin, dass im Stützmodell eine kontinuierliche Unterstützung gewährt wird, während sie im Tolerierungsmodell fallweise erfolgt. Die Regierung kann sich deshalb auf die Loyalität des tolerierenden Partners nicht immer sicher verlassen, der im Gegenzug aber bereit ist zu akzeptieren, dass die Unterstützung gegebenenfalls woanders besorgt wird. Das Tolerierungsmodell ermöglicht insofern im Unterschied zum Stützmodell das Regieren mit wechselnden Mehrheiten. Damit entfernt es sich am weitesten vom Lehrbuchmodell des parlamentarischen Systems, in dem die Rollen zwischen Regierung und Opposition klar festgelegt sind. Eine solche Entfernung mag auf der Bundesebene wenig sinnvoll sein, was daran ablesbar ist, dass das Duldungsmodell auch in anderen Ländern im nationalen Rahmen kaum verbreitet ist (z.B. in Dänemark). Auf der gliedstaatlichen Ebene wäre sie aber gut vertretbar, vielleicht sogar segensreich, weil die verwaltungslastigen Aufgaben hier einen konsensuelleren Politikstil eher gestatten als die vergleichsweise stärker polarisierte Bundespolitik. Von daher ist es absurd, dass ausgerechnet in den Ländern eine Reihe von Verfassungen das dualistische Modell durch die Einfügung sogenannter „Oppositionsklauseln" förmlich festgeschrieben haben.

Stehen die Chancen für eine Abkehr vom mehrheitsdemokratischen Dogmatismus schlecht, bleibt immer noch die Alternative, den Parteienwettbewerb durch anderweitige Formen der Konkordanz zu „zähmen". Zu denken wäre hier z.B. an die Einführung von Elementen der direkten Demokratie. Die Diskussion darüber wird in der Bundesrepublik nach wie vor durch die historischen Vorbelastungen überschattet. Dabei wäre es viel sinnvoller, den Blick über den nationalen Tellerrand hinaus zu richten und die Erfahrungen zu berücksichtigen, die andere Länder mit dem plebiszitären Instrument gemacht haben (von Arnim 2000: 167 ff.). Eine nüchterne empirische Bestandsaufnahme zeigt, dass der Nutzen und die Gefahren der direkten Demokratie oft falsch bzw. übertrieben dargestellt werden. Weder führen plebiszitäre Entscheidungen notwendig zu einer besseren oder schlechteren Politik, noch fördern sie automatisch das politische Interesse und die Teilnahmebereitschaft der Bevölkerung. Die Lösung der Regierungsprobleme kann also nicht darin bestehen, Parlament und Parteien zu entmachten und stattdessen das Volk walten zu lassen. Der Schlüssel liegt vielmehr bei den Vermittlungsinstitutionen selbst, die ihrer repräsentativen Funktion besser gerecht werden müssten. Plebiszitäre Elemente übernehmen in diesem Kontext die Rolle eines Frühwarnsystems. Als Handlungsmöglichkeit der Bürger in Reserve stehend, zwingen sie die politischen Eliten, ihr legislatives Tun und Unterlassen sorgfältiger zu begründen (Offe 1992: 139 f.). Die regierende Mehrheit wird auf diese Weise gezwungen, bei den Entscheidungen die Vorstellungen der Minderheit zumindest implizit zu berücksichtigen. Direktdemokratische Verfahren wirken also ihrer Logik nach „konsensuell", indem sie für eine breitere Interessenberücksichtigung sorgen (Lijphart 1999: 230 f.). Ihre Rückwirkungen auf das parlamentarische Entscheidungsverfahren ähneln damit jenen eines präsidentiellen Systems oder einer Minderheitsregierung, nur dass der Konsensdruck bei den Plebisziten von außen erfolgt, also jenseits der parlamentarischen Sphäre aufgebaut wird.

Die Kombination von starker Wettbewerbsorientierung und ebenso starker konstitutioneller Politikverflechtung führt dazu, dass sich die Regierungsinstitutionen in der Bundesrepublik nicht produktiv ergänzen, sondern tendenziell blockieren. Direktdemokratische Beteiligungsformen könnten dem zumindest entgegenwirken. Ihre Einführung würde darauf hinauslaufen, dass man die plebiszitären Tendenzen aus der elektoralen Sphäre herauslöst und in die konsensuellen Bereiche des Regierungssystems „verschiebt". Damit könnten sie zugleich einen Schutzschild gegen die populistischen Versuchungen bilden, die dem Parteienwettbewerb wesenseigen sind (Decker 2003: 66 ff.). Dieser wird seiner elektoralen Funktion selbstverständlich nicht beraubt. Er behält sie schon deshalb, weil es prinzipiell möglich bleiben muss, eine unfähige oder korrupte Regierung loszuwerden. Für die inhaltliche Politikgestaltung wäre es hingegen besser, das mehrheitsdemokratische Element zurückzudrängen und den Fokus der Demokratisierung auf die konsensuellen Entscheidungsmechanismen zu richten, die in ihrer Responsivität gestärkt werden müssten. Die veränderten Rahmenbedingungen des Regierens führen dazu, dass die Politik heute nicht weniger, sondern im Zweifelsfalle mehr Konsens benötigt. In jedem Fall benötigt sie aber einen richtig organisierten Konsens, der nicht auf Kosten der Entscheidungsfähigkeit geht – eine Forderung, der das deutsche Regierungssystem in seiner heutigen institutionellen Konfiguration nur begrenzt gerecht wird.

Literatur

Almond, Gabriel A. / Sidney Verba (1963), The Civic Culture. Political Attitudes and Democracy in Five Nations, Princeton.

Arnim, Hans Herbert von (2000), Vom schönen Schein der Demokratie. Politik ohne Verantwortung – am Volk vorbei, München.

Benz, Arthur (2000), Anmerkung zur Diskussion über Verhandlungsdemokratien, in: Everhard Holtmann / Helmut Voelzkow (Hg,), Zwischen Wettbewerbs- und Verhandlungsdemokratie, Wiesbaden, S. 215-222.

Böckenförde, Ernst Wolfgang (1980), Sozialer Bundesstaat und parlamentarische Demokratie. Zum Verhältnis von Parlamentarismus und Föderalismus unter den Bedingungen des Sozialstaats, in: Jürgen Jekewitz / Michael Melzer / Wolfgang Zeh (Hg.), Politik als gelebte Verfassung, Opladen, S. 182-199.

Canovan, Margaret (2002), Taking Politics to the People. Populism and the Identity of Democracy, in: Yves Mény / Yves Surel (Hg.), Democracies and the Populist Challenge, Houndmills / New York, S. 25-44.

Czada, Roland (2000), Konkordanz, Korporatismus und Politikverflechtung. Dimensionen der Verhandlungsdemokratie, in: Everhard Holtmann / Helmut Voelzkow (Hg,), Zwischen Wettbewerbs- und Verhandlungsdemokratie, Wiesbaden, S. 23-49.

Czerwick, Erwin (1999), Verhandlungsdemokratie – ein Politikstil zur Überwindung von Politikblockaden, in: Zeitschrift für Politikwissenschaft 9 (2), S. 415-438.

Darnstädt, Thomas (2006), Konsens ist Nonsens. Wie die Republik wieder regierbar wird, München.

Decker, Frank (2000), Demokratie und Demokratisierung jenseits des Nationalstaates. Das Beispiel der Europäischen Union, in: Zeitschrift für Politikwissenschaft 10 (2), S. 585-629.

Decker, Frank (2003), Der gute und der schlechte Populismus, in: Berliner Republik 5 (3), S. 66-73.

Decker, Frank (2004), Systemrezeption und institutionelle Innovationen im deutschen Einigungsprozess. Eine Bilanz, in: Zeitschrift für Politikwissenschaft 14 (1), S. 31-67.

Decker, Frank (2009), Ist die Parlamentarismus-Präsidentialismus-Dichotomie überholt? Zugleich eine Replik auf Steffen Kailitz, in: Zeitschrift für Politikwissenschaft 19 (2), S. 169-203.

Decker, Frank / Julia von Blumenthal (2002), Die bundespolitische Durchdringung der Landtagswahlen. Eine empirische Analyse von 1970 bis 2001, in: Zeitschrift für Parlamentsfragen 33 (1), S. 144-165.

Dyson, Kenneth (2001), The German Model Revisited: From Schmidt to Schröder, in: German Politics 10 (2), S. 135-154.

Elgie, Robert, Hg. (2001a), Divided Government in Comparative Perspective, Oxford / New York.

Elgie, Robert (2001b), ‚Cohabitation'. Divided Government French-Style, in: ders. (Hg.), Divided Government in Comparative Perspective, Oxford / New York, S. 106-126.

Frölich-Steffen, Susanne (2006), Rechtspopulistische Herausforderer in Konkordanzdemokratien. Erfahrungen aus Österreich, der Schweiz und den Niederlanden, in: Frank Decker (Hg.), Populismus in Europa, Bonn, S. 144-164.

Helms, Ludger (2010), Modelldemokratie im Gegenwind? Die Bundesrepublik Deutschland in der vergleichenden Politikwissenschaft, in: Zeitschrift für Parlamentsfragen 41 (1), S. 207-221.

Hennis, Wilhelm (2000), Amtsgedanke und Demokratiebegriff, in: ders., Politkwissenschaft und politisches Denken. Politikwissenschaftliche Abhandlungen II, Tübingen, S. 133-147.

Jun, Uwe (2006), Populismus als Regierungsstil in westeuropäischen Parteiendemokratien: Deutschland, Frankreich und Großbritannien, in: Frank Decker (Hg.), Populismus in Europa, Bonn, S. 233-254.

Kaiser, André (1998), Vetopunkte der Demokratie. Eine Kritik neuerer Ansätze der Demokratietypologie und ein Alternativvorschlag, in: Zeitschrift für Parlamentsfragen 29 (3), S. 525-541.

Kaiser, André (2004), Alternanz und Inklusion. Zur Repräsentation politischer Präferenzen in den westeuropäischen Demokratien, 1950 – 2000, in: ders. (Hg.), Demokratietheorie und Demokratieentwicklung. Festschrift für Peter Graf Kielmansegg, Wiesbaden, S. 174-196.

Katzenstein, Peter J. (1987), Policy and Politics in West Germany. The Growth of a Semisovereign State, Philadelphia.

Kielmansegg, Peter Graf (2003), Zukunftsverweigerung, in: Frankfurter Allgemeine Zeitung vom 23. Mai 2003, S. 11.

Kluge, Susann (1999), Empirisch begründete Typenbildung. Zur Konstruktion von Typen und Typologien in der empirischen Sozialforschung, Opladen.

Lehmbruch, Gerhard (1967), Proporzdemokratie. Politisches System und politische Kultur in der Schweiz und in Österreich, Tübingen.

Lehmbruch, Gerhard (1976), Parteienwettbewerb im Bundesstaat, Stuttgart u.a.

Lehmbruch, Gerhard (2002), Der unitarische Bundesstaat in Deutschland: Pfadabhängigkeit und Wandel, in: Arthur Benz / ders. (Hg.), Föderalismus, Wiesbaden, S. 53-110 (PVS-Sonderheft 32/2001).

Lijphart, Arend (1999), Patterns of Democracy. Government Forms and Performance in Thirty-Six Countries. New Haven / London.

Mair, Peter (2002), Populist Democracy vs Party Democracy, in: Yves Mény / Yves Surel (Hg.), Democracies and the Populist Challenge, Houndmills / New York, S. 81-98.

Mény, Yves / Yves Surel, Hg. (2002), Democracies and the Populist Challenge, Houndmills / New York.

Niedermayer, Oskar (2009), Bevölkerungseinstellungen zur Demokratie: Kein Grundkonsens zwischen West- und Ostdeutschen, in: Zeitschrift für Parlamentsfragen 40 (2), S. 383-397.

Offe, Claus (1992), Wider scheinradikale Thesen. Die Verfassungspolitik auf der Suche nach dem „Volkswillen", in: Gunter Hofmann / Werner A. Perger (Hg.), Die Kontroverse. Weizsäckers Parteienkritik in der Diskussion, Frankfurt a.M., S. 126-142.

Patzelt, Werner / Roland Schirmer (1996), Parlamentarismusgründung in den neuen Bundesländern, in: Aus Politik und Zeitgeschichte B 27, S. 20-28.

Pelinka, Anton (2003), Koalitionen in Österreich. Keine westeuropäische Normalität, in: Sabine Kropp / Suzanne Schüttemeyer / Roland Sturm (Hg.), Koalitionen in West- und Osteuropa, Opladen, S. 69-87.

Pierson, Paul (2004), Politics in Time. History, Institutions, and Social Analysis, Princeton.

Scharpf, Fritz W. (1997), Die Malaise der deutschen Politik, in: Frankfurter Allgemeine Zeitung vom 5. Juni 1997, S. 35.

Scharpf, Fritz W. / Bernd Reissert / Fritz Schnabel, Hg. (1976), Politikverflechtung. Theorie und Empirie des kooperativen Föderalismus in der Bundesrepublik, Kronberg / Ts.

Schmidt, Manfred G. (1998), Das politische Leistungsprofil der Demokratien, in: Michael Th. Greven (Hg.), Demokratie – eine Kultur des Westens?, Opladen, S. 181-199.

Schmidt, Manfred G. (2007), Das politische System Deutschlands. Institutionen, Willensbildung und Politikfelder, München.

Schütt-Wetschky, Eberhard (1987), Minderheitsregierungen und Verhältniswahl, in: Zeitschrift für Parlamentsfragen 18 (1), S. 94-109.

Siaroff, Alan (1999), Corporatism in 24 Industrial Countries. Meaning and Measurement, in: European Journal of Political Research 36 (2), S. 175-205.

Stone Sweet, Alec (2008), Constitutions and Judicial Power, in: Daniel Caramani (Hg.), Comparative Politics, Oxford, S. 217-239.

Streeck, Wolfgang (2006), Nach dem Korporatismus. Neue Eliten, neue Konflikte, in: Herfried Münkler / Grit Straßenberger / Matthias Bohlender (Hg.), Deutschlands Eliten im Wandel, Frankfurt a.M., S. 149-176.

Thumfart, Alexander (2002), Die politische Integration Ostdeutschlands, Frankfurt a.M.

Thurber, James A., Hg. (1991), Divided Democracy. Cooperation and Conflict between the President and Congress, Washington DC.

Tsebelis, George (1995), Veto Players and Law Production in Parliamentary Democracies, in: Herbert Döring (Hg.), Parliaments and Majority Rule in Western Europe, Mannheim, S. 83-113.

Wilson, Graham (1994), The Westminster-Model in Comparative Perspective, in: Ian Budge/ David McKay (Hg.), Developing Democracy. Comparative Research in Honour of J.F.P. Blondel, London / Thousand Oaks / New Delhi, S. 189-201.

Winter, Thomas von (2004), Vom Korporatismus zum Lobbyismus. Paradigmenwechsel in Theorie und Analyse der Interessenvermittlung, in: Zeitschrift für Parlamentsfragen 35 (4), S. 761-776.

II. Leistungen und Defizite des Parlamentarismus

1. Vom konstitutionellen zum mehrheitsdemokratischen Parlamentarismus

Die Diskussion um den Parlamentarismus und das parlamentarische System ist in Deutschland bis heute durch eine merkwürdige Frontstellung gekennzeichnet, bei der sich die Anhänger einer konstitutionellen und parteiendemokratischen Parlamentarismuskonzeption scheinbar unversöhnlich gegenüberstehen. Bei Lichte betrachtet entbehrt diese Unversöhnlichkeit der Grundlage, da sie weder durch die Wirklichkeit der parlamentarischen Regierungsweise gedeckt ist noch durch die Positionen, die von den „aufgeklärten" Autoren auf beiden Seiten vertreten werden. In der Debatte überwiegen deshalb die Fehlperzeptionen und Zerrbilder. Dies hat zum einen mit der historischen Verspätung des parlamentarisch-demokratischen Regierungssystems in Deutschland zu tun, zum anderen liegt es an den disziplinär bedingten Kommunikationsschwierigkeiten zwischen Staatsrechtlern und Politikwissenschaftlern, die sich in falsch verstandener Arbeitsteilung auf die Analyse der Verfassungsnorm respektive Verfassungswirklichkeit beschränken.

Drei Missverständnisse der Funktionsweise des parlamentarischen Systems, die in der bundesdeutschen Öffentlichkeit weit verbreitet sind, wirken auch in der rechtswissenschaftlichen Diskussion bis heute nach und prägen das Amtsverständnis von nicht wenigen Abgeordneten und Parteipolitikern. Das erste Missverständnis bezieht sich auf die institutionelle Verwirklichung der Gewaltenteilungsidee. Das Parlament steht danach als ganzes der Regierung gegenüber und soll sie in der Ausübung ihrer Macht kontrollieren („organschaftliche" Gewaltenteilung). Diese Lesart des Parlamentarismus bewegt sich in der klassischen Tradition Montesquieus. Zweitens – und damit eng verbunden – wird davon ausgegangen, dass Parlament und Regierung unterschiedliche Funktionen wahrzunehmen hätten. Dem Parlament obliege es, als Legislative die grundsätzlichen Entscheidungen zu treffen, während die Regierung als Exekutive die Entscheidungen ausführe („funktionelle" Gewaltenteilung). Dass die Realität dieser Zuschreibung zu keiner Zeit entsprochen hat, ist den Beobachtern sicher nicht entgangen. Dennoch halten die Vertreter dieser Position an der Vorstellung fest, dass dem Parlament zumindest ein bedeutsamer Anteil an der „Staatsleitung" zugestanden werden muss (Friesenhahn 1958: 36 ff., Magiera 1979: 240 ff.). Das dritte Missverständnis betrifft die Art und Weise, wie das Parlament seine Entscheidungen fällt. Gemäß der Idee des „government by discussion" ringen die gewählten Abgeordneten miteinander um die besten Lösungen, versuchen sie sich in Rede und Gegenrede wechselseitig von ihrer Meinung zu überzeugen. Institutionelle Voraussetzung dafür ist die Freiheit des Mandates: Um den Beratungscharakter der Debatte zu gewährleisten, müssen die Volksvertreter entsprechend ihrer persönlichen Auffassung argumentieren können, unabhängig von etwaigen Gruppenzwängen.

Die Positionen der modernen, parteiendemokratischen Konzeption verhalten sich dazu spiegelbildlich (Lösche 2001). Bezogen auf das Verhältnis von Parlament und Regierung wird hier erstens davon ausgegangen, dass der alte Dualismus der „organschaftlichen" Gewaltenteilung durch einen neuen Dualismus ersetzt bzw. überlagert worden sei, bei dem sich Regierungsmehrheit und Opposition als Antipoden gegenüberstehen. Weil die Regierung aus dem Parlament hervorgehe und von diesem bestellt werde, komme es zu einer engen politischen Verbindung (Symbiose) zwischen dem Regierungspersonal und der parlamentarischen Mehrheit, die in der Vereinbarkeit von Regierungsamt und Abgeordnetenmandat ihren Ausdruck finde. Die Kontrollfunktion geht auf die parlamentarische Minderheit über, die als Opposition den Gegenpol zur Regierungsmehrheit bildet. Dem entspricht zweitens eine neue Funktionenteilung dergestalt, dass sich die faktische Gesetzgebungsarbeit in den Bereich der Exekutive verlagert. Bemerkenswerter als die legislative Ohnmacht der Opposition, die mangels Mehrheit allenfalls indirekt Einfluss ausübt, ist dabei der Umstand, dass auch die Mehrheitspartei oder -fraktionen „ihrer" Regierung bereitwillig die Initiative überlassen. Das Parlament wird dadurch nicht zwangsläufig zum „Stempelkissen" degradiert; es kann jedoch im Gesetzgebungsprozess kaum mehr als eine Mitwirkungsfunktion beanspruchen. Der dritte Punkt hängt damit eng zusammen. Wird die Legislative durch den neuen Dualismus ihrer ursprünglichen Funktion beraubt, verändert sich notgedrungen auch der Charakter der parlamentarischen Debatte. Anstelle der Beratung tritt dann die bloße Darstellung und Kritik der an anderer Stelle getroffenen Entscheidungen vor der Wählerschaft. Dem entspricht eine Gewichtsverlagerung weg von den einzelnen Parlamentariern hin zu den parlamentarischen Gruppen (Fraktionen), die um ein möglichst geschlossenes Auftreten bemüht sein müssen und deren Disziplin sich die Abgeordneten daher freiwillig unterwerfen.

Das moderne parteiendemokratische Parlamentarismusverständnis gibt nicht nur die Wirklichkeit der parlamentarischen Regierungsform angemessen wider; es ist in der Bundesrepublik auch normativ voll „gedeckt", indem alle zentralen Bestimmungsmerkmale des parlamentarischen Systems durch die Verfassung vorgegeben bzw. in der Verfassung enthalten sind. Dazu gehören als primäres Merkmal

- die Bestellung und Abberufbarkeit der Regierung / des Regierungschefs durch das Parlament gemäß Art. 63 und 67 des Grundgesetzes. Die Bestellung erfolgt dabei abweichend von der Praxis in den meisten anderen westlichen Regierungssystemen durch förmliche Wahl, die Abberufung durch gleichzeitige Wahl eines Nachfolgers

und als sekundäre (funktionslogisch ableitbare) Elemente

- die Vereinbarkeit von Regierungsamt und Parlamentsmandat *ex negativo*: die Unvereinbarkeit ist nirgendwo festgeschrieben.
- das Gesetzesinitiativrecht der Regierung gemäß Art. 76 Abs. 1 des Grundgesetzes
- die Auflösbarkeit des Parlaments gemäß Art. 63 Abs. 4 und Art. 68 sowie
- die starke Betonung der parlamentarischen Gruppenrechte in der Geschäftsordnung des Bundestages als Ausfluss des Parteienartikels 21 (z.B. § 76, § 79 Abs. 1, § 85 Abs. 1, § 89, § 101, § 104 Abs. 1).

2.   Ein latenter Verfassungskonflikt?

Angesichts dieser Evidenz muss es verblüffen, wenn sich maßgebliche Autoren und Politiker den Grundlagen des parlamentarischen Systems immer noch verweigern (so z.B. Hamm-Brücher 1991). Damit leisten sie nicht nur entsprechenden Vorurteilen in der Bevölkerung Vorschub, sondern werden auch der komplexen Darstellung nicht gerecht, die dieses System in der Jurispudenz und Staatsrechtslehre erfahren hat (z.B. von Arnim 1984: 316 ff.). Das klassische Modell des Parlamentarismus als „government by discussion", das die Politologen den Verfassungsrechtlern gerne unterstellen, hat es in Deutschland lediglich in der Vorstellungswelt der frühliberalen Konstitutionalisten gegeben. Schon damals entsprang es einer Fehlwahrnehmung der britischen Verfassungspraxis, die sich zu diesem Zeitpunkt auf das System der Mehrheitsregierung bereits zubewegte. Entgegen einer verbreiteten Annahme ist diese Entwicklung den deutschen Beobachtern keineswegs verborgen geblieben, wie Hans Boldt (1980) in einer begriffsgeschichtlichen Darstellung anhand zahlreicher Quellen nachgewiesen hat. Dass die frühliberalen Vorstellungen weiter wirksam waren, hängt vor allem mit der verspäteten Durchsetzung der Demokratie in Deutschland zusam-

men. Das Idealbild einer deliberierenden Versammlungsregierung konnte so von
den Kritikern als Folie benutzt werden, um die herrschende bzw. sich herausbil-
dende Praxis des parteiendemokratischen parlamentarischen Systems zu denun-
zieren. Hier ist vor allem Carl Schmitts einflussreiche Schrift über die „geistesge-
schichtliche Lage des heutigen Parlamentarismus" zu nennen, in der der Autor
den Nachweis zu führen versuchte, dass Demokratie und Parlamentarismus am
Ende unvereinbar seien. Auch linke Autoren wie Jürgen Habermas, die von einem anspruchsvolleren Demokratiebegriff ausgehen, müssen sich den Vorwurf
gefallen lassen, durch ihr Modell einer „herrschaftsfreien Kommunikation" das
antiparlamentarische Ressentiment – gewollt oder ungewollt – genährt zu haben
(Kluxen 1983: 182 f.).

Wo das britische System zutreffend rezipiert wurde, diente das vor allem
der Begründung eines eigenen deutschen Wegs des Parlamentarismus, für den
man auch in anderen Ländern Kontinentaleuropas – insbesondere in Frankreich –
Anknüpfungspunkte vorzufinden glaubte (von Beyme 1999: 125 ff.). In England
vollzog sich die Parlamentarisierung zwar nicht bruchlos, aber doch kontinuier-
lich: Die Regierungsmacht wurde dem Monarchen nach und nach entwunden,
bis sie irgendwann vollständig auf die Parlamentsmehrheit und das von ihr bestellte „Ministerium" übergegangen war. Die Mehrheitsabhängigkeit der Regierung führte zur Präponderanz des Parlaments. In Deutschland dominierte demgegenüber das Gleichgewichtsdenken: Der Monarch sollte auch unter den Bedingungen einer vom Parlament abhängigen Regierung nicht zur bloßen „Marionet-
te" verkommen, sondern auf deren Politik weiterhin Einfluss nehmen können.
Über die konstitutionelle Ära hinauswirkend, bestimmte dieses Denken maßgeblich die Ausgestaltung der Weimarer Republik als „semi-präsidentielles" System,
in welchem der Regierung die Funktion eines „Scharniers" zwischen Parlament
und Reichspräsident zugedacht war. Letzterer wurde in der zeitgenössischen
Publizistik bezeichnenderweise als „Ersatzmonarch" apostrophiert. Das Bonner
Grundgesetz hat den Dualismus im Bereich der Regierung aufgrund der negativen Weimarer Erfahrungen beseitigt, im übrigen aber an der Vorstellung einer –
auch gegenüber dem Parlament – eigenständigen Exekutive festgehalten. Charakteristisch dafür sind z.B. die der Regierung zugestandenen Vetorechte im Bereich
der Gesetzgebung (Art. 113), die durch das konstruktive Misstrauensvotum erschwerte Abberufbarkeit des Bundeskanzlers und die Befugnis, bei Verlust der
parlamentarischen Mehrheit eine Auflösung des Bundestages und vorzeitige
Neuwahlen herbeizuführen (Boldt 1980: 405).

Beim Vergleich der Weimarer und Bonner Verfassung wird das Augenmerk
häufig nur auf die Neuerungen gerichtet und der Traditionsaspekt übersehen.

Tatsächlich hatten auch die Autoren des Grundgesetzes ein parlamentarisches Regierungssystem nach britischem Muster nicht im Sinn gehabt. In der unmittelbaren Nachkriegszeit gab es zwar insbesondere in der Sozialdemokratie starke Kräfte, die sich für das Konzept einer „sozialen Mehrheitsdemokratie" einsetzten (Niclauß 1998: 27 ff.). Diese vertraten jedoch ein Gewaltenteilungsmodell, das den Primat des Parlaments gegenüber der Regierung einseitig betonte und allenfalls dem Staats- oder Verfassungsgerichtshof eine Korrektivfunktion zubilligte. Die mehrheitsdemokratischen Vorstellungen nahmen auf die Verfassungsgebung in den Ländern maßgeblichen Einfluss, indem sie die Schaffung eines zusätzlichen Präsidentenamtes (neben dem Regierungschef) sowie die Einführung eines Zweikammersystems vereitelten, die von Teilen des bürgerlichen Lagers für die Gliedstaaten ursprünglich erwogen worden waren. Bei den Beratungen der späteren Bundesverfassung gewannen die Verfechter eines konstitutionellen Demokratiemodells dann immer mehr die Oberhand. Diese propagierten anstelle des befürchteten „Parlamentsabsolutismus" eine strikte Gewaltenteilung in horizontaler und vertikaler Hinsicht. Letzteres mündete unter anderem in die Ausgestaltung der Zweiten Kammer als Vertretungsorgan der Länderregierungen, während auf der horizontalen Ebene ein annäherndes Gleichgewicht zwischen Regierung und (Gesamt)Parlament angestrebt wurde. Beides entsprach der deutschen Tradition. Liest man die Protokolle des parlamentarischen Rates noch einmal nach, zeigt sich, wie fremd die Idee der „Gewaltenverschränkung" den Verfassungsgebern damals gewesen ist (Schütt-Wetschky 2000). Dass sich das parlamentarische System nach 1949 binnen kurzem zu einer Kanzlerdemokratie ähnlich dem britischen *Prime Ministerial Government* entwickelte, gehört insofern zu den bemerkenswerten Ironien der deutschen Verfassungsgeschichte.

Die fortdauernden Akzeptanzprobleme der parlamentarischen Regierungsform in der Bundesrepublik, die Werner J. Patzelt (1998) als „latenten Verfassungskonflikt" bezeichnet hat, müssen vor diesem Hintergrund gesehen werden. In Großbritannien ermöglichten der frühe Beginn der Parlamentarisierung und das Nicht-Vorhandensein einer geschriebenen Verfassung, dass sich das Konkurrenzmodell des Parlamentarismus in einem lange währenden Prozess vergleichsweise harmonisch ausbildete und seine konstitutionellen und demokratischen Erfordernisse in Einklang gebracht werden konnten. In Deutschland dagegen waren die Grundgesetzgeber auf die Entstehung eines Westminsterähnlichen Systems nicht vorbereitet, als sie 1948 ihre Arbeit aufnahmen. Die Verfassung bahnte zwar der parlamentarischen Regierungsform den Weg, blieb aber bei der Normierung des neuen Dualismus gleichsam auf halbem Wege stecken. Symptomatisch dafür ist der Umgang mit den Parteien. Diese wurden in Art. 21

erstmals in den Rang einer Verfassungsinstitution erhoben und als Träger der politischen Willensbildung im Unterschied zur Weimarer Reichsverfassung ausdrücklich anerkannt. Auf der Ebene des eigentlichen Regierungssystems findet das jedoch keine Entsprechung. Nicht nur, dass man den Begriff „Fraktion" in der Verfassung vergeblich sucht. (Allein in dem nachträglich aufgenommenen Art. 53a über den Gemeinsamen Ausschuss wird er einmal beiläufig erwähnt.) Auch das Vorhandensein und die verfassungsrechtliche Funktion der „Opposition" sind im Grundgesetz an keiner Stelle festgeschrieben.[1]

Ein Versuch, dies zu ändern, wurde zuletzt 1992 im Rahmen der Gemeinsamen Verfassungskommission von Bundestag und Bundesrat gemacht, wo er aber an nicht auszuräumenden Bedenken und einer auch in anderen Fragen reformskeptischen Verhinderungsmehrheit der bürgerlichen Parteien scheiterte. Die normative Konkretisierung des neuen Dualismus bleibt deshalb bis auf weiteres auf die einfachgesetzliche Ebene des Staatsorganisationsrechts verbannt. Sie erfolgt im Parteiengesetz, im Abgeordnetengesetz, in der Geschäftsordnung des Bundestages[2] und in der Rechtsprechung des Bundesverfassungsgerichts und kann deshalb keinen adäquaten Gegenpol bilden zu den freiheitlichen Grundlagen des Parlamentarismus, die im Grundgesetz an prominenter Stelle hervorgehoben sind. Statt sie zu beseitigen, ist die dadurch eingetretene Schieflage in der Vergangenheit sogar noch verschärft worden, indem man die berühmte Formulierung des Art. 38 Abs. 1, wonach die Abgeordneten allein ihrem Gewissen unterworfen sind, in die Geschäftsordnung des Bundestages fast wortgleich übernommen hat. Hildegard Hamm-Brücher (1991: 7), auf deren Betreiben die Ergänzung vorgenommen wurde, feierte den Passus als „ersten Meilenstein auf dem Weg zu einer Parlamentsreform." Dieses Urteil zeugt von einer merkwürdigen

---

[1] Ursprünglich galt das auch für die Länderverfassungen, von denen ein Teil bereits vor dem Grundgesetz entstanden waren. Durch Reformen in den alten Ländern und im Zuge der Verfassungsgebung in Ostdeutschland konnte dieses Manko mittlerweile in zwölf Bundesländern beseitigt werden; dort hat man das Gegenüber von Regierungsmehrheit und Opposition als Funktionsprinzip des parlamentarischen Systems in die Verfassungstexte inkorporiert – und sich damit in Bezug auf die Zulässigkeit einer „gestützten" Minderheitsregierung sogleich neue Probleme aufgeladen.

[2] Hier wurde 1972 unter anderem die Bestimmung beseitigt, wonach die Regierungsmitglieder im Bundestag jederzeit das Wort ergreifen dürfen, ohne dass dies auf die Redezeit der Mehrheitsfraktionen angerechnet wird. Dies hatte dazu geführt, dass die Regierungsseite bei öffentlichkeitswirksamen Debatten mitunter doppelt so lange sprechen konnte wie die annähernd gleich starke Opposition. Des Weiteren sieht die Geschäftsordnung seit 1969 vor, dass die Rednerfolge dem Prinzip „Rede und Gegenrede" entsprechen muss. Zuvor hatten die Fraktionen in der Reihenfolge ihrer Stärke das Wort erhalten.

Realitätsauffassung, denn „[d]ie Plenardebatten haben sich durch die Einfügung des neuen §13 Abs. 1 GO-BT nicht um ein Jota geändert. Nach der ‚Reform' wird im Plenum des Bundestages ebenso wenig beraten und entschieden wie vor der ‚Reform'. Aber gegenüber der an Politik interessierten Öffentlichkeit wurde die Beratungs- und Entscheidungsfunktion von Plenardebatten nachdrücklich bekräftigt. Damit wurde dem Konflikt zwischen traditionellem Parlamentsverständnis und moderner Parteiendemokratie erneut Vorschub geleistet" (Schütt-Wetschky 2003: 544).

Wie sehr sich die Deutschen gedanklich immer noch in der Welt des Konstitutionalismus befinden, haben die empirischen Untersuchungen von Patzelt (1998) nachdrücklich dokumentiert. Wesentliche Elemente der parlamentarischen Demokratie wie die Vereinbarkeit von Regierungsamt und Abgeordnetenmandat oder die funktionelle Notwendigkeit von Partei- und Fraktionsdisziplin werden danach in der Bevölkerung entweder nicht verstanden oder missbilligt. Eine Minderheit (18 Prozent der Befragten) wähnt sich hierzulande sogar in einem ganz anderen, nämlich präsidentiellen Regierungssystem, und immerhin ein Drittel wünscht sich ein solches herbei. Noch erstaunlicher ist, dass diese Vorbehalte offenbar auch von den befragten Landtags- und Bundestagsabgeordneten geteilt werden, von denen nicht einmal die Hälfte das parlamentarische System eindeutig befürworten. Natürlich sind die Ergebnisse solcher Untersuchungen immer mit Vorsicht zu genießen. Gerade auf einem Gebiet, das mit so vielen Vorurteilen und Informationsdefiziten behaftet ist, können die gewünschten Antworten durch die Art der Fragestellung leicht präjudiziert werden. Würde man die Positionen des konstitutionellen (liberalen) und des modernen (parteiendemokratischen) Parlamentarismusverständnisses in ihren politischen Implikationen einander wirklich gegenüber stellen, dann wäre es keineswegs ausgemacht, ob sich die Bürger mehrheitlich auf die Seite der konstitutionellen Position schlagen würden, so wie es die Umfrageergebnisse nahe legen. Eine Ausübung des Mandats ohne Parteidisziplin würde ja nicht nur die Handlungsfähigkeit der Regierung einschränken und das heißt in letzter Konsequenz: das Regieren überhaupt unmöglich machen, sondern hätte auch zur Folge, dass die Abgeordneten sich nach Belieben von den Positionen entfernen könnten, um derentwillen sie als Parteienvertreter zuvor gewählt wurden. Es ist kaum vorstellbar, dass die Wähler ein solches Verhalten billigen würden. Insofern beweisen die Zahlen zunächst nur, dass das Verfassungs- und Parlamentarismusverständnis der Deutschen von Widersprüchen geprägt ist. Solche Widersprüche sind aber dem Wesen des parlamentarischen Systems inhärent, wenn es verfassungsstaatlichen und demokratischen Kriterien gleichermaßen genügen soll.

3. *Regierungsstabilität und Kanzlerprinzip*

Dass sich die zweite deutsche Republik zu einer reifen und gefestigten Demokratie entwickelte, hat gewiss auch (aber nicht nur) mit den Stabilitätseigenschaften des 1949 begründeten Regierungssystems zu tun. Zentrale Bedeutung gewann hier zum einen die Betonung des Vorrangs der Verfassung, zum anderen die gleichzeitige Stärkung des Parlaments und der parlamentarisch verantwortlichen Regierung. Der Verfassungsstaatsgedanke manifestiert sich unter anderem im Status der grundlegenden Menschen- und Bürgerrechte als unmittelbar geltendes Recht (der Grundrechtsteil wurde den Bestimmungen zur Staatsorganisation deshalb demonstrativ vorausgestellt). Des Weiteren kommt er in der Einrichtung eines mit Normenkontrollbefugnis ausgestatteten Verfassungsgerichts zum Ausdruck, das sich zur mächtigsten Institution seiner Art in den westlichen Demokratien entwickelt hat. Last but not least genießt das Grundgesetz einen hohen Bestandschutz. Einerseits ist es nur unter hohen Hürden und in bestimmten Bereichen überhaupt nicht änderbar („Ewigkeitsgarantie" des Art. 79 Abs. 3); andererseits soll es durch Vorkehrungen einer „wehrhaften Demokratie" vor verfassungsfeindlichen Übergriffen bewahrt werden (Parteienverbot, Verwirkung von Grundrechten, Ausschluss vom öffentlichen Dienst, Widerstandsrecht).

Auf der horizontalen Ebene der eigentlichen Staatsorganisation haben die Verfassungsgeber die Lehren aus Weimar gezogen und sich für ein strikt parlamentarisches Regierungssystem entschieden. Die Hegemonie im Bereich der Regierung sollte beim Bundeskanzler liegen und der Bundespräsident auf die zeremoniell-notariellen Funktionen eines Staatsoberhauptes zurückgedrängt werden. Dem Präsidenten verbleiben zwar gewisse Reservebefugnisse bei der Regierungsbildung und im Gesetzgebungsprozess, doch geben diese in der Verfassungspraxis nicht sehr viel her. Sein formelles und materielles Prüfungsrecht läuft weitgehend ins Leere[3], weil die ultimative Entscheidung über die Verfas-

---

[3] Eingeschränkt werden muss diese Feststellung für den Fall einer Großen Koalition. Wie die Praxis unter Bundespräsident Horst Köhler gezeigt hat, der die Ausfertigung von Gesetzen häufiger verzögerte oder verweigerte als seine Amtsvorgänger, gewinnt das Prüfungsrecht des Staatsoberhaupts hier aus zwei Gründen automatisch größere Bedeutung. Zum einen bleibt dem Verfassungsgericht eine Prüfung verwehrt, wenn die Oppositionsparteien das notwendige Viertel-Quorum für eine Normenkontrollklage verfehlen und auch die Landesregierungen als Antragsteller ausfallen. Zum anderen dürfte es dem zur Neutralität verpflichteten Präsidenten weniger Skrupel bereiten, einer von beiden Volksparteien gemeinsam getragenen Regierung in den Arm zu fallen als einer kleinen Koalition, die ihn in einem solchen Falle wahrscheinlich der einseitigen Parteinahme bezichtigen würde.

sungsmäßigkeit eines Gesetzes ohnehin in Karlsruhe getroffen wird. Und bei der Bestellung des Kanzlers und einer möglichen vorzeitigen Bundestagsauflösung sind dem Staatsoberhaupt durch den Willen der Parlamentsmehrheit die Hände gebunden, wie die Neuwahlentscheidungen von 1972, 1982/83 und 2005 gezeigt haben. Die Machtlosigkeit des Amtes ist von allen bisherigen Präsidenten ohne größeres Murren akzeptiert worden, wenn man von dem vielleicht auch deshalb vorzeitig zurückgetretenen Horst Köhler einmal absieht. Dennoch löst sie in der Öffentlichkeit gelegentlich Unbehagen aus. Symptomatisch dafür ist die in regelmäßigen Abständen auftauchende Forderung, den jetzigen indirekten Wahlmodus durch eine direkte Volkswahl zu ersetzen, was den Präsidenten demokratisch aufwerten und ihn zumindest potenziell in eine stärkere Konkurrenzsituation zur Regierung bringen würde. Nachdem sich das heutige System grundsätzlich bewährt hat, wäre ein so radikaler Schritt zurück zur dualen Legitimität kaum begründbar (Decker 2004).

So wie das Grundgesetz die Position des Regierungschefs gegenüber dem Staatsoberhaupt gestärkt hat, so hat es auch im Verhältnis zum Parlament dafür Sorge getragen, dass eine einmal bestellte Regierung relativ fest im Sattel sitzt. Das neu eingeführte „konstruktive Misstrauensvotum" [4], das die Abwahl des Kanzlers nur bei gleichzeitiger Wahl eines Nachfolgers gestattet, wurde dabei zu einem verfassungspolitischen Exportschlager. Auch die förmliche Wahl des Regierungschefs, mit der man den Einfluss des Staatsoberhauptes auf die Regierungsbildung begrenzen wollte, fand in anderen Ländern Nachahmer. Allerdings bleibt es verwunderlich, dass die Kanzlerwahl wie auch die Wahl der Ministerpräsidenten in den Bundesländern in Deutschland weiterhin in geheimer Abstimmung erfolgt, was unter Demokratiegesichtspunkten schwer verständlich ist und auf die nachwirkende Tradition des liberalen Konstitutionalismus verweist (Steffani 1991). Bei der Vertrauensfrage gemäß Art. 68 und den regulären Gesetzesbeschlüssen wird demgegenüber auch im Deutschen Bundestag offen abgestimmt.

Keine größeren Abweichungen von den Usancen in den meisten anderen parlamentarischen Demokratien zeigen sich bei der Parlamentsauflösung. Diese ist an eine gescheiterte Regierungsbildung (Art. 63 Abs. 4) oder eine verlorene Vertrauensabstimmung des Kanzlers gebunden (Art. 68), wobei dem Bundesprä-

---

[4] Die Urheberschaft des konstruktiven Misstrauensvotums wird gelegentlich Carlo Schmid zugeschrieben. In Wirklichkeit geht das Instrument auf Ernst Fraenkel zurück, der es in einem kurz vor dem Zusammenbruch der Weimarer Republik erschienenen Aufsatzbeitrag erstmals vorgeschlagen hatte (Fraenkel 1932).

sidenten in beiden Fällen ein – in der Praxis freilich kaum einlösbarer – Ermessensspielraum zukommt. Ein Selbstauflösungsrecht, wie es heute sämtliche Länderverfassungen vorsehen, ist im nationalen Rahmen kaum verbreitet. Dass es nach der umstrittenen Auflösungsentscheidung von 2005 auch für die Bundesebene gefordert wurde, rührt aus der verfassungsrechtlichen Problematik des Art. 68, der eine Auflösung auch im Fall einer nicht offenkundigen oder manifesten Regierungskrise ermöglicht (wenn Kanzler und Regierung dies wollen). Hier konkurrieren zwei Stabilitätserfordernisse miteinander: Einerseits soll Art. 68 gewährleisten, dass bei fehlender oder unsicherer parlamentarischer Unterstützung der Regierung eine neue Mehrheit erzeugt werden kann. Andererseits darf die Auflösung nicht beliebig oder aus sachfremden Motiven erfolgen. Letzteres wäre z.B. der Fall, wenn es der Regierung nur darum ginge, einen für sie günstigen Wahltermin zu erwischen. Wollten die Grundgesetzgeber diese – aus der britischen Verfassungspraxis geläufige – Möglichkeit bewusst ausschließen, so hat das Verfassungsgericht mit seinen Urteilen von 1982 und 2005 gleichwohl sichergestellt, dass der Regierung bei der Auflösungsentscheidung genügend Handlungsfreiheit verbleibt.

Die hervorgehobene Stellung des Kanzlers innerhalb der Regierung gründet zunächst darauf, dass das gesamte Kabinett mit ihm steht und fällt. Eine individuelle Ministerverantwortlichkeit kennt das Grundgesetz ebenso wenig wie eine Bestätigung der Regierung bei Amtsantritt. Des Weiteren kann der Kanzler die Minister eigenmächtig auswählen und entlassen und sie seiner Richtlinienkompetenz gemäß Art. 65 unterwerfen. Aus der letzteren lässt sich wiederum die sogenannte Organisationsgewalt ableiten, also die Befugnis, die Geschäftsbereiche der einzelnen Ministerien innerhalb der Regierung festzulegen. Schließlich verfügt der Kanzler in Gestalt des Bundeskanzleramts über einen – auch im Vergleich zu anderen parlamentarischen Demokratien – gut ausgestatteten administrativen Unterbau, mit dem er ressortübergreifende oder -ungebundene Aufgaben an sich ziehen sowie die Tätigkeit der gesamten Regierung koordinieren kann (Müller-Rommel / Pieper 1991).

Die institutionelle Privilegierung des Regierungschefs trug der Bonner Republik in der zeitgenössischen Publizistik schon bald den Ruf der „Kanzlerdemokratie" ein. Ob die Charakterisierung auch als Systembegriff taugt, ist in der Politikwissenschaft bis heute umstritten (Jäger 1994, Niclauß 2004). Tatsächlich gehört die Bundesrepublik – wenn man Steffanis (1979) Typologie folgt – als parlamentarisches System mit „Regierungschefdominanz" in dieselbe Kategorie wie Großbritannien. Diese Einordnung betrachtet aber, wie oben gesehen, nur die förmlichen Kompetenzen von Parlament, Regierung und Regierungschef im Zentrum des Regierungssystems. Bezieht man die übrigen Mitspieler am Gesetzgebungsprozess mit ein und berücksichtigt man darüber hinaus die von den Parteien geprägte Verfassungspraxis, reduziert sich die Handlungsmacht eines deutschen Kanzlers im Vergleich zum britischen Premierminister erheblich.

Bezogen auf die Verfassungspraxis gerät hier vor allem der Zwang zur Koalitionsbildung in den Blick. Sieht man von der Legislaturperiode 1957 bis 1961 einmal ab, als mit der Union zum ersten und einzigen Male eine Partei die absolute Mehrheit erreichte, sind Koalitionsregierungen in der Bundesrepublik die Regel. Dies schränkt die Position des Regierungschefs in mehrfacher Hinsicht ein. In der Sachpolitik relativiert es seine Richtlinienkompetenz, da die Grundzüge der Regierungspolitik nun nicht mehr nur von ihm vorgegeben werden können, sondern zwischen den Koalitionspartnern einvernehmlich auszuhandeln sind. Was der Kanzler in der Regierungserklärung zu Beginn der Legislaturperiode vorträgt, lässt insofern weniger seine persönliche Handschrift als die der gesamten Koalition erkennen. Dasselbe gilt in Bezug auf die Regierungsbildung. So wie über das Regierungsprogramm befinden die Koalitionäre über die Verteilung und Zuschneidung der Ministerien gemeinsam. Mit welchen Personen sie die ihnen zugesprochenen Ressorts besetzen wollen, entscheiden sie hingegen selbständig. Für den Kanzler heißt das, dass die ihm von Verfassungs wegen zustehende Souveränität bei der Zusammenstellung des Kabinetts in der Praxis an den Grenzen seiner eigenen Partei halt macht (Helms 1996: 702).

Die Transformation der institutionellen Position des Regierungschefs durch die „Koalitionsdemokratie" verweist auf die zentrale Rolle, die den Parteien im parlamentarischen System zukommt. Historisch gesehen ist sie allerdings nicht so außergewöhnlich, wie es auf den ersten Blick erscheinen mag. Schon in der Weimarer Republik „[waren] die Reichskanzler [...] oft nicht die ‚Führer' ihres Kabinetts, sondern die Vermittler und Schlichter innerhalb eines Systems fortdauernder, die latenten Kontroversen überdeckender Koalitions-Kompromisse" (Huber 1981: 325 f.). Die Koalitionsverhandlungen spielten hier noch eine sehr viel wichtigere Rolle, da ohne sie eine funktionierende Kabinettsregierung gar nicht denkbar gewesen wäre. Dennoch sorgte die zersplitterte und polarisierte Parteienlandschaft dafür, dass die Koalitionen fragil blieben und den Weimarer Regierungen zumeist nur eine kurze Lebensdauer beschieden war. In der Bundesrepublik entwickelte sich das Parteiensystem demgegenüber zum eigentlichen Garanten der Regierbarkeit, der die Stabilitätsorientierung des grundgesetzlichen Systems erst zum Tragen bringen sollte.

wicklung des Parteiensystems die Herausbildung eines Westminster-ähnlichen Regierungsmodells ermöglichen würde, war bei Gründung der Bonner Republik noch nicht absehbar. So wie es sich mit der ersten Bundestagswahl 1949 herauskristallisierte, stand dieses System noch weitgehend in der Tradition von Weimar. Auf der linken Seite blieb die Spaltung zwischen Sozialdemokraten und Kommunisten erhalten, und auf der rechten Seite bildeten sich neben Union und FDP eine Reihe von rechtsextremen, regionalistischen und Interessenparteien, so dass insgesamt ein komplexes Vielparteiensystem entstand.

In der unmittelbar darauf einsetzenden Konzentrationsphase entwickelte sich das Vielparteiensystem in Richtung einer stabilen Zweieinhalbparteienstruktur, die über die gesamten sechziger und siebziger Jahre hinweg Bestand hatte (Niedermayer 2003: 19 ff.). Für den raschen Rückgang der Fragmentierung waren zunächst institutionelle Gründe ausschlaggebend. Auf der einen Seite hatte das Verfassungsgericht die rechtsextreme SRP und die linksextreme KPD 1952 bzw. 1956 verboten. Auf der anderen Seite sorgte das 1952 verabschiedete Wahlgesetz dafür, dass kleineren Parteien der Zugang zum Parteiensystem durch die neu eingeführte bundesweite Fünfprozenthürde erschwert wurde. Das modifizierte Verhältniswahlrecht stellte eine weitere Konsequenz aus den negativen Weimarer Erfahrungen dar, die später auch anderen Ländern als Vorbild diente. Es ermöglichte der Union, die bürgerlichen „Brückenparteien" BHE und DP zu vereinnahmen, die mit ihr und der FDP zusammen die Regierung stellten.

Letztere übernahm im Wettbewerb zwischen den beiden großen Parteien die Funktion eines Scharniers, das den Regierungswechsel zweimal (1969 und 1982) ermöglichte. Das Standardmodell der „kleinen Koalition", dem die jeweils andere Volkspartei als annähernd gleich starke Opposition gegenüberstand, wurde nur im Zeitraum 1966 bis 1969 vorübergehend verlassen. Auch wenn dieses Modell keinen perfekten Dualismus begründete, sorgte es doch dafür, dass sich die Bundestagswahlen zu quasi-plebiszitären Regierungs- oder Kanzlerwahlen herausbildeten. Union und SPD trugen dem Rechnung, indem sie die Wahlen zu einer grundlegenden Richtungsentscheidung stilisierten und ihre jeweiligen Kanzlerkandidaten prominent hervorhoben. Die Parteien blieben bei der Regierungsbildung zwar insoweit autonom, als sie sich auf die angestrebten Koalitionen vorab nicht immer klar festlegten. Dies ermöglichte 1966 die Bildung der Großen Koalition ohne vorherige Neuwahl und erleichterte nach der Bundestagswahl 1969 das Zusammengehen von SPD und FDP. Dass ein Regierungswechsel ohne oder gegen eine solche Festlegung nur unter hohen Risiken durchführbar ist, zeigte sich allerdings bei der „Wende" 1982/83, als vorgezogene Neuwahlen anberaumt werden mussten, um die mit Hilfe der FDP ins Amt gekommene neue Regierung unter Helmut Kohl nachträglich zu legitimieren (Niclauß 2004: 388 ff.).

Mit dem Einzug der Grünen in den Bundestag begann 1983 eine neuerliche Pluralisierungsphase, die zur Herausbildung zunächst einer Vierparteienstruktur und dann – durch das Hinzutreten der PDS im Zuge der deutschen Vereinigung – einer Vireinhalbparteienstruktur führte. Für das parlamentarische Wettbewerbsmodell hatte das ambivalente Folgen. Zunächst wurde der Dualismus weiter verstärkt, weil sich die Grünen koalitionspolitisch einseitig in Richtung SPD orientierten, während die ihrer Scharnierfunktion beraubten Liberalen im Gegenzug noch enger an die Union gebunden wurden. Es entstanden also zwei fest gefügte Lager, die sich als klar unterscheidbare Alternativen gegenübertraten. Auf diese Weise konnte 1998 zum ersten Male ein kompletter Regierungswechsel ausschließlich von Wählerhand herbeigeführt werden.

Dann aber sorgte das Auftreten der PDS dafür, dass die Bildung einer Regierung nach dem vertrauten Muster schwieriger wurde. 1994, 1998 und 2002 blieben die Postkommunisten noch zu schwach, um das Zustandekommen einer kleinen Koalition zu vereiteln, was aber schon hier nur um Haaresbreite – und dank der institutionellen Zufälligkeit der Überhangmandate – gelang. Die erfolgreiche Etablierung einer gesamtdeutschen Linkspartei führte schließlich dazu, dass es bei der vorgezogenen Bundestagswahl 2005 für keines der beiden Lager (SPD/Grüne und Union/FDP) mehr zur Mehrheit reichte. Obwohl man diese Entwicklung hätte voraussahen können, traf sie die politische Klasse unvorbereitet (Decker 2005). Ihre Konsequenz war die Bildung einer Großen Koalition, in die sich die Volksparteien im Unterschied zu 1966 jedoch nur widerstrebend fügten. Wie schwer ihnen die Abkehr vom dualistischen Modell fiel, zeigte sich daran, dass am Wahlabend auch über andere Regierungsformate offen spekuliert wurde. Diese waren zuvor noch mit einem Tabu belegt worden, weil sie der Stabilitätsorientierung des parlamentarischen Systems scheinbar widersprachen. Auch auf der Länderebene hatte man sie nirgendwo mit Erfolg ausprobiert.

Die von manchen Politikwissenschaftlern gehegte Erwartung, mit der zweiten Großen Koalition werde eine neue konsensorientierte Ära des Parlamentarismus anbrechen, sollte sich nicht bewahrheiten. Der Titel einer journalistischen Darstellung der vier gemeinsamen Regierungsjahre mag zwar in der Rückschau übertrieben klingen, wenn man an die Konflikte denkt, die später den Start der vermeintlichen „Wunschkoalition" von CDU/CSU und FDP umgaben. Tatsächlich blieb die starke Wettbewerbsorientierung der beiden gleich großen Partner aber ein notorisches Problem, deren Rivalität das Interesse an sachlichen Lösungen selbst bei Detailfragen in den Hintergrund drängte. Der „Rosenkrieg" (Lohse / Wehner 2009) nährte im Wählerpublikum die Sehnsucht nach einer Rückkehr zu klaren Machtverhältnissen, die durch den deutlichen Sieg von Union und FDP bei der Bundestagswahl 2009 prompt befriedigt wurde. Das Fünfparteiensystem befindet sich seither in einer schwierigen Gemengelage. Auf der Bundesebene verharrt es noch (oder wieder) in der Bipolarität der alten Lagerstruktur, auf der Länderebene zwingt es die Parteien längst, Koalitionen auch mit Nicht-Wunschpartnern einzugehen, die die Lagergrenzen überschreiten. Die Konsequenzen dieser erzwungenen Flexibilität lassen sich in langwierigeren Regierungsbildungen und häufigeren Regierungskrisen (mit vorgezogenen Neuwahlen) schon heute besichtigen.

Damit stellt sich auch die Frage nach den institutionellen Verfahren der Regierungsbildung (Helms 2007: 169 f.). Im Unterschied zu den Konsensdemokratien der skandinavischen und Benelux-Länder bedurfte es in der Bundesrepublik bislang weder eines „Informateurs", dem die Aufgabe zukommt, die möglichen Koalitionen nach einer Wahl auszuloten, noch musste man auf das ungeschriebene Gesetz zurückgreifen, wonach der Regierungsauftrag stets bei der stärksten Partei bzw. Fraktion liegt.[5] In einem Vielparteiensystem, in dem Mehrheiten für die gewünschten Koalitionen nicht mehr automatisch garantiert sind, könnten solche Regeln in Zukunft wichtiger werden.

---

[5] Hiermit nicht zu verwechseln ist das Gesetz, wonach die stärkste Partei bzw. Fraktion *innerhalb einer Koalition* den Anspruch hat, das Amt des Regierungschefs zu besetzen. Dies wird in der Bundesrepublik für den Fall einer Großen Koalition gemeinhin akzeptiert (für kleine Koalitionen gilt es ohnehin), auch wenn es in der jüngeren Vergangenheit gelegentlich Versuche von „gefühlten" Wahlsiegern gegeben hat, die Regel außer Kraft zu setzen. In einigen Fällen kam die Große Koalition dann trotzdem zustande (so nach der Bundestagswahl 2005, als Kanzler Gerhard Schröder nur mühsam zum Rückzug bewegt werden konnte, oder nach der Landtagswahl 2009 in Thüringen). In anderen Fällen scheiterte die Regierungsbildung, weil der schwächere Partner nicht bereit war, dem stärkeren Partner das Amt zu überlassen (so nach der Landtagswahl 2010 in Nordrhein-Westfalen).

Abb. II.1   Regierungen in der Bundesrepublik seit 1949

Kanzler	Beginn der Amtszeit	Regierungs- parteien	Regierungs format	Koalitionstyp
Adenauer I	15.09.1949	CDU/CSU-FDP-DP	ME – K	kl
Adenauer II	09.10.1953	CDU/CSU-FDP- DP-GB/BHE	ME – K	kl(Ü)
Adenauer III	23.07.1955	CDU/CSU-FDP-DP	ME – K	kl(Ü)
Adenauer IV	25.02.1956	CDU/CSU- DP-DA/FVP	ME – K	kl(Ü)
Adenauer V	22.10.1957	CDU/CSU-DP	ME – K	kl(Ü)
Adenauer VI	02.07.1960	CDU/CSU	ME – E	
Adenauer VII	07.11.1961	CDU/CSU-FDP	ME – K	kl
Adenauer VIII	19.11.1962	CDU/CSU	MI – E	
Adenauer IX	13.12.1962	CDU/CSU-FDP	ME – K	kl
Erhard I	16.10.1963	CDU/CSU-FDP	ME – K	kl
Erhard II	20.10.1965	CDU/CSU-FDP	ME – K	kl
Erhard III	28.10.1966	CDU/CSU	MI – E	
Kiesinger	01.12.1966	CDU/CSU-SPD	ME – K	g
Brandt I	21.10.1969	SPD-FDP	ME – K	kl
Brandt II	14.12.1972	SPD-FDP	ME – K	kl
Schmidt I	16.05.1974	SPD-FDP	ME – K	kl
Schmidt II	15.12.1976	SPD-FDP	ME – K	kl
Schmidt III	05.11.1980	SPD-FDP	ME – K	kl
Schmidt IV	17.09.1982	SPD	MI – E	
Kohl I	01.10.1982	CDU/CSU-FDP	ME – K	kl
Kohl II	29.03.1983	CDU/CSU-FDP	ME – K	kl
Kohl III	11.03.1987	CDU/CSU-FDP	ME – K	kl
Kohl IV	30.10.1990	CDU/CSU-FDP-DSU	ME – K	kl(Ü)
Kohl V	17.01.1991	CDU/CSU-FDP	ME – K	kl
Kohl VI	15.11.1994	CDU/CSU-FDP	ME – K	kl
Schröder I	27.10.1998	SPD-Grüne	ME – K	kl
Schröder II	22.10.2002	SPD-Grüne	ME – K	kl
Merkel I	22.11.2005	CDU/CSU-SPD	ME – K	g
Merkel II	28.10.2009	CDU/CSU-FDP	ME – K	kl

ME = Mehrheitsregierung, MI = Minderheitsregierung, K = Koalitionsregierung, E = Ein-parteienregierung, kl = kleine Koalition (*minimal* oder *minimum winning*), Ü = Überschuss-Koalition (umfasst mehr Parteien als zur Bildung der absoluten Mehrheit nötig wären), g = Große Koalition (gebildet aus den beiden größten Parteien)

Quelle: Helms (2005: 96), modifizierte und aktualisierte Darstellung.

5.   *Regierungsmehrheit und Opposition im Fraktionenparlament*

Die Durchsetzung des dualistischen Prinzips hat in der Bundesrepublik nicht zu denselben Weiterungen geführt wie in Großbritannien. Der Bundestag konnte und kann der Regierung die Hegemonie im Gesetzgebungsprozess zwar nicht streitig machen; er hat sich aber einen eigenständigen Einfluss bewahrt, der es rechtfertigt, von einer „parlamentarischen Mitregierung" zu sprechen. Der Dualismus bedingt, dass diese Mitregierung von den Mehrheitsfraktionen in einer anderen Weise wahrgenommen wird als von der Opposition. Die Möglichkeiten der Opposition im Gesetzgebungsprozess gründen im deutschen Regierungssystem vor allem auf ihrer Position in der Zweiten Kammer, dem Bundesrat. Betrachtet man nur die parlamentarische Arena, sind sie ähnlich gering wie in Großbritannien. Bringt die Opposition im Bundestag Gesetzesvorschläge ein, so macht sie das hauptsächlich, um ihre Alternativfunktion wahrzunehmen. Zudem hat sie die Möglichkeit, die Regierung in Zugzwang zu bringen, wenn sie mit einem öffentlichkeitswirksamen Anliegen schneller bei der Hand ist als diese. Nur äußerst selten kommt es vor, dass ein oppositioneller Entwurf tatsächlich als Gesetz angenommen wird – der entsprechende Wert liegt in der Bundesrepublik im Schnitt bei unter einem Prozent aller Gesetzesinitiativen. Selbst in den Ausschüssen hat die Minderheit das Pech, dass ihre Änderungsanträge von den Mehrheitsfraktionen in der Regel abgelehnt werden.

Die quantitative Zunahme der oppositionellen Entwürfe ist eine Konsequenz des veränderten Parteiensystems. Gab es in der Ära des Zweieinhalbparteiensystems nur eine (große) Oppositionspartei, so stehen der Regierung seither zwei (1983 bis 1990) bzw. drei Parteien (seit 1990) als parlamentarische Minderheit gegenüber. Da es in der Opposition keine Koalitionen gibt, rivalisieren diese in der parlamentarischen Arbeit auch untereinander. Gerade die größere Oppositionspartei muss in einer solchen Situation darauf achten, dass ihr die Kleinen nicht den Schneid abkaufen. So war es beispielsweise den Grünen in der 11. Wahlperiode (1987 bis 1990) gelungen, die SPD in der Ausübung der Gesetzesinitiative zu überflügeln.

Eine andere Folge der neuen Konkurrenz war, dass der Anteil der einvernehmlich verabschiedeten Gesetze, der in den siebziger Jahren bei rund 60 Prozent gelegen hatte, seit den achtziger Jahren um etwa die Hälfte zurückging (Ismayr 2000: 281). Gleichzeitig nahm die Zahl der namentlichen Abstimmungen zu. Berücksichtigt man allein das Abstimmungsverhalten der größeren Oppositionspartei, zeichnet sich der Gesetzgebungsprozess in der Bundesrepublik aber nach wie vor durch eine hohe Konsensorientierung aus, die das deutsche vom britischen Oppositionsmodell unterscheidet (Helms 2002: 45 ff.). In ihr spiegeln sich nicht nur die Rückwirkungen der föderativen Mitregierung, sondern auch die besonderen Mitwirkungsrechte, die der Opposition im Bundestag neben ihren sonstigen Kontrollrechten gewährt werden. Diese umfassen z.B. das Recht, die Tagesordnung mitzubestimmen, die Verteilung der Ausschussvorsitze nach Proporzgesichtspunkten oder die kollegiale Struktur des Präsidiums und des Ältestenrates.

Die Dominanz der Regierung im Gesetzgebungsprozess wird durch den hohen Anteil der verabschiedeten Gesetze belegt, die auf ihre Initiativen zurückgehen. Betrug dieser Anteil in den siebziger Jahren noch rund 80 Prozent, ist er seither jedoch auf etwa 70 Prozent zurückgegangen, während der Anteil der von den Regierungsfraktionen gemeinsam eingebrachten Vorlagen im selben Maße zugenommen hat. Für die Verlagerung sind vor allem technische Gründe maßgebend. Der Gesetzgebungsweg über die parlamentarische Initiative erspart den sogenannten ersten Durchgang, das heißt: die Weiterleitung eines Regierungsentwurfs an den Bundesrat. Der Entwurf kann also direkt in den Bundestag eingebracht werden. Falsch wäre es aber, daraus eine abnehmende Bedeutung der Regierung im Gesetzgebungsprozess abzuleiten. Dagegen spricht nicht nur der Umstand, dass es sich bei den Gesetzentwürfen häufig um textidentische Vorlagen der Regierung und der Mehrheitsfraktionen handelt. Wichtiger ist, dass die Regierung auch bei den „eigenen" Vorlagen der Mehrheitsfraktionen federführend bleibt. Bei einem Teil dieser Vorlagen bedient sie sich lediglich der Fraktionen, um ihre Initiativen auf den Weg zu bringen. Die Gründe dafür können nicht nur in der Umgehung des Bundesrates liegen, sondern auch in der Befürchtung des zuständigen Ministers, beim Beschluss einer Regierungsvorlage im Kabinett auf Widerstand zu stoßen. Gleichzeitig dient die Einbringung als parlamentarische Initiative dazu, mögliche Widerstände innerhalb der Fraktion(en) schon im Vorwege auszuräumen. Auf der anderen Seite überlassen die Fraktionen auch die Ausarbeitung der Entwürfe, die auf eigene Initiativen zurückgehen, in der Regel der Regierung und ihrer Ministerialverwaltung, weil nur diese über den dafür erforderlichen Apparat und Sachverstand verfügt (von Beyme 1997).

Die Dominanz der Exekutive in der Gesetzgebungstätigkeit spiegelt sich in der personellen und finanziellen Ausstattung wider. So stehen den rund 2.500 im Bundestag tätigen Abgeordneten- und Fraktionsmitarbeitern über 20.000 Mitarbeiter der Bundesministerien und des Kanzleramtes gegenüber, die sich bei der Zuarbeit auf zahlreiche nachgeordnete Bundesbehörden, eine umfängliche wissenschaftliche Beratungskapazität und kontinuierliche Kontakte zu Vollzugsbürokratien und Verbandsvertretern stützen. Selbst wenn das Parlament es wollte, könnte es die Aufgaben eines Regierungsorgans also gar nicht wahrnehmen. Zwar wird auch vom Deutschen Bundestag häufig gesagt, dass er ein Arbeitsparlament sei und der Schwerpunkt seiner Tätigkeit wie beim amerikanischen Kongress in den Ausschüssen liege. Die Änderungen, die im Zuge der Ausschussberatungen an den Vorlagen vorgenommen werden, betreffen aber meistens nur Detailfragen und nicht die eigentlichen politischen Ziele des Gesetzes. Hinzu kommt, dass sie häufig von denselben Ministerialbeamten in die Wege geleitet werden, von denen der ursprüngliche Entwurf stammt. Diese Beamten sind an den Beratungen der Ausschüsse und fraktionsinternen Arbeitsgruppen in der Regel mit beteiligt. Schon aus funktionalen Gründen kommen die Parlamentarier nicht umhin, ihren Sachverstand hinzuzuziehen. Die Rede von den Ausschüssen als „vorbereitenden Entscheidungsorganen" führt aus diesem Grund in die Irre (Ismayr 2000: 275 ff.).

Richten wir den Blick weiter auf die Kontrollfunktion. Auch diese ist im parlamentarischen System zwischen Mehrheit und Minderheit auf charakteristische Weise gespalten. Den Oppositionsparteien obliegt mangels eigener Gestaltungsmehrheit primär die Überwachung der Regierung („Missbrauchskontrolle"), die sie mit Hilfe ihrer parlamentarischen Minderheitenrechte wahrnimmt. Darunter fallen z.B. die Anfragen (Kleine und Große Anfragen sowie schriftliche Anfragen einzelner Abgeordneter), die 1965 eingeführten Aktuellen Stunden und die Einsetzung von Untersuchungsausschüssen. Letzteres kann von einem Viertel der Mitglieder des Bundestages beantragt werden. (Die Herbeirufung eines Regierungsmitglieds, die als klassisches Kontrollrecht des Parlaments aus der konstitutionellen Epoche übernommen wurde, bedarf demgegenüber eines Mehrheitsbeschlusses.)

So eindrucksvoll sich die Liste auf den ersten Blick ausnimmt, sollte man die von den Minderheitenrechten ausgehende Wirkung aus drei Gründen nicht überschätzen. *Erstens* bilden die parlamentarischen Untersuchungsausschüsse genauso wie die Fachausschüsse die Mehrheitsverhältnisse des Plenums ab. Weil die Beschlüsse von der Mehrheit gefasst werden, kann die Opposition gegen die Regierungsseite also am Ende wenig ausrichten. Manche Autoren erachten die Ausgestaltung des Antragsrechts als Minderheitenrecht darum als wenig sinnvoll (z.B. Sebaldt 2009: 232).

Zweitens kann die Kontrolle nur durch begleitende Auskunfts- und Informationsrechte effektiv wahrgenommen werden. Der Bundestag hat aber weder Zugang zu den Datenbanken der Regierung, noch verfügt er über ein allgemeines Einsichtsrecht in deren Akten. Zur Aktenvorlage kann die Exekutive allein durch eine qualifizierte Minderheit im Untersuchungsausschuss oder einen Mehrheitsbeschluss im Petitionsausschuss gezwungen werden. Von daher braucht die Bundesregierung nicht viel zu fürchten, wenn sie dem Parlament unter Verweis auf Geheimhaltungsinteressen oder den „Kernbereich exekutiver Verantwortung" Informationen vorenthält. Wirkliche Abhilfe wäre hier wohl nur durch eine Verfassungsänderung zu schaffen, die das Auskunftsrecht von parlamentarischen Minderheiten und Abgeordneten verbindlich festschreiben müsste; dazu mochte aber bislang keine Regierung ihr Einverständnis geben (Ismayr 2000: 308).

Drittens muss der Einsatz der Kontrollrechte öffentlichkeitswirksam erfolgen, wenn die Opposition das Ziel erreichen will, die Schwächen der Regierung vor der Wählerschaft bloßzulegen. Bedingt durch die Konkurrenz des Fernsehens hat der Bundestag als Forum öffentlicher Debatten an Bedeutung jedoch immer mehr eingebüßt. Statt als Redner in einer Parlamentsdebatte zu brillieren, ist es für einen Politiker heute allemal lukrativer, in Sendungen wie „Anne Will" oder „Maybrit Illner" aufzutreten, wenn er mediale Aufmerksamkeit erzielen will. Selbstverständlich ist dem Bundestag diese Entwicklung nicht verborgen geblieben. Seine Versuche, den Bedeutungsverlust durch eine Revitalisierung der öffentlichen Funktionen aufzuhalten, wirkten in der Vergangenheit aber eher hilflos. Besonders spektakulär geriet hier die erstmalige Fernsehübertragung aus einem Untersuchungsausschuss im Jahre 2005, die auch deshalb bemerkenswert war, weil das Parlament außerhalb des Plenums am Grundsatz der regulären „Nicht-Öffentlichkeit" bis heute festhält. Zwar ist das Prinzip durch Geschäftsordnungsänderungen mehrfach gelockert worden. Es bleibt aber dabei, dass die Ausschüsse in der Regel hinter verschlossenen Türen tagen. Für die Fraktions- und Koalitionsgremien gilt das ohnehin.

Die restriktive Handhabung des Öffentlichkeitsgrundsatzes kommt in erster Linie den Mehrheitsfraktionen entgegen. Deren „mitwirkende Kontrolle" vollzieht sich im Unterschied zur Überwachungsfunktion der Opposition überwiegend diskret, wobei Gesetzgebungs- und Kontrolltätigkeit ineinander greifen. Die Macht der Mehrheitsfraktionen beruht letztlich auf ihrem Sanktionspotenzial, das heißt der Möglichkeit, eine Vorlage der Regierung notfalls scheitern zu lassen. Die Regierung ist deshalb gut beraten, bei strittigen Vorhaben die Fraktionen in ihre Entscheidungsfindung umfassend einzubeziehen. Die Einflusschancen der Fraktionen dürften wiederum umso größer sein, je frühzeitiger sie ihre Bedenken gegen eine Regierungsvorlage im Gesetzgebungsprozess vortragen. Ist der Gesetzesentwurf im Parlament bereits eingebracht, käme offene Kritik einer Desavouierung der eigenen Regierung gleich. Dies würde den Zusammenhalt der Mehrheit auf Dauer gefährden.

Steffani (1979: 162) beschreibt die Funktion der Mehrheitsfraktionen im Verhältnis zur Regierung treffend als „Resonanzboden des Zumutbaren". Weil diese Funktion intern und zumeist informell wahrgenommen wird, lässt sie sich nur schwer fassen; der Einfluss der Fraktionen auf das Regierungsgeschehen wird daher von Beobachtern gerne unterschätzt. In der Realität ist er dennoch spürbar. Vergleicht man die Bundesrepublik in dieser Hinsicht mit anderen Ländern (etwa Großbritannien), so genießen die Fraktionen hierzulande eine ausgesprochen starke Stellung. Schon von Adenauer hieß es, dass er den Auftritt vor der eigenen Fraktion wie „das Fegefeuer" gefürchtet haben soll. Dieser Respekt hat sich bei allen seinen Nachfolgern gehalten. Institutionellen Ausdruck findet er in der herausgehobenen Position des / der Fraktionsvorsitzenden, die zusammen mit dem Kanzler und den Parteivorsitzenden das Kraft- und Führungszentrum einer Koalitionsregierung bilden. Die Bedeutung der Fraktionen erschöpft sich dabei keineswegs in der einer bloßen Vetomacht. Zeitweise haben ihre Vorsitzenden im Verhältnis zur Regierung die Rolle des eigentlichen „Bewegers" übernommen, so etwa Rainer Barzel und Helmut Schmidt während der ersten Großen Koalition oder Wolfgang Schäuble in der Endphase der Regierung Kohl.

Garant für die Regierungsstabilität ist das hohe Maß an Fraktionsdisziplin oder innerparteilicher Geschlossenheit im Abstimmungsverhalten, das in der Bundesrepublik noch stärker ausgeprägt ist als in anderen vergleichbaren parlamentarischen Systemen. Ein Blick auf die namentlichen Abstimmungen[6] zeigt, dass dies nicht von Beginn an so war. So stimmten die Regierungsfraktionen in den ersten drei Legislaturperioden nur in 29 (Union) bzw. 45 Prozent (FDP) der Fälle geschlossen ab (im Vergleich zu 94 Prozent bei der oppositionellen SPD). Auch wenn das Abweichen von der Fraktionslinie eher unspektakuläre Fragen betraf und die Regierungsfähigkeit im ganzen nicht gefährdete, passten sich die Abgeordneten der bürgerlichen Parteien den Imperativen des mehrheitsdemokratischen Parlamentarismus rasch an (Meier 1999: 130). Ein Indikator dafür ist die geringe Zahl der Fraktionswechsler, die in den fünfziger Jahren noch beachtlich gewesen war. Weil sich die Wechsel – bedingt durch die Konzentrationstendenzen im Parteiensystem – ausnahmslos innerhalb des Regierungslagers abspielten, löste das zum damaligen Zeitpunkt keine größeren Diskussionen aus. Dies änderte sich nach Bildung der sozial-liberalen Koalition, als eine Reihe von

---

[6] Bei den nicht namentlichen Abstimmungen, die das Gros der Gesetzesbeschlüsse ausmachen, scheitert eine genaue Bestimmung der Geschlossenheit an der unzureichenden Datenlage, die in den meisten Fällen lediglich Auskunft darüber gibt, ob eine Vorlage angenommen wurde oder nicht (Patzelt 2003: 102).

Abgeordneten zur Opposition überliefen und die Regierung um ihre Mehrheit brachten. Ein solcher Fall sollte sich erst wieder 1982 nach dem Koalitionsbruch der FDP wiederholen. Beide Male kam es über den Weg des Art. 68 zu vorgezogenen Neuwahlen. Anders gelagert war die Situation im Jahre 2005, als Kanzler Schröder die Verweigerung des Vertrauens durch seine eigene Mehrheit organisierte, obwohl die Regierung bis dahin keine einzige förmliche Abstimmungsniederlage erlitten hatte.

Die Regierungsstabilität kommt auch darin zum Ausdruck, dass die Bundeskanzler bisher erst zweimal zur „echten" Vertrauensfrage greifen mussten, um die Mehrheitsfraktionen zur Gefolgschaft zu zwingen. Auch hier ist ein Vergleich der beiden Fälle aufschlussreich. Das von Helmut Schmidt 1982 erbetene Vertrauensvotum erwies sich letztlich als stumpfe Waffe, weil es nicht an eine konkrete Sachentscheidung gekoppelt war. Die Abgeordneten konnten ihre Zustimmung relativ gefahrlos erteilen, denn sie verpflichteten sich dadurch zu nichts. Mit der Abstimmung erwirkte Schmidt insofern nur eine sechsmonatige Gnadenfrist, bis die sozial-liberale Koalition endgültig zerbrach (Hereth 1999). Gerhard Schröder entschied demgegenüber, seine Vertrauensfrage im November 2001 an ein positives Votum über den Einsatz der Bundeswehr im Afghanistan-Krieg zu binden. Dies stieß nicht nur bei den potenziellen Dissentern, sondern auch in weiten Teilen der Öffentlichkeit auf Befremden, weil eine Mehrheit in der Sachfrage durch die Unterstützung von Union und FDP sichergestellt gewesen wäre. Das Insistieren auf der eigenen Mehrheit zahlte sich für den Regierungschef jedoch aus. Es beförderte einen innerparteilichen Klärungsprozess in den Reihen des grünen Koalitionspartners, der den außenpolitischen Kurs der Regierung fortan loyal mittrug. Dass Schröder als Kanzler später ebenfalls vorzeitig kapitulieren musste, hatte anders als bei Schmidt ausschließlich innenpolitische Gründe.

So wie sich die Regierungskrisen an einer Hand abzählen lassen, sind dem parlamentarischen System auch Abstimmungsniederlagen und größere Rebellionen innerhalb des Mehrheitslagers weitgehend erspart geblieben. Dasselbe gilt für Erpressungen der Regierung durch einzelne Abgeordnete, die ohnehin nur bei knappen Mehrheitsverhältnissen Erfolg versprechen. Gerade weil sie Seltenheitswert haben, rufen solche Verstöße gegen die Fraktions- und Koalitionsdisziplin in Publizistik und Wissenschaft regelmäßig große Aufmerksamkeit hervor. Ein Beispiel ist das von der Kohl-Regierung eingebrachte Steuerreformgesetz von 1988, das eine umstrittene Regelung zur Mineralölsteuerbefreiung für Privatflieger enthielt, der 25 Abgeordnete aus den Koalitionsfraktionen nicht zustimmen mochten (Schwarzmeier 2001: 354 ff.). Im Übrigen konzentriert sich das abweichende Stimmverhalten auf die wenigen Abstimmungen, die von den Fraktionen von vornherein „freigegeben" werden. Diese betreffen entweder ethische Fragen, die weit in den Gewissensbereich des einzelnen eingreifen (Beispiel Abtreibung), oder sonstige „unpolitische" Themen, bei denen die Meinungsfronten auch mal quer durch die Parteien laufen (Beispiel Hauptstadtentscheidung). Weil sich das deliberative Moment hier noch relativ ungehindert entfaltet und der Ausgang der Abstimmungen nicht sicher feststeht, erlebt das Parlament gerade in solchen Debatten seine eigentlichen „Sternstunden".

Für die freiwillige Unterwerfung der Abgeordneten unter die Fraktionsdisziplin gibt es eine Reihe von institutionellen Gründen, deren konkretes Gewicht sich am besten in einer vergleichenden Betrachtung ermitteln lässt (Saalfeld 2005). Die Funktionsbedingungen des parlamentarischen Systems sorgen *erstens* dafür, dass die Parteien nach außen hin geschlossen auftreten müssen, um im Wählerwettbewerb zu bestehen. Dies gilt für die Regierungs- und Oppositionsparteien gleichermaßen. Die Bürger mögen zwar theoretisch am Leitbild des unabhängigen Abgeordneten festhalten. Tatsächlich dürften sie aber – im Interesse einer klaren Entscheidungsalternative – ein uneinheitliches Erscheinungsbild der Fraktionen kaum goutieren. Der Zwang zur Geschlossenheit wird in der Bundesrepublik *zweitens* durch das Verhältniswahlsystem befördert. Während in Großbritannien die Mehrheitswahl der Regierung in der Regel einen komfortablen Mandatsvorsprung sichert, der Rebellionen auch ohne größere Konsequenzen gestattet, sind die Mehrheitsverhältnisse hierzulande oftmals so knapp, dass schon wenige Dissenter genügen, um die Regierungsfähigkeit zu gefährden. Unter diesem Problem hatten in der Vergangenheit vor allem die SPD-geführten Regierungen zu leiden, die in nur zwei von ihren sechs Amtsperioden über bequeme Mehrheiten verfügten. Von daher ist es kein Zufall, dass die drei vorgezogenen Neuwahlen allesamt in die sozialdemokratische Regierungszeit fielen (1972 und 2005) bzw. ihr nachfolgten (1982/83). *Drittens* ist die Geschlossenheit durch die Notwendigkeit der Koalitionsbildung bedingt. Könnte die größere Regierungspartei nach Bedarf Abstimmungskoalitionen mit den Oppositionsparteien eingehen, um ihre Gesetzesvorhaben im Parlament durchzubringen, würde die Verhandlungsmacht des kleineren Partners in einer Koalition dramatisch geschwächt. Dieser wird daher bestrebt sein, ein Regieren mit wechselnden Mehrheiten, wie es andernorts (z.B. in den skandinavischen Ländern) durchaus üblich ist, unter allen Umständen auszuschließen und auf einer entsprechenden Festlegung im Koalitionsvertrag bestehen (Patzelt 2003: 106). Als weitere Hintergrundvariable muss schließlich *viertens* der allgemeine Bedeutungsverlust der Ideologien berücksichtigt werden. Dieser zwingt die Parteien einerseits, sich

inhaltlich und personell stärker voneinander abzugrenzen, zum anderen reduziert er die Anlässe, die einzelne Abgeordnete in Widerstreit zur Mehrheitsmeinung ihrer Partei oder Fraktion bringen könnten. Ein Vergleich zwischen den
Kanzlerschaften von Helmut Schmidt und Gerhard Schröder mag dies belegen.
Im Falle Schmidts waren es tatsächlich grundlegende politische und ideologische
Differenzen, die Kanzler und Partei voneinander entfremdeten und einige Abgeordnete veranlassten, ihre parlamentarische Gefolgschaft zu versagen. Bei Schrö-
der dürften die parteiinternen Widerstände hingegen eher auf die elektoralen
Folgen der Regierungspolitik zurückzuführen sein, die nach der Bundestagswahl
2002 zu einem beispiellosen Absturz der SPD in der Wählergunst geführt hatten.
Dies änderte aber nichts daran, dass es Schröder auch in kritischen Situationen
gelang, seine Regierungsmehrheit beisammen zu halten. Allein die erzwungene
Zustimmung zum Afghanistan-Einsatz in der ersten Amtsperiode bildet hier eine
Ausnahme.

Unterhalb der Vertrauensfrage, die als stärkstes Mittel der Disziplinierung
nur in Extremsituationen eingesetzt werden kann, stehen Regierung und Fraktionsführung zahlreiche Mittel zur Verfügung, um das Stimmverhalten der Parlamentarier positiv oder negativ zu sanktionieren. Die Möglichkeit, einem unlieb-
samen Abgeordneten die Rückkehr ins Parlament zu versagen, gehört allerdings
entgegen einem gerne gepflegten Vorurteil nicht dazu. Die Kreisverbände sind
bei der Aufstellung der Direktkandidaten praktisch autonom, und auch auf die
Reihenfolge der Listenplatzierungen können Bundespartei und -fraktion nur
begrenzt Einfluss ausüben, da diese in den Händen der Landesparteien liegt
(Schüttemeyer 1999: 48). Abgeordnete, die in der Fraktion hin und wieder gegen
den Stachel löcken, dürften ihre Wiederwahlchancen sogar verbessern, dokumen-
tieren sie doch gerade dadurch die Unabhängigkeit der für die Nominierung
zuständigen Parteigliederung. Darüber hinaus verschafft ihnen ein solches Verhalten mediale Aufmerksamkeit, die nützlich sein kann, um die eigene Karriere
auf Kosten der Partei zu forcieren.

Auch die Patronagemacht der Regierung ist in ihrer Wirkung auf das Abstimmungsverhalten eher gering zu veranschlagen. Die verfassungsrechtlich zulässige und funktionslogisch gebotene Vereinbarkeit von Regierungsamt und
Parlamentsmandat sorgt zwar für eine personelle Verzahnung zwischen den beiden Gewalten, die jedoch quantitativ bescheiden bleibt, wenn man sie an britischen Maßstäben misst. Daran hat auch die von Helmut Kohl vorgenommene
Aufstockung der Zahl der Parlamentarischen Staatssekretäre von 20 (1982) auf 33
(1992) im Kern nichts geändert, die später unter dem Druck einer kritischen Öffentlichkeit von der rot-grünen Bundesregierung auf 23 zurückgefahren wurde.

(Nach Amtsantritt der Großen Koalition im Jahre 2005 lag sie wieder bei 30, nach Amtsantritt der schwarz-gelben Koalition 2009 ebenfalls bei 30.) Weitaus größere Bedeutung erlangen dagegen die auf sämtlichen Ebenen des Regierungssystems bestehenden engen personellen Verflechtungen zwischen Parlament bzw. Fraktion und Partei, wobei die Parteigremien im Verhältnis von Fraktion, Regierung und Ministerpräsidenten die Funktion einer „Clearingstelle" übernehmen. Die Frage nach einer etwaigen Unter- oder Überordnung – beherrscht die Partei die Fraktion oder die Fraktion die Partei? – erscheint vor diesem Hintergrund falsch gestellt. Aus normativer Sicht bleibt sie gleichwohl berechtigt, weil die Verpflichtungen des Abgeordneten seinem Mandat und den Wählern gegenüber schwerer wiegen als die Verpflichtungen gegenüber seiner Partei. Von daher hängt es immer auch vom individuellen Amtsverständnis ab, ob er bereit ist, sich im Konfliktfalle dem parlamentarischen Gruppendruck zu entziehen (von Blumenthal 2001).

Die institutionellen Regeln des Parlamentsbetriebs helfen ihm dabei nicht sehr viel weiter, da der einzelne Abgeordnete in der Bundesrepublik durch die Fraktionen nahezu vollständig mediatisiert wird (Schüttemeyer 1999: 46 ff.). Nicht allein, dass den Parlamentariern das Recht der Gesetzesinitiative fehlt, was in Europa ansonsten nur noch in Österreich und Spanien der Fall ist, und die relevanten Antrags-, Frage-, Rede- und Stimmrechte ebenfalls ausschließlich bei den Fraktionen liegen. Auch die verbliebenen Einzelrechte können von den Abgeordneten nur im Benehmen mit der Fraktionsführung ausgeübt werden. Die genauen Verhaltensregeln sind in den Fraktionsstatuten niedergelegt. Diese bestimmen z.B., dass der Abgeordnete bei kontroversen Fragen den Standpunkt der Fraktionsmehrheit zu vertreten hat. Will er davon abweichen, muss er das dem Fraktionsvorstand vorher anzeigen. Um jede Eventualität einer Überraschung zu vermeiden, werden in den Fraktionssitzungen Probeabstimmungen durchgeführt. Auch die Entscheidung über die Rednerliste und -reihenfolge wird von der Fraktionsführung getroffen, soweit sie durch die fraktionsinterne Arbeitsteilung nicht ohnehin vorgegeben ist. Dasselbe gilt für die Verteilung der Ausschussposten.

Neben der Hierarchisierung ist es vor allem die arbeitsteilige Organisation des Fraktionsbetriebs, die den parlamentarischen Gleichklang herstellt und der Führung einen Durchgriff auf das Verhalten der einzelnen Abgeordneten sichert. Da ein Parlamentarier nur auf den ihm zugewiesenen Themengebieten Experte sein kann, muss er sich in allen anderen Fragen auf den Sachverstand seiner Kollegen verlassen und im Vertrauen darauf handeln. Kontroversen sind insofern im Regelfall nicht zu erwarten. Sie treten allenfalls bei Angelegenheiten von grundsätzlicher Bedeutung auf, die zugleich eine allgemein-politische Einschätzung verlangen. Gerade hier dürfte sich der Druck von oben am stärksten entfalten. Selbstzeugnisse belegen, welchen Pressionen, Einschüchterungen und Anfeindungen Abgeordnete ausgesetzt werden können, die der Mehrheitsmeinung ihrer Fraktion in wichtigen Fragen widersprechen (z.B. Pflüger 2000: 50 ff., Bülow 2010: 107 ff.). Der Zwang zur Geschlossenheit, den das parlamentarische System bedingt, hat also durchaus seine unschönen Kehrseiten. Einerseits unterminiert er die Prinzipien der innerparteilichen und -fraktionellen Demokratie, andererseits ist er aber auch unter funktionellen Gesichtspunkten schädlich, weil er den Handlungsspielraum der Parlamentarier einengt, statt deren Gestaltungspotenziale produktiv zu nutzen. Kritiker haben daher zu Recht die Frage aufgeworfen, ob nicht das deutsche Fraktionenparlament in seiner hierarchisch-arbeitsteiligen Struktur über das organisatorisch und sachlich Gebotene hinausschieße (Schüttemeyer 1999: 50).

6. Schlussbemerkung

So unbestritten es ist, dass das parlamentarische System des Grundgesetzes aus dem Versagen des „negativen" Parlamentarismus der Weimarer Republik richtige Konsequenzen gezogen hat, so übertrieben wäre es, den Deutschen Bundestag ein „mächtiges" Parlament, womöglich sogar das mächtigste auf dem Kontinent zu nennen. Legitimatorisch und institutionell mag das Parlament zwar den anderen staatlichen Organen und Entscheidungsträgern vorgeordnet bleiben. An tatsächlicher Bedeutung büßt es allerdings in allen relevanten Funktionsbereichen ein; am deutlichsten festmachen lässt sich das an der Öffentlichkeitsfunktion, die der Bundestag zu einem großen Teil an die autonomen Akteure der Mediendemokratie abgetreten hat.

Um den Funktionsverlust des Parlaments und die ihm verbleibende Rolle zu ermessen, muss man drei Analyseebenen unterscheiden.

(1) Die erste Ebene bezieht sich auf die allgemeinen Tendenzen einer „Entparlamentarisierung" der Regierungssysteme, die in allen etablierten Demokratien anzutreffen sind. Sie bewirken eine Auszehrung der parlamentarischen Gesetzgebungs- und Kontrollfunktionen. Die Ursachen dafür liegen einerseits in der fortschreitenden gesellschaftlichen Differenzierung – ablesbar an der wachsenden Zahl von Akteuren und Interessen, die im Regierungsprozess berücksichtigt werden wollen. Um diese Komplexität organisatorisch zu bewältigen, werden die legislativen Prozesse vermehrt in spezialisierte Gremien und policy-

Netzwerke ausgelagert, wo die Experten für den fraglichen Politikbereich unter sich bleiben. Es versteht sich von selbst, dass dazu auch die einschlägigen Interessenvertreter gehören. Gleichzeitig wird – auf den oberen Entscheidungsebenen – das Gewicht der informellen Beziehungen verstärkt. Beides führt zu einer Entwertung der demokratisch verfassten Regierungsorgane (von Blumenthal 2003).

Andererseits – und damit eng verbunden – nimmt die internationale Verflechtung der Politik zu. In dem Maße, wie die Probleme über die nationalen Grenzen hinauswachsen, stößt die Handlungsfähigkeit der Nationalstaaten an Grenzen. Der Souveränitätsverlust betrifft die Regierungen und Parlamente dabei allerdings nicht im selben Umfang. Während die erstgenannten ihn als Träger der transnationalen Entscheidungen weitgehend ausgleichen können, werden die letztgenannten mehr und mehr auf die Zuschauertribüne verbannt. Besonders weit gediehen ist diese Entwicklung im supranationalen Integrationsverbund der Europäischen Union, wo die nationalen Parlamentsabgeordneten die Gesetzgebungsprozesse mangels Informationen kaum noch durchschauen geschweige denn vorsorglich beeinflussen können. In Anbetracht der Rückwirkungen des europäischen Rechts auf die nationale Gesetzgebung sprechen manche Autoren deshalb bereits von einem „neuen deutschen Regierungssystem" (Sturm / Pehle 2005).

(2) Die zweite Analyseebene betrifft die Einschränkungen, die die Position des Bundestages durch das Vorhandensein weiterer Mit- und Gegenspieler im Gesetzgebungsprozess erfährt. Auch hier muss die These vom mächtigen Parlament korrigiert werden. Fasst man die Wirkungen, die von der Verfassungsgerichtsbarkeit, der Zweiten Kammer, dem Staatsoberhaupt und den Volksrechten ausgehen, zu einem gemeinsamen Vetopunkte-Index zusammen, dürfte der legislative Handlungsspielraum der Regierungsmehrheit in keiner anderen parlamentarischen Demokratie in Europa so gering sein wie in der Bundesrepublik. Dies findet zugleich in der institutionellen Chancenstruktur der parlamentarischen Opposition Niederschlag, die sich überwiegend aus Quellen speist, welche außerhalb des Bundestages liegen (Helms 2007: 153).

(3) Noch am ehesten nachvollziehen lässt sich die These des mächtigen Parlaments im Binnenverhältnis zur Regierung. Weniger die einzelnen Abgeordneten als die Fraktionen haben sich hier einen starken Einfluss bewahrt, der in der Ausgestaltung der parlamentarischen Mitwirkungs- und Kontrollrechte auch institutionell zum Ausdruck kommt. Eine Schlüsselrolle nimmt dabei das gut ausgebaute Ausschusswesen ein. Dass es einem früheren SPD-Fraktionsvorsitzenden gelungen ist, die Mitregierungsfunktion des Bundestages öffentlichkeitswirksam mit seinem Namen zu verbinden („Struck'sches Gesetz"), so als

ob sie von ihm selbst erfunden worden sei, fügt sich in das eingangs gezeichnete Bild des missverstandenen Parlamentarismus. Betrachtet man nur das Binnenverhältnis, gehört der Bundestag im europaweiten Vergleich zweifellos zu den mächtigeren Volksvertretungen. Als solche stellt er weiterhin die wichtigste politische Arena des Landes dar, in der die mehrheits- und konsensdemokratischen Stränge des deutschen Parteienbundesstaates zusammenlaufen (Schmidt 2007: 159).

Literatur

Arnim, Hans Herbert von (1984), Staatslehre der Bundesrepublik Deutschland, München.

Beyme, Klaus von (1997), Der Gesetzgeber. Der Bundestag als Entscheidungszentrum, Opladen.

Beyme, Klaus von (1999), Die parlamentarische Demokratie. Entstehung und Funktionsweise 1789 – 1999, 3. Aufl., Wiesbaden / Opladen.

Blumenthal, Julia von (2001), Amtsträger in der Parteiendemokratie, Wiesbaden.

Blumenthal, Julia von (2003), Auswanderung aus den Verfassungsinstitutionen. Konsensrunden und Kommissionen, in: Aus Politik und Zeitgeschichte B 43, S. 9-15.

Boldt, Hans (1980), Parlamentarismustheorie. Bemerkungen zu ihrer Geschichte in Deutschland, in: Der Staat 19 (3), S. 385-412.

Bülow, Marco (2010), Wir Abnicker. Über Macht und Ohnmacht der Volksvertreter, Berlin.

Decker, Frank (2004), Hände weg vom Präsidenten!, in: Berliner Republik 6 (3), S. 12-16.

Decker, Frank (2005), Die Zäsur, in: Berliner Republik 7 (6), S. 66-71.

Fraenkel, Ernst (1932), Verfassungsreform und Sozialdemokratie, in: Die Gesellschaft 9 (2), S. 484-500, wiederabgedruckt in ders., Gesammelte Schriften, Bd. 1: Recht und Politik der Weimarer Republik, hgg. von Hubertus Buchstein unter Mitarbeit von Rainer Kühn, Baden-Baden 1999, S. 516-529.

Friesenhahn, Ernst (1958), Parlament und Regierung im modernen Staat, in: Veröffentlichungen der Vereinigung der Deutschen Staatsrechtslehrer 16, S. 9-73.

Hamm-Brücher, Hildegard (1991), Der Politiker und sein Gewissen. Eine Streitschrift für mehr parlamentarische Demokratie, 3. Aufl., München / Zürich.

Helms, Ludger (1996), Das Amt des deutschen Bundeskanzlers in historisch und international vergleichender Perspektive, in: Zeitschrift für Parlamentsfragen 27 (4), S. 697-711.

Helms, Ludger (2002), Politische Opposition. Theorie und Praxis in westlichen Regierungssystemen, Opladen.

Helms, Ludger (2005), Regierungsorganisation und politische Führung in Deutschland, Wiesbaden.

Helms, Ludger (2007), Die Institutionalisierung der liberalen Demokratie. Deutschland im internationalen Vergleich, Frankfurt a.M. / New York.

Hereth, Michael (1999), Die Ohnmacht des deutschen Bundeskanzlers, in: Bochumer Jahrbuch für Ostasienforschung 23, S. 119-131.

Huber, Ernst Rudolf (1981), Deutsche Verfassungsgeschichte seit 1789. Band VI: Die Weimarer Reichsverfassung, Stuttgart.

Ismayr, Wolfgang (2000), Der Deutsche Bundestag im politischen System der Bundesrepublik Deutschland, Opladen.

Jäger, Wolfgang (1994), Wer regiert die Deutschen? Innenansichten der Parteiendemokratie, Zürich / Osnabrück.

Kluxen, Kurt (1983), Geschichte und Problematik des Parlamentarismus, Frankfurt a.M.

Lösche, Peter (2001), Der Deutsche Bundestag. Wozu ist der da?, in: Christiane Eisenberg (Hg.), Parliamentary Cultures / Parlamentskulturen, Trier, S. 97-105.

Lohse, Eckart / Markus Wehner (2009), Rosenkrieg. Die große Koalition 2005 – 2009, Köln.

Magiera, Siegfried (1979), Parlament und Staatsleitung in der Verfassungsordnung des Grundgesetzes. Eine Untersuchung zu den Grundlagen der Stellung und Aufgaben des Deutschen Bundestages, Berlin.

Meier, Christian (1999), Die parlamentarische Demokratie, München / Wien.

Müller-Rommel, Ferdinand / Gabriele Pieper (1991), Das Bundeskanzleramt als Regierungszentrale, in: Aus Politik und Zeitgeschichte B 21-22, S. 3-13.

Niclauß, Karlheinz (1998), Der Weg zum Grundgesetz. Demokratiegründung in Westdeutschland 1945 – 1949, Paderborn.

Niclauß, Karlheinz (2004), Kanzlerdemokratie. Regierungsführung von Konrad Adenauer bis Gerhard Schröder, Paderborn.

Niedermayer, Oskar (2003), Die Entwicklung des deutschen Parteiensystems bis nach der Bundestagswahl 2002, in: ders (Hg.), Die Parteien nach der Bundestagswahl 2002, Opladen, S. 9-41.

Patzelt, Werner J. (1998), Ein latenter Verfassungskonflikt? Die Deutschen und ihr parlamentarisches Regierungssystem, in: Politische Vierteljahresschrift 39 (4), S. 725-757.

Patzelt, Werner J. (2003), Party Cohesion and Party Discipline in German Parliaments, in: Journal of Legislative Studies 9 (4), S. 102-115.

Pflüger, Friedbert (2000), Ehrenwort. Das System Kohl und der Neubeginn, Stuttgart / München.

Saalfeld, Thomas (2005), Determinanten der Fraktionsdisziplin: Deutschland im internationalen Vergleich, in: Steffen Ganghof / Philip Manow (Hg.), Mechanismen der Politik, Frankfurt a.M., S. 35-71.

Schmidt, Manfred G. (2007), Das politische System Deutschlands. Institutionen, Willensbildung und Politikfelder, München.

Schüttemeyer, Suzanne S. (1999), Fraktionen und ihre Parteien in der Bundesrepublik Deutschland: Veränderte Beziehungen im Zeichen professioneller Politik, in: Ludger Helms (Hg.), Parteien und Fraktionen, Opladen, S. 39-66.

Schütt-Wetschky, Eberhard (2000), Gewaltenteilung zwischen Legislative und Exekutive?, in: Aus Politik und Zeitgeschichte B 28, S. 5-12.

Schuett-Wetschky, Eberhard (2003), Zwischen traditionellem Parlamentsverständnis und moderner Parteiendemokratie. Gründe des latenten Verfassungskonflikts, in: Zeitschrift für Parlamentsfragen 34 (3), S. 531-549.

Schwarzmeier, Manfred (2001), Parlamentarische Mitsteuerung. Strukturen und Prozesse informalen Einflusses im Deutschen Bundestag, Wiesbaden.

Sebaldt, Martin (2009), Die Macht der Parlamente. Funktionen und Leistungsprofile nationaler Volksvertretungen in den alten Demokratien der Welt, Wiesbaden.

Steffani, Winfried (1979), Parlamentarische und präsidentielle Demokratie. Strukturelle Aspekte westlicher Demokratien, Opladen.

Steffani, Winfried (1991), Demokratische Offenheit bei der Wahl des Regierungschefs?, in: Jahrbuch für Politik 1 (1), S. 25-40.

Sturm, Roland / Heinrich Pehle (2005), Das neue deutsche Regierungssystem. Die Europäisierung von Institutionen, Entscheidungsprozessen und Politikfeldern in der Bundesrepublik Deutschland, 2. Aufl., Wiesbaden.

III. Parteiensystem und Regierungsbildung.
Ende der stabilen Verhältnisse?

A. Grundlagen und Probleme der Parteiendemokratie

1. Krise oder Wandel?

Wenn man mit dem amerikanischen Politikwissenschaftler Robert A. Dahl (1971) davon ausgeht, dass die Demokratie wesentlich durch zwei Elemente bestimmt wird – politische Partizipation und politischen Wettbewerb – dann sind alle Demokratien notwendig Parteiendemokratien. Als Akteure im Prozess der politischen Willensbildung sind die Parteien die eigentlichen Träger des Wettbewerbs und der auf Wahlen bezogenen politischen Beteiligung. Der Zustand der Demokratie in einem Land hängt daher, wie es der deutsche Politologe Ernst Fraenkel (1974: 151) einmal ausgedrückt hat, maßgeblich von der „Pflege der Demokratie in den Parteien" ab.

Von der Politikwissenschaft werden den Parteien üblicherweise vier Funktionen zugeschrieben (z.B. Steffani 1988):

- *die Repräsentationsfunktion:* Parteien bilden die Konfliktlinien innerhalb einer Gesellschaft ab, sind also ein Ausdruck sozialer Kräfte. Durch die Formulierung politischer Programme versuchen sie, die Interessen der von ihnen vertretenen Wählergruppen zu artikulieren und zu bündeln.

- *die Legitimationsfunktion:* Als Institutionen der Willensbildung verkörpern die Parteien das demokratische Prinzip im allgemeinen und dessen plebiszitäre Komponente im besonderen. Indem sie die Bürger mobilisieren und zur Partizipation anhalten, tragen sie zur politischen Integration des Gemeinwesens bei.

- *die Sozialisations- und Elitenrekrutierungsfunktion:* Parteien wählen das politische Führungspersonal aus und trainieren es für die Übernahme von staatlichen (bzw. kommunalen) und Regierungsämtern. Als Karrierevehikel sind sie dabei zugleich Interessengruppen in eigener Sache.

- *die Steuerungsfunktion:* Parteien streben nach Regierungsmacht und üben unmittelbaren Einfluss auf die staatliche Willensbildung und Entscheidungsfindung aus. Im Wettbewerb mit ihren Mitstreitern sorgen sie für politische Innovationen.

Wie ist es um die Erfüllung der Funktionen in den etablierten Demokratien bestellt? Am ehesten erfolgreich bleiben die Parteien in der Sozialisations- und Rekrutierungs- sowie der politischen Steuerungsfunktion. Bei der erstgenannten können sie in den meisten Demokratien sogar ein Monopol für sich reklamieren, während die Wahrnehmung der Steuerungsfunktion starken systemspezifischen Unterschieden unterliegt: In föderal verfassten Staaten mit einer starken Verfassungsgerichtsbarkeit wie der Bundesrepublik ist sie z.b. schwächer ausgeprägt als in klassischen Mehrheitsdemokratien wie Großbritannien.

Ein weniger positives Bild ergibt sich, wenn man die die Repräsentations- und die Legitimationsfunktion betrachtet. Hier könnte man sogar von einer anhaltenden Krise sprechen. Kern dieser Krise ist ein gestörtes Vertrauensverhältnis zwischen Bürgern und Parteien, das sich in nachlassender Organisationskraft, Nichtbeteiligung an Wahlen, „abweichendem" Stimmverhalten sowie anderweitigen Protestformen ausdrückt. Einige Zahlen für die Bundesrepublik Deutschland mögen dies veranschaulichen. So ist die Gesamtmitgliederzahl der politischen Parteien, die auf ihrem Höhepunkt nach der deutschen Einheit 1990 bei 2,4 Millionen lag, bis 2010 auf ca. 1,4 Millionen zurückgegangen. Allein die Mitgliedschaft in der SPD hat sich gegenüber dem Rekordjahr 1976 nahezu halbiert. Die Wahlbeteiligung bei Bundestagswahlen, die zu den Spitzenzeiten in den siebziger Jahren regelmäßig um die 90 Prozent betrug, liegt mit knapp über 70 Prozent zwar immer noch recht hoch. Bei den Landtagswahlen beträgt sie aber heute kaum mehr als 60 Prozent, und bei Kommunal- und Europawahlen fällt sie sogar bisweilen deutlich unter die 50-Prozentmarke. Mit der rückläufigen Wahlbeteiligung korrespondiert eine Veränderung im Wählerverhalten selbst, das situativer und unberechenbarer wird. Die Folge ist eine wachsende Fragmentierung der Parteienlandschaft: Die Bindungskraft der beiden Volksparteien lässt nach, während der Stimmenanteil der kleineren Parteien wächst (Niedermayer 2010). Unter die letzteren fallen dabei in zunehmendem Maße auch nicht-etablierte Parteien sowie extremistische oder populistische Vertreter. Betrug der zusammengenommene Stimmenanteil der sogenannten „Sonstigen" in der Hochzeit der Stabilität des Parteiensystems in den siebziger Jahren selten mehr als ein Prozent, so erreicht er heute bei Landtags- und Europawahlen regelmäßig zweistellige Werte. Hauptprofiteure dieser Entwicklung waren und sind (neben der populistischen Linken) die neu entstandenen oder wieder erstarkten Rechtsaußenparteien, von denen sich im Unterschied zu den meisten anderen europäischen Ländern hierzulande aber keine dauerhaft im Parteiensystem festsetzen konnte (Jun / Kreikenbom / Neu 2006).

Abb. III.1   Wahlbeteiligung bei Bundestags- und Europawahlen seit 1972 bzw. 1979

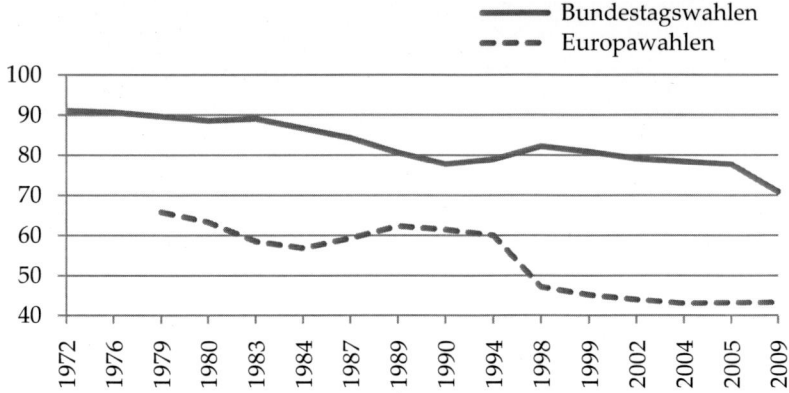

Uneinigkeit herrscht unter den wissenschaftlichen und publizistischen Beobachtern, ob diese Tendenzen tatsächlich als Krisenzeichen zu deuten sind, die für die Stabilität des demokratischen Systems bedrohlich werden können. Oder handelt es sich um Aspekte eines ganz normalen Wandlungsprozesses, der zu einer Transformation der Parteien und des Parteiensystems führt, aber nicht notwendigerweise zu ihrem Niedergang (Andersen 2009, Gehne / Spier 2010)? Für die erstgenannte Interpretation sprechen die demoskopisch ermittelten Befunde einer wachsenden Unzufriedenheit mit der Demokratie, die in Deutschland unter dem Schlagwort der „Politikverdrossenheit" firmiert (Arzheimer 2002). Schaut man etwas genauer hin, so wird das System insgesamt aber immer noch deutlich besser bewertet als dessen einzelne Institutionen oder Akteure und die von ihnen betriebene Politik. Darüber hinaus muss berücksichtigt werden, dass die Unzufriedenheit mit der Demokratie auch Ausweis einer kritischeren Grundeinstellung der Bürger gegenüber der Politik sein kann, die unter Demokratiegesichtspunkten durchaus positiv zu betrachten ist. Unterstützung findet die Krisenthese dagegen, wenn man bedenkt, dass es in erster Linie die gesellschaftlich marginalisierten Wählerschichten sind, die ihr Vertrauen in die Politik verloren haben. Das politische Gleichheitsversprechen, auf dem die Demokratie beruht, auch in materieller und kultureller Hinsicht abzusichern, fällt in einer auseinanderdriftenden Gesellschaft offenbar zunehmend schwerer (Schäfer 2010).

Abb. III.2   Zusammengefasster Stimmenanteil von Union und SPD und
              Quote des abweichenden Stimmverhaltens (sonstige Parteien +
              PDS/Linkspartei) bei Bundestagswahlen seit 1972

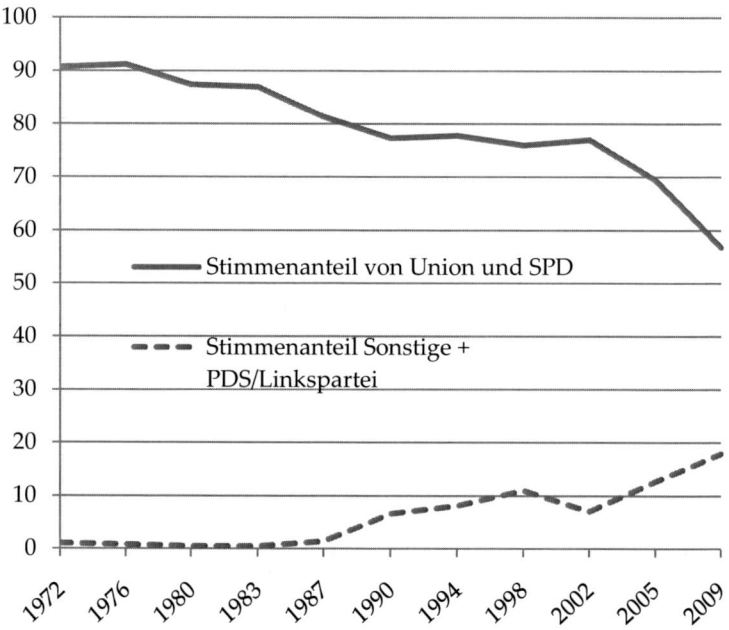

Quelle: eigene Berechnungen nach den amtlichen Wahlstatistiken

Historisch oder politisch-kulturell argumentierende Autoren verweisen gerne auf das Vorhandensein eines „Antiparteienaffektes" in Deutschland und führen dies auf die nachwirkenden Traditionen obrigkeitsstaatlichen Denkens und – damit zusammenhängend – die verspätete Durchsetzung der Demokratie zurück. Tatsächlich genießen Institutionen wie der Bundespräsident oder das Verfassungsgericht, die im Ruf der Überparteilichkeit stehen, bei den Bürgern unter allen Staatsorganen die höchste Wertschätzung, während die Parteien in ihrer Konfliktorientierung und „Machtbesessenheit" (so der frühere Bundespräsident Richard von Weizsäcker) die vermeintlichen Negativseiten der Politik verkörpern (Hofmann / Perger 1992). Verglichen mit anderen Ländern liegt darin aber längst kein deutsches Spezifikum mehr, im Gegenteil: Legt man die oben erwähnten Indikatoren zugrunde, gehört die Parteiendemokratie der Bundesrepublik europaweit nach wie vor zu den stabilsten. Die Bewertung erweist sich hier – wie so oft – als eine Frage der Perspektive (Gabriel / Holtmann 2010).

2. Parteienbildende Konfliktlinien

Parteien sind ein Produkt gesellschaftlicher Konflikt- oder Spaltungslinien (*cleavages*). Diese stellen einerseits einen Reflex der sozialen Verhältnisse dar, können also an Merkmalen wie Erwerbsposition, Gruppenzugehörigkeit, Lebensstil u.ä. festgemacht werden. Auf der anderen Seite dienen sie als analytische Klammer, um eine Vielzahl von politischen Streitfragen zu wenigen Grundkonflikten zusammenzufassen. In der heutigen Parteienforschung wird angenommen, dass für eine solche Zusammenfassung im Wesentlichen zwei Kategorien genügen (Kitschelt 1994). Alle Konflikte lassen sich danach entweder auf ökonomische oder kulturelle Gegensätze zurückverfolgen.[1]

Die kulturelle Konfliktlinie hat ihren historischen Ursprung im Staat-Kirche-Gegensatz, der in Deutschland durch den konfessionellen Gegensatz zwischen Protestanten und Katholiken zusätzlich überlagert wurde. Er trennte im 19. Jahrhundert die liberalen von den konservativen Parteien und diese wiederum von der Zentrumspartei als politischem Arm des Katholizismus. Die ökonomische Konfliktlinie bildete sich zuerst entlang des Stadt-Land-Gegensatzes heraus, bevor sie ausgangs des 19. Jahrhunderts vom Klassenkonflikt beherrscht wurde. Auf ihr positionierten sich die sozialdemokratischen und kommunistischen Parteien als Interessenvertreterinnen der Arbeiterschaft, während die konservativen und liberalen Parteien auf der Gegenseite für die Landbesitzer und das aufstrebende Bürgertum eintraten (Rohe 1992).

Dass die jeweiligen Pole der Konflikte in Deutschland nicht nur von einer, sondern von zwei, mitunter sogar drei Parteien besetzt wurden, verweist auf die politischen Gegensätze, die diese Parteien jenseits der ökonomischen und kultu-

---

[1] Die zweidimensionale Aufteilung des politischen Raums steht nicht in Widerspruch zur klassischen Links-Rechts-Unterscheidung, wie gelegentlich behauptet wird. Sie geht vielmehr davon aus, dass auf beiden Achsen rechte und linke Positionen unterschieden werden können.

rellen Sphäre trennten. Eine Schlüsselrolle spielte dabei die Haltung zum politischen System. So setzte sich z.b. die linksliberale Fortschrittspartei im Kaiserreich für eine Parlamentarisierung der Verfassung ein, während die Nationalliberalen an der konstitutionellen Monarchie festhielten. Die Sozialdemokraten standen wiederum nach 1918 fest auf dem Boden der eben erst etablierten parlamentarischen Demokratie, die sie in der Folge auch gegen Angriffe von links verteidigen mussten.

Es ist etwas in Vergessenheit geraten, dass das 1949 nach Gründung der Bonner Republik entstandene Parteiensystem noch weitgehend in der Kontinuität der Vielparteienstruktur stand, die sich in der Weimarer Zeit herausgebildet hatte (Jesse 2001: 63 ff.). Die entscheidenden Bedingungen des Neuanfangs waren damals jedoch bereits gelegt. Sie bestanden erstens in der Machtverschiebung von den Kommunisten zur Sozialdemokratie auf der Linken, zweitens in der Überwindung der historischen Spaltung des Liberalismus durch Gründung der FDP und drittens in der Neuerfindung der CDU/CSU als einer überkonfessionell angelegten bürgerlichen Sammlungspartei. Die Überführung des konfessionellen in ein allgemein religiöses *cleavage* wurde durch die Bevölkerungsstruktur gewiss erleichtert, die sich in der westdeutschen Bundesrepublik zu etwa gleichen Teilen aus Katholiken und Protestanten zusammensetzte. Dennoch war der Prozess alles andere als ein Selbstgänger. Das Zusammenwachsen der kulturell fremden Milieus basierte auf einem ausgeklügelten Proporzsystem, dessen Handhabung der Union großes organisatorisches Geschick abverlangte.[2] Zusammen mit ihren Erfolgen als Regierungspartei und der 1953 vorgenommenen Wahlrechtsänderung (Einführung der bundesweiten Fünfprozent-Sperrklausel) gelang es den Christdemokraten auf dieser Basis, alle verbliebenen Konkurrenten im Mitte-Rechts-Lager aufzusaugen (Bösch 2001: 139 ff.). Davon ausgenommen blieb lediglich die FDP, die sich als kirchenferner bzw. antiklerikaler Gegenpol zur CDU/CSU auf der kulturellen Konfliktlinie ihre Existenzberechtigung bewahrte.

Die Ära des stabilen Zweieinhalbparteiensystems währte knapp zwei Jahrzehnte, ehe ausgangs der siebziger Jahre eine „postmaterialistische" Konfliktlinie die Etablierung der Grünen als vierter Partei nach sich zog. Charakteristisch für das neue *cleavage* war zum einen, dass es sich weniger an sozialstrukturellen als an Einstellungs- und Lebensstilmerkmalen festmachte. Zum anderen lag das Umweltthema, aus dem sich der Gegensatz Materialismus – Postmaterialismus speiste, quer zu den bestehenden kulturellen und ökonomischen Konfliktlinien.

---

[2] Die Unionsparteien nahmen in den fünfziger Jahren damit bereits manches von dem vorweg, was die Grünen ab den achtziger Jahren an Proporzregeln etablieren sollten.

Als Katalysator für die Umweltbewegung erwies sich die Wirtschaftspolitik des damaligen Bundeskanzlers Helmut Schmidt, die ganz dem traditionellen Wachstumsdenken verpflichtet blieb. Ob eine ökologisch aufgeschlossenere SPD das Aufkommen der Grünen hätte verhindern können, ist jedoch fraglich. Dagegen spricht nicht nur der habituelle und ideologisch-programmatische Graben, der beide Seiten damals trennte, sondern auch der Umstand, dass grüne Parteien zeitgleich in vielen anderen westeuropäischen Ländern entstanden. Existenzbedrohende Gefahren für die Grünen gingen in der Folge weniger davon aus, dass andere Parteien deren ökologisches Gedankengut übernahmen, als davon, dass die Grünen sich ihrerseits den anderen Parteien annäherten. Dies führte zu harten innerparteilichen Auseinandersetzungen, die sie mitunter bis an den Rand des Abgrunds brachten (Klein / Falter 2003). Gemessen an diesen Zerreißproben kommt einem die programmatische und organisatorische Geschlossenheit der Partei heute wie ein kleines Wunder vor.

Die unverhofft möglich gewordene deutsche Vereinigung bescherte der Bundesrepublik 1989/90 eine nochmalige Erweiterung ihres Parteiensystems in Gestalt der postkommunistischen PDS. Auch hier wurde später die These vertreten, dass deren Fortleben hätte verhindert werden können, wenn die SPD bereit gewesen wäre, sich in der Wendezeit für die Mitglieder der SED zu öffnen. Tatsächlich hat es eine solche Option jedoch nie gegeben. Nachgetrauert wurde ihr deshalb, weil die PDS entgegen den ursprünglichen Erwartungen aus dem Parteiensystem nicht verschwand, sondern – im Gegenteil – ab der zweiten Runde der Wahlen in den neuen Ländern von Erfolg zu Erfolg eilte. Indem sie sich als Interessenvertreterin der Ostdeutschen stilisierte, profitierte die Partei massiv von den materiellen und mentalen Enttäuschungen, die der Vereinigungsprozess hinterließ. Mit der PDS hielt also ein regionalistisches *cleavage* in das Parteiensystem Einzug, das durch ökonomische und kulturelle Konflikte gleichermaßen unterfüttert wurde. Ablesen ließ sich das zum einen an der sozialstrukturellen Zusammensetzung der PDS-Wähler in Ostdeutschland, unter denen Arbeitslose und Leistungsempfänger keineswegs überrepräsentiert waren. Zum anderen führte das *cleavage* zu einem Auseinanderdriften der Parteienlandschaft: Während die Postkommunisten im Osten zu CDU und SPD aufschließen konnten, blieben sie im Westen mit Stimmenanteilen um die ein Prozent marginalisiert.

Mit der Entstehung der gesamtdeutschen Linkspartei ist die Entwicklung des deutschen Parteiensystems in ihre vorerst letzte Phase getreten. Der Übergang von der Viereinhalb- zur Fünfparteienstruktur wurde möglich, nachdem sich in den alten Ländern 2005 eine Abspaltung von der SPD gebildet hatte und diese mit der ostdeutschen PDS zur Partei „Die Linke" fusionierte (Spier u.a.

2007). Die Gründung der WASG erfolgte aus Protest gegen die von der rot-grünen Bundesregierung unter Kanzler Gerhard Schröder betriebenen Arbeits-markt- und Sozialreformen. Ihr lagen also keine neuen Konfliktlinien zugrunde, sondern die Kritik, dass sich die Herkunftspartei von ihrer traditionellen Position auf der sozialökonomischen Achse zu weit entfernt habe. Symbolhaft markiert wurde dies durch die Person des früheren SPD-Vorsitzenden Lafontaine, dessen Übertritt zur WASG eine wesentliche Voraussetzung für den Erfolg der Partei in den alten Bundesländern darstellte.

Abb. III.3   Konfliktlinien im deutschen Parteiensystem

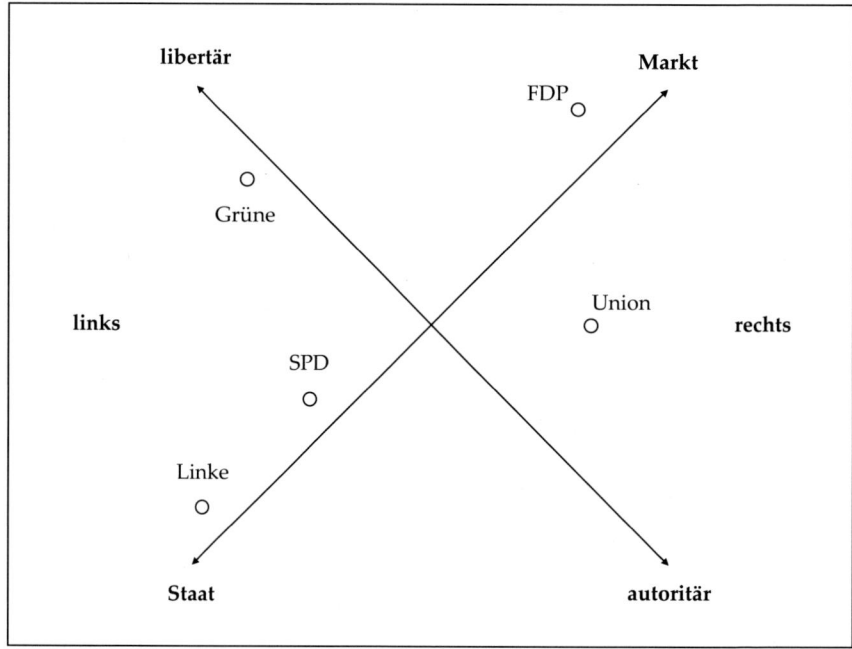

Auch nach dem Abgang Lafontaines muss die Linke um ihre Position als fünfte Partei nicht fürchten. Das organisatorische Fundament der im Osten bestens vernetzten PDS und die neue Aktualität der Verteilungsfragen geben ihr gute Chancen, auf dem derzeitigen (oder einem noch höheren) Niveau zu verharren. Die gleichzeitige Bedienung des regionalistischen und sozialökonomischen *clea-vages* verspricht eine stabile Wählerkoalition, obwohl die Partei durch die Westausdehnung ihre reine Ost-Identität verliert. Symptomatisch dafür ist, dass sich die Wählerzusammensetzung auch in den neuen Ländern in Richtung der sozial benachteiligten Gruppen verschiebt (Niedermayer 2006). Dies dürfte dem Gesamterfolg aber ebenso wenig im Wege stehen wie die beträchtlichen Schwierigkeiten im Fusionsprozess, die in der Öffentlichkeit bisweilen das Bild einer „Chaotentruppe" entstehen lassen. Hier profitiert die Linke davon, dass sie von den Wählern weniger als gestaltende Kraft denn als Protestpartei geschätzt wird. (Im Osten trifft vermutlich das eine wie das andere zu.)

In der Stärke der Linken mag auch ein Grund dafür liegen, warum es in der Bundesrepublik nicht zur flächendeckenden Etablierung einer rechtspopulistischen oder -extremistischen Partei gekommen ist. Gemessen am Wandel der gesellschaftlichen Konfliktstrukturen dürften solche Parteien hierzulande über ein ähnlich großes Wählerpotenzial verfügen wie in anderen europäischen Ländern. Ihr Scheitern geht insofern eher auf fehlende politische Gelegenheiten und das eigene organisatorische Unvermögen zurück (Decker / Miliopoulos 2007). Darüber hinaus sorgt die historisch bedingte Stigmatisierung des Extremismus weiterhin für eine gewisse Immunisierung. Auf der anderen Seite ist die von Wissenschaftlern sogenannte „dritte Welle" des Rechtsextremismus[3] bis heute nicht abgerissen, sodass mit weiteren Wahlerfolgen zumindest auf kommunaler und Länderebene gerechnet werden muss.

3. *Gestaltwandel des Parteienwettbewerbs*

Der Bedeutungsverlust der einstmals parteienbildenden Konfliktlinien und Milieus spiegelt sich am deutlichsten in den rückläufigen Stimmenanteilen der beiden Volksparteien. Über Formen und Ursachen der gesellschaftlichen Entwurzelung existiert eine umfangreiche Literatur (z.B. Walter 2009, Eith 2008). Die Stichworte

---

[3] Die erste Welle setzte in der unmittelbaren Nachkriegszeit ein und reichte bis zum Verbot der Sozialistischen Reichspartei (SRP) im Jahre 1952. Die zweite Welle hob Mitte der sechziger Jahre an. Sie spülte die 1964 gegründete NPD in mehrere Landtage, sollte danach aber rasch abebben. Auf der dritten Welle zogen die 1983 als Abspaltung von der CSU entstandenen Republikaner (REP) dreimal und die DVU sieben Mal in ein Landesparlament ein. Die NPD konnte erst wieder im Jahre 2004 in Sachsen an ihre frühere Stärke anknüpfen, das sie zuvor gezielt zur Hochburg ausgebaut hatte. Mit ihrem neuerlichen Erfolg in Mecklenburg-Vorpommern (2006) und dem Wiedereinzug in den sächsischen Landtag (2009) hat sie heute die Führungsrolle im rechtsextremen Lager übernommen (Decker / Miliopoulos 2009).

lauten Tertiarisierung, Ausbau des Wohlfahrtsstaates, Individualisierung, Säkularisierung und Wertewandel. Zusammengefasst werden können sie im Begriff der „Pluralisierung". Diese findet ihren Niederschlag darin, dass „die großen Effekte der politisierten Sozialstruktur allmählich durch kleinere Effekte bestimmter sozialstruktureller Lagen abgelöst werden, die sich nicht mehr zu einem großen Gesamteffekt der ‚Sozialstruktur' oder zumindest der ‚Klassenstruktur' aufaddieren" (Pappi 2002: 42). So wie der sozioökonomische Konflikt sich in mehrere disparate Verteilungscleavages „verflüchtigt", bei denen die Interessen der verschiedenen Gruppen immer weniger Übereinstimmungspunkte aufweisen, so werden auch die kulturellen Orientierungen und Lebensstilmerkmale vielfältiger. Gleichzeitig entkoppeln sich beide Aspekte, sodass von der sozialökonomischen Lage einer Person nur noch bedingt auf ihre Wertvorstellungen geschlossen werden kann.

Dies bedeutet selbstverständlich nicht, dass sozialstrukturelle Merkmale für das Wahlverhalten irrelevant wären – trotz schrumpfenden Stammwähleranteils sind sie es keineswegs. Nach wie vor wählen kirchentreue Katholiken überproportional häufig CDU/CSU und Gewerkschaftsmitglieder SPD. Die Merkmale verlieren aber in qualitativer und quantitativer Hinsicht an Bedeutung. Die Bindungen schwächen sich auch bei den Traditionswählern ab, und durch die *cleavages* wird ein immer kleinerer Teil der Gesellschaft erfasst. So ist z.B. die Quote der regelmäßigen Kirchgänger unter den Katholiken in den letzten fünfzig Jahren von 50 auf 13 Prozent (!) gesunken, sodass der Union die vergleichsweise große Treue dieser Wählergruppe nur wenig nützt. Umgekehrt stellt sich das Problem bei der SPD dar: Hier hält sich der Schrumpfungsprozess ihrer Kernklientel in der Industriearbeiterschaft noch in Grenzen, doch kann die Partei diese nicht mehr als sicheres Rekrutierungsreservoir betrachten. Beide Volksparteien stehen mithin vor der Situation, ihre Mehrheitsfähigkeit nur durch eine programmatische Öffnung für neue Wählerschichten retten zu können. Gerade damit laufen sie aber Gefahr, die getreuen Stammwähler weiter zu verprellen (Wiesendahl 1992).

Mit dem schwindenden gesellschaftlichen Rückhalt einer geht das Verblassen der ideologisch-programmatischen Gegensätze. Der Zusammenbruch des Sowjetkommunismus hat nicht nur die Frontstellung des Kalten Krieges beseitigt, die bis zu Beginn der achtziger Jahre in der Bundesrepublik eine starke innenpolitische Polarisierung bewirkte, sondern auch die Blütenträume eines sozialistischen oder anders gearteten „dritten" Weges jenseits des Kapitalismus verfliegen lassen. Gleichzeitig führt der beschleunigte Globalisierungsprozess dazu, dass die demokratisch verfassten Nationalstaaten ihre Fähigkeit, die wirtschaftliche und gesellschaftliche Entwicklung autonom zu gestalten, immer mehr einbüßen. Die parteipolitischen Akteure geraten dadurch in ein schwieriges Dilemma. Einerseits gleichen sie sich in ihrer Programmatik und im tatsächlichen Regierungshandeln an. Andererseits müssen sie den Glauben in der Wählerschaft aufrechterhalten, wonach es einen Unterschied macht, wer regiert. Personalisierung, Inszenierung und politische Symbolik treten deshalb in der Wähleransprache zunehmend anstelle der komplexen Sachinhalte, deren Darstellung das Publikum im Zweifel überfordern – oder langweilen – würde (Sarcinelli 2009).

Verschärft wird das Dilemma durch die sinkenden materiellen Verteilungsspielräume. In der Goldenen Ära des Keynesianismus fiel es den Parteien noch leicht, ihre jeweiligen Klientelen bei der Stange zu halten. Hohe Wachstumsraten hielten nicht nur die Arbeitslosigkeit gering, sie führten auch dazu, dass der Wohlfahrtsstaat stetig ausgebaut werden konnte und es für alle Gruppen genügend zu verteilen gab. Schon in den siebziger Jahren begann sich das Bild zu ändern. Wachstumseinbrüche und die zunehmende finanzielle Überbeanspruchung des Staates machten es schwieriger, die Interessenunterschiede innerhalb der Wählerschaft ökonomisch zu überbrücken. Hinzu kam, dass Teile der Gesellschaft – unter dem Einfluss des Wertewandels – jetzt auch grundsätzliche Zweifel am Verteilungsparadigma hegten. Die Politik stand vor dem Problem, einerseits die Negativfolgen des auf Wachstum programmierten industriellen Systems bekämpfen und andererseits die Grundlagen eben dieses Wachstums sichern zu müssen. Nachdem die Globalisierung der Finanzmärkte die Möglichkeiten einer nachfrageorientierten Vollbeschäftigungspolitik („Keynesianismus in einem Lande") drastisch eingeschränkt hatte, musste sie dazu verstärkt auf angebotsseitige Maßnahmen zurückgreifen, die in vorhandene Besitzstände eingriffen. Um die hohe Arbeitslosigkeit zurückzuführen, kam man nicht umhin, die Löhne und Lohnersatzleistungen zu begrenzen sowie den Arbeitsmarkt zu flexibilisieren. Auch in der Kranken- und Altersversicherung galt es das Versorgungsniveau zu reduzieren, wenn man einen weiteren Anstieg der Arbeitskosten verhindern und zugleich den Auswirkungen des demographischen Wandels begegnen wollte. Letzterer hat dazu geführt, dass einer gleich bleibenden bzw. sinkenden Zahl von Beitragszahlern immer mehr Leistungsempfänger gegenüberstehen.

Während andere europäische Länder mit diesen Herausforderungen vergleichsweise gut fertig geworden sind, hat die Bundesrepublik die Reformnotwendigkeiten lange Zeit negiert und vor sich her geschoben (Decker 2007). Erst im Jahre 2003 kam es unter der rot-grünen Regierung zu einer größeren Kraftanstrengung, für die der sozialdemokratische Teil der Koalition prompt mit massivem Stimmentzug bestraft wurde. Da die SPD ihre Wähler vor der Bundestagswahl 2002 über den einzuschlagenden Kurs im Unklaren gelassen hatte, musste sie mit dieser Quittung rechnen. Aus elektoraler Sicht war ihr damaliges Handeln nachvollziehbar. Die Wettbewerbslogik des bundesdeutschen Parteiensystems, nach der die Großparteien um eine zunehmend wechselbereiter werdende Wählerschaft buhlen müssen, macht die Akteure nicht unbedingt geneigt, unangenehme Wahrheiten zu verkünden, wenn sie im Rennen um die Wählergunst die Nase vorn haben wollen (Best 2009). Der Drang zur Mitte wirkt hier in doppelter Hinsicht verhängnisvoll. Zum einen hält er die Parteien davon ab, jenen Mittelschichten, die vom Ausbau des Wohlfahrtsstaates in der Vergangenheit am meisten profitiert haben, die nötigen Reformen zuzumuten, weil diese das Gros ihrer (potenziellen) Wähler ausmachen. Zum anderen nimmt er ihnen die Fähigkeit – zum Teil auch den Willen –, die vom Modernisierungsprozess abgekoppelten, randständigen Bevölkerungsgruppen zu repräsentieren, die heute die wichtigste Wählerreserve der rechts- und linkspopulistischen Protestparteien darstellen.

4.   Selbstprivilegierung der Parteien im Parteienstaat

Die Abschwächung der gesellschaftlichen Bindungen der Parteien hat nicht nur zur Folge, dass die Bürger zur Unduldsamkeit neigen und anfälliger für Abwanderungs- oder Widerspruchsreaktionen werden; sie rückt auch die vermeintliche Selbstprivilegierung der Parteien als Thema in den Vordergrund. Der Antiparteienaffekt findet hier sein bevorzugtes Betätigungsfeld. Am Ausgangspunkt der Kritik am Parteienstaat steht ein Paradox. Auf der einen Seite sind die Wurzeln der Parteien in der Gesellschaft schwächer geworden. Auf der anderen Seite hat die Entwurzelung keinen gleichlautenden Machtverlust im staatlichen Bereich bewirkt. Unterschiedliche Auffassungen gibt es darüber, wie diese beiden Prozesse zusammenhängen. Einige Autoren (z.B. Mair 1994) unterstellen, dass die Parteien das Wegbrechen ihrer gesellschaftlichen Basis durch eine Stärkung der Position im Staat gezielt wettgemacht hätten. Dies dürfte in zweierlei Hinsicht zu kurz greifen. *Erstens* wäre es falsch, von einem generellen Machtzuwachs der Parteien im staatlichen Bereich zu sprechen. Berücksichtigt man, dass der Staat als ganzes an Steuerungsfähigkeit eingebüßt hat, sind die Parteien heute weniger „mächtig" als früher, obwohl sie unter dem Druck des Parteienwettbewerbs den gegenteiligen Anschein erwecken müssen – hierin liegt einer der Gründe für die Vertrauenskrise. *Zweitens* handelt es sich beim Hineinwachsen der Parteien in den Staat um einen Prozess „sui generis", der mit ihren gesellschaftlichen Funktionen zunächst gar nichts zu tun hat. Der Parteienstaat ist vielmehr das natürliche

Pendant einer Entwicklung, die im 20. Jahrhundert zur Herausbildung des „arbeitenden" oder „Leistungsstaates" geführt hat und ein Produkt der modernen Industriegesellschaft darstellt. Je mehr sich der Staat aufgerufen fühlte, in das soziale und Wirtschaftsgeschehen regulierend einzugreifen, desto enger wurde auch die Symbiose zwischen Parteien und Staat. Betrachtet man die Folgen dieser Entwicklung, so stellt sich der Zusammenhang genau umgekehrt dar. Der Ausbau des Wohlfahrtsstaates ermöglichte es den Bürgern, die Bindungen zu „ihren" Parteien zu lockern, weil sie auf die Fürsorgeleistungen, die diese im gesellschaftlichen Bereich erbrachten, nicht mehr im selben Maße angewiesen waren (Koole 1996: 512). Für die Parteien bedeutete das nicht nur, dass sie verstärkt um neue Wählergruppen werben mussten. Sie wurden nun auch von staatlichen Ressourcen abhängig, um ihren politischen Einfluss weiter zu gewährleisten.

Beleuchten lässt sich dies insbesondere an der Ausdehnung der staatlichen Parteienfinanzierung. In den sechziger Jahren eingeführt, hat deren Anteil an den Gesamteinnahmen der bundesdeutschen Parteien im Laufe der Zeit immer mehr zugenommen. Betrachtet man nur die Zuwendungen aus der sogenannten Wahlkampfkostenerstattung und stellt man sie den aus Mitgliedsbeiträgen und Spenden aufgebrachten Eigenmitteln der Parteien gegenüber, wird dieser Effekt zunächst nicht sichtbar. Hier zeigt sich im Gegenteil ein erstaunlicher Anstieg der Beitragsfinanzierung von etwa einem Drittel (1968) auf nahezu 50 Prozent der Gesamteinnahmen (2003), während der staatliche Finanzierungsanteil im selben Zeitraum von 55 auf gut 40 Prozent zurückgegangen ist. Das Bild vervollständigt sich erst, wenn man über die Wahlkampfmittel hinaus auch die Quellen der indirekten staatlichen Finanzierung mit einbezieht. Hierzu gehören z.B. die Abgaben von Mandatsträgern, die als „Parteisteuern" offiziell bei den Mitgliedsbeiträgen mit gezählt werden und deren Anteil dadurch künstlich in die Höhe treiben, die Finanzierung der Abgeordnetenmitarbeiter, die Zuschüsse an die Fraktionen, die Steuerbegünstigung von Spenden und Mitgliedsbeiträgen sowie – als größter Posten – die Zuwendungen an die Parteistiftungen, soweit sie in die Schulung und Weiterbildung des politischen Personals fließen. Summiert man all diese Mittel, so lag der staatliche Finanzierungsanteil ausgangs der neunziger Jahre mit annähernd 80 Prozent weit über der vom Bundesverfassungsgericht 1992 als zulässige Obergrenze festgelegten 50 Prozent-Marge. Profitiert von dieser Entwicklung haben vor allem die Parteizentralen. „Die direkte und indirekte Staatsfinanzierung öffnete ein Tor, um den Serviceapparat für Abgeordnete und Parteispitzen auf Partei-, Wahlkreis- und Parlamentsebene auf eine von anderen Finanzierungsquellen unabhängige Basis zu stellen. All dies geht auf gesetzliche Regelungen zurück, die sich die Parteien selbst schufen" (Wiesendahl 2006: 116).

Wie ungeniert sie dabei vorgingen, lässt sich daran ablesen, wie oft das Bundesverfassungsgericht die gesetzlichen Bestimmungen der Parteienfinanzierung korrigiert hat. Das Karlsruher Gericht reagierte damit auch auf die Phantasie, die die etablierten Parteien entwickelten, um die von ihm vorgenommenen Begrenzungen erneut zu umgehen bzw. zu unterlaufen. Letzteres gilt z.B. für die jüngst ins Gerede gekommenen Sponsoring-Praktiken, die von den Spendenregelungen des Parteiengesetzes nicht erfasst werden.

Abb. III.4 Indirekte Staatsfinanzierung der Parteien (Parteiensteuern, Fraktions-
zuschüsse, Finanzierung der Abgeordnetenmitarbeiter, Stiftungsfinan-
zierung[1] – jährliche Zuwendungen in Mio. Euro)

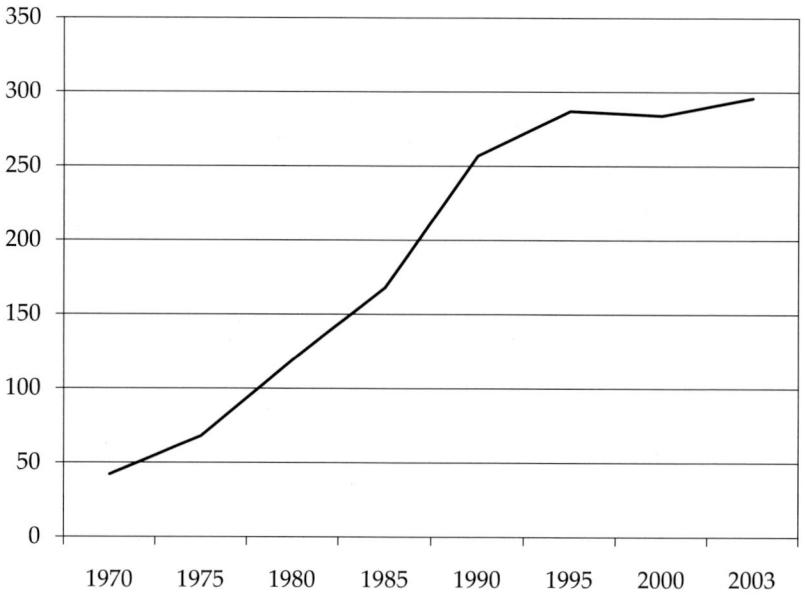

[1] zu 40 Prozent. Dieser von Wiesendahl zugrunde gelegte Wert bezieht sich auf die Global-zuschüsse, die die Stiftungen für die politische Bildungsarbeit erhalten. Auch wenn man das Attribut „indirekt" in Bezug auf die Parteienfinanzierung sehr weit auslegt, dürfte er etwas zu hoch gegriffen sein, da nicht alle diese Gelder in die Schulung und Weiterbildung des politischen Personals fließen.

Quelle: Wiesendahl 2006: 115.

Der zweite große Topos der Parteienstaatskritik bezieht sich auf das Rekrutierungsmonopol des politischen Personals und die Ämterpatronage. Auch hier liegt das Problem darin, dass die Parteien die sie begünstigenden Regelungen selber treffen können oder müssen. Bezogen auf die Rekrutierung gilt das z.b. für das Wahlrecht und die – in den Parteisatzungen festgelegten – Verfahren der Kandidatenaufstellung, die über die Zugangschancen von neuen Wettbewerbern und Seiteneinsteigern entscheiden (Köhler 2006). In beiden Bereichen haben die Parteien bislang kaum Bereitschaft gezeigt, ihre „closed shop"-Mentalität abzulegen. Noch weniger legitimierbar erscheint die unter dem Begriff der Ämterpatronage firmierende parteipolitische „Infiltration" der staatlichen und vorstaatlichen Institutionen (Verwaltung, Ministerialbürokratie, Justiz, Rundfunkanstalten, öffentliche Unternehmen). Die Besetzung der Positionen nach Parteizugehörigkeit dient hier zum einen der Loyalitäts- und Machtsicherung („Herrschaftspatronage"), zum anderen dazu, verdiente Parteigänger mit einem Posten zu belohnen („Versorgungspatronage").

Die Kritik an solchen Praktiken, die in der Rechtswissenschaft seit langem en vogue ist, hat mit dem von Katz und Mair (1995) eingeführten Konzept der „Kartellparteien" mittlerweile auch ihren politikwissenschaftlichen Segen erhalten. Dass die Parteien in den eigenen Angelegenheiten wie ein Kartell zusammenarbeiten, wäre schon für sich genommen heikel genug. Zum eigentlichen Problem wird es jedoch erst dadurch, dass der Selbstprivilegierung kein vergleichbares Gewicht mehr in Gesellschaft und Staat entspricht, das als Vertrauensvorschuss wirkt und ihnen ein „Legitimiationspolster" verschafft. Die Akzeptanz des parteiendemokratischen Systems steht und fällt damit ausschließlich mit den durch die Politik erbrachten Leistungen. Bleiben diese hinter den Erwartungen zurück, dürfte auch die Bereitschaft der Bürger sinken, die Machtusurpation der Parteien als notwendiges Übel hinzunehmen.

Dass es in der Bundesrepublik dennoch nicht zu einer vollständigen Delegitimierung des Parteienstaates gekommen ist, lässt sich auf mehrere Gründe zurückführen. *Erstens* wird der Parteieneinfluss hierzulande durch institutionelle Gegengewichte wie Föderalismus, Verfassungsgerichtsbarkeit und Medien begrenzt, sodass von einem faktischen Herrschaftsmonopol der Parteien keine Rede sein kann. *Zweitens* zeichnete sich das deutsche Regierungssystem in der Vergangenheit durch einen äußerlich funktionierenden, stark gegnerschaftlich geprägten Parteienwettbewerb aus, der den politischen Wechsel über die Koalitionsbildung stets ermöglichte; die Kartellisierungstendenzen blieben insoweit auf den Bereich der institutionellen Eigeninteressen der Parteien beschränkt. Beides unterscheidet die Bundesrepublik von klassischen Parteistaaten wie Österreich oder Italien, wo die Kartellstrukturen jahrzehntelang in ein konkordanzdemokratisches System eingebunden waren, das den Wettbewerb auch auf der Regierungsebene suspendierte. Und *drittens* besteht innerhalb der für die Vorbereitung der Gesetze zuständigen Ministerialbürokratie ein traditionell stark ausgeprägter Hang zur „Depolitisierung". Symptomatisch dafür ist die hohe Loyalität der Ministerialbürokraten, die nach Regierungswechseln nur einen geringen Personaltausch erforderlich macht (anders als z.b. in den USA). Versorgungspatronage ist dem bundesdeutschen Parteienstaat nicht fremd, wie die wundersame Vermehrung der Parlamentarischen Staatssekretäre in der Amtszeit von Helmut Kohl gezeigt hat; sie spielt aber quantitativ keine bedeutende Rolle. In der Summe bleibt die parteipolitische Durchwirkung der administrativen Politikformulierung in der Bundesrepublik gering.

Die äußerlichen Erscheinungsformen des Parteienstaates müssen als Konsequenz dieser Entwicklung aufgefasst werden (Murswieck 1991). Je weniger die Parteien in die fachautonomen Ressorts hineinregieren können, um so mehr neigen sie dazu, die „Politisierung" auf anderem Wege herbeizuführen. So erklärt es sich, dass die wirklich ärgerlichen Fälle parteipolitischer Versorgungs- und Herrschaftspatronage heute vor allem im vorgouvernementalen Bereich – in den Rundfunkanstalten und öffentlichen Unternehmen – stattfinden und nicht in den Ministerien. Auch das Bestreben der Parteien, ihren Einfluss durch eine stärkere Kontrolle der Ämterbesetzung zu sichern, findet hier seine Ursache. Am greifbarsten ist die Repolitisierung, wenn Regierungsentscheidungen in spezielle Koalitionsgremien ausgelagert werden. Dies trifft in der Regel auf politisch besonders wichtige Fragen zu, die zwischen den Koalitionspartnern umstritten sind, oder auf Fragen, die quer zu den Ressortzuständigkeiten liegen.

Die parteipolitische Einflussnahme kann je nach normativem Standpunkt zu unterschiedlichen Bewertungen führen. Aus demokratisch-verfassungsstaatlicher Sicht erscheint die Selbstprivilegierung der Parteien als kaum zu rechtfertigende Machtanmaßung (von Arnim 2001, Hennis 1998). Liegt der Hauptakzent demgegenüber auf der Funktionsweise, so leisten die Parteien einen wichtigen Beitrag zur Integration der Regierungsgeschäfte, der Innovationen fördert und Stillstand verhindert. Dass die letztgenannte Position in der Öffentlichkeit einen schweren Stand hat, darf nicht verwundern. Dennoch ist die Mobilisierungswirkung des Parteienstaatsthemas in der Bundesrepublik erstaunlich gering geblieben. Was unter intellektuellen Kritikern bisweilen heftige Reaktionen auslöst, wird von der breiten Bevölkerung eher gleichgültig betrachtet und zumeist nur in Verbindung mit anderen ungelösten Problemen virulent. Anti-Parteien-Parteien wie die italienische Lega Nord oder die österreichische FPÖ hatten aus diesem Grund in der

Bundesrepublik bis zuletzt keine Chance. Wo sie gegründet wurden, handelte es sich um reine Kopfgeburten, denen es an der nötigen populistischen Durchschlagskraft fehlte (Beispiel: die Hamburger Statt-Partei). Darüber hinaus ist es den etablierten Parteien gelungen, der Kritik durch institutionelle Reformen – etwa die Einführung plebiszitärer Elemente auf kommunaler und Länderebene – Wind aus den Segeln zu nehmen (Scarrow 1997).

5. *Organisationswandel und innerparteiliche Demokratie*

Wenn die Verankerung der Parteien in der Gesellschaft schwächer wird und sie sich gleichzeitig immer mehr „etatisieren", hat das naturgemäß auch für ihr Innenleben Folgen. Die Volks- oder Allerweltsparteien, die seit den sechziger Jahren in der Nachfolge der alten Massenintegrationsparteien entstanden waren, sind durch einen neuartigen Organisationstypus verdrängt worden, den man im Anschluss an Angelo Panebianco (1988: 264 f.) als „professionelle Wählerpartei" bezeichnen könnte. Der Begriff hat den Vorteil, dass er den Parteienwandel sowohl von der Nachfrage- als auch von der Angebotsseite her erfasst. Die Nachfrageseite betrifft die nachlassende gesellschaftliche Verankerung der Parteien, die sich in einem zunehmend sprunghafteren Wählerverhalten ausdrückt. Die Angebotsseite setzt bei den veränderten Möglichkeiten der politischen Kommunikation an. Begriffe wie die „moderne Kaderpartei" (Koole 1996), „Partei der Berufspolitiker" (von Beyme 1997) oder „professionalisierte Medienkommunikationspartei" (Jun 2004) erscheinen demgegenüber als zu verengt, auch wenn sie sich in der inhaltlichen Konkretisierung von Panebianco kaum unterscheiden. Zentrale Merkmale des „neuen" Parteimodells sind danach:

- die Aufgabenverlagerung von der traditionellen Parteienbürokratie hin zu professionell arbeitenden Spezialisten
- die Verselbständigung der einzelnen Organisationsebenen und -bereiche
- der Vorrang der elektoralen Funktion
- die direkte Ansprache der Wähler mittels moderner Kommunikationstechniken
- der Autonomiegewinn der Parteispitze gegenüber den Funktionären und Mitgliedern und – damit verbunden
- die Herausstellung der gehobenen Funktions- und Mandatsträger im Rahmen einer personalisierten Führungsstruktur

Ob es sich bei der „professionellen Wählerpartei" tatsächlich um einen neuen Typus handelt oder um eine bloße Fortentwicklung oder Spezifizierung der *catch all-party*, wird in der Literatur unterschiedlich eingeschätzt. Vieles spricht dafür, sie weniger als Ablösung denn als Anreicherung des vorangegangenen Modells zu betrachten. Selbst der noch ältere Typus der Massenintegrationspartei ist durch den Wandel nicht gänzlich obsolet geworden, sondern wirkt in den bestehenden Organisationen fort.

Diese Feststellung lenkt den Blick zugleich auf die Unterschiede, die zwischen großen und kleinen Parteien sowie zwischen etablierten Parteien und Newcomern bestehen. Die kleinen Parteien haben es im Vergleich zu den großen insofern leichter, als sie sich in der Wähleransprache auf einen relativ schmalen, dafür aber homogenen Ausschnitt der Bevölkerung beschränken können. Dies schlägt sich auch in der Organisationsform nieder. So weist z.b. die FDP, in der zum Teil noch die Relikte der alten Honoratiorenpartei nachwirken, eine stärker eliten- oder kaderbasierte Struktur auf als die übrigen Parteien. Dies ermöglichte den Liberalen nicht nur ein hohes Maß an strategischer und programmatischer Flexibilität, sondern immunisierte sie auch gegen den Versuch einer populistischen Öffnung, der seit Ende der neunziger Jahre von ihrem stellvertretenden Bundesvorsitzenden Jürgen Möllemann betrieben wurde (Decker 2004: 156 ff.).

Die in den siebziger und achtziger Jahren entstandenen grünen Parteien verkörpern wiederum einen Typus, der von der straffen Organisationsform der Kader- und Massenparteien bewusst Abstand nehmen wollte und anstelle dessen eine Bewegungs- oder Rahmenstruktur setzte. Ob davon Ausstrahlungseffekte auf die großen Parteien ausgegangen sind, lässt sich nur schwer abschätzen. Verglichen mit der Organisation der alteingesessenen Großparteien wirkten die Grünen zwar in vielerlei Hinsicht beweglicher und somit auch moderner. Über ihre Professionalität besagte das allerdings nicht viel, da diese zugleich von personellen Ressourcen – Pragmatismus, administrative Führungsfähigkeit, Fachkompetenz usw. – abhing, die sich die Partei erst aneignen musste.

Auch unter strukturellen Gesichtspunkten hat das beweglichere Modell seine Schattenseiten. Von Beymes (1997: 371) Diktum über die bundesdeutschen Grünen, wonach „die Betroffenheitsrituale einer bewegungsnahen Partei [...] nicht leicht kompatibel [sind] mit der Gewährung von Autonomie an professionelle Politiker", trifft mit derselben Berechtigung auf die Vertreter des neuen Rechtspopulismus zu. Der Anpassungsbedarf weist bei beiden allerdings in gegensätzliche Richtungen: Während die Grünen sich von der Priorität des innerparteilichen Demokratisierungsziels – ausgedrückt durch Rotation, Ämterbegrenzung u.ä. – lösen mussten, um ihre Politikfähigkeit zu beweisen, liegt das strukturelle Problem der Rechtsparteien gerade in der Abwesenheit oder im Versagen der innerparteilichen Demokratie. Dies setzt sie der ständigen Gefahr aus, durch interne Führungskämpfe zerrieben zu werden.

Als „lernende Organisationen" stehen die neuen und alten Parteien mithin vor unterschiedlichen Herausforderungen. Für die Newcomer erweist sich die Modernisierung in erster Linie als ein „rückwärtsgewandtes" Problem. Damit die Organisation funktioniert, müssen sie die darin eingeflossenen Erfahrungen gleichsam nachholend verinnerlichen. Bei den alteingesessenen Vertretern richtet sich der Blick demgegenüber nach vorne. Sie müssen ihre Organisation an die veränderten Bedingungen des Wählerwettbewerbs anpassen. Dies stellt vor allem für die großen Parteien eine immense Herausforderung dar, die ihre Mehrheitsfähigkeit ja nur dann aufrecht erhalten oder zurückgewinnen können, wenn es ihnen gelingt, verschiedene Bevölkerungsteile zu einer möglichst umfassenden Wählerkoalition zusammenzuschmieden. Je mehr diese in ihren Interessen und Werteinstellungen auseinanderfallen, desto größere Schwierigkeiten ergeben sich bei der Strategiewahl und Zielgruppenansprache. Mit Blick auf die Organisation sind hier zwei Bereiche besonders betroffen. Zum einen geht es um die Rolle der Parteimitglieder, zum anderen um die Wahlkampfführung.

In der Parteienforschung ist es weithin unbestritten, dass die Mitglieder einer Partei unter Demokratiegesichtspunkten eine unverzichtbare Funktion erfüllen. Als Scharnier zwischen Mandatsträgern und Wählern tragen sie zur Verankerung der Partei in der Gesellschaft und damit zur besseren Integration und Repräsentation der Bevölkerungsinteressen bei. Je enger diese Beziehungen geknüpft werden, umso glaubwürdiger ist der Legitimationsanspruch, den die Parteien für sich und die Parteiendemokratie insgesamt erheben. Auch das verfassungsrechtlich festgeschriebene Gebot der innerparteilichen Demokratie würde ohne einen Mindestbestand an Parteimitgliedern ins Leere laufen.

Unterschiedliche Ansichten gibt es darüber, ob die Mitglieder dieser Rolle in der Praxis noch gerecht werden und welchen Nutzen sie für die Parteien in organisatorischer Hinsicht erbringen (Jun / Niedermayer / Wiesendahl 2009). Die These vom Funktionsverlust oder gar Niedergang der Mitgliederpartei stellt darauf ab, dass die Parteien infolge ihrer Etatisierung von den finanziellen Leistungen der Mitglieder immer unabhängiger geworden seien. Zudem hätten die Mitglieder ihre einstige Bedeutung in der Wahlkampfkommunikation eingebüßt, die heute primär von den Medien wahrgenommen werde. Daraus den Schluss zu ziehen, die Mitglieder seien gänzlich entbehrlich und die Mitgliederpartei folglich ein Auslaufmodell, scheint indessen übertrieben. Ein nüchterner Blick auf die Fakten belegt eher das Gegenteil. Nicht nur, dass die Mitglieder – wie gesehen –

eine äußerst wichtige Finanzquelle bleiben, auch bei der Wählerwerbung sind ihre Dienste letztlich unverzichtbar. „Neben dem Medienwahlkampf kommen weiterhin alle Register des modernen Straßenwahlkampfs zum Zuge, die ohne den Einsatz freiwilliger Helfer nicht umgesetzt werden können. Zudem kann nach jüngeren amerikanischen und englischen Untersuchungen von einer Renaissance der lokalen Wahlkreiskampagne gesprochen werden, bei der freiwillige Parteiaktive eine Schlüsselstellung einnehmen. Beim organisatorischen Nutzen von Parteimitgliedern muss obendrein bedacht werden, dass sie über ihre soziale Einbettung in die Lebenswelt der Menschen eine unmittelbare und dauerhafte Beziehung zur Wählerumwelt herstellen. Diese direktdemokratische Botschafter- und Multiplikatorenrolle von Parteimitgliedern kann durch indirekte Medienkommunikation nicht ersetzt werden" (Wiesendahl 2006: 110 f.).

Dasselbe gilt für die innerparteiliche Demokratie. Gewiss ist es für eine Parteiführung lästig, wenn sie in ihrer strategischen Manövrierfähigkeit durch aufmüpfige Mitglieder eingeschränkt wird. Ob dies aus elektoraler Sicht immer schaden muss, ist jedoch nicht ausgemacht. Entfernt sich die Führung zu sehr von der Basis, könnten sich ja auch die Wähler von der Partei abwenden. Die Mitglieder erfüllen insoweit eine wichtige Korrektivfunktion. Indem sie die Führung anhalten, ihre Entscheidungen sorgfältig zu begründen und in die Partei hinein zu vermitteln, leisten sie einen Beitrag zur Pflege der eigenen Klientel. Deren Mobilisierbarkeit kann für den Wahlausgang genauso große – vielleicht sogar größere – Bedeutung gewinnen wie die Ansprache der parteipolitisch nicht festgelegten Wechselwähler.

Wenn diese Feststellungen stimmen, dann muss auch die verbreitete Rede von einer „Amerikanisierung" der Wahlkämpfe korrigiert werden. Zwar gibt es eine Hinwendung zu Stilmitteln und -techniken jenseits des konventionellen Organisationswahlkampfes, die von einer stärker personen- und imagefixierten Wähleransprache über den Einsatz externer Wahlkampfberater bis hin zum strategischen Zielgruppenmarketing reichen. Einem spezifischen Rückgriff auf US-amerikanische Vorbilder und Erfahrungen entspringen die „postmodernen" Wahlkämpfe jedoch nicht, wenn man von einzelnen Elementen wie dem vor der Bundestagswahl 2002 erstmals abgehaltenen, an sich systemfremden Fernsehduell der beiden Spitzenkandidaten einmal absieht (das in seiner Wirkung prompt überschätzt wurde). Vielmehr handelt es sich um generelle Erscheinungen einer medieninduzierten Modernisierung und Professionalisierung der Wahlkampagnen, wie sie in allen westlichen Demokratien heute in ähnlicher Form anzutreffen sind (Wagner 2005).

In jedem Fall bleibt die Reform der Organisationsstrukturen eine unabweisbare Aufgabe. Sie stellt sich gerade für die beiden Noch-Volksparteien. Das Problem liegt dabei weniger im Rückgang der Mitgliederzahl an sich, als der damit einhergehenden Überalterung: Annähernd die Hälfte der SPD- und CDU-Mitglieder sind heute über 60 Jahre alt. Dass die Mitgliedschaft in einer politischen Partei für junge Menschen kaum noch attraktiv ist, kann jeder nachvollziehen, der die Erfahrung der Mitarbeit in einem Ortsverein einmal gemacht hat. So überholt das Delegiertensystem und die dem aufstrebenden Parteimitglied abverlangte „Ochsentour" erscheinen, so schwer dürfte es den Parteien allerdings fallen, die unterschiedlichen, sich zum Teil widersprechenden Ziele einer Reform miteinander zu verbinden (Schmid / Zolleis 2005). Die Öffnung der Parteien für Nicht-Mitglieder, die ein Mittel sein könnte, um Quer- und Seiteneinsteiger zu rekrutieren, bedeutet z.B., dass die Mitgliedschaft selbst entwertet wird und an Attraktivität verliert. Ähnlich problematisch ist die regelmäßig erhobene Forderung nach mehr Basisdemokratie (Einführung von Urwahlen und Mitgliederentscheiden). Sie würde zu Lasten der mittleren Funktionärsebene gehen, die die Personal- und Sachentscheidungen auf den Parteitagen bislang unter sich ausmachen konnte. Vor diesem Hintergrund war es nicht überraschend, dass die von Union und SPD seit den neunziger Jahren unternommenen Reformbemühungen schon im Ansatz stecken blieben (Niclauß 2002: 215 ff.).

6.   *Parteien in Bund und Ländern*

Ein mit Blick auf die Organisation nicht minder wichtiges Thema ist das Verhältnis von Bundes- und Landesverbänden der Parteien. Dass die letzteren von der Politikwissenschaft lange Zeit vernachlässigt wurden, hängt mit dem unitarischen Charakter des Föderalismus in der Bundesrepublik zusammen. Dieser schlägt sich einerseits in der weitgehenden Übereinstimmung der strukturellen Rahmenbedingungen der Parteipolitik in Bund und Ländern nieder – von der parlamentarischen Regierungsform über das Wahlsystem bis hin zur Parteienfinanzierung. Zum anderen bedingt er eine starke Konzentration der öffentlichen Aufmerksamkeit auf die Bundespolitik, von deren Entscheidungen die materielle Lebenswirklichkeit der Bürger primär abhängt.

Scheinen die Landesgliederungen der Parteien insofern nur ein Abbild ihrer Bundesorganisation darzustellen, so spiegelt sich ihre Bedeutung andererseits in den Rekrutierungswegen der Amts- und Mandatsträger, die in der Regel vom Land in den Bund verlaufen und nicht umgekehrt (Eilfort 2006). Die Ministerprä-

sidenten, Landesminister und Landesvorsitzenden bilden das wichtigste Perso-
nalreservoir der Bundesregierungen, während die Bundestagsabgeordneten sogar ausschließlich auf der Kreis- bzw. Landesebene nominiert werden. Zusätzliches Gewicht erlangen die Landesverbände durch die Mitwirkung der Länder an
der Bundesgesetzgebung. Davon profitieren allerdings nur die jeweiligen Regierungsparteien, denen es zusteht, das Land im Bundesrat zu vertreten.

Die größere Eigenständigkeit der Landesverbände reflektiert die Entwicklung der Parteiensysteme in Bund und Ländern. Waren die Wettbewerbsstruktu-
ren bis zur deutschen Einheit auf beiden Ebenen noch annähernd symmetrisch,
so weichen sie seither immer stärker voneinander ab (Detterbeck / Renzsch 2008).
Im Viereinhalbparteiensystem, das sich nach der Vereinigung herausbildete und
bis 2005 Bestand hatte, verliefen die Trennlinien noch vorwiegend zwischen
West- und Ostdeutschland. Im heutigen Fünfparteiensystem verlaufen sie zugleich innerhalb der beiden Landesteile, wobei die Kräfteverhältnisse auch im
Zeitverlauf starken Schwankungen ausgesetzt sind (Jesse / Klein 2007).

Die Regionalisierung des Parteiensystems hat zur Folge, dass die Koalitionsbildung im Bund anderen Gesetzmäßigkeiten unterliegt als in den Ländern und
in den neuen Ländern wiederum anderen als in den alten. In den neuen Ländern
sorgte die Stärke der PDS dafür, dass diese schon nach der zweiten Runde der
Landtagswahlen in die Regierungsverantwortung mittelbar eingebunden wurde
(in Sachsen-Anhalt). Förmliche Koalitionen in Mecklenburg-Vorpommern und
Berlin folgten. Gleichzeitig führte die relative Schwäche von FDP und Grünen in
Verbindung mit der strukturellen Hegemonie des linken Lagers dazu, dass das
Modell der „kleinen Koalition" die Ausnahme blieb und – von einem Fall[4] abgesehen – auch keine lagerübergreifenden Dreierkoalitionen gebildet werden konn-
ten oder mussten.

In den alten Bundesländern entsprach die Regierungsbildung demgegenüber bis zum Auftreten der WASG weitgehend dem durch die bipolare Vierparteienstruktur vorgegebenen Muster. Auch nach Etablierung der gesamtdeutschen
Linken sollten deren westliche Ableger so schwach bleiben, dass kleine Zweierkoalitionen oder sogar Alleinregierungen nach dem vertrauten Modell möglich
blieben (so in Baden-Württemberg, Rheinland-Pfalz, Bremen, Niedersachsen,
Hamburg, Bayern und – im zweiten Anlauf – Hessen). In keinem einzigen Fall
kam eine Große Koalition zustande.

---

[4] In Brandenburg amtierte von 1990 bis 1994 eine Ampelkoalition aus SPD, FDP und Bündnis 90. Diese wurde genauso wie die von 1991 bis 1995 bestehende Ampel in Bremen noch
vor Ablauf der Wahlperiode beendet.

Wesentlich komplizierter gestaltet sich die Situation auf der Bundesebene. Weil die neu entstandene Linke aufgrund ihrer Stärke in Ostdeutschland gesamtdeutsch mit einem in etwa doppelt so hohen Stimmenanteil rechnen kann wie im Durchschnitt der Westländer, ist die Wahrscheinlichkeit hier deutlich gesunken, dass es für die herkömmlichen Zweierkoalitionen noch zu Mehrheiten reicht. Für sich genommen würde die abweichende Entwicklung vermutlich kein großes Problem darstellen. In der Bundesrepublik ist es jedoch stets so gewesen, dass neue Koalitionsformate im Bund über die Länderpolitik angebahnt werden. Besteht in den Ländern keine Notwendigkeit, lagerübergreifende Dreierkoalitionen zu bilden, müsste eine entsprechende Koalition auf Bundesebene also ohne vorherigen Probelauf auskommen.

Letzteres weist darauf hin, dass auch in einem regionalisierten Parteiensystem die Koalitionsbildung einem erheblichen Einfluss der Bundespolitik ausgesetzt bleibt. So wie sich die Wähler bei ihren Landtagswahlentscheidungen stark von bundespolitischen Erwägungen leiten lassen (und dabei in der Tendenz gegen die Regierungsparteien im Bund abstimmen), so stehen die Landesverbände bei den Koalitionsentscheidungen unter dem Druck ihrer Bundesparteien. Durchkreuzen sie deren Strategieplanung, wie es die SPD-Politikerin Andrea Ypsilanti nach der hessischen Landtagswahl 2008 getan hat, droht der gesamten Partei massiver Schaden. Ausschlaggebend für die bundespolitische Überlagerung ist nicht nur das klare Übergewicht des Bundes in der Gesetzgebung – trotz Föderalismusreform und der gestiegenen Bedeutung bestimmter Landesthemen (etwa der Schulpolitik) in den letzten Jahren –, sondern auch die institutionelle Gleichförmigkeit der Bundes- und Länderpolitik. Weil die Gliedstaaten das parlamentarische System des Grundgesetzes sämtlich bis ins Detail nachahmen, ergeben sich auf beiden Ebenen dieselben Bedingungen und Zwänge der Mehrheitsbildung. Im Unterschied zur föderalen Aufgabenverteilung hat dieser Aspekt der Länderpolitik die Politikwissenschaft bislang kaum interessiert. Dabei läge gerade hier ein Ansatzpunkt für mögliche Reformen (Decker 2008).

7. Koalitionsbildung im Fünfparteiensystem: Drei Szenarien

Wie wird sich das Parteiensystem der Bundesrepublik weiter entwickeln? Nach der Zäsur der Bundestagswahl 2005 war die Mehrzahl der journalistischen und wissenschaftlichen Beobachter davon ausgegangen, dass die Ära des klassischen Volksparteien-Dualismus, die das Standardmodell der kleinen Zweierkoalition begründet hatte, unwiderruflich ans Ende gelangt sei. Zwei Zukunftsszenarien –

ein negatives und ein positives – wurden ausgemalt. Entweder – so hieß es –
komme es wie in Österreich zu einer Perpetuierung der Großen Koalition. Oder
eine multiple Koalitionslandschaft wie in den skandinavischen Ländern würde
entstehen, in der lagerübergreifende Dreierbündnisse das Bild prägten.
Beide Szenarien haben sich nicht bewahrheitet. Die koalitionspolitische Öffnung der Grünen hat zwar zur Bildung des ersten schwarz-grünen Bündnisses
auf Landesebene geführt (in Hamburg). Der Option „Jamaika" musste sich die
Grünen-Führung vor der Bundestagswahl auf Druck ihrer Basis dann aber doch
verschließen – erst nach der Wahl wurde sie im Saarland erstmals realisiert. Noch
hermetischer bleibt die Abschottung der FDP gegen ein Ampelbündnis mit SPD
und Grünen, die – trotz eines ersten Annäherungsversuches in Nordrhein-
Westfalen – von den Liberalen auch in den Ländern bisher konsequent durchge-
halten worden ist.

Vor dem Hintergrund der nicht zustande gekommenen Dreierbündnisse ist
es erstaunlich, dass die Große Koalition als alternatives Regierungsmodell zuletzt
ebenfalls an Attraktivität eingebüßt hat. Wurden bis zu den Landtagswahlen im
August und September 2009 fünf Länder von CDU und SPD gemeinsam regiert,
waren es danach nur noch drei. Rechnet man Schwarz-Grün in Hamburg und
Jamaika im Saarland hinzu, gibt es auf der Länderebene damit fünf lagerübergreifende Bündnisse, denen zehn bürgerliche oder linke Koalitionen nach klassi-
schem Muster gegenüberstehen. (Das Land Rheinland-Pfalz bleibt mit seiner
SPD-Alleinregierung ein Exot.)

Auf der Bundesebene bewahrheitete sich unterdessen die schon bei einigen
der vorangegangenen Landtagswahlen eingetroffene Prognose, wonach kleine
Zweierkoalitionen im Fünfparteiensystem durchaus möglich bleiben – allerdings
nur für das bürgerliche Lager. SPD und Grünen schafften es demgegenüber bei
der Landtagswahl in Nordrhein-Westfalen selbst unter exzeptionellen Bedingungen nicht, eine gemeinsame Mehrheit zu erreichen. Da die CDU trotz herber
Stimmenverluste im Gesamtergebnis knapp vor den Sozialdemokraten lag, hätten sich die letzteren in einer Großen Koalition mit der Rolle des Juniorpartners
begnügen müssen. Nach den schlechten Erfahrungen mit der Großen Koalition
im Bund wollte die Partei darauf nicht eingehen. Stattdessen öffnete sie die Tür
für eine rot-grüne Minderheitsregierung als Übergang zu vorgezogenen Neuwahlen, nachdem Sondierungsgespräche mit der FDP und der Linken zuvor
erfolglos geblieben waren.

Das Nicht-Zustandekommen eines lagerübergreifenden Bündnisses in
Nordrhein-Westfalen deutet an, dass die Zeichen eher auf eine Rückkehr zum
dualistischen Modell stehen. Gelingt es Rot-Grün und der Linken, ihre derzeit

noch bestehende wechselseitige Abneigung zu überwinden, dann könnten sich in der Bundesrepublik bald wieder zwei annähernd gleich starke, koalitionspolitisch abgrenzbare Formationen begegnen, die um die Regierungsmacht streiten. Die Situation wäre damit ähnlich wie in den achtziger Jahren, nur dass sich das linke Lager jetzt statt aus zwei aus drei Teilen zusammensetzt.

Gegen ein solches Szenario spricht die Ungewissheit, wie sich das Verhältnis von SPD, Grünen und Linken entwickeln wird. Einerseits ist das Interesse an einer gemeinsamen Machtperspektive noch kein Garant für die Überwindung bestehender personeller und programmatischer Differenzen. In Nordrhein-Westfalen z.b. war von vornherein klar, dass der Zustand des Landesverbandes der Linken eine Zusammenarbeit unmöglich machen würde. Andererseits führen die unterschiedlichen Koalitionsmöglichkeiten der beteiligten Partner dazu, dass ihre strategischen Interessen nicht deckungsgleich sind. Einer vollständigen Vereinnahmung im linken Lager dürften sich insbesondere die Grünen widersetzen. Denn hält sich die Öko-Partei den Weg frei, gegebenenfalls auch mit den bürgerlichen Parteien zu paktieren, könnte sie demnächst eine ähnliche Züngleinrolle im Parteiensystem einnehmen wie früher die FDP. Warum sollte sie auf diesen Vorteil verzichten? Bei den Wahlen im Saarland (August 2009), in Schleswig-Holstein (September 2009) und in Nordrhein-Westfalen (Mai 2010) hat das Offenhalten der Koalitionsfrage den Grünen an der Urne nicht geschadet. Das Problem liegt – wenn schon – eher bei der Parteibasis, die sowohl im Verhältnis zur Wählerschaft als auch im Verhältnis zur Parteispitze deutlicher nach links tendiert. Die klare Parteitagsmehrheit für Jamaika im Saarland zeigt aber, dass sich Delegierte wie Mitglieder vom Schwenk in das bürgerliche Lager durchaus überzeugen lassen, wenn er von der Führung gut vorbereitet und begründet wird.

Eine vollständige Bipolarisierung wird und kann es wohl allein schon aufgrund der föderalen Verfassung der Bundesrepublik nicht geben. Dass sich Landespolitiker der Koalitionsräson ihrer Bundesparteien bisweilen entziehen, gehört hierzulande zu den normalen Usancen der Koalitionspolitik. Der gescheiterte Versuch der hessischen SPD, ein von der Linken geduldetes rot-grünes Bündnis zustande zu bringen, oder die schwierige Regierungsbildung in Thüringen, wo der freiwillige Verzicht des Linken-Spitzenkandidaten Bodo Ramelow auf das Ministerpräsidentenamt genauso großen Unmut in der eigenen Partei erzeugt hat wie die Entscheidung des SPD-Landesvorstandes unter Christoph Matschie, statt mit der Linken lieber eine Koalition mit der CDU einzugehen, stehen hier nur pars pro toto. Wenn Parteien, die auf Bundesebene gegeneinander stehen, in den Ländern miteinander regieren, stößt das antagonistische Modell notgedrungen an Grenzen. Das Gegenüber zweier klar unterscheidbarer Blöcke mag zwar unter

Demokratiegesichtspunkten vorzugswürdig sein, indem es dem Wähler eine ebenso klare Entscheidung ermöglicht. Fraglich ist aber, ob es die faktischen Entscheidungsnotwendigkeiten und -alternativen im komplizierten Regierungsgeschehen noch hinreichend abbildet. Stellt man diese Notwendigkeiten in Rechnung, dann ist die Zeit der lagerübergreifenden Bündnisse in der deutschen Politik nicht vorbei. Gewiss wäre ein Modell multipler Koalitionen anspruchsvoller als das bisherige Verharren im Lagerdenken, würde es doch eine grundlegende Veränderung im Verhalten von Parteien und Wählern erfordern. Die ersteren müssten lernen, ihre konfrontativen Neigungen zurückzustellen und pfleglicher miteinander umzugehen, die letzteren akzeptieren, dass am Ende nicht sie, sondern Parteien bzw. Parteiführungen über die Regierungsbildung entscheiden. Der klare Wahlsieg von Schwarz-Gelb bei der Bundestagswahl 2009 kann die veränderten Bedingungen des Fünfparteiensystems nicht rückgängig machen, dürfte den Übergang zu einem stärker konsensuell ausgerichteten System aber erschweren. Frühestens die 2011 stattfindenden Landtagswahlen werden Aufschluss geben, in welche Richtung sich der Parteienwettbewerb in Zukunft entwickelt.

Literatur

Andersen, Uwe, Hg. (2009), Parteien in Deutschland. Krise oder Wandel? Eine Einführung, Schwalbach/Ts.

Arnim, Hans Herbert von (2001), Das System. Die Machenschaften der Macht, München.

Arzheimer, Kai (2002), Politikverdrossenheit. Bedeutung, Verwendung und empirische Relevanz eines politikwissenschaftlichen Begriffs, Wiesbaden.

Best, Volker (2009), Die Strategie der kommunizierten Ehrlichkeit im CDU/CSU-Bundestagswahlkampf 2005, in: Zeitschrift für Parlamentsfragen 40 (3), S. 579-602.

Beyme, Klaus von (1997), Funktionenwandel der Parteien in der Entwicklung von der Massenmitgliederpartei zur Partei der Berufspolitiker, in: Oscar W. Gabriel / Oskar Niedermayer / Richard Stöss (Hg.), Parteiendemokratie in Deutschland, Bonn, S. 359-383.

Bösch, Frank (2001), Die Adenauer-CDU. Gründung, Aufstieg und Krise einer Erfolgspartei 1945 – 1969, Stuttgart / München.

Dahl, Robert A. (1971), Polyarchy. Participation and Opposition, New Haven / London.

Decker, Frank (2004), Der neue Rechtspopulismus, 2. Aufl., Opladen.

Decker, Frank (2007), Die politische Klasse und die Reform des Wohlfahrts- und Sozialstaats, in: Elmar Wiesendahl (Hg.), Eliten in der Transformation von Gesellschaft und Bundeswehr, Paderborn u.a., S. 83-101.

Decker, Frank (2008), Veränderte Landschaft. Parteipolitik zwischen Lagerdenken und neuen Koalitionen, in: MUT. Forum für Kultur, Politik und Geschichte Nr. 490, S. 10-19.

Decker, Frank / Lazaros Miliopoulos (2007), Rechtsextremismus und Rechtspopulismus in der Bundesrepublik. Eine Bestandsaufnahme, in: Martin H.W. Möllers / Robert Chr. Van Ooyen (Hg.), Politischer Extremismus 1, Frankfurt a.M., S. 182-233.

Decker, Frank / Lazaros Miliopoulos (2009), Vom Fünf- zum Sechsparteiensystem? Entwicklung und Perspektiven der rechtsextremistischen NPD, in: Gesellschaft – Wirtschaft – Politik 58 (2), S. 215-226.

Detterbeck, Klaus / Wolfgang Renzsch (2008), Symmetrien und Asymmetrien im bundesstaatlichen Parteienwettbewerb, in: Uwe Jun / Melanie Haas / Oskar Niedermayer (Hg.), Parteien und Parteiensysteme in den Ländern, Wiesbaden, S. 39-55.

Eilfort, Michael (2006), Landes-Parteien: Anders, nicht verschieden, in: Herbert Schneider / Hans-Georg Wehling (Hg.), Landespolitik, Wiesbaden, S. 207-224.

Eith, Ulrich (2008), Gesellschaftliche Konflikte und politischer Wettbewerb – Möglichkeiten und Grenzen eines überregionalen Vergleichs, in: Karsten Grabow / Patrick Köllner (Hg.), Parteien und ihre Wähler, Sankt Augustin / Berlin, S. 23-34.

Fraenkel, Ernst (1974), Deutschland und die westlichen Demokratien, 6. Aufl., Stuttgart u.a.

Gabriel, Oscar W. / Everhard Holtmann (2010), Der Parteienstaat – ein immerwährendes demokratisches Ärgernis? Ideologiekritische und empirische Anmerkungen zu einer aktuellen Debatte, in: Zeitschrift für Politik 57 (3), S. 307-329.

Gehne, David / Tim Spier, Hg. (2010), Krise oder Wandel der Parteiendemokratie? Festschrift für Ulrich von Alemann, Wiesbaden.

Hennis, Wilhelm (1998), Auf dem Weg in den Parteienstaat. Aufsätze aus vier Jahrzehnten, Stuttgart.

Hofmann, Gunter / Werner A. Perger, Hg. (1992), Die Kontroverse. Weizsäckers Parteienkritik in der Diskussion, Frankfurt a.M.

Jesse, Eckhard (2001), Die Parteien im westlichen Deutschland von 1945 bis zur deutschen Einheit 1990, in: Oscar W. Gabriel / Oskar Niedermayer / Richard Stöss (Hg.), Parteiendemokratie in Deutschland, 2. Aufl., Bonn, S. 59-83.

Jesse, Eckhard / Eckart Klein, Hg. (2007), Das Parteienspektrum im vereinigten Deutschland, Berlin.

Jun, Uwe (2004), Der Wandel von Parteien in der Mediendemokratie. SPD und Labour Party im Vergleich, Frankfurt a.M.

Jun, Uwe / Henry Kreikenbom / Viola Neu, Hg. (2006), Kleine Parteien im Aufwind. Zur Veränderung der deutschen Parteienlandschaft, Frankfurt a.M.

Jun, Uwe / Oskar Niedermayer / Elmar Wiesendahl, Hg. (2009), Zukunft der Mitgliederpartei, Opladen / Farmington Hills.

Katz, Richard S. / Peter Mair (1995), Changing Models of Party Organization and Party Democracy. The Emergence of the Cartel Party, in: Party Politics 1 (1), S. 5-28.

Kitschelt, Herbert (1994), The Transformation of European Social Democracy, Cambridge.

Klein, Markus / Jürgen W. Falter (2003), Der lange Weg der Grünen. Eine Partei zwischen Protest und Regierung, München.

Köhler, Jan (2006), Parteien im Wettbewerb. Zu den Wettbewerbschancen nicht-etablierter politischer Parteien im Rechtssystem der Bundesrepublik Deutschland, Baden-Baden.

Koole, Ruud (1996), Cadre, Catch-All or Cartel? A Comment on the Notion of Cartel Party, in: Party Politics 2 (4), S. 507-523.

Mair, Peter (1994), Party Organizations. From Civil Society to the State, in: Richard S. Katz / ders. (Hg.), How Parties Organize, London / Thousand Oaks / New Delhi, S. 1-22.

Murswieck, Axel (1991), Die Notwendigkeit der Parteien für die funktionelle Integration der Regierungsgeschäfte, in: Hans-Hermann Hartwich / Göttrik Wewer (Hg.), Regieren in der Bundesrepublik III. Systemsteuerung und „Staatskunst", Opladen, S. 119-129.

Niclauß, Karlheinz (2002), Das Parteiensystem der Bundesrepublik Deutschland, 2. Aufl., Paderborn u.a.

Niedermayer, Oskar (2006), Die Wählerschaft der Linkspartei.PDS 2005. Sozialstruktureller Wandel bei gleichbleibender politischer Positionierung, in: Zeitschrift für Parlamentsfragen 37 (3), S. 523-538.

Niedermayer, Oskar (2010), Die Erosion der Volksparteien, in: Zeitschrift für Politik 57 (3), S. 265-277.

Panebianco, Angelo (1988), Political Parties. Organization and Power, Cambridge.

Pappi, Franz Urban (2002), Die politisierte Sozialstruktur heute. Historische Reminiszenz oder aktuelles Erklärungspotenzial, in: Frank Brettschneider / Jan van Deth / Edeltraud Roller (Hg.), Das Ende der politisierten Sozialstruktur?, Opladen, S. 25-46.

Rohe, Karl (1992), Wahlen und Wählertraditionen in Deutschland. Kulturelle Grundlagen deutscher Parteien und Parteiensysteme im 19. und 20. Jahrhundert, Frankfurt a.M.

Sarcinelli, Ulrich (2009), Politische Kommunikation in Deutschland. Zur Politikvermittlung im demokratischen System, 2. Aufl., Wiesbaden.

Scarrow, Susan E. (1997), Party Competition and Institutional Change. The Expansion of Direct Democracy in Germany, in: Party Politics 2 (4), S. 451-472.

Schäfer, Arnim (2010), Die Folgen sozialer Ungleichheit für die Demokratie in Westeuropa, in: Zeitschrift für Vergleichende Politikwissenschaft 4 (1), S. 131-156.

Schmid, Josef / Udo Zolleis, Hg. (2005), Zwischen Anarchie und Strategie. Der Erfolg von Parteiorganisationen, Wiesbaden.

Spier, Tim u.a. (Hg.), Die Linkspartei. Zeitgemäße Idee oder Bündnis ohne Zukunft?, Wiesbaden.

Steffani, Winfried (1988), Parteien als soziale Organisationen. Zur politologischen Parteienanalyse, in: Zeitschrift für Parlamentsfragen 19 (4), S. 549-560.

Wagner, Jochen W. (2005), Deutsche Werbekampagnen made in USA? Amerikanisierung oder Modernisierung bundesdeutscher Wahlkampagnen, Wiesbaden.

Walter, Franz (2009), Im Herbst der Volksparteien? Eine kleine Geschichte von Aufstieg und Rückgang politischer Massenintegration, Bielefeld.

Wiesendahl, Elmar (1992), Volksparteien im Abstieg. Nachruf auf eine zwiespältige Erfolgsgeschichte, in: Aus Politik und Zeitgeschichte B 34-35, S. 3-14.

Wiesendahl, Elmar (2006), Parteien, Frankfurt a.M.

B. Koalitionsoptionen und -aussagen im neuen Fünfparteiensystem. Ein Vergleich der Bundestagswahlen 2005 und 2009*

1. Einführung

Obwohl ihre politikwissenschaftlichen Ursprünge noch gar nicht so lange zurückreichen – sie liegen in den sechziger Jahren – zählt die Koalitionsforschung heute zu den am intensivsten beackerten Themenfeldern der (vergleichenden) Regierungslehre. Dies gilt sowohl in theoretischer Hinsicht, wo sich ihre Modelle durch einen hohen Grad an Formalisierung auszeichnen, als auch empirisch. Detlef Noltes (1988) vor zwanzig Jahren formuliertes Diktum, wonach die Koalitionstheorie am Ende sei, hat sich als voreilig erwiesen. Die Kritik bezog sich auf die bescheidene Erklärungskraft der bis dahin vorherrschenden *office*- und *policy*-bezogenen Modelle der Koalitionsbildung, die – befördert durch die neo-institutionelle Wende der Politikwissenschaft (Hall / Taylor 1996) – seither jedoch überzeugend erweitert und fortgeschrieben wurden.[1] Die Koalitionsforschung avancierte auf diese Weise zu einem Themenbereich von besonders hohem kumulativen Erkenntnisfortschritt (Müller 2004).

Mehr noch als die Ausstrahlungskraft des neo-institutionellen Paradigmas dürfte die Verbreiterung des empirischen Materials zu diesem Fortschritt beigetragen haben. Die veränderten Rahmenbedingungen des Regierens in den etablierten Demokratien und das Hinzutreten neuer demokratischer Systeme in Mittel- und Osteuropa nach 1989 erwiesen sich hier für die politikwissenschaftliche Komparatistik gleichermaßen als professioneller Glücksfall, boten sie ihr doch Gelegenheit, die Koalitionstheorien zu überprüfen und weiter zu entwickeln. Insbesondere die durch die Pluralisierung der Parteienlandschaften erhöhte Gefahr einer Destabilisierung der Regierungen hat das Bewusstsein von neuem geschärft, dass im Grunde jegliche demokratische Politik ihrem Wesen nach Koalitionspolitik ist. Dies gilt für das Verhältnis der Parteien untereinander ebenso wie im Binnenverhältnis der innerparteilichen Flügel und Gruppierungen.

---

* zusammen mit Volker Best.

[1] Umso merkwürdiger ist, dass in der deutschsprachigen lexikalischen Gesamtschau der Komparatistik – dem Band über die „westlichen Länder" des Lexikons der Politik (Schmidt 1992) – der Begriff „Koalitionen" unter immerhin 79 Einträgen keine Erwähnung findet.

Nimmt man beides zusammen, lassen sich insgesamt vier Ebenen der Koalitionsbildung und -politik unterscheiden. Erstens ist es das Ziel der Parteien, im Wettbewerb ein möglichst umfangreiches Bündnis verschiedener Wählergruppen zu bilden (*elektorale Koalition*). Ihr Erfolg hängt dabei – zweitens – mit davon ab, ob es gelingt, innerhalb der Partei unterschiedliche, gruppenförmig organisierte Interessen zusammenzubinden und nach außen hin geschlossen zu vertreten (*innerparteiliche Koalition*). Im Außenverhältnis verbinden sich verschiedene Parteien zur Formulierung und Durchsetzung einer gemeinsamen Regierungspolitik. Hier muss – drittens – zwischen *exekutiven* und – viertens – *legislativen Koalitionen* unterschieden werden. In einer exekutiven Koalition bilden verschiedene Parteien zusammen die Regierung (im engeren Sinne), indem sie ein gemeinsames Regierungsprogramm vereinbaren und die Ressorts untereinander aufteilen. In einer legislativen Koalition stimmen sie gemeinsam über die Gesetze ab, in denen sich die Regierungspolitik materialisiert.

In den parlamentarischen Regierungssystemen werden die legislativen durch die exekutiven Koalitionen weitgehend vorgezeichnet. Die Mitwirkungsbefugnisse einer zweiten Parlamentskammer führen allerdings dazu, dass auf der legislativen Ebene unter Umständen andere bzw. breitere Koalitionen gebildet werden müssen als auf Regierungsebene. Neben den institutionellen Rahmenbedingungen der Koalitionspolitik hängt die Art des Zustandekommens legislativer Mehrheiten dabei auch von der politisch-kulturell vorgeprägten Praxis ab.

Während die Bildung elektoraler Koalitionen ein ausschließliches Thema der politologischen Wahl- und Parteienforschung geblieben ist, hält die Koalitionsforschung ihr Augenmerk ganz auf die exekutiven und legislativen Koalitionen gerichtet. Die innerparteilichen Strukturen finden dabei neuerdings ebenfalls Berücksichtigung, jedoch nur soweit, als sie für das Zustandekommen und Funktionieren der Koalitionen relevant sind. Dem liegt die Überlegung zugrunde, dass die Koalitionspräferenz einer Partei nicht von allen ihren Teilen gleichermaßen geteilt und unterstützt werden muss (Linhart 2007). Generell lässt sich in der neueren Literatur eine stärkere Hinwendung zur Koalitionspolitik ausmachen, also zur Frage, *wie* in Koalitionen regiert wird (Kropp 2008). Ausgangs- und Schwerpunkt der Forschung bleibt aber nach wie vor die Koalitionsbildung, der wir uns auch im Folgenden zuwenden wollen.[2]

---

[2] Dabei betrachten wir ausschließlich die erste Phase der Koalitionsbildung, die sich auf das Zustandekommen bzw. die Anbahnung der Koalition erstreckt. Die inhaltlichen Koalitionsverhandlungen, die einen weiteren Theorieschwerpunkt bilden und in der Literatur zumeist im Rahmen von portfolio-Ansätzen untersucht werden, bleiben unberücksichtigt (Laver / Shepsle 1990).

2. Koalitionsaussagen: ein weißer Fleck in der Forschung

Obwohl die Literatur zum Thema Koalitionsbildung mittlerweile „nahezu un-
überschaubar" (Saalfeld 2007) geworden ist, hat das Thema „Koalitionsaussagen"
dort bislang kaum eine Rolle gespielt. Erst in jüngster Zeit ist es Gegenstand
ausdrücklicher Forschungsbemühungen geworden (Golder 2005). Man mag in
der Klage über dieses Versäumnis eine deutsche Voreingenommenheit erkennen,
nachdem die Frage, ob und mit wem sich die Parteien am liebsten zusammentun
möchten, um zu regieren, hierzulande inzwischen den Charakter eines politischen Gesellschaftsspiels angenommen hat.[3] Die eigentliche politikinhaltliche
Auseinandersetzung droht nicht nur in Wahlkampfzeiten hinter der leidigen
„Koalitionsfrage" immer mehr zu verblassen. Dennoch – oder gerade deshalb –
ist es verwunderlich, dass sich auch deutsche Politologen nicht bemüßigt gefühlt
haben, die Frage der Koalitionsaussagen in ihren einschlägigen Überblicksdarstellungen wenigstens aufzugreifen (Müller 2004, Kropp 2008).[4] Das Versäumnis
lässt sich zugleich am Fehlen eines begrifflichen Pendants zur „Koalitionsaussage" im Englischen ablesen, wo der in Rede stehende Sachverhalt nur scheinbar
genauer als „pre-electoral coalition" umschrieben wird.

Tatsächlich hat sich die Forschung für das, was mit Blick auf die Koalitionen
vor den Wahlen passiert, bislang nur im Rahmen der gängigen office- und policy-
seeking-Theorien der Koalitionsbildung interessiert. Diese besagen, dass die Parteien die Regierungsbündnisse zum einen aus Gründen des Machterwerbs
schließen, zum anderen um ihre politikinhaltlichen Ziele durchzusetzen. Beide
Erklärungsansätze verhalten sich komplementär zueinander. So wie die Erlan-
gung von Regierungsmacht Voraussetzung ist, um die Ziele zu erreichen, so darf
das Regieren umgekehrt nicht zum bloßen Selbstzweck erstarren, wenn die Legitimität des demokratischen Parteienwettbewerbs gewahrt und die Macht selbst
gesichert werden soll. Diese Erkenntnis des gesunden Menschenverstandes konnte in empirischen Analysen wiederholt bestätigt werden. Der gemeinsame Anteil
des office- und policy-seeking am Zustandekommen der Koalitionen nimmt sich
allerdings, wenn man den Analysen Glauben schenkt, nicht sonderlich ein-

---

[3] Dieser spielerische Charakter von Koalitionsüberlegungen äußerte sich in letzter Zeit auch
in einer Inflation bisweilen alberner Titulierungen wie „Tigerenten-Koalition" (Schwarz-
Gelb), „Bahamas-Koalition" (CDU/CSU/FDP), „Libanon-Koalition" (Rot-Rot-Grün), „Breili-
bü" (breites linkes Bündnis) oder „Saarmaika" (Jamaika im Saarland).
[4] Auch in den Untersuchungen der Koalitionsbildungsprozesse werden sie nicht systematisch adressiert (z.B. Jun 1994). Für einen ersten Versuch, die Koalitionsaussagen auf Bundesebene zu erfassen, vgl. Jesse 2007.

drucksvoll aus. Nach Kropp / Schüttemeyer / Sturm (2002) kann damit maximal die Hälfte der Varianz der Koalitionsbildung in den west- und osteuropäischen Demokratien erklärt werden. Die Ausblendung der Koalitionsaussagen mutet vor diesem Hintergrund merkwürdig an. Die Vertreter der *office-* und *policy-seeking-*Theorien unterstellen offenbar, dass sich die Parteien nur zu jenen Koalitionen vorab bekennen, die sie aus ideologischen oder Machterwerbsgründen ohnehin geschlossen hätten. Dass die Koalitionsaussagen von den *office-* oder *policy*-bezogenen Erklärungen abweichen und sie darüber einen eigenständigen Einfluss auf die Koalitionsbildung erlangen könnten, kommt ihnen nicht in den Sinn.

Abb. III.5   Erklärungsfaktoren der Koalitionsbildung

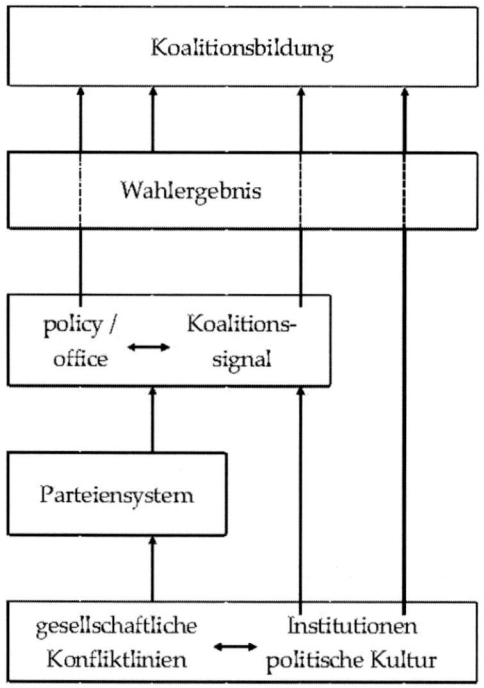

Golder (2005: 645) nennt zwei weitere Gründe, die es nahelegen, sich mit Koalitionsaussagen zu beschäftigen. Der erste Grund liegt schlicht in der Verbreitung. Ein Viertel bis ein Drittel der von ihr untersuchten Regierungen von 22 etablierten Demokratien im Zeitraum 1946 bis 1998 basierten danach auf prä-elektoralen Koalitionen. Befragt man die Wahlen daraufhin, ob in ihrem Vorfeld von mindestens einer Partei eine Koalitionsaussage gemacht wurde, liegt der Anteil mit 44 Prozent noch höher (Golder 2006: 193 ff.). Die Verteilung zwischen den Staaten weist dabei freilich große Unterschiede auf. In einigen Ländern stellen Koalitionsaussagen den Regelfall dar (u.a. Deutschland, Frankreich, Österreich, Spanien), in anderen bilden sie die Ausnahme (Dänemark, Niederlande, Schweden).

Der zweite Grund ist ein normativer. Koalitionsaussagen sind aus demokratischer Sicht begrüßenswert, denn sie erhöhen den in Vielparteiensystemen reduzierten Einfluss des Wählers auf die Regierungsbildung. In einem System multipler Koalitionsmöglichkeiten entscheiden ja letztlich nicht die Bürger über die Allianzen, sondern die Parteien bzw. genauer: die Parteiführungen. Die Rede vom Wähler als – angeblichem – „Souverän", die uns an Wahlabenden regelmäßig begleitet, kommt vor diesem Hintergrund einer Verhöhnung gleich. Indem sie die Zahl der tatsächlich ins Auge gefassten gegenüber den theoretisch möglichen Alternativen verringern, sorgen Koalitionsaussagen für mehr Klarheit und verhindern, dass der Wähler die sprichwörtliche „Katze im Sack" kauft (Jesse 2007). Golder (2006: 211) hält sie deshalb für ein probates Mittel, die jeweils besten Elemente der Mehrheits- und Konsensdemokratie miteinander zu verbinden.

3.   Begriff und Kategorisierung von Koalitionsaussagen

Die Vernachlässigung des Themas Koalitionsaussagen in der Forschung rührt zu einem Gutteil auch aus der begrifflichen Unsicherheit, was unter dem Phänomen genau zu verstehen ist. Golder (2006: 195) legt ihrer Definition der „prä-elektoralen Koalition" zwei Kriterien zugrunde: Erstens dürfen die Parteien nicht völlig unabhängig voneinander und gegeneinander im Wettbewerb stehen; sie stimmen sich also in ihrer Wahlkampfführung ab. Und zweitens müssen die abgestimmten Strategien vor der Wählerschaft offengelegt werden. Die drei begrifflichen Elemente, die in dieser Definition enthalten sind (Abhängigkeit, Koordination und Offenheit), laden allesamt zu Missverständnissen ein. Dass die Parteien im Wahlkampf nicht unabhängig voneinander agieren[5], gilt als generelle Feststellung

---

[5] Dies bedeutet zugleich, dass die Koalitionsaussagen selber ein potenzieller Gegenstand der wettbewerblichen Auseinandersetzung sind. So kann z.B. ein nicht gegebenes Koalitionssignal von dem zurückgewiesenen Partner kritisiert oder die Glaubwürdigkeit einer Koalitionsaussage von den Mitbewerbern öffentlichkeitswirksam angezweifelt werden.

auch ohne Koalitionsaussagen. Das Wesen des demokratischen Parteienwettbewerbs liegt ja in der Interaktion, also im Reagieren auf die Positionen des anderen. Ist das Kriterium der Abhängigkeit / Unabhängigkeit auf der einen Seite zu
weit gefasst, so bedeutet es auf der anderen Seite eine begriffliche Verengung,
wenn ein koordiniertes Vorgehen im Wahlkampf als Merkmal von Koalitionsaussagen betrachtet wird. Damit könnte der Eindruck entstehen, dass Verhandlungen zwischen den prospektiven Koalitionspartnern bereits vor den Wahlen geführt werden. Unter bestimmten institutionellen Umständen mag das tatsächlich
so sein, doch handelt es sich hier keineswegs um den Regelfall. Ähnlich problematisch ist schließlich das Kriterium der Offenheit. Golder möchte damit jene
Vorab-Koalitionen aus der Betrachtung ausschließen, die lediglich implizit, also
nicht klar und ausdrücklich angekündigt werden, so wie es der deutsche Begriff
Koalition*aussage* suggeriert. Darin liegt ebenfalls eine nicht nachvollziehbare
Verkürzung. Eine amtierende Koalitionsregierung, deren Partner sich im Wahlkampf untereinander pfleglicher behandeln als die übrigen politischen Mitbe-
werber, mit der Leistungsbilanz der gemeinsamen Regierung in der ablaufenden
Legislaturperiode werben und keine anderweitigen Koalitionspräferenzen erkennen lassen, wird in aller Regel auch ohne explizite Koalitionsaussage von der
Wählerschaft als prä-elektorale Koalition wahrgenommen. Im Bereich der negativen Koalitionsaussagen – die Golder nicht behandelt – ist die Notwendigkeit des
Erfassens impliziter Koalitionsausschlüsse noch offensichtlicher. Über weite Strecken der bundesdeutschen Parteiensystementwicklung galten bestimmte Koalitionsausschlüsse als so selbstverständlich, dass sie nicht ausdrücklich erklärt werden mussten. So sind Bündnisse zwischen CDU/CSU und den Grünen erst in
jüngster Zeit in den Bereich des Möglichen gerückt, während Koalitionen der
Union mit der Linken weiterhin unvorstellbar bleiben. Darüber hinaus können
Koalitionen auch als faktisch ausgeschlossen gelten, wenn eine Partei sich im
Wahlkampf gegenüber einer anderen Partei extrem konfrontativ verhält, eine
mögliche oder vorhandene Regierungsbeteiligung dieser Partei für einen Fehler
hält bzw. deren Ablösung an der Regierung als überfällig betrachtet. Will man
auch die nicht ausdrücklich erklärten Koalitionspräferenzen in die Analyse einbeziehen, würde sich statt „Koalitionsaussage" der weiter gefasste Begriff „Koalitionssignal" anbieten (Pappi / Herzog / Schmitt 2006).

Als erstes Analysekriterium wäre also die Stärke des Koalitionssignals zu
nennen. Die möglichen Ausprägungen reichen hier von ausdrücklichen und
eindeutigen Festlegungen auf lediglich einen potenziellen Partner (unter ebenso
eindeutigem Ausschluss aller anderen Partner), die von der Partei geschlossen

vertreten werden[6], über verklausuliert formulierte bzw. aus öffentlichen Äußerungen und / oder vergangenem Verhalten verlässlich ableitbare Präferenzen, die auch mehrere Partner gleichzeitig einschließen können, bis hin zu neutralen oder unverbindlichen Äußerungen („demokratische Parteien müssen untereinander koalitionsfähig sein"), die eine Präferenz nicht erkennen lassen und deshalb auch nicht als Koalitionssignal gewertet werden können.

Als zweites muss zwischen positiven und negativen Koalitionssignalen unterschieden werden. Erstere besagen, dass man eine Koalition mit einem bestimmten Partner (oder mehreren bestimmten Partnern) bilden möchte, letztere schließen Koalitionen mit einem bestimmten Partner (oder mehreren bestimmten Partnern) aus.

Drittens schließlich ist zu fragen, ob es sich um symmetrische Koalitionssignale handelt, die von dem (den) umworbenen Partner(n) in derselben Intensität erwidert werden, oder um asymmetrische, also einseitige Signale. Starke Asymmetrie liegt vor, wenn positive und negative Koalitionssignale aufeinanderprallen, der eine Partner also eine Koalition bilden möchte und der andere nicht.

Fasst man die drei Kriterien zusammen, indem man – mit positivem oder negativem Vorzeichen versehene – Indices bildet, lassen sich die Koalitionssignale in einer Matrix darstellen. Für die Bundestagswahl 2005 würde eine solche Matrix, die alle relevanten, also für die Koalitionsbildung theoretisch vorstellbaren Partner einschließen sollte, wie folgt aussehen:

Abb. III.6   Koalitionssignalmatrix für die Bundestagswahl 2005

	CDU/CSU	FDP	Grüne	SPD	Linke
CDU/CSU	–	+2	0*	0	-2
FDP	+2	–	-2*	-2*	-2
Grüne	-1*	0	–	+2*	-1*
SPD	0	+1*	+1*	–	-2*
Linke	-2	-2	+1*	+1*	–

Quelle: eigene Darstellung in Anlehnung an Linhart (2007: 472 f.) Die „Zeilenpartei" macht eine Aussage zur „Spaltenpartei". 0 steht für kein erkennbares, 1 für ein implizites und 2 für ein ausdrückliches Koalitionssignal. Das Vorzeichen macht deutlich, ob es sich um ein

[6] Linhart (2007: 472) betrachtet die innerparteiliche Geschlossenheit / Uneinigkeit bezüglich der Koalitionssignale als eigenständiges Kriterium. Hier wird es unter die Stärke des Koalitionssignals subsumiert, da eine innerparteilich umstrittene Koalitionsaussage kaum als eindeutig oder sicher verlässlich gewertet werden kann.

positives oder negatives Koalitionssignal handelt. Die asymmetrischen Koalitionssignale sind mit Sternchen versehen.

Auf der Basis einer solchen Matrix lassen sich Aussagen über die wahrscheinliche Koalitionsbildung treffen (Linhart 2007: 473). Da eine Zusammenarbeit mit der Linken von allen anderen Parteien abgelehnt wurde, spielte diese im Koalitionspoker keine Rolle. Ausgeschlossen werden konnte auch eine Zusammenarbeit von FDP und Rot-Grün im Rahmen einer Ampel-Koalition, da diese Möglichkeit von der FDP vorab klar verworfen wurde. Etwas komplizierter liegt der Fall der Jamaika-Koalition. Eine Zusammenarbeit von Union und Grünen hätte den impliziten Koalitionssignalen zumindest der Grünen widersprochen und das Zusammengehen der FDP mit den Grünen sogar den offenen Wortbruch der Liberalen erfordert. Die Aussicht auf eine bürgerliche Dominanz in der Koalition hätte die FDP nach der Wahl vielleicht dazu verführen können, einen solchen Wortbruch zu begehen – immerhin war ja die Union ihr erklärter Wunschpartner. So aber blieben als politisch mögliche Koalitionen nur Schwarz-Gelb, Rot-Grün und die Große Koalition. Die Wahrscheinlichkeit einer Neuauflage von Rot-Grün war dabei mit Blick auf die zu erwartenden Stimmenanteile der beiden Parteien äußerst gering. Weil es am Ende dann auch für die bürgerliche Mehrheit nicht langte, blieb als Auffanglösung nur noch die Große Koalition.

Der Nachteil der oben vorgeschlagenen Kategorisierung liegt *erstens* darin, dass sie die Koalitionssignale nur „dyadisch" erfasst. Dies wird der Komplexität der Koalitionsbildung in einem Fünfparteiensystem nicht gerecht, in dem Dreierkoalitionen als Optionen neben die bisherigen Zweierbündnisse treten. Äußert etwa die SPD die Absicht, nach der Wahl eine Ampelkoalition zu bilden, kann dies sowohl in der Grünen-Spalte als auch in der FDP-Spalte als positive Koalitionsaussage verschlüsselt werden. Zur selben Kodierung würde allerdings die SPD-Aussage führen, *entweder* mit der FDP *oder* den Grünen koalieren zu wollen. Von den meisten Wählern werden die Koalitionsaussagen wohl eher dyadisch aufgefasst, also etwa in dem Sinne, dass Partei A mit Partei B inhaltliche Schnittmengen sieht und ein gemeinsames Regieren für wünschenswert hält, mit einer Partei C geringere Schnittmengen, die eine Koalition nach der Wahl zumindest denkbar erscheinen lässt, und mit einer Partei D keine ausreichenden Schnittmengen mit der Folge, dass ein Zusammengehen mit dieser Partei ausgeschlossen werden kann. Welche Politik die Koalitionspartner in den verschiedenen Dreiermodellen ausverhandeln und betreiben würden, dürften jedoch nur die wenigsten Wähler antizipieren. Während Kompromisse zwischen zwei Parteien unter Berücksichtigung der Stärkeverhältnisse noch mit einer gewissen Verlässlichkeit abzuschätzen sind, gestaltet sich dies bei drei oder mehr potenziellen Partnern als eine fast unlösbare Rechenaufgabe. Dennoch wäre es präziser, für jede Partei die Aussagen zu den sie einschließenden Dreierbündnissen einzeln zu erfassen, also die Ampelkoalition, das Jamaika-Bündnis sowie Rot-Rot-Grün getrennt aufzuführen. Zusätzlich zu den oben berücksichtigten 20 Parteienkombinationen müssten damit weitere neun Koalitionssignale in die Analyse einbezogen werden.[7] Auf der Landesebene kommen gegebenenfalls weitere Parteien (etwa rechtspopulistische oder Regionalparteien) als potenzielle Mitglieder einer Regierungskoalition hinzu.

Zweitens zwingen die veränderten Bedingungen des Fünfparteiensystems die Parteien dazu, allzu eindeutige und einseitige Festlegungen zu vermeiden (s.u.). Einerseits müssen sie in Rechnung stellen, ob die Wähler von ihnen ein Signal zugunsten einer bestimmten Partei erwarten, andererseits dafür Sorge tragen, dass eine Regierungskoalition tatsächlich gebildet werden kann. Beide Anforderungen lassen sich miteinander vereinbaren, wenn man die Koalitionssignale abstuft, also innerhalb der positiven Koalitionsaussagen zwischen Wunschkoalitionen und Alternativkoalitionen unterscheidet.

Speziell auf der Länderebene sollte *drittens* zwischen unterschiedlichen Regierungsformaten differenziert werden. Wird eine exekutive (Mehrheits)koalition angestrebt oder eine Minderheitsregierung? Bei den Minderheitsregierungen muss wiederum gefragt werden, ob es sich um ein Stütz- oder Tolerierungsmodell handelt, was man in Deutschland häufig verwechselt. Nur beim Stützmodell verabredet eine Regierungspartei bzw. Regierungskoalition, die im Parlament nicht über die Mehrheit verfügt, mit dem stützenden Partner eine feste Zusammenarbeit in der Gesetzgebung, die im Charakter einer Koalition ähnelt. Das Tolerierungsmodell erlaubt und erfordert dagegen das Regieren mit wechselnden Abstimmungsmehrheiten.

Viertens schließlich ist zu berücksichtigen, ob die Koalitionsaussagen an Bedingungen geknüpft bzw. – bei negativen Koalitionsaussagen – mit Vorbehalten verbunden werden. Dabei kann es sich um politikinhaltliche, prozedurale, ämterbezogene, personelle oder arithmetische Bedingungen (der Mehrheits- oder Kräfteverhältnisse) handeln.

---

[7] Darunter fallen drei Aussagen der Grünen, die als einzige Partei an allen drei potenziellen Dreierbündnissen beteiligt wäre, jeweils zwei Aussagen der SPD (Ampel und Rot-Rot-Grün) und der FDP (Jamaika und Ampel) und je eine Aussage der CDU/CSU (Jamaika) und der Linken (Rot-Rot-Grün).

Abb. III.7   Typologie von Koalitionssignalen

				explizit	implizit
positiv	Wunschkoalition	Exekutiv-koalition		ohne Bedingung	
				mit Bedingung	
		Tolerierung Stützung		ohne Bedingung	
				mit Bedingung	
	Alternativkoalition	Exekutiv-koalition		ohne Bedingung	
				mit Bedingung	
		Tolerierung Stützung		ohne Bedingung	
				mit Bedingung	
negativ				ohne Vorbehalt	
				mit Vorbehalt	
neutral					

4. *Auswirkungen von Koalitionssignalen auf Wählerverhalten und Parteistrategien*

Aus Sicht des Wählers sind die Koalitionssignale in jedem Falle von Vorteil, geben sie ihm doch mehr Gewissheit, welche Regierungskonstellationen aus der Wahl hervorgehen können. Damit hat seine Stimme einen größeren unmittelbaren Einfluss auf die Regierungsbildung. Dies dürfte vor allem in den mehrheitsdemokratisch geprägten Systemen als legitimationsfördernd empfunden werden. Aus Sicht der Parteien könnten sich die Koalitionssignale dagegen als nachteilig erweisen, wenn sich die Wähler gerade wegen des Signals von der Partei abwenden und die Wunschkoalition keine Mehrheit erhält. So hätte sich z.b. die hessische SPD wahrscheinlich jeder Chance auf eine Mehrheit für die gewünschte rotgrüne Koalition beraubt, wenn sie ein Zusammengehen mit der Linken gegen die Vorbehalte eines erheblichen Teils ihrer Anhänger- und Wählerschaft vor der Wahl nicht ausdrücklich ausgeschlossen hätte. Auch wenn von Seiten der Medien großer Druck auf die Parteien ausgeübt wird, ihr Koalitionsverhalten selbst für den unwahrscheinlichsten Fall des Wahlausgangs vorab zu bekennen, werden diese ein Koalitionssignal sicher nicht allein deshalb abgeben, weil dies einer allgemeinen Erwartungshaltung der Wählerschaft entspricht. Hinzukommen muss ihre eigene Erwartung, dass das Signal von den Wählern tatsächlich honoriert wird. Hat sie diese Erwartung nicht, wird sie auf eine Koalitionsaussage vermutlich verzichten.

Dass verlässliche Auskünfte darüber, wie Koalitionssignale sich auf das Wahlverhalten auswirken, von der Wahlforschung nicht zu erlangen sind, liegt in der Natur der kontrafaktischen Fragestellung begründet. Es soll ja ein faktisches Ereignis (Wahlverhalten bei vorhandenem Koalitionssignal oder Wahlverhalten bei nicht vorhandenem Koalitionssignal) mit einem hypothetischen Ereignis verglichen werden, das genau die gegenteilige Konstellation unterstellt (Wahlverhalten bei nicht vorhandenem Koalitionssignal oder Wahlverhalten bei vorhandenem Koalitionssignal). Darüber hinaus hängt das Wahlverhalten nicht nur vom möglichen Koalitionssignal derjenigen Partei ab, die man favorisiert, sondern muss im Kontext aller Koalitionssignale betrachtet werden. In der empirischen Umsetzung birgt das nahezu unlösbare Probleme.

Entsprechend rar gesät sind die in der Forschung hierzu bislang vorliegenden Studien. Sie arbeiten entweder mit experimentellen Ansätzen (Geschwend / Hooghe 2008, Goodin / Güth / Sausgruber 2007) oder basieren auf räumlichen Modellen (Linhart 2007). Die Ergebnisse weisen dabei nicht sehr weit über das hinaus, was einem auch die Intuition sagen würde. So zeigen z.b. Geschwend / Hooghe (2008: 574), dass die Anhänger kleiner Parteien bei missliebigen Koalitionssignalen in der Tendenz abtrünniger sind als die Anhänger großer Parteien. Dies überrascht deswegen nicht, weil erstere auf Grund der Stärkeverhältnisse in der Koalition mit größeren politikinhaltlichen Konzessionen ihrer Partei rechnen müssen als letztere. Wenig erstaunlich ist auch der Befund, wonach die generelle Akzeptanz oder Missbilligung des Koalitionspartners unter den Anhängern für das Dableiben oder Abwandern eine wichtige Rolle spielt – unabhängig von den ideologischen Positionen, die dieser einnimmt. Linhart versucht mit seinem Modell zu überprüfen, ob Union, FDP und SPD mit ihren Koalitionssignalen bei der Bundestagswahl 2005 gut beraten waren. „War es für Union und FDP strategisch sinnvoll, vor einer Koalition zwischen SPD, Grünen und Linkspartei zu warnen oder nicht? War es für die SPD und die CDU/CSU geschickt, eine große Koalition tendenziell eher abzulehnen oder wäre eine tendenzielle Zustimmung besser für sie gewesen?" (Linhart 2007: 482) Die erste Frage wird mit einem klaren Ja beantwortet, während die zweite Frage für Union und SPD zu unterschiedlichen Ergebnissen führt. Die Union tat danach recht daran, die Große Koalition eher auszuschließen, wohingegen es für die SPD besser gewesen wäre, sie deutlicher als mögliche Option darzustellen. Auch das ist mit Blick auf die bis kurz vor der Wahl erhobenen Umfragewerte wenig erstaunlich, gaben diese der SPD doch praktisch keine Chance, ihre Regierungsmacht außerhalb einer Großen Koalition zu verteidigen.

Indirekten Aufschluss über die Rückwirkungen von – gegebenen oder nicht gegebenen – Koalitionssignalen auf das Wahlverhalten können auch Wanderungsanalysen und die Abfrage von Koalitionspräferenzen der Parteianhänger geben. Eine solche Analyse hätte die FDP z.b. davor gewarnt, bei der Bundestagswahl 2002 ohne klare Koalitionsaussage zugunsten der Union ins Rennen zu gehen – was der überwiegenden Erwartungshaltung ihrer Anhänger widersprach. Nachdem sie ihren Fehler 2005 korrigierten, konnten die Liberalen prompt kräftig zulegen. Beleg für die Wirksamkeit ihrer Koalitionsaussage war dabei, dass im Vergleich zu 2002 ein größerer Teil der Wähler von der Möglichkeit des Stimmensplittings Gebrauch machte (Pappi / Herzog / Schmitt 2006: 509).

Bei einer Erhebung im April 2008 gaben 39 Prozent der Wähler an, dass für ihre persönliche Wahlentscheidung Koalitionsaussagen eine sehr wichtige Rolle spielten, weitere 35 Prozent räumten ihnen eine wichtige Rolle ein. Für 18 Prozent waren Koalitionsaussagen weniger, für lediglich 7 Prozent gar nicht wichtig. Dies sagt natürlich nichts darüber aus, wie groß letztlich das Gewicht von Koalitionssignalen in der Abwägung mit anderen Faktoren ausfällt, denn politischen Inhalten wurde von den Befragten eine noch wichtigere Rolle zugesprochen (64 Prozent sehr wichtig, 35 Prozent wichtig, 4 Prozent weniger wichtig, 2 Prozent gar nicht wichtig). Es zeigt aber, dass zumindest bei drei Vierteln der Wähler Koalitionsaussagen einen hohen Stellenwert genießen. Besondere Bedeutung messen ihnen die FDP-Anhänger zu (88 Prozent sehr wichtig / wichtig), gefolgt von den Unions-Anhängern (85 Prozent) und den Anhängern der Linken sowie der SPD (je 71 Prozent, allerdings mit höherem „sehr wichtig"-Anteil bei den Linke-Anhängern). Am wenigsten Wert legen die Wähler der Grünen auf Koalitionsaussagen (58 Prozent).[8]

Sind die Parteien mit Blick auf das erwartbare Wählerverhalten gehalten, Koalitionssignale zu senden, stellt sich im Weiteren die Frage nach den Folgen. Welche Rückwirkungen hat ein Koalitionssignal auf die eigene inhaltliche Positionierung? Passen die Parteien ihre Programme – gleichsam in vorauseilendem Gehorsam – schon vorab dem gewünschten Ergebnis der Regierungsbildung an, indem sie sich auf die Positionen des prospektiven Koalitionspartners zubewegen? Oder treten sie – unbeeinflusst von Koalitionspräferenzen – mit einem eigenständigen Programm an, das erst in den späteren Koalitionsverhandlungen

---

[8] Infratest dimap, ARD DeutschlandTREND, April 2008. Dies könnte sich ändern, wenn die Grünen sich koalitionspolitisch demnächst stärker gegenüber den bürgerlichen Parteien öffnen. Im „Idealfall" würden sie dann in die einst von der FDP besetzte Rolle eines Scharniers im Parteiensystem hineinwachsen, das die Regierungsbildung nach beiden Seiten ermöglicht.

mit den Positionen des Partners abgeglichen wird? Bräuninger und Debus (2008) weisen zu Recht darauf hin, dass es keinen Sinn machen würde, von einem eigenständigen Einfluss der *policies* auf die Koalitionsbildung auszugehen, wenn die erstgenannte Hypothese zuträfe. Tatsächlich können die Parteien jedoch dem Dilemma nicht entrinnen, das ihnen durch die Koalitionssignale unter Wettbewerbsgesichtspunkten entsteht. Auf der einen Seite müssen sie auf eine Erwiderung der Signale hoffen, da nur auf dieser Basis eine Koalition überhaupt gebildet werden kann. Dafür könnten unter Umständen programmatische Zugeständnisse erforderlich sein. Auf der anderen Seite laufen sie Gefahr, sich bei einer zu starken Annäherung an den Partner der eigenen Anhängerschaft zu entfremden. Auch mit Blick auf das Ziel einer gemeinsamen Mehrheit wäre eine zu große programmatische Nähe womöglich kontraproduktiv. Mehrere Parteien, die innerhalb eines bestimmten Spektrums auftreten und im Wettbewerb unterschiedliche personelle und programmatische Angebote machen, können ein gegebenes Wählerpotenzial umfassender ausschöpfen als eine Partei allein. Deshalb empfiehlt es sich, die programmatische Anpassung nicht zu weit zu treiben. Hätte die Union diese Lektion 2005 durch einen etwas weniger neoliberal akzentuierten Bundestagswahlkampf beherzigt, wäre ihre Wunschkoalition mit der FDP wahrscheinlich schon damals zustande gekommen.

Aus dem Beispiel lassen sich allerdings weder im bundesdeutschen Kontext noch im Kontext anderer vergleichbarer Koalitionsdemokratien irgendwelche allgemeinen Schlüsse ziehen. Dass Debus' (2007) Versuch, die These einer vorauseilenden programmatischen Anpassung an die gewünschten Koalitionspartner empirisch zu belegen, zu keinen eindeutigen Ergebnissen führen würde, war absehbar. Einerseits sind die Akteurskonstellationen viel zu unterschiedlich – jeder Fall liegt anders und kann deshalb nur im Einzelnen betrachtet werden. Andererseits weiß man nicht, ob die programmatischen Anpassungen tatsächlich koalitionspolitisch motiviert sind, oder ob sie eher mit Blick auf den Wähler vorgenommen werden (um die eigenen Stimmen zu maximieren). Methodisch stellen sich hier dieselben Probleme wie bei der Analyse der elektoralen Wirkungen der Koalitionssignale.

Das ändert aber nichts an der Bedeutung des eigentlichen Sachverhalts. Die künftigen Koalitionsparteien stehen im Wettbewerb vor einer schwierigen Gratwanderung. Sie müssen mit dem heutigen Gegner und morgigen Partner möglichst pfleglich umgehen und sich gleichzeitig durch die Arbeit am eigenen Profil von diesem abgrenzen. Zum pfleglichen Umgang gehört nicht nur, dass man auf persönliche Angriffe und übertriebene Polemik verzichtet, sondern auch, dass keine unnötigen inhaltlichen Stolpersteine aufgebaut werden, die in den anschließenden Koalitionsverhandlungen einer Einigung im Wege stehen könnten.[9] Die eigene Profilierung wiederum darf nicht so weit gehen, dass die ursprünglichen Positionen in den am Ende gefundenen Kompromissen bis zur Unkenntlichkeit entstellt werden. Was sie vorher an Kredit bei der eigenen Wählerschaft gewonnen oder behalten hätte, würde eine Partei dann nachher umso rascher verspielen. Dass Koalitionskompromisse häufig als Feigenblatt herhalten müssen, um unhaltbare Versprechungen später als lässliche Wahlkampfsünde abzutun, hat der SPD-Vorsitzende Müntefering kurz nach Regierungsantritt der Großen Koalition mit entwaffnender Ehrlichkeit demonstriert, als er forderte, die Politiker dürften doch bitte nicht an ihren Wahlkampfaussagen gemessen werden. Offenbar sind auch die Konsensdemokratien gegen die Bedrohungen eines populistischen Überbietungswettlaufs nur begrenzt gefeit.

5.   Koalitionssignale vor der Bundestagswahl 2009

Koalitionsaussagen werden zu einem Problem, wenn sie die Koalitionsbildung nicht erleichtern, sondern erschweren. Die positiven Signale sind deshalb unter normativen Gesichtspunkten den negativen vorzuziehen: Die Parteien müssen sich so zueinander positionieren, dass am Ende mindestens eine gangbare Koalitionsoption übrig bleibt. Je breiter die positiven Koalitionssignale im Vergleich zu den tatsächlich geschlossenen Koalitionen gestreut werden, umso größer ist die Gewähr, dass eine Koalition am Ende zustande kommt. Bei Vorhandensein mehrerer Alternativen wird die Koalitionsbildung nicht zwangsläufig leichter, im Gegenteil: Besteht unter den Optionen keine klare Hierarchie und / oder blockieren sie sich gegenseitig, kann der Prozess unter Umständen sehr langwierig werden, wie die Erfahrungen aus Belgien oder den Niederlanden zeigen. Aus normativer Sicht empfiehlt sich hier eine Abstufung der Aussagen, die einerseits die eigenen Prioritäten deutlich macht und andererseits die verschiedenen Szenarien des Wahlausgangs berücksichtigt.

---

[9] Dass im Rahmen einer solchen Forderung zumindest im bundesdeutschen Kontext immer noch vieles möglich ist, zeigt das Beispiel Kernenergie. Auch wenn die Union die Gelegenheit nutzte, das Thema im Bundestagswahlkampf 2009 aufzugreifen, wäre das für sie wahrscheinlich kein Grund gewesen, ein Bündnis mit der SPD oder selbst den Grünen zu verweigern. Gegen deren Willen hätte sie eine Korrektur des Ausstiegsbeschlusses ohnehin nicht durchsetzen können. Das Thema blieb also rein symbolisch. In dieser Eigenschaft erfüllte es aber für alle Seiten eine nützliche Funktion, indem es zur Mobilisierung der jeweiligen Wählerklientel beitrug.

In der Bundesrepublik bereitete die Regierungsbildung auf beiden Ebenen des politischen Systems lange Zeit keine Schwierigkeiten. Sowohl im Dreiparteiensystem der sechziger und siebziger als auch im Vierparteiensystem der achtziger Jahre sorgte die Verbindung von klaren Koalitionssignalen mit der Arithmetik der Wahlergebnisse für einen Automatismus der Mehrheitsbildung.[10] Die eigentliche Zäsur der Parteiensystementwicklung markierte die Entstehung der gesamtdeutschen Linkspartei im Jahre 2005 (Decker 2005). Weil die nach Westen erweiterte PDS nun bundesweit auf Stimmenanteile in einer Größenordnung von zehn Prozent hoffen konnte (was einer Verdopplung ihres vormaligen Wähleranteils entsprach), wurden Mehrheiten für eine kleine Zweierkoalition nach dem vertrauten Muster unwahrscheinlicher. Damit unterschied sich die Situation im Bund von derjenigen der Altbundesländer – hier bleibt bei einer schwächeren Linkspartei die Bildung von Zweierkoalitionen immer noch möglich –, wie von derjenigen Ostdeutschlands, wo neben der Großen Koalition auch Koalitionen von SPD und Linken gangbar sind (Jun 2007).

Obwohl über die Möglichkeit einer Ampel- oder Jamaika-Koalition[11] schon am Wahlabend des 18. September 2005 munter spekuliert wurde, standen diese damals nicht wirklich in Reichweite – die Debatte darüber hatte insofern eine eher „heuristische" Funktion. Aus Sicht der FDP hätten ja beide Optionen den zuvor ausgesendeten Koalitionssignalen widersprochen, die Rot-Grün eine klare Abfuhr erteilt hatten. So als ob sie ihr Stigma der „Umfaller-Partei", das ihnen seit 1961 anhaftete, für alle Zeiten abschütteln wollten, wurden die Liberalen deshalb nicht müde, sich von der Wählerschaft als Partei hinzustellen, die „ihr Wort hält".

Die Erwartung, dass die schwierige Regierungsbildung zu einer Flexibilisierung der Koalitionsbereitschaft führen würde, hat sich nur zum Teil erfüllt (Decker 2008). Bei den hessischen Landtagswahlen 2008 überboten sich die Parteien

---

[10] Lediglich die kurze Phase von 1980 bis 1985 muss hiervon zum Teil ausgenommen werden. Weil die SPD Koalitionen mit den Grünen in dieser Zeit noch nicht als machbar erachtete, konnten Situationen eintreten, in denen es für die notwendige Mehrheit einer kleinen Zweierkoalition nicht mehr langte. Dies war z.B. 1982 und 1986 in Hamburg der Fall.

[11] Weil CDU und CSU organisatorisch selbständige Parteien sind, handelt es sich bei der Jamaika-Koalition genau genommen um ein Viererbündnis und bei der Großen Koalition um ein Bündnis aus drei Partnern. Abgelesen werden kann dies unter anderem daran, dass die bayerische Schwester im Koalitionsausschuss gleichberechtigt vertreten ist und in allen unionsinternen Entscheidungen ein Vetorecht besitzt. In der Wahlberichterstattung hat die ARD am 27. September 2009 diesem Umstand erstmals Rechnung zu tragen versucht, indem sie die Formel von der „schwarz-blau-gelben" Koalition benutzte.

noch mit negativen Koalitionsaussagen. Diese „Ausschließeritis" ging soweit, dass selbst einer Großen Koalition von Union und SPD eine Absage erteilt wurde. So wie die Große Koalition hätten sämtliche Varianten eines Dreierbündnisses den Koalitionssignalen widersprochen. Dass Andrea Ypsilanti in diesem Mikado-Spiel als erste riskierte, sich über ihre Koalitionsaussage hinwegzusetzen, sollte ihr und der Landes-SPD zum Verhängnis werden.[12]

Nach dem Tabubruch erfolgte die koalitionspolitische Öffnung der SPD gegenüber den Linken auch in den alten Ländern: Eine Zusammenarbeit mit der Linkspartei wurde weder vor den Neuwahlen in Hessen 2009 noch im Vorfeld der Landtagswahlen im Saarland und in Schleswig-Holstein ausgeschlossen; allein bei der Landtagswahl in Bayern 2008, wo die Möglichkeit eines Regierungswechsel von vornherein nicht bestand, war es für die SPD folgerichtig, auf die Option zu verzichten. Die thüringische SPD lehnte nach heftiger innerparteilicher Auseinandersetzung eine vorbehaltlose Koalitionsaussage gegenüber der Linken ab, indem sie ausschloss, einen Vertreter der Linken zum Regierungschef zu wählen. Dieser zunächst arithmetisch anmutende Vorbehalt erwies sich als ein ämterbezogener, als Linken-Spitzenkandidat Ramelow einen möglichen Verzicht auf das Ministerpräsidentenamt signalisierte. Auf Grund ihres deutlich besseren Abschneidens bei der Wahl wollte die Linke aber auch kein SPD-Diktat in der Ministerpräsidentenfrage akzeptieren; die Suche nach einem Kompromisskandidaten endete erfolglos.

In Hamburg kam es im Frühjahr 2008 zur ersten schwarz-grünen Koalition auf Landesebene, wodurch das Tor für ein Jamaika-Bündnis ein Stückweit geöffnet wurde. Bereit zu einer solchen Konstellation zeigten sich CDU, FDP und Grüne auch vor den Landtagswahlen 2009 im Saarland und in Schleswig-Holstein. Bei den Neuwahlen in Hessen lockerten die Grünen ihre Abneigung gegenüber der CDU zumindest für den – freilich unwahrscheinlichen – Fall einer Ablösung Roland Kochs als Ministerpräsident. Auch die schwer angeschlagene hessische SPD schloss eine Große Koalition in einer solchen Situation nicht länger aus. In Schleswig-Holstein verweigerte sich CDU-Ministerpräsident Peter Harry Carstensen hingegen einer Zusammenarbeit mit SPD-Spitzenkandidat Ralf Stegner, dem er die Schuld für das vorzeitige Ende der Großen Koalition zuwies. In Thüringen hatte sich SPD-Herausforderer Christoph Matschie im Gegenzug auf

---

[12] Die moralisch hoch aufgeladenen Verratsvorwürfe, die Ypsilanti von Seiten der Öffentlichkeit anschließend entgegenschlugen, würden in einer lateinisch-katholischen Kultur wie Frankreich oder Italien befremdlich wirken, wo das Finassieren zum politischen Alltagsgeschäft gehört und allenfalls zynische Reaktionen hervorruft. In der Bundesrepublik sind sie offenbar Teil einer protestantisch geprägten Bekenntnis- und Schuldkultur (Soell 2008: 892).

eine Ablösung von CDU-Ministerpräsident Dieter Althaus festgelegt, durch dessen Rückzug nach der Wahl eine Große Koalition gangbar blieb. Eine Ampel-Koalition wurde von der FDP in allen drei Bundesländern ausgeschlossen.

Auf der Bundesebene schien sich zunächst eine größere koalitionspolitische Flexibilität anzudeuten als 2005. FDP und Grüne blieben zwar die jeweiligen Wunschpartner von Union und SPD. Da das rot-grüne Bündnis auf Grund der Schwäche der SPD in den Umfragen aber kaum mehrheitsfähig erschien, sahen sich die Sozialdemokraten gezwungen, als abgestufte Alternativen an erster Stelle die Ampel-Koalition und an zweiter Stelle die Fortführung der Großen Koalition zu benennen. Ein Bündnis mit der Linken schloss die SPD für die Gesamtheit der Legislaturperiode ausdrücklich aus, ebenso die Bildung einer von der Linken geduldeten rot-grünen Minderheitsregierung. Trotzdem musste die SPD im Bundestagswahlkampf die ungemütlichen Konsequenzen ertragen, die sich aus der Öffnung gegenüber der Linken in den alten Ländern ergaben. Gewiss gab und gibt es gute Gründe, eine Zusammenarbeit zwischen SPD und Linken im Bund anders zu betrachten als auf Länderebene, in den ostdeutschen Ländern anders als in den westdeutschen und bei der Wahl des Bundespräsidenten anders als bei der Wahl des Kanzlers, doch lassen sich diese im Wahlkampf nur schwer vermitteln. Dazu müssten den Wählern einerseits die institutionellen Unterschiede zwischen den Wahlen präsent sein, andererseits die Unterschiede im personellen und programmatischen Angebot der verschiedenen Landesverbände der Linken. Auch die Tatsache, dass die Führung einer Bundespartei ihren Landesverbänden letztlich nicht vorschreiben kann, welche Koalition sie zu schließen haben und welche nicht, dürfte verbreiteten Vorstellungen von der Funktionsweise der Parteiendemokratie in der Wählerschaft zuwiderlaufen.

Die SPD musste also mit einer gewaltigen Gegenmobilisierung in der Koalitionsfrage rechnen, zumal die Landtagswahlen im Saarland und in Thüringen, wo rot-rote bzw. rot-rot-grüne Koalitionen im Bereich des Möglichen lagen, mitten in den Bundestagswahlkampf hineinplatzten. Die CDU betonte zwar immer wieder, keine Neuauflage ihrer Rote-Socken-Kampagne von 1994 zu planen, zweifelte jedoch wiederholt den Ausschluss von Rot-Rot-Grün im Bund durch die SPD an. Selbst wenn die Sozialdemokraten in eine Fortsetzung der Großen Koalition einwilligen sollten – so die düstere, von Union und FDP gemeinsam an die Wand gemalte Prognose – würde eine linksgewendete SPD den Bruch des Bündnisses noch während der Legislaturperiode betreiben und sich mit Hilfe der Linken an die Macht „putschen".

Mit dem Ausschluss eines Linksbündnisses und dem illusionären Charakter der Wunschoption Rot-Grün war die Ampel-Koalition also die einzig realistische

Machtperspektive der SPD jenseits einer Großen Koalition, in der sie wiederum nur Juniorpartner gewesen wäre. Die spannende Frage lautete daher, ob die FDP diese Möglichkeit erneut wie 2005 kategorisch zurückweisen würde. Die Liberalen kündigten frühzeitig an, eine formelle Koalitionsaussage erst kurz vor der Wahl auf einem Sonderparteitag zu verabschieden. Unterdessen äußerte die FDP immer wieder, ihr Wunschkoalitionspartner sei die Union, im Notfall sei auch Jamaika denkbar, wohingegen man „Ampeleien und Hampeleien" aus inhaltlichen Gründen für ausgeschlossen halte. „Mit Tinte oder gar Blut an die Wand schreiben" wollte Guido Westerwelle die Absage an eine Ampelkoalition freilich nicht, hatte es doch für Schwarz-Gelb schon bei den letzten drei Bundestagswahlen nicht gereicht. Der FDP-Chef monierte, die Union lege sich ja auch nicht klar auf Schwarz-Gelb fest, so mancher Christdemokrat habe sich wohl in der Großen Koalition eingerichtet.

Der schwelende Konflikt zwischen den prospektiven Koalitionspartnern ist ein Musterbeleg dafür, wie Koalitionsaussagen selbst zum Gegenstand der wettbewerblichen Auseinandersetzung werden können. Obwohl die Bildung der Koalition eigentlich außer Frage stand, wenn es für eine Mehrheit arithmetisch reichen würde, forderten beide Seiten die Festlegung auf Schwarz-Gelb wiederholt voneinander ein. Vor allem die CSU stellte die Zuverlässigkeit der FDP massiv in Frage. Ton und Inhalt ihrer Angriffe hatten mit dem üblichen pfleglichen Umgang unter Koalitionspartnern wenig zu tun.[13] Auch von der CDU wurde die FDP nicht mit Samthandschuhen angefasst. Die Parteivorsitzende Angela Merkel äußerte etwa, deren Regierungsbeteiligung sei auch deshalb geboten, weil sie dann „nicht mehr das Blaue vom Himmel versprechen" könnte. Hintergrund der Auseinandersetzung war, dass die Union fürchtete, massiv Stimmen an die FDP zu verlieren und damit auch an Gewicht in einer schwarz-gelben Koalition einzubüßen. Mit der Kritik an der FDP tat sie sich freilich keinen Gefallen. Insbesondere die CSU erreichte mit ihren Ausfällen das genaue Gegenteil des Erhofften. Ihr bayerisches Ergebnis war so schwach, dass sie mit bundesweit hochgerechneten 6,5 Prozent am Ende deutlich hinter den Liberalen lag (14,6 Prozent).

Positive Signale Richtung Rot-Grün sandte die FDP zwar nicht. Trotzdem nährten SPD und Grüne in ihrer Anhängerschaft die – allerdings wenig Enthusiasmus weckende – Hoffnung, die FDP sei nun schon so lange in der Opposition,

---

[13] So bescheinigte ihr Generalsekretär Alexander Dobrindt der FDP „geistige Windstille" und nannte sie „eine Partei ohne Köpfe und ohne Konzept". CSU-Chef Seehofer warnte vor einem „neoliberalen Streichkonzert". FDP-Vize Rainer Brüderle unterstellte der CSU im Gegenzug, sie setze auf „parasitäre Publizität" und profiliere sich zu Lasten der Formation, mit der sie eigentlich die Wahl gewinnen wolle.

dass sie gewiss „springen" werde, wenn es für eine Mehrheit mit der Union zusammen wieder nicht reiche. Beide Parteien hatten freilich ein Glaubwürdigkeitsproblem, bezog sich ihr Negativwahlkampf gegen Schwarz-Gelb doch vor allem auf die FDP, die als Vertreterin – vermeintlich – neoliberaler Positionen wesentlich mehr Angriffsflächen bot als eine „sozialdemokratisierte" Union. Gleichzeitig sollte ein Regierungsbündnis unter Einschluss der FDP als wünschenswerte Perspektive dargestellt werden. Die Argumentationsfigur, die FDP würde sich in einer schwarz-gelben Koalition mit dem Wirtschaftsflügel der Union verbünden, war zu komplex und konnte nicht verfangen. Mögliche Schnittmengen für eine Ampel-Koalition, die erst gegen Ende des Wahlkampfs skizziert wurden, blieben zu vage und bezogen sich – abgesehen von der Inneren Sicherheit und der dem Bund nur bedingt zugänglichen Bildungspolitik – auf elektoral eher unbedeutende Politikbereiche wie die Außen- und Forschungspolitik. Auch hätte eine Koalition von SPD, FDP und Grünen über gerade einmal sieben Stimmen im Bundesrat verfügt. Damit wäre sie selbst bei optimalem Ausgang der Landtagswahlen und entsprechendem Koalitionsverhalten der beteiligten Akteure wohl bis zum Ende der Legislaturperiode auf die Unterstützung christdemokratisch regierter Länder in der Zweiten Kammer angewiesen geblieben.

Die grüne Führungsspitze hätte sich wie die SPD einerseits gerne für eine Ampel-Koalition ausgesprochen. Andererseits wollte sie sich auch die Möglichkeit eines Zusammengehens mit Union und FDP nicht verbauen, da die Ampel keine sichere Mehrheit versprach. Bei beidem spielte die Basis nicht mit: Die Ampel blieb zwar möglich, durfte aber nicht mehr Wunschziel sein, ein Ablegen des „Dampfers nach Jamaika" sollte es definitiv nicht geben. Mit Blick auf Rot-Rot-Grün machten es sich die Grünen einfach, indem sie – ohne ein solches Bündnis selber auszuschließen – auf den Ausschluss durch die SPD und die Regierungsunwilligkeit der Linken verwiesen. Zu Schwarz-Grün gab es keine Stellungnahme, was zunächst kaum beachtet wurde, da sich die Frage arithmetisch nicht zu stellen schien. Erst als die Grünen die FDP bei der Europawahl überflügelten, kam das Thema kurzzeitig auf die Tagesordnung. Unterstützt wurde die Debatte durch Äußerungen von Unionspolitikern wie Wolfgang Schäuble oder Karl-Theodor zu Guttenberg, ein Bündnis mit den Grünen sei mittel- und langfristig durchaus vorstellbar, was bei der FDP erwartungsgemäß Unmut auslöste. Kanzlerin Merkel beeilte sich daraufhin festzustellen, dass für die anstehende Legislaturperiode eine Koalition mit den Grünen nicht zur Debatte stehe.

Sowohl Grüne als auch CDU/CSU trafen damit Koalitionsaussagen, die durch eine dyadische Matrix nicht genau erfassbar sind. Die Grünen schlossen Jamaika, also eine Koalition mit CDU/CSU *und* FDP, klar aus, hielten sich jedoch sowohl eine Zusammenarbeit nur mit der CDU/CSU als auch mit der FDP (im Rahmen einer Ampel-Koalition) offen. CDU und CSU hätten wiederum eine Jamaika-Koalition präferiert, wenn die Wunschkoalition mit der FDP nicht zustande gekommen wäre, aber kein Bündnis mit den Grünen alleine geschlossen.[14] Die nachfolgende Koalitionssignalmatrix für die Bundestagswahl 2009 versucht der Differenz zwischen Zweier- und Dreierbündnissen Rechnung zu tragen, indem sie die Aussagen der Spaltenpartei zu einzelnen Zeilenparteien durch eine separate Aussage zum Verbund zweier Zeilenparteien dort ergänzt, wo diese durch eine Addition der Aussagen zu den einzelnen Zeilenparteien unzutreffend interpretiert würde. Unberücksichtigt bleiben dabei arithmetisch ausschließbare Zweierkoalitionen wie SPD/FDP oder FDP/Grüne.

Abb. III.8   Koalitionssignalmatrix für die Bundestagswahl 2009

	CDU/CSU	FDP	Grüne	SPD	Linke
CDU/CSU	–	+2 |+1*|	-1	0	-2
FDP	+2	–	0	-2*	-2
Grüne	0 |-2|	0	–	+2	-1*
SPD	0	+1*	+2	–	-2
Linke	-2	-2	-2*	-2	–

In der Woche vor der Wahl schätzte die FDP die Chancen für eine gemeinsame Mehrheit mit der Union im Lichte der Umfragen so hoch ein, dass sie die mögliche Hintertür einer Ampel-Koalition endgültig verschloss und sich auf ihrem Sonderparteitag unmissverständlich auf Schwarz-Gelb festlegte. Dadurch büßte sie gegenüber CDU/CSU zwar an Drohpotenzial im Rahmen der Koalitionsverhandlungen ein, konnte das Stimmenpotenzial enttäuschter Unionswähler aber optimal ausschöpfen. Darüber hinaus dürften Spekulationen im Vorfeld, die

---

[14] Dies bedeutet nicht, dass die Unionsparteien ein solches Bündnis auch gegenüber der Großen Koalition bevorzugt hätten. Da sie davon ausgehen konnten, dass sie in der letzeren als mutmaßlich stärkste Partei weiterhin die Kanzlerin stellen würden, gab es dafür keinen vernünftigen Grund. Erstens hätte man in einer Koalition mit FDP und Grünen nicht sehr viel mehr Ämter beanspruchen können als in einer Koalition mit der SPD, da der erwartete Stimmenanteil der beiden kleinen Parteien etwa genauso hoch war wie jener der Sozialdemokraten. (Am Ende lag er sogar darüber.) Und zweitens wäre ein solches Viererbündnis sowohl politikinhaltlich als auch von der personellen Verträglichkeit her mit großer Wahrscheinlichkeit fragiler gewesen.

Union würde in bestimmten Bundesländern mit einer Reihe von Überhangmandaten rechnen können[15], nicht wenige überzeugte Unionsanhänger zusätzlich bewogen haben, mit der Zweitstimme FDP zu wählen.

Mit ihrem kategorischen Nein zur Ampel hatten die Liberalen die SPD jeder Machtperspektive beraubt, was der gewohnt Klartext sprechende Finanzminister Peer Steinbrück kurz vor der Wahl zum Leidwesen des Kanzlerkandidaten Frank-Walter Steinmeier auch öffentlich einräumte. Neben dem Verdruss über Hartz IV, Rente mit 67 und Mehrwertsteuererhöhung, dem Ypsilanti-Debakel und den natürlichen Abnutzungserscheinungen nach elf Jahren Regierungsmacht dürfte das einer der Gründe für die hohe Wahlniederlage gewesen sein. Zwar hatten die Umfragen auch 2005 signalisiert, dass sich die SPD realistischerweise nur als Juniorpartner in eine Große Koalition würde retten können. Damals erschien diese der Hälfte der Bevölkerung jedoch als interessante Option, während sie 2009 lediglich ein Drittel erstrebenswert fand. Den Reiz des Neuen hatte die Große Koalition also verloren, und die schwarz-gelbe Alternative taugte im Unterschied zu 2005, als CDU/CSU und FDP mit manchen programmatischen „Zumutungen" aufwarteten (Best 2009), durch die strategische Entscheidung der CDU, sich dieses Mal möglichst bedeckt zu halten, kaum noch als Schreckgespenst.

Der Vergleich der Matrizen zeigt, dass die zunächst vorhandene größere koalitionspolitische Flexibilität gegenüber 2005 letztlich weitgehend wieder zurückgenommen wurde. Die einzige Lektion, die die Parteien aus der verfahrenen Situation von 2005 gelernt zu haben schienen, blieb die differenziertere, weniger dyadische Struktur ihrer Koalitionsaussagen. Die Bundestagswahl 2009 war die erste, die im Bewusstsein des unübersichtlicher gewordenen Koalitionsmarktes (Korte 2009) stattfand, den das neue Fünfparteiensystem herbeigeführt hat. Mehr Flexibilität in der Koalitionsbildung resultierte daraus nicht.

6. *Ausblick*

Tritt die Bundesrepublik nun in der Folge der Bundestagswahl in eine neue Ära der Bipolarisierung ihres Parteiensystems unter den Vorzeichen Schwarz-Gelb versus Rot-Rot-Grün ein? Oder entsteht doch eine multiple Koalitionslandschaft mit lagerübergreifenden Bündnissen? Viel wird vom Funktionieren neuer Links-

---

[15] Am Ende waren es 24 Überhangmandate, von denen allein zehn in Baden Württemberg anfielen.

bündnisse in den Ländern und dem programmatischen Lernprozess der Linken abhängen. Eine entscheidende Rolle kommt den Grünen zu. Im segmentierten Fünfparteiensystem nach 2005 übten diese die Funktion eines Scharniers, das den Wechsel zwischen Union und SPD ermöglicht, gemeinsam mit der hierfür lange alleine zuständigen FDP aus. Da beide Teile des Scharniers in verschiedene Richtungen strebten, blockierten sie sich jedoch gegenseitig, wann immer rechnerisch sowohl die Ampel als auch Jamaika gangbar war.[16] Nach dem vorhersehbaren Fallen des Rot-Rot-Tabus in Folge der Bundestagswahl 2009 werden die Grünen die Scharnier-Funktion alleine innehaben. Da die Ampel-Koalition für die FDP, nachdem es für eine „bürgerliche Mehrheit" auf Bundesebene nun doch gereicht hat, fürs erste keine Rolle mehr spielen wird, bleibt der SPD nur die Möglichkeit, sich die Machtoption Rot-Rot-Grün zu erschließen, wenn sie sich nicht mit der Rolle eines Juniorpartners in Großen Koalitionen begnügen will. Für die Grünen verbietet sich dagegen eine Festlegung auf Rot-Rot-Grün, da die Partei mit Schwarz-Grün und Jamaika auch über andere Optionen verfügt. Die Basis tendiert zwar – noch stärker als Parteiführung und Wähler – mehrheitlich nach links. Dies schließt aber ein Zusammengehen mit den „bürgerlichen" Parteien unter bestimmten Umständen nicht aus. Gerade in den Unions-Hochburgen Bayern, Baden-Württemberg und Sachsen könnten sich die Grünen auf diese Weise neue Regierungsbeteiligungen erschließen.

Die neuen lagerübergreifenden Koalitionen haben alle ein erhebliches Akzeptanzproblem in der Wählerschaft. Fragt man sämtliche Wähler nach Zustimmung oder Ablehnung, wie es die Demoskopen in unregelmäßigen Abständen tun, sind die Werte jedoch nur begrenzt aussagefähig. So dürfte z.B. eine Große Koalition automatisch davon profitieren, dass Union und SPD zusammen einen größeren Stimmenanteil verbuchen, als es die Partner einer kleinen Koalition tun. Sinnvoller erscheint es, die Akzeptanzwerte der Koalitionen zu der für das jeweilige Bündnis potenziell erreichbaren Wählerschaft in Beziehung zu setzen. Dabei kann man auf die Zahlen der sogenannten Sonntagsfrage zurückgreifen.

---

[16] Im Saarland kam die Jamaika-Koalition auch deshalb zustande, weil eine Ampel rechnerisch nicht möglich gewesen wäre.

Abb. III.9   Zustimmungswerte zu den verschiedenen Koalitionsvarianten bezogen auf die Anhängerschaft der beteiligten Parteien

	Schwarz-Gelb	Rot-Grün	Schwarz-Grün	Große Koalition	Jamaika	Ampel	Rot-Rot-Grün
Juli I 2005	47 / 51 / **92**	23 / 36 / **64**	-	47 / 71 / **66**	-	-	-
Aug. I 2005	39 / 50 / **78**	27 / 37 / **73**	-	50 / 70 / **71**	-	-	14 / 46 / **30**
Sep. III 2005	45 / 45 / **100**	-	-	45 / 72 / **63**	36 / 53 / **68**	30 / 51 / **59**	15 / 51 / **29**
Okt. I 2005	-	-	-	63 / 73 / **86**	28 / 53 / **53**	21 / 48 / **44**	14 / 50 / **28**
Juli 2006	-	-	-	-	28 / 56 / **50**	27 / 50 / **54**	16 / 46 / **35**
Nov. I 2006	-	-	-	36 / 66 / **55**	-	-	-
Feb. I 2008	36 / 48 / **75**	35 / 37 / **95**	-	33 / 71 / **46**	27 / 55 / **49**	26 / 44 / **59**	18 / 47 / **38**
Feb. II 2008	-	-	30 / 47 / **64**	-	-	-	19 / 48 / **40**
Aug. 2008	-	-	-	-	-	-	17 / 46 / **37**
Jan. I 2009	40 / 51 / **78**	32 / 34 / **94**	25 / 48 / **52**	37 / 66 / **56**	-	-	15 / 44 / **34**
März I 2009	44 / 52 / **85**	-	-	33 / 61 / **54**	-	26 / 49 / **53**	14 / 44 / **32**
Sep. I 2009	43 / 52 / **83**	-	-	-	29 / 63 / **46**	-	-
Sep. III 2009	39 / 49 / **80**	-	-	38 / 51 / **75**	-	-	20 / 44 / **45**
Okt. I 2009	46 / 49 / **94**	-	-	-	-	-	-

Die erste Zahl gibt die in der Umfrage ermittelte Zustimmung in der Gesamtbevölkerung (in Prozent) für die jeweilige Koalitionsoption wieder, die zweite Zahl die addierten Werte in der Sonntagsfrage (in Prozent) der die Koalitionen bildenden Parteien. Die dritte, fettgedruckte Zahl ist die daraus errechnete Zustimmung zu den Koalitionsoptionen bezogen auf die Anhängerschaft der beteiligten Parteien (in Prozent).

Quelle: eigene Berechnungen anhand von Zahlen der Forschungsgruppe Wahlen

Die Zahlen zeigen, dass die Koalitionspräferenzen der Parteien, wie sie in der Koalitionssignalmatrix dargestellt sind, von ihren Wählern weitgehend geteilt werden. Die größte Akzeptanz erfahren die beiden Wunschkoalitionen Schwarz-Gelb und Rot-Grün. Nachdem Rot-Grün im Vorfeld seiner erwarteten Abwahl im Jahre 2005 stark an Rückhalt verloren hatte, konnte sich die Option anschließend bei Werten von über 90 Prozent stabilisieren; die bürgerliche Koalition erfuhr die größte Zustimmung mit 100 Prozent (!) unmittelbar vor der Bundestagswahl 2005. Vor der Bundestagswahl 2009 lag ihr Wert nur bei 80 Prozent, unmittelbar nach der Wahl konnte sie mit den Akzeptanzwerten wieder zum rot-grünen Lager aufschließen.

Auf die erwartungsgemäß geringste Akzeptanz stieß lange Zeit ein Zusammengehen von Rot-Grün mit der Linkspartei, das nur von einer Minderheit der Wähler der drei Parteien unterstützt wurde. Die Quote lag seit 2006 recht stabil bei Werten zwischen 30 und 40 Prozent. Unmittelbar vor der Wahl 2009 hat allerdings eine vorauseilende koalitionspolitische Umorientierung der Parteianhänger diesen Wert auf 45 Prozent hochgetrieben. Wird die Option von den beteiligten Parteien künftig offen propagiert, könnte sie an Akzeptanz weiter gewinnen. Schon jetzt liegt Rot-Rot-Grün mit dem Jamaika-Bündnis gleichauf. Stieß dieses im unmittelbaren Nachgang der Bundestagswahl 2005 bei mehr als zwei Dritteln seiner Wähler auf Zuspruch, verflüchtigte sich die Euphorie seit Amtsantritt der Großen Koalition rasch (mit Werten um die 50 Prozent). Auch die zwischenzeitlich vorhandene Erwärmung (64 Prozent) für Schwarz-Grün sollte sich als vorübergehende Erscheinung erweisen (52 Prozent).

Etwas höhere Zustimmungswerte erfährt die Ampel-Koalition, die mit Blick auf die Positionen der eigenen Klientel insofern näher liegt als ein Jamaika-Bündnis; machtpolitisch bleibt sie freilich unwahrscheinlicher als dieses, solange die FDP weniger im Zugzwang ist, sich koalitionspolitisch zu öffnen als die Grünen. Den stärksten Rückhalt unter den lagerübergreifenden Bündnissen genießt die Große Koalition. Nach den Vorschusslorbeeren unmittelbar nach Amtsantritt, als 86 Prozent der Unions- und SPD-Wähler das Zusammengehen ihrer Parteien gut hießen, wurde die Zustimmung zwar bald schwächer und fiel Anfang 2008 sogar unter die 50-Prozent-Marke. Die im Zuge der Finanzkrise veränderte politische Großwetterlage könnte ein Grund sein, dass der Wert seit Ende 2008 aber wieder anstieg. Dass er kurz vor der Bundestagswahl auf 75 Prozent regelrecht hochschnellte, dürfte vor allem auf die Anhänger der SPD zurückzuführen sein, als ihnen die Aussichtslosigkeit der – ohnehin skeptisch beäugten – Ampel-Option bewusst wurde. Den Wählern war klar, dass die SPD auf verlorenem

Posten stand und mehr als die Fortsetzung der Großen Koalition für sie bei dieser Wahl nicht drin war.

Literatur

Best, Volker (2009), Die Strategie der kommunizierten Ehrlichkeit im CDU/CSU-Bundestagswahlkampf 2005, in: Zeitschrift für Parlamentsfragen 40 (3), S. 579-602.

Bräuninger, Thomas / Marc Debus (2008), Der Einfluss von Koalitionsaussagen, programmatischen Standpunkten und der Bundespolitik auf die Regierungsbildung in den deutschen Ländern, in: Politische Vierteljahresschrift 49 (2), S. 309-338.

Debus, Marc (2007), Pre-Electoral Alliances, Coalition Rejections, and Multiparty Governments, Baden-Baden.

Decker, Frank (2005), Die Zäsur, in: Berliner Republik 7 (6), S. 66-71.

Decker, Frank (2008), Ankunft im Vielparteienstaat, in: Berliner Republik 10 (2), S. 19-25.

Golder, Sona Nadenichek (2005), Pre-electoral Coalitions in Comparative Perspective: A Test of Existing Hypotheses, in: Electoral Studies 24 (4), S. 643-663.

Golder, Sona Nadenichek (2006), Pre-Electoral Coalition Formation in Parliamentary Democracies, in: British Journal of Political Science 36 (2), S. 193-212.

Goodin, Robert E. / Werner Güth / Rupert Sausgruber (2007), When to Coalesce: Early Versus Late Coalition Announcement in an Experimental Democracy, in: British Journal of Political Science 38 (1), S. 181-191.

Gschwend, Thomas / Marc Hooghe (2008), Should I Stay or Should I Go? An Experimental Study on Voter Responses to Pre-electoral Coalitions, in: European Journal of Political Research 47 (5), S. 556-577.

Hall, Peter A. / Rosemary C. R. Taylor (1996), Political Science and the Three New Institutionalisms, in: Political Studies 44 (5), S. 936-957.

Jesse, Eckhard (2007), Koalitionsaussagen der Parteien vor Bundestagswahlen, in: ders. / Eckart Klein (Hg.), Das Parteiensystem im wiedervereinigten Deutschland, Berlin, S. 85-96.

Jun, Uwe (1994), Koalitionsbildung in den deutschen Bundesländern. Theoretische Betrachtungen, Dokumentation und Analyse der Koalitionsbildung auf Länderebene seit 1949, Opladen.

Jun, Uwe (2007), Parteiensystem und Koalitionskonstellationen vor und nach der Bundestagswahl 2005, in: Frank Brettschneider / Oskar Niedermayer / Bernhard Weßels (Hg.), Die Bundestagswahl 2005, Wiesbaden, S. 491-515.

Korte, Karl-Rudolf (2009), Neue Qualität des Parteienwettbewerbs im „Superwahljahr", in: Aus Politik und Zeitgeschichte B 38, S. 3-8.

Kropp, Sabine (2008), Koalitionsregierungen, in: Oscar W. Gabriel / dies. (Hg.), Die EU-Staaten im Vergleich, 3. Aufl., Wiesbaden, S. 514-549.

Kropp, Sabine / Suzanne S. Schüttemeyer / Roland Sturm (2002), Koalitionen in West- und Osteuropa. Theoretische Überlegungen und Systematisierung des Vergleichs, in: dies. (Hg.), Koalitionen in West- und Osteuropa, Opladen, S. 7-41.

Laver, Michael / Kenneth A. Shepsle (1990), Coalitions and Cabinet Government, in: American Political Science Review 84 (3), S. 873-890.

Linhart, Eric (2007), Rationales Wählen als Reaktion auf Koalitionssignale am Beispiel der Bundestagswahl 2005, in: Politische Vierteljahresschrift 48 (3), 461-484.

Müller, Wolfgang C. (2004), Koalitionstheorien, in: Ludger Helms / Uwe Jun (Hg.), Politische Theorie und Regierungslehre, Frankfurt a.M. / New York, S. 266-301.

Nolte, Detlef (1988), Ist die Koalitionstheorie am Ende? Eine Bilanz nach 25 Jahren Koalitionsforschung, in: Politische Vierteljahresschrift 29 (2), S. 230-251.

Pappi, Franz Urban / Alexander Herzog / Ralf Schmitt (2006), Koalitionssignale und die Kombination von Erst- und Zweitstimme bei den Bundestagswahlen 1953 bis 2005, in: Zeitschrift für Parlamentsfragen 37 (3), 493-513.

Saalfeld, Thomas (2007), Parteien und Wahlen. Baden-Baden.

Schmidt, Manfred G., Hg. (1992), Die westlichen Länder, München (Lexikon der Politik, Bd. 3, hgg. von Dieter Nohlen).

Soell, Hartmut (2008), Helmut Schmidt. 1969 bis heute. Macht und Verantwortung, München.

C. Brauchen wir eine Änderung des Wahlrechts?

> „Das Heil der Demokratien, von welchem
> Typus und Rang sie immer seien, hängt von
> einer geringfügigen technischen Einzelheit ab:
> vom Wahlrecht. Alles andere ist sekundär."
>
> *José Ortega y Gasset*[1]

1. Bestimmungsgründe von Wahlsystemen und Wahlsystemreformen

Es gehört zu den politikwissenschaftlichen Binsenwahrheiten, dass zwischen den institutionellen Strukturen eines Regierungssystems und den Strukturen der Parteien bzw. des Parteiensystems eine enge Wechselbeziehung besteht. So wie die Parteien innerhalb der von der Verfassung konstituierten Staatsorgane wirken und deren Funktionieren prägen, so wirken die durch die Verfassung konstituierten Institutionen des Regierungssystems auf die Struktur und Funktionsweise des Parteiensystems zurück. Dies gilt insbesondere für die parlamentarischen Demokratien, deren – auf dem Gegenüber von regierender Mehrheit und Opposition basierende – Funktionslogik ohne ideologisch und organisatorisch festgefügte Parteien nicht vorstellbar wäre.

Entscheiden die institutionellen Grundmerkmale des Regierungssystems allgemein über die Funktion und den Stellenwert, den die Parteien im politischen Geschehen einnehmen, so geht der unmittelbarste Einfluss auf die Struktur des Parteiensystems vom Wahlsystem aus. Der älteren, überwiegend institutionalistisch geprägten Politikwissenschaft galt dieser Einfluss als geradezu mechanistisch, weshalb man ganz bestimmte Gesetzmäßigkeiten im Verhältnis von Wahl- und Parteiensystem identifizieren zu können glaubte (Duverger 1959). Spätere Erklärungen setzten demgegenüber eher historisch-soziologisch an, betrachteten die Parteien und Parteiensysteme als Produkt gesellschaftlicher Konflikt- und Spannungslinien. Die Entscheidung für dieses oder jenes Wahlsystem sei danach keineswegs zufällig erfolgt, sondern durch die *cleavages* präjudiziert worden.

---

[1] José Ortega y Gasset [1930], Der Aufstand der Massen, Hamburg 1956, S. 117.

Beide Erklärungsansätze sind verfehlt, soweit sie deterministisch argumentieren. So kann z.b. der institutionalistische Ansatz nicht erklären, weshalb ein und dasselbe Wahlsystem in verschiedenen Ländern oder zu verschiedenen Zeitpunkten unterschiedlich wirkt. Der soziologische Ansatz läuft wiederum Gefahr, den „cultural fit" von Wahlsystemen zu überschätzen, so als ob sich die regierenden Eliten bei deren Etablierung nur von hehren Prinzipien leiten ließen. Tatsächlich waren und sind es meistens ganz profane Gesichtspunkte des Machterhalts, die der Entscheidung für das eine oder andere System zugrunde liegen (Helms 2007: 46). Deshalb sollte man sich hüten, solche Entscheidungen nachträglich zu „überhöhen", also etwa das britische Mehrheitswahlrecht als Ausdruck einer besonderen „insularen Mehrheitskultur" zu betrachten, wie es gelegentlich geschieht.

Was für die ursprüngliche Etablierung der Wahlsysteme gilt, gilt auch für ihre Reform. „Wohl bei keiner anderen Gesetzgebung ist die jeweilige Parlamentsmehrheit so sehr in ihrem Eigeninteresse befangen wie bei der Wahlgesetzgebung, da es um die Basis ihrer eigenen Existenz als Mehrheit geht" (Meyer 1987: 265 f.). Hier – und nicht in ihrer vermeintlichen kulturellen Verwurzelung – liegt der Hauptgrund dafür, dass sich Wahlsysteme, wenn sie einmal Bestand haben, nur schwer verändern lassen. Entsprechend rar gesät sind die Länder, in denen es in der jüngeren Vergangenheit zu grundlegenden Reformen gekommen ist. Mit Japan, Italien und Neuseeland finden sich hierfür ganze drei Beispiele (Katz 2008). Zu dieser Gruppe hinzugesellen wird sich demnächst Großbritannien, wo die Konservativen als Preis für die Koalition mit den Liberaldemokraten nach der Unterhauswahl 2010 in eine Wahlrechtsreform einwilligen mussten – geplant ist die Einführung eines Präferenzstimmensystems nach australischem Vorbild. In den übrigen Fällen haben sich die Veränderungen auf marginale Korrekturen oder Nachjustierungen der vorhandenen Strukturen des Wahlsystems beschränkt (auch wenn die öffentlichen Reformdebatten mitunter breiter angelegt waren).

Die Etablierung des ursprünglichen Wahlsystems erfolgte fast immer im Einvernehmen der maßgeblichen politischen Kräfte (Gallagher 2008: 540). In den meisten Fällen war das bereits dadurch geboten, dass das Wahlsystem in der Verfassung festgeschrieben wurde. So halten es bis heute die Mehrzahl der Demokratien, während in einem kleineren Teil der Länder nur die elementaren Wahlrechtsprinzipien Verfassungsrang haben und das Wahlsystem selbst einfachgesetzlich geregelt ist.[2] Dass dies die Stabilität der Regelungen nicht beeinträchtigen muss, zeigt das Beispiel der Bundesrepublik.

Bei den Korrekturen und Nachjustierungen, die zum Teil gestalterische Absichten haben, zum Teil durch die Funktionsweise des Wahlsystems vorgegeben sind, hat man den Konsens dagegen des Öfteren verlassen. Den bekanntesten Fall eines manipulativen Eingriffs markiert bis heute das aus den USA geläufige *gerrymandering*, bei dem die jeweilige Mehrheit die rechtlich vorgeschriebene Neuzuschneidung von Wahlkreisen nach eigenem gusto vornimmt. In der Bundesrepublik würde dergleichen als „schlechter Stil" und Verstoß gegen die „parlamentarische Ehrenpflicht" gelten. Denn diese gebietet, „dass die Mehrheit die Minderheit nicht überfährt, dass sich alle Fraktionen um eine faire gemeinsame Lösung bemühen und dass die Gesetzesinitiative aus der Mitte des Bundestages kommt, also nicht der Exekutive überlassen wird" (Isensee 2010: 271).

Vor diesem Hintergrund mag es überraschend anmuten, dass die wenigsten der nach 1949 vorgenommenen Wahlrechtsänderungen auf einem breiten Konsens der kleinen und großen Parteien basierten (Jesse 1985: 98 ff.). Die Fraktionsgrenzen wurden bei den Abstimmungen allerdings häufig überschritten. So fand das Bundeswahlgesetz 1953 bei der oppositionellen SPD und der FDP weitestgehende Unterstützung, während ein beträchtlicher Teil der Unionsabgeordneten und der Deutschen Partei dagegen votierten bzw. sich der Stimme enthielten. Von wenigen Änderungen abgesehen, die in erster Linie das Umrechnungsverfahren betrafen, wurde an diesem Gesetz später nicht mehr gerüttelt. Nach der deutschen Vereinigung geriet lediglich die Grundmandatsklausel[3] kurzzeitig in die Diskussion, die der PDS 1994 den Einzug in den Bundestag sicherte, obwohl sie im Zweitstimmenergebnis unter fünf Prozent geblieben war. Union und FDP hätten diese Klausel mit ihrer Mehrheit leicht beseitigen können, verzichteten aber darauf. Neben Eigeninteressen (eine in Bayern unter die 40-Prozent-Marke

---

[2] Unter den westeuropäischen Ländern trifft das neben der Bundesrepublik auf Finnland, Frankreich, Griechenland, Großbritannien, Italien und Schweden zu. Auch in den deutschen Ländern sind die Wahlsysteme einfachgesetzlich geregelt. Die einzige Ausnahme bildet Rheinland-Pfalz, das die „mit der Personenwahl verbundene Verhältniswahl" in Art. 80 Abs. 1 seiner Verfassung festschreibt. In Hamburg ist das Wahlgesetz seit 2009 de facto konstitutionalisiert, da es laut Art. 6 Abs. 4 der Verfassung nur mit qualifizierter Mehrheit geändert werden kann.

[3] Die Grundmandatsklausel bestimmt, dass eine Partei, die drei Direktmandate gewinnt, von der Fünfprozentklausel ausgenommen ist. Sie wird damit im Verhältnis ihres Zweitstimmenanteils bei der Mandatsvergabe berücksichtigt. Bei den Bundestagswahlen 1949 und 1953 reichte sogar ein Mandat aus, bevor die Zahl 1956 auf drei erhöht wurde.

absinkende CSU wird irgendwann womöglich selbst auf die Regelung angewiesen sein) dürfte es in erster Linie der Geruch des Illegitimen gewesen sein, der sie
vor dem Vorhaben zurückschrecken ließ, denn eine Abschaffung der Klausel
wäre in der Öffentlichkeit wohl zu Recht als „lex PDS" interpretiert worden.

Abb. III.10   Änderungen des Wahlsystems zum Deutschen Bundestag

Jahr	Direkt-/ Listenmandate	Stimmen	Fünf- prozent- Klausel[1]	Grund- mandate	Verrech- nungs- ebene	Verrech- nungs- Verfahren
1949	60/40	1	Land	1	Land	d'Hondt
1953	*50/50*	2	*Bund*	1	Land	d'Hondt
1956	50/50	2	Bund	3	*Bund*	d'Hondt
1985	50/50	2	Bund	3	Bund	*Hare/ Niemeyer*
2008	50/50	2	Bund	3	Bund	*Sainte- Laguë/ Schepers*

[1] Bei der ersten gesamtdeutschen Wahl 1990 wurde die Fünfprozentklausel getrennt für
West- und Ostdeutschland (einschließlich Berlins) angewandt.

Quelle: Strohmeier 2009: 16.

Blickt man auf die Länderebene, ergibt sich ein ähnliches Bild. Auch hier wurden
die Reformen zum Teil konsensuell, zum Teil durch Mehrheitsbeschluss der Regierungsparteien herbeigeführt. Das Nein der Opposition basierte dabei in den
letztgenannten Fällen meistens nicht auf einer grundsätzlichen Absage an die
Reform, sondern darauf, dass man selbst noch weitergehende Vorstellungen
hegte oder mit einer bestimmten Teilregelung nicht einverstanden war. Etwas
anders lag der Fall bei dem Wahlgesetz, das 2006 von der Hamburger Bürgerschaft verabschiedet wurde. Hier stellte sich die CDU mit ihrer Mehrheit sowohl
gegen die beiden Oppositionsparteien SPD und Grüne als auch gegen die Bürger,
indem sie eine vom Volk zwei Jahre zuvor beschlossene Wahlrechtsreform in
wesentlichen Teilen rückgängig machte (Decker 2007). Der Regierung ging es
zwar nicht darum, sich selbst durch das neue Wahlgesetz einen unbilligen Machtvorteil zu verschaffen. Dennoch erinnerte ihr Vorgehen an die manipulative Praxis der Wahlrechtsreformen in anderen Ländern (etwa Italien oder Frankreich),
von der sich die Bundesrepublik bis dahin immer wohltuend abgehoben hatte.

2. Wahlrecht versus Wahlsystem

Die Begriffe Wahlrecht und Wahlsystem werden nicht nur im Alltagssprachge-
brauch, sondern auch in der Wissenschaft häufig synonym verwendet, obwohl
sie nicht dasselbe meinen. Der Begriff des Wahlrechts ist weiter gefasst als jener
des Wahlsystems. Er bezieht sich auf alle Normen, die die Wahlen von Amtsträ-
gern und Körperschaften regeln. Unter „Wahlen" sind in diesem Zusammenhang
erstens *staatliche* Wahlen zu verstehen (wobei die kommunale Ebene inbegriffen
ist). Der gesellschaftliche Bereich bleibt also ausgeklammert. Zweitens umfasst
der Begriff keine Wahlen, die von den Körperschaften vorgenommen werden
oder innerhalb dieser stattfinden; gemeint sind stets Wahlen *durch das Volk*.[4] Und
drittens bezieht sich der Begriff auf die Wahl von *Parteien oder Personen* und nicht
auf Sachabstimmungen; beide Formen der vom Volk ausgehenden Staatsgewalt
werden in Art. 20 Abs. 1 des Grundgesetzes ausdrücklich unterschieden.

Das Wahlrecht ist in der Verfassung, in Wahlgesetzen sowie in Wahlord-
nungen oder -satzungen verankert. In der Bundesrepublik schreibt die Verfassung nur bestimmte „Wahlrechtsgrundsätze" fest, die den demokratischen Charakter der Wahlen gewährleisten sollen. Gemäß Art. 38 Abs. 1 Satz 1 des Grundgesetzes sind dies die Allgemeinheit, Unmittelbarkeit, Freiheit, Gleichheit und
Geheimheit der Wahl. Während der Gleichheitsgrundsatz seine rechtlichen Implikationen vor allem mit Blick auf das Wahlsystem entfaltet (s.u.), beziehen sich
die wahlrechtlichen Auseinandersetzungen im engeren Sinne zumeist auf den
Grundsatz der Allgemeinheit. Dieser unterliegt mit Blick auf das Alter, den Bür-
gerstatus oder weitere Ausschlussgründe (Nicht-Sesshaftigkeit, Entmündigung,
Aberkennung des Wahlrechts aufgrund schwerer Straftaten) bestimmten Einschränkungen, die größtenteils in der Verfassung selbst enthalten sind und regelmäßig Debatten auslösen. In der Bundesrepublik entzünden sich diese z.B. an
der Forderung, das Wahlalter weiter zu senken oder den im Land lebenden
Nicht-Deutschen das Wahlrecht zumindest auf der kommunalen Ebene zuzuge-
stehen. Seit geraumer Zeit wird sogar für die Einführung eines Wahlrechts von
Geburt an gestritten, das Eltern anstelle ihrer Kinder treuhänderisch ausüben
müssten. Während die Befürworter des Vorschlags es für nicht akzeptabel halten,
dass rund ein Fünftel der Bevölkerung vom Wahlrecht ausgeschlossen ist, sehen

---

[4] Umstritten ist, ob darunter auch die den Wahlen vorausgehende Nominierung der Kandidaten fällt. Diese liegt in der Regel nicht in der Hand des Volkes, sondern der Parteien. Sie
bleibt aber insoweit den Bestimmungen des allgemeinen Wahlrechts unterworfen, als z.B.
nur deutsche Staatsbürger daran teilnehmen dürfen (im Unterschied zu den sonstigen
Parteiwahlen).

Kritiker in der Delegation der Stimmabgabe einen unzulässigen Verstoß gegen das Prinzip „one man, one vote". Darüber hinaus bezweifeln sie, ob ein Kinderwahlrecht überhaupt zielführend wäre. „Wer den politischen Einfluss der Familie steigern will, muss dies über eine bessere Familienpolitik tun. Man kann die Gleichberechtigung der Frau ja auch nicht mit dem Argument befördern wollen, ihr (vorübergehend) ein größeres Stimmrecht zu gewähren" (Jesse 2003: 9).

Dass die Wahlrechtsgrundsätze in einem Spannungsverhältnis zueinander stehen, zeigt sich auch am Beispiel der 1956 in das Wahlgesetz eingeführten Briefwahl. Diese nimmt Einschränkungen bei der Geheimheit und Freiheit der Wahl in Kauf, um erkrankten oder am Wahltag sonstwie verhinderten Bürgern die Stimmabgabe zu ermöglichen. Nachdem das Bundesverfassungsgericht zunächst strenge Voraussetzungen an die Briefwahl geknüpft hatte[5], wurden die Bedingungen später gelockert und die im Gesetz vorgesehene Begründungspflicht 2008 sogar ganz beseitigt. Mittlerweile liegt die Quote der Briefwähler so hoch (21,4 Prozent bei der Bundestagswahl 2009), dass von einer eng begrenzten Ausnahme keine Rede mehr sein kann.

Einen noch viel weitergehenden Versuch, der Allgemeinheit der Wahl Geltung zu verschaffen, stellt die gelegentlich geforderte Einführung einer Wahlpflicht dar. Eine rechtlich verankerte Wahlpflicht kennen heute nur noch wenige Staaten (in Europa Belgien, Griechenland, Luxemburg und – abgeschwächt – Italien). Manche Verfassungsrechtler bezweifeln, ob sie mit der Freiheit der Wahl überhaupt vereinbar wäre, zu der auch die Freiheit gehöre, nicht zu wählen. Selbst wenn man die Verfassungsmäßigkeit unterstellt, erscheint die Debatte müßig, da sich die nachträgliche Einführung einer Wahlpflicht vor dem Hintergrund der deutschen Verfassungstradition schwerlich legitimieren ließe. Umso merkwürdiger ist, dass eine vergleichsweise einfache und rechtlich unproblematische Möglichkeit, die Menschen an die Wahlurne zu bringen, hierzulande kaum Beachtung findet: die Verlängerung der Öffnungszeiten der Wahllokale.[6] Wenn die Wahlbeteiligung sinkt und immer weniger Bürger das Wählengehen als staatsbürgerliche Pflicht empfinden, macht es keinen Sinn, an der überkommenen

---

[5] BVerfGE 21, 200.

[6] Der frühere Verfassungsrichter Ernst Gottfried Mahrenholz hält die heutige Regelung sogar für verfassungswidrig. Dass sein Vorstoß für längere Öffnungszeiten ausgerechnet von Matthias Jung zurückgewiesen wurde, dürfte kein Zufall sein. Jung ist als Leiter der Forschungsgruppe Wahlen für die Wahlberichterstattung des ZDF zuständig, die bei einer Verlängerung der Öffnungszeit an den Wahlabenden um mehrere Stunden nach hinten verlegt werden müsste. „Keine längeren Öffnungszeiten für Wahllokale", in: Handelsblatt vom 13. August 2002.

Tradition festzuhalten, diese schon um 18 Uhr zu schließen. Die Bundesrepublik könnte sich hier an ihren Nachbarländern ein Beispiel nehmen, wo die Wahllokale zum Teil bis in die späten Abendstunden geöffnet bleiben.

Nachdem die Anerkennung des allgemeinen, unmittelbaren, gleichen, freien und geheimen Wahlrechts in den westlichen Industrieländern erfolgt war[7], begann sich die Wahlrechtsdiskussion zunehmend auf das Wahlsystem zu verlagern. Als Teil des umfassenderen Wahlrechts beschreibt dieses den Modus, nach dem „die Wähler ihre Partei- und / oder Kandidatenpräferenz in Stimmen ausdrücken und diese in Mandate übertragen werden. […] Wahlsysteme regeln diesen Prozess durch Festlegung der Wahlkreiseinteilung, der Wahlbewerbung, der Stimmgebung und der Stimmenverrechnung" (Nohlen 2009a: 61). Damit gewinnen sie eine zentrale Bedeutung bei der Allokation politischer Macht.

Strittig ist, welche Rolle den allgemeinen Wahlrechtsgrundsätzen für die Ausgestaltung der Wahlsysteme zukommt. Mit Blick auf die Spruchpraxis des Bundesverfassungsgerichts kritisiert Dieter Nohlen (2009b: 182 ff.), dass die Auslegung dieser Grundsätze bisweilen dogmatisch gerate und funktionale Aspekte der Wahlsystemgestaltung weitgehend ausblende. So sei es etwa falsch, ein Verhältniswahlsystem einseitig am gleichen Erfolgswert der Stimmen zu messen, wie es das Gericht in seinem Urteil zum „negativen Stimmgewicht" getan habe (s.u.). Die systemische Gestaltungsfreiheit darf aber nicht zu dem ebenso falschen Schluss verleiten, dass die Wahlrechtsregelungen dem Zugriff der Verfassung beliebig entzogen werden könnten. Wenn dem so wäre, müsste z.b. ein Wahlsystem, das der relativ stärksten Partei automatisch die absolute Mehrheit der Sitze zuspricht, als verfassungsrechtlich völlig unbedenklich gelten. Dagegen spricht aber bereits der Umstand, dass laut Grundgesetz die Abgeordneten des Deutschen Bundestages zu „wählen" sind (Meyer 2010: 18).

Überdehnt wird der Wahlsystembegriff, wenn man ihn für Aspekte verwendet, die eigentlich die Struktur des Regierungssystems betreffen (so z.B. Katz 2008: 59). In präsidentiellen Demokratien ist er sinnvollerweise auf beide Zweige der Regierung zu beziehen – Parlament und Präsident –, im parlamentarischen System, wo die Regierung aus dem Parlament hervorgeht, nur auf die Parlamentswahlen (einschließlich der Zweiten Kammer, wenn diese ebenfalls direkt gewählt wird). Beim Wahlverfahren des vom parlamentarisch verantwortlichen

---

[7] Nimmt man die Einführung des allgemeinen Frauenwahlrechts als Gradmesser, war dieser Prozess in den meisten Ländern seit den zwanziger Jahren abgeschlossen. Nur in einigen romanischen bzw. katholisch geprägten Ländern (Frankreich, Italien, Belgien) erhielten die Frauen das Wahlrecht erst nach dem Zweiten Weltkrieg, in der Schweiz sogar erst 1971 (Nohlen 2009a: 43 ff.).

Regierungschef abgetrennten Staatsoberhauptes handelt es sich demgegenüber um eine Frage der Regierungsform. Dasselbe gilt – bezogen auf die Bundesrepublik – für die von manchen geforderte Volkswahl der Länderministerpräsidenten und die bereits erfolgte Einführung der Bürgermeisterdirektwahl in den Kommunen, die gleichbedeutend ist mit einem Systemwechsel vom Parlamentarismus zum Präsidentialismus (von Arnim 2009: 206 f.).

3. *Typologische Unterscheidung, historische Entwicklung und Bewertungsmaßstäbe der Wahlsysteme*

Die Vielfalt der Wahlsysteme in den demokratisch verfassten Staaten ist schier unbegrenzt. Durch Verfassungsgebungen in den neuen und Reformen in den alten Demokratien hat sie in den letzten Jahrzehnten noch zugenommen. Dessen ungeachtet lassen sich die Systeme weiterhin auf zwei Grundtypen zurückführen, die die Wahlrechtsdiskussion seit der Mitte des 19. Jahrhunderts begleiten. So wie in der Typologie der Regierungssysteme die parlamentarische und präsidentielle Regierungsform voneinander unterschieden werden, so stehen sich in der Typologie der Wahlsysteme die Mehrheits- und Verhältniswahl als Antipoden gegenüber.

Es hat sich heute der Vorschlag von Nohlen (2009a: 140 ff.) weitgehend durchgesetzt, die Unterscheidung der Grundtypen an zwei Kriterien festzumachen: der Entscheidungsregel und dem Repräsentationsprinzip. Die Entscheidungsregel bezieht sich auf die Art und Weise, wie Stimmen in Mandate umgesetzt werden. Bei der Mehrheitswahl gewinnt das Mandat derjenige Kandidat oder diejenige Partei mit der vorgeschriebenen Stimmen*mehrheit*, bei der Verhältniswahl richtet sich die Vergabe nach dem Stimmen*anteil*, den Kandidat oder Partei erzielen. Für das Repräsentationsprinzip ist die Zielvorstellung des Wahlsystems maßgebend. Die Mehrheitswahl möchte zu einer möglichst reibungslosen und klaren parlamentarischen Mehrheitsbildung beitragen – „und zwar gerade dann, wenn keine Wählermehrheit vorhanden ist" (Meyer 1987: 261). Das Verhältniswahlsystem strebt demgegenüber eine möglichst getreue Abbildung der sozialen und politischen Kräfteverhältnisse im Parlament an. „Stimmenanteile und Mandatsanteile sollen sich in etwa entsprechen" (Nohlen 2009a: 142).

So eindeutig die Grundunterscheidung ausfällt, so schwierig gestaltet sich die typologische Verortung der tatsächlich vorfindbaren Wahlsysteme. Nicht nur, dass die Entscheidungsregeln in keiner festen Beziehung zum Repräsentationsziel stehen, auch untereinander lassen sie sich auf vielfältige, fast beliebige Weise kombinieren. In der Bundesrepublik wird z.b. die Hälfte der Sitze des Bundestages nach den Regeln der relativen Mehrheitswahl vergeben; dennoch handelt es sich, wenn man vom Repräsentationsprinzip ausgeht, um ein Verhältniswahlsystem. Andererseits kann es Wahlsysteme geben, wo in Mehrpersonenwahlkreisen nach den Regeln der Verhältniswahl gewählt wird. Die Proportionalität richtet sich dabei nach der Wahlkreisgröße: Je weniger Mandate zu verteilen sind, umso stärker werden die großen Parteien begünstigt. Diese Systeme tendieren folglich in Richtung Mehrheitswahl (Schoen 2005: 586 f.).

Aus der Unübersichtlichkeit lassen sich unterschiedliche Konsequenzen ziehen. Man könnte z.b. eine Abstufung der Systeme anhand der Proportionalität / Disproportionalität zwischen Stimmen- und Mandatsanteil vornehmen. Die Wahlsysteme würden dann ein Kontinuum bilden, das die Bildung von speziellen Untertypen innerhalb der Grundformen Mehrheits- und Verhältniswahl entbehrlich macht (Meyer 1987: 261). Sinnvoller erscheint der von Nohlen eingeschlagene Weg. Er sieht vor, bei der Typenbildung zwischen Repräsentationsprinzip und Entscheidungsregeln zu differenzieren. Die Grundunterscheidung von Mehrheits- und Verhältniswahl orientiert sich am Repräsentationsziel, während die Bildung der Untertypen anhand der Entscheidungsregeln erfolgt. Anknüpfend an diesen Vorschlag hat Klaus Poier (2009a: 53 ff.) jeweils sechs Varianten der Mehrheits- und Verhältniswahl unterschieden. Unter die Mehrheitswahlsysteme fallen danach

- die relative Mehrheitswahl
- die absolute Mehrheitswahl
- die Mehrheitswahl in Mehrpersonenwahlkreisen mit Minderheitenvertretung (einschließlich des Systems der „nicht übertragbaren Einzelstimme")
- die Verhältniswahl in kleinen Wahlkreisen
- die Mehrheitswahl mit proportionaler Zusatzliste (Graben- / Parallelsystem)
- das Verhältniswahlsystem mit Mehrheitsprämie

Zu den Verhältniswahlsystemen sind zu rechnen
- die Verhältniswahl in Mehrpersonenwahlkreisen
- die übertragbare Einzelstimmgebung (*single transferable vote*) [8]
- die kompensatorische Verhältniswahl (ein Teil der Mandate wird nach dem Mehrheitsprinzip in Einerwahlkreisen vergeben)

---

[8] Dieses Verfahren wird in Irland angewandt. Nohlen (2009a: 213) ordnet es dort aufgrund der geringen Größe der Mehrpersonenwahlkreise der Mehrheitswahl zu, obwohl die Mandate in den Wahlkreisen selbst nach Proporz vergeben werden.

- die personalisierte Verhältniswahl
- die Verhältniswahl in einem Wahlkreis mit Sperrklausel
- die reine Verhältniswahl

Abb. III.11   Wahlsysteme in Europa

Mehrheitswahlsysteme	**7**	
relative Mehrheitswahl	1	Großbritannien
absolute Mehrheitswahl	2	Frankreich, Weißrussland
Verhältniswahl in kleinen Wahlkreisen	2	Irland, Malta
Mehrheitswahl mit proportionaler Zusatzliste		Italien (1993 bis 2005)
Verhältniswahl mit Mehrheitsprämie	2	Griechenland, Italien (seit 2005)
paritätische Grabensysteme	**1**	Litauen, Russland (1993 bis 2003)
Verhältniswahlsysteme	**32**	
Verhältniswahl in Mehrpersonenwahlkreisen	19	Belgien, Bosnien-Herzegowina, Bulgarien, Estland, Finnland, Island, Kroatien, Lettland, Luxemburg, Mazedonien, Norwegen, Polen, Portugal, Rumänien, Schweden, Schweiz, Slowenien, Spanien, Tschechien
kompensatorische Verhältniswahl	2	Albanien, Ungarn
personalisierte Verhältniswahl	1	Deutschland
Verhältniswahl in einem Wahlkreis mit Sperrklausel	9	Dänemark, Moldova, Montenegro, Österreich, Russland (seit 2003), Serbien, Slowakei, Ukraine, Zypern
reine Verhältniswahl	1	Niederlande

Quelle: Poier 2009a: 67, modifizierte Darstellung.

Die Tabelle zeigt, dass in Europa die Verhältniswahlsysteme klar dominieren (32 von 40 Ländern). Unter diesen ziehen wiederum die meisten Länder (19) die Verhältniswahl in Mehrpersonenwahlkreisen vor.

Ein Vorteil der Einteilung gegenüber anderen Typologisierungsversuchen liegt darin, dass sie keine Mischtypen enthält. Nohlen (2009a: 180) räumt zwar die Existenz einer Grauzone ein, in der sich die Mehrheits- und Verhältniswahlsysteme in ihrer Funktionsweise stark annähern bzw. überlappen. Ein richtiggehender Mischtypus läge allerdings nur bei einem strikt paritätischen Grabensystem vor, das die Mandate jeweils zur Hälfte nach den Regeln der relativen Mehrheitswahl und den Regeln der Verhältniswahl vergibt (mit oder ohne Sperrklausel). Ein solches System besteht gegenwärtig in Litauen; manche würden es sich am liebsten auch für die Bundesrepublik herbeiwünschen (s.u.).

Der Streit, welches Wahlsystem das bessere ist, ist so alt wie die Wahlsysteme selbst. Genauer gesagt durchzieht er die Wahlrechtsdiskussion, nachdem ab Mitte des 19. Jahrhunderts die Mehrheitswahl in Europa durch die Verhältniswahl sukzessive verdrängt wurde. Die Entscheidung nach der Mehrheit im Wahlkreis oder Wahlkörper war in Großbritannien bereits vor der Durchsetzung des allgemeinen und gleichen Wahlrechts etabliert. Ihre ursprüngliche Bestimmung lag darin, die verschiedenen lokalen Einheiten, zu denen neben den Grafschaften und *boroughs* auch die Universitäten gehörten, im Parlament zu vertreten. Mit dem Zusammenschluss der Abgeordneten zu Fraktionen und der Entstehung des Parteiwesens verlor der lokale Bezug an Bedeutung. Indem die politischen Ideen und Interessen über die Wahlkreise hinaustraten, spielten diese als Einheiten fortan nur noch eine untergeordnete Rolle. „Nicht mehr das Reich oder Land in seinen Gliederungen, sondern die Bevölkerung in ihren Interessen und Gesinnungen sollte nun repräsentiert werden oder sich selber repräsentieren" (Sternberger 1969: XI).

Der Demokratisierungsprozess führte dazu, dass mit der Ausbreitung des allgemeinen und gleichen Wahlrechts auch die Mehrheitswahl unter Rechtfertigungsdruck geriet. Im Zuge dieser Entwicklung konnte sich das vermeintlich demokratischere Verhältniswahlsystem in fast allen europäischen Ländern durchsetzen. Wo der Übergang früh gelang – wie in Dänemark (1855), Belgien (1899) und einigen Schweizer Kantonen –, diente die Verhältniswahl vorrangig dazu, eine angemessene Repräsentation von ethnischen, sprachlichen oder konfessionellen Minderheiten zu gewährleisten. Für ihre weitere Ausbreitung waren dagegen eher Macht- und Interessenkalküle verantwortlich. Die bürgerlichkonservativen Eliten hatten die Mehrheitswahl solange geschätzt, wie sie ein Bollwerk gegen die aufstrebende Arbeiterbewegung darstellte. Als diese einen

immer größeren Massenanhang gewann, mussten sie jedoch fürchten, dass sich
das Prinzip irgendwann gegen sie selbst kehren könnte. Die Verhältniswahl erschien ihnen deshalb als erstrebenswerte Option, um möglichst viel an eigenem
politischen Einfluss zu bewahren (Rokkan 1970: 147 ff.).

Dass von dieser Entwicklung ausgerechnet Großbritannien ausgenommen
blieb[9], ist eine besondere Ironie – immerhin hatte die Verhältniswahl dort seit
Mitte des 19. Jahrhunderts in Thomas Hare (*„A Treatise on the Election of Repre-
sentatives, Parliamentary and Municipal"*, 1859) und John Stuart Mill (*„Considera-
tions on Representative Government"*, 1861) gewichtige intellektuelle Fürsprecher.
Unter dem Druck der Demokratisierung und nachdem sich seine ursprüngliche
Bestimmung verloren hatte, bedurfte das Mehrheitswahlsystem von nun an freilich einer neuen Begründung: Anstelle der Repräsentation lokaler Einheiten trat
die Funktion der Mehrheitsbildung bzw. genauer: die Ermöglichung der Regierungsmehrheit einer einzelnen Partei (Meyer 2010: 5 ff.). Indem sie die Chancen,
ein Mandat zur erringen, im Idealfall auf zwei Parteien verkürzte, die sich in der
Übernahme der Regierung gegenseitig ablösen sollten, wurde die Mehrheitswahl
zum integralen Bestandteil des parlamentarischen „Westminster-Modells". Als
Kolonialmacht gelang es den Briten, dieses Modell in zahlreiche Staaten zu ex-
portieren, in denen es größtenteils bis heute Bestand hat (Poier 2009a: 68 ff.).

Die normative Debatte um die jeweiligen Vorzüge und Nachteile der Mehr-
heits- und Verhältniswahl ist weitgehend gleichbedeutend mit der Debatte, die
heute in der Politikwissenschaft um die Vorteile und Nachteile der Mehrheits-
und Konsensdemokratie geführt wird. Damit unterliegt sie auch denselben Begrenzungen. Ob der Kreation stabiler, alternierender Regierungen oder der politischen Repräsentation möglichst aller gesellschaftlichen Kräfte Vorrang gebüh-
ren soll, lässt sich auf der abstrakten Ebene letztlich nicht entscheiden. „Ganz
allgemein gesprochen gibt es gute Argumente sowohl für die Mehrheitswahl als
auch für die Verhältniswahl. Die Kontroverse zwischen denen, die für die Mehr-

---

[9] Der Grund liegt auch hier in der Macht- und Interessenkonstellation. Das vollständige
Zweiparteiensystem, das sich im 19. Jahrhundert herausgebildet hatte, bedeutete erstens,
dass die Konservative Partei in Großbritannien stärker war als in anderen europäischen
Ländern. Deshalb konnte sie davon ausgehen, ihre Position auch bei einer Beibehaltung des
Mehrheitswahlrechts zu behaupten. Zweitens fanden sich die Liberalen nicht bereit, zusammen mit der Labour Party geschlossen für eine Wahlrechtsreform einzutreten, solange
sie bei den Wahlen besser abschnitten als diese (was bis 1922 der Fall war). Und drittens
hatte Labour keine Probleme mehr, das bestehende Wahlsystem gemeinsam mit den Konservativen gegen die Liberalen zu verteidigen, als es selbst zur zweitstärksten Kraft aufgestiegen und damit ein Teil des „Machtduopols" geworden war.

heitswahl plädieren, und jenen, die der Verhältniswahl anhängen, wird deshalb niemals enden" (Nohlen 2009a: 157).

Dass die Anhänger der Mehrheitswahl in dieser Debatte einen schwereren Stand haben, mag zwar richtig sein. Von einem allgemeinen Trend in Richtung Verhältniswahl kann aber, wenn man die jüngere Entwicklung betrachtet, keine Rede sein. Zum einen entwickeln die Wahlsysteme – wie gesehen – eine hohe Bestandskraft, sodass grundlegende Änderungen ohnehin nur selten vorkommen. Zum anderen deuten die stattgefundenen Reformen eher auf eine Konvergenz hin – mit einer wachsenden Attraktivität „gemischter" Systeme. So wie die Mehrheitswahl in einer Reihe von Ländern um Elemente der Verhältniswahl angereichert worden ist, so haben viele der bestehenden Verhältniswahlsysteme Elemente der Mehrheitswahl in sich aufgenommen (Dunleavy / Margetts 1995).

Die Vorzüge des „mehrheitsbildenden" Wahlrechts haben an normativer Relevanz also offenbar nichts eingebüßt. Sie gründen vor allem darauf, dass durch die Erzeugung einfarbiger Regierungsmehrheiten die Parlamentswahl mit der Wahl der Regierung verkoppelt wird. Der Wähler hat maximalen Einfluss, da er über die Grundrichtung der Politik unmittelbar entscheidet. Gleichzeitig gestattet das System die klare Zuweisung von Verantwortung: Die amtierende Regierung kann komplett abgewählt und durch eine neue ersetzt werden. Dieser demokratische Mehrwert lässt sich nicht mit dem Argument wegwischen, im parlamentarischen System obliege die Regierungsbildung dem Parlament (so aber Meyer 2010: 19 ff.). Denn im Unterschied zum gewaltentrennenden präsidentiellen System, in dem die Exekutivspitze unabhängig von der Legislative gewählt wird, beruht ja die Funktionslogik des parlamentarischen Systems gerade auf der Fusion von Regierung und parlamentarischer Mehrheit. Die Entscheidung, wer die parlamentarische Mehrheit bilden soll, kann deshalb nicht vom Wählerwillen losgelöst werden. Genau diese Gefahr besteht aber, wenn in einem Vielparteiensystem die Parteien bzw. Parteiführungen bei der Koalitions- und Regierungsbildung praktisch autonom sind. Die Mehrheitswahl würde dem einen Riegel vorschieben. Ihre Befürworter halten sie darum auf der parlamentarischen Entscheidungs- und Regierungsebene für gerechter als die Verhältniswahl, die ihren Vorteil nur auf der – als nachrangig zu betrachtenden – Repräsentationsebene entfalte (Strohmeier 2006, Hartleb 2009).

Wenn die normativen Grundpositionen in der Auseinandersetzung um die optimale Ausgestaltung der Wahlsysteme wirksam bleiben, heißt das nicht, dass sie die Reformprozesse direkt beeinflussen. Ein erhöhter Spielraum ergibt sich allenfalls in Phasen des Regimewechsels, wenn Wahlgesetze ganz neu geschaffen werden müssen – wie in Mittelosteuropa nach dem Zusammenbruch des Kommunismus. Ansonsten lässt die Pfadabhängigkeit Änderungen zumeist nur im Rahmen der vorhandenen Grundstruktur zu. Die Entscheidung, welches System das Beste ist, bleibt insofern kontextgebunden. Sie hängt weniger von der Präferenz für den einen oder anderen Grundtyp ab als davon, ob die Wahlsysteme die Funktionserwartungen erfüllen, die in einer gegebenen Situation an sie gerichtet werden. Maßgeblich dafür sind die jeweiligen gesellschaftlichen und politischen Bedingungen, also z.b. die Homogenität der Konfliktstruktur, die Fragmentierung und Polarisierung des Parteiensystems, die wahlgeografische Verteilung der Wählerstimmen oder die Verhaltensmuster der politischen Eliten.

Geht man von einer historisch-empirischen Betrachtung aus, die diese Kontextbedingungen berücksichtigt, lassen sich mit Nohlen (2009a: 169 ff.) vier allgemeine Funktionserwartungen an ein Wahlsystem identifizieren:[10]

Repräsentation. Ein Wahlsystem muss einerseits dafür Sorge tragen, dass die in der Gesellschaft vorhandenen Meinungen und Interessen im Parlament annähernd spiegelbildlich vertreten sind (Proportionalität). Zum anderen sollte es benachteiligten Gruppen wie den Frauen und strukturellen Minderheiten eine faire Repräsentation gewähren. Auch Fachleute sollten in ausreichender Zahl vertreten sein.

Konzentration / Regierungsfähigkeit. Ein Wahlsystem muss die Bildung einer regierungsfähigen Mehrheit ermöglichen (was Minderheitsregierungen durchaus mit einschließt). Dazu gilt es die Zahl der Parteien, die Mandate erhalten und im Parlament vertreten sind, im Vergleich zu den zur Wahl angetretenen Parteien zu reduzieren (Disproportionalität). Die Regierungsstabilität kann an der durchschnittlichen Lebensdauer der Kabinette sowie der Häufigkeit vorgezogener Neuwahlen gemessen werden.

Partizipation / Personalisierung. Ein Wahlsystem muss dem Wähler die Möglichkeit geben, einerseits auf die parteipolitische Zusammensetzung der Regierung und andererseits auf die personelle Zusammensetzung der Parlamente Einfluss zu nehmen. Letzteres führt zu einer Stärkung der „gelebten" Verbindung zwischen Wählern und Gewählten, die sich auch auf die Funktionsweise des Parlamentarismus auswirkt (indem es die Abgeordneten im Verhältnis zu ihrer Partei unabhängiger macht). Ein Wahlsystem sollte außerdem dazu beitragen, dass die Bürger zur Wahl ermuntert werden (Wahlbeteiligung).

---

[10] Mit der Legitimität nennt Nohlen noch eine fünfte Funktion, die sich auf die allgemeine Akzeptanz der Wahlergebnisse und des Wahlsystems bezieht. Dies erscheint jedoch entbehrlich, da die anderen Funktionen das Kriterium im Grunde mit einschließen. Für einen ähnlich angelegten Katalog, der die Bewertungskriterien noch stärker aufschlüsselt, vgl. Poier 2009b: 274 ff.

Einfachheit / Transparenz. Ein Wahlsystem muss so konstruiert sein, dass es für alle verständlich ist. Die Wähler müssen nachvollziehen können, was mit ihren Stimmen geschieht. Diese dürfen sich also nicht zufallsbedingt anders auswirken als intendiert. Ein zu kompliziertes Wahlsystem kann auf die Wahlbeteiligung drücken und / oder zu einer unangemessen hohen Zahl ungültiger Stimmen führen.

Nohlen (ebd.) betrachtet die vier Funktionen nicht als gleichgewichtig. Repräsentation, Konzentration und Partizipation bilden für ihn die Kernfunktionen, während die Einfachheit eine Randfunktion darstellt. Die Schwierigkeit der Wahlsystemgestaltung liegt darin, dass nicht alle Funktionen gleichzeitig voll erfüllt werden können. So wie zwischen der Repräsentations- und Konzentrationsfunktion ein *trade off* besteht, so geht ein Mehr an Partizipation häufig zu Lasten der Einfachheit (und umgekehrt). Deshalb kommt es darauf an, die verschiedenen Anforderungen in ein möglichst ausgewogenes Verhältnis zu bringen. Dabei kann es – je nach Kontext – durchaus geboten sein, die eine oder andere Funktion stärker zu betonen.

4.   Das personalisierte Verhältniswahlsystem als beste aller Welten?

Schwierig wird es, wenn ein Wahlsystem in allen vier Bereichen Funktionsstörungen aufweist. Dies kennzeichnet in gewisser Weise die aktuelle Situation in der Bundesrepublik. Das deutsche Wahlsystem wurde in der internationalen Literatur lange Zeit als vorbildlich gerühmt, weil es die Kernfunktionen der Repräsentation, Konzentration und Partizipation scheinbar optimal verband (Shugart / Wattenberg 2001). Während die Grundstruktur der Verhältniswahl dem Repräsentationsziel Rechnung trug, sorgte die Fünf-Prozent-Sperrklausel für eine hohe Konzentrationswirkung, die die Regierungsstabilität sicherstellte. Auf der anderen Seite bewirkte das Zweistimmensystem eine Verknüpfung von Parteien- und Personenwahl, die von den Wählern – durch das Aufsplitten der Stimmen – zugleich strategisch genutzt werden konnte (Capoccia 2002).

Auch wenn das positive Urteil zum Teil auf Fehlwahrnehmungen beruhte[11] und in einem auffälligen Missverhältnis zur Bereitschaft stand, die personalisierte

---

[11] Das populärste Missverständnis liegt in der Kategorisierung des deutschen Wahlsystems als „Mischsystem". Leider wird dieser verwirrende Sprachgebrauch, der die Verbindung von Personen- und Parteienwahl mit dem – ausschließlich der Verhältniswahl verpflichteten – Repräsentationsziel verwechselt, auch in der deutschen Literatur gepflegt (z.B. Pappi / Herrmann 2010: 270 f.).

Verhältniswahl in anderen Ländern tatsächlich einzuführen (Grotz 2009a: 87), haben es hierzulande viele gerne übernommen. In den fünfziger und sechziger Jahren hatte die Bundesrepublik noch eine anhaltende Debatte erlebt, ob man das bestehende Verhältniswahlrecht nicht besser durch ein mehrheitsbildendes Wahlsystem ersetze. Von der relativen Mehrheitswahl über das Grabenwahlsystem bis hin zur Wahl in Dreier- oder Viererwahlkreisen wurden dabei alle möglichen Varianten erörtert und durchgespielt (Jesse 1985: 144 ff.).[12] In greifbare Nähe rückte die Einführung eines Mehrheitswahlrechts nach Bildung der Großen Koalition im Jahre 1966. Erst nachdem die SPD von diesem Vorhaben 1969 endgültig abrückte, kehrte Ruhe an der Wahlrechtsfront ein. In der Wissenschaft wurde zwar weiter Kritik laut – etwa an den zu geringen personellen Auswahlmöglichkeiten oder der ungenügenden Transparenz des Zweistimmensystems. Ernsthafte Bestrebungen, an der Grundstruktur der personalisierten Verhältniswahl zu rütteln, gab es jedoch ab diesem Zeitpunkt nicht mehr.

Ins Gerede kam das Wahlrecht erst wieder nach der deutschen Einheit. Diese markierte in der Entwicklung des Parteiensystems eine tiefgreifende Zäsur, die das bis dahin problemlos funktionierende Wahlsystem auf die Probe stellte. Einerseits führte sie zu einer wachsenden Fragmentierung: Die bipolare Vierparteienstruktur, die sich in den achtziger Jahren herausgebildet hatte, wurde durch das Hinzutreten der ostdeutschen PDS zunächst zu einer Viereinhalbparteienstruktur erweitert, aus der nach Gründung der gesamtdeutschen Linken 2005 schließlich das heutige Fünfparteiensystem hervortrat. Hinzu kamen Fragmentierungstendenzen im rechten politischen Spektrum, die sich schon in der alten Bundesrepublik angebahnt hatten. Andererseits – und damit verbunden – entwickelte sich das Parteiensystem in territorialer Hinsicht auseinander. Im Osten erreichte die PDS allmählich dasselbe Niveau wie Union und SPD; im Westen blieb es bei der vertrauten Struktur von zwei (nicht mehr ganz so großen) Volksparteien und zwei (größer gewordenen) kleinen Parteien, zu denen sich jetzt die Linke als weitere Kraft hinzugesellte.

Die Folgen der nach 1990 eingetretenen Veränderungen zeigen sich *erstens* auf der Repräsentationsebene. Hatte die personalisierte Verhältniswahl bis dahin eine sehr hohe Übereinstimmung zwischen Stimmen- und Mandatsanteilen be-

---

[12] Am kuriosesten geriet dabei der Vorschlag von Ferdinand Hermens und Helmut Unkelbach (1967). Er sah vor, die Sitzverteilung so zu berechnen, dass man von den erreichten Verhältnisstimmen jeweils die dritte Potenz bildete („kubisches Wahlsystem"). Damit würde ein ähnlicher Effekt eintreten wie bei der relativen Mehrheitswahl. Dolf Sternberger, der selber ein Anhänger des Mehrheitswahlrechts war, apostrophierte diesen Vorschlag als „Wahnsystem" (Jesse 1985: 184 ff.).

wirkt, so fielen nun immer mehr Stimmen der Fünfprozenthürde zum Opfer. Gleichzeitig nahm die Zahl der Überhangmandate zu, die vor der Einheit nur sporadisch angefallen waren. Während um die Überhangmandate in der Folge ein heftiger Streit entbrannte (s.u.), blieben Vorstöße von Grünen und PDS für eine Abschaffung bzw. Absenkung der Sperrklausel erfolglos. Die prinzipiellen demokratietheoretischen Einwände gegen die künstliche Hürde werden durch den wachsenden Anteil der nicht repräsentierten Stimmen jedoch gestützt. Wenn der Wahlakt die wichtigste Form der politischen Partizipation darstellt, sollte das Wahlrecht so konstruiert sein, dass möglichst jede Stimme zählt! Eckhard Jesse (1985: 258 f.) hat deshalb schon vor Jahren den bedenkenswerten Vorschlag gemacht, dem Wähler eine zusätzliche „Nebenstimme" zu geben. Diese würde wirksam, wenn die Partei, für die er mit der Hauptstimme votiert, unter fünf Prozent bleibt.

Die eigentliche Bestimmung der Sperrklausel wäre durch die Einführung einer Nebenstimme nicht tangiert. Sie besteht darin, für eine angemessene Konzentration des Parteiensystems zu sorgen. Dass sie sich in dieser Funktion weiter bewährt, zeigt gerade die wachsende Disproportionalität von Stimmen- und Mandatsteil. Dies hat aber nicht verhindert, dass *zweitens* durch den Wandel der Parteienlandschaft die Konzentration des Parteiensystems insgesamt zurückgegangen ist. Welche Negativfolgen das für die Regierungsbildung nach sich zieht, ist spätestens nach der Bundestagswahl 2005 ins Bewusstsein getreten, als Union und SPD – gegen ihren Willen – eine Große Koalition eingehen mussten. Wenn das Wahlsystem Mehrheiten für die klassischen Zweierkoalitionen nicht mehr hervorbringt, geraten Parteien und Wähler gleichermaßen unter Druck. Die Parteien müssen ihr Koalitionsverhalten flexibilisieren und bereit sein, Bündnisse auch mit Nicht-Wunschpartnern zu schließen, die Wähler einsehen, dass sie in einer Fünf-Parteien-Konstellation nicht sicher sein können, für welche Regierung sie mit ihrer Stimmabgabe letzten Endes votieren. Dass der Wunsch nach Einführung eines mehrheitsbildenden Wahlrechts vor diesem Hintergrund lauter wird, kann nicht überraschen (z.B. Falter 2009).

In dem Maße, wie die Parlamentswahlen ihren Charakter als quasi-plebiszitäre Regierungswahlen einbüßen, treten *drittens* die Partizipationsziele automatisch stärker hervor, die sich mit dem personenbezogenen Element der Verhältniswahl verbinden. Dass die überwiegend positive Würdigung, die das bundesdeutsche Wahlsystem in dieser Hinsicht erfahren hat, größtenteils auf einem Mythos beruht, ergibt sich bereits aus seiner Grundstruktur. Weil die über die Erststimme erworbenen Direktmandate – bis auf die Überhänge – auf den Mandatsanteil voll angerechnet werden, der sich aus dem Verhältnis der Zweitstimmen ergibt, tritt die Personenwahl hinter die Parteienwahl zurück. Hinzu kommt, dass die Wähler mit ihrer Erststimme oft gar keine wirkliche Wahl treffen können. Verfügen einer oder beide Wahlkreiskandidaten der großen Parteien zugleich über einen sicheren Listenplatz, entscheiden sie in Wirklichkeit nur darüber, ob die Partei, der ein Mandat zusteht, dieses durch einen Direkt- oder Listenkandidaten besetzt (Lenski 2009: 497 f.). Vollends ad absurdum geführt wird das Element der Personenwahl, wenn die Kombination von Erst- und Zweitstimme bewusst dazu eingesetzt wird, einer Partei zu Überhangmandaten zu verhelfen (s.u.).

Damit ist *viertens* auf das Problem der mangelnden Transparenz des Wahlsystems hingewiesen. Es wurzelt im 1953 eingeführten Zweistimmensystem, dem sich inzwischen auch die meisten Bundesländer angeschlossen haben. Regelmäßig durchgeführte Umfragen belegen, dass ein erheblicher Teil der bundesdeutschen Wähler die Funktionsweise dieses Systems nicht versteht, in dem allein die Zweitstimme den Ausschlag über den politischen Ausgang der Wahl gibt (Schmitt-Beck 1993). Das Missverständnis wird einerseits durch die unglückliche Bezeichnung „Erst- und Zweitstimme", andererseits durch die gleichgewichtige Anordnung der Stimmen auf den Wahlzetteln geschürt.[13] Unterschiedliche Beurteilungen erfährt die Praxis des Stimmensplittings, die stetig zugenommen und sich bei den letzten Wahlen in einer Größenordnung von etwa 20 Prozent eingependelt hat. Während die einen in der Möglichkeit des strategischen oder taktischen Wählens einen begrüßenswerten Zugewinn an Partizipation sehen (z.B. Pappi / Herrmann 2010)[14], warnen die anderen vor den damit verbundenen Manipulationsgefahren (so bereits Jesse 1985: 269 ff.).

---

[13] Um mehr Klarheit zu schaffen, wurde die Bundeswahlordnung, die die Gestaltung der Stimmzettel regelt, 1985 geändert. Seither findet man unter dem blauen Pfeil, der auf die Zweitstimme deutet, den ergänzenden Hinweis „maßgebende Stimme für die Verteilung der Sitze insgesamt auf die einzelnen Parteien". Dass mit dem Wörtchen „insgesamt" im Hinblick auf die möglicherweise anfallenden Überhangmandate eine neuerliche Irreführung verbunden war, kann man dem damaligen Gesetzgeber sicher nicht ankreiden. Unverständlich ist aber, dass die Formulierung auch danach nicht mehr korrigiert wurde (Meyer 1994: 326 f.).

[14] Die Vertreter dieser Position stammen zumeist aus dem Bereich der statistisch-quantifizierenden Wahlsoziologie. Bei ihnen beschleicht einen manchmal der Verdacht, dass ihr Eintreten für das komplizierte Zweistimmensystem auch aus professionellen Eigeninteressen herrührt.

5. *Das leidige Problem der Überhangmandate*

Dass die zuletzt genannte Position inzwischen deutlich plausibler erscheint, liegt am verstärkten Auftreten der Überhangmandate. Diese fallen an, wenn eine Partei in einem Bundesland mehr Direktmandate erringt, als ihr nach dem Anteil der dort abgegebenen Zweitstimmen zustehen. Eine Kuriosität der Überhangmandate liegt darin, dass ihre Inhaber als Personen gar nicht identifizierbar sind. Um Direktmandate, wie das Bundesverfassungsgericht im Urteil von 1997[15] unterstellt hat, kann es sich nicht handeln, weil deren Zahl mit 299 festliegt. Ein möglicher Überhang lässt sich deshalb nur über die Landeslisten der Partei füllen, die das Überhangmandat erzielt. Da die Überhangmandate in der sogenannten Unterverteilung auf Landesebene verrechnet werden, hat das zur Folge, dass „unter dem Strich der Gewinn eines Überhangmandates im Bundesland A faktisch auf den Gewinn eines Listenmandats im Bundesland B hinausläuft" (Jesse 1998: 34 f.). Dies erschien auch dem Verfassungsgericht so absurd, dass es im „Nachrückerurteil", das wenige Monate nach der oben genannten Entscheidung erging, der bis dahin üblichen Praxis ein Ende setzte, frei werdende Direktmandate in Überhang-Ländern durch Listenmandate der betreffenden Partei im selben Land nach zu besetzen.[16] Die sich daraus ergebende Konsequenz ist freilich nicht weniger absurd: Durch Überhangmandate erzeugte Mehrheiten können sprichwörtlich „wegsterben". Von einer mehrheitsverstärkenden oder -sichernden Funktion, wie sie ihnen die Richtermehrheit im überhangfreundlichen Urteil von 1997 unterlegt hat, sind sie damit weit entfernt (Pukelsheim 2004: 412 f.).

Fielen bei den Bundestagswahlen von 1949 bis 1987 im Schnitt weniger als zwei Überhangmandate an, so erhöhte sich deren Zahl bei der ersten gesamtdeutschen Bundestagswahl auf sechs. 1994 gab es sogar 16 und 1998 13 Überhangmandate. 2002 ging die Zahl auf fünf zurück, um 2005 wieder auf 16 anzusteigen. Der Rekordwert wurde 2009 mit 24 Überhangmandaten erzielt. Dass die Überhangmandate ausschließlich Union und SPD zugute kommen, liegt in der Natur der in den Wahlkreisen angewendeten Mehrheitswahl. Die nachfolgende-Abbildung zeigt, wie sich die Überhangmandate auf beide Parteien und deren Landeslisten verteilen. Ihr lassen sich bereits Hinweise auf die vermutlichen Entstehungsursachen entnehmen.

---

[15] BVerfGE 95, 335.
[16] BVerfGE 97, 317.

Abb. III.12 Überhangmandate bei den Bundestagswahlen 1990 bis 2009

Jahr	Summe	Partei	neue Länder	alte Länder
1990	6	CDU (6)	Mecklenburg-Vorpommern (2) Sachsen-Anhalt (3) Thüringen (1)	
1994	16	CDU (12) SPD (4)	Mecklenburg-Vorpommern (2) Sachsen (3) Sachsen-Anhalt (2) Thüringen (3) Brandenburg (3)	Baden-Württemberg (2) Bremen (1)
1998	13	SPD (13)	Brandenburg (3) Mecklenburg-Vorpommern (2) Sachsen-Anhalt (4) Thüringen (3)	Hamburg (1)
2002	5	SPD (4) CDU (1)	Sachsen-Anhalt (2) Thüringen (1) Sachsen	Hamburg (1)
2005	16	SPD (9) CDU (7)	Brandenburg (3) Sachsen-Anhalt (4) Sachsen (4)	Hamburg (1) Saarland (1) Baden-Württemberg (3)
2009	24	CDU (21) CSU (3)	Mecklenburg-Vorpommern (2) Sachsen (4) Thüringen (1)	Baden-Württemberg (10) Rheinland-Pfalz (2) Saarland (1) Schleswig-Holstein (1) Bayern

Quelle: eigene Zusammenstellung nach den amtlichen Wahlstatistiken

Erstens profitiert eine Partei stärker von den Überhangmandaten, wenn sie im Verhältnis zur anderen Partei relativ klar die Nase vorn hat. Dies war 1990 und 1994 bei der CDU, 1998 bei der SPD und 2009 erneut bei der CDU (und der CSU) der Fall. 2002 und 2005 lagen Union und Sozialdemokraten eng beieinander, sodass insgesamt weniger Überhangmandate entstanden (2002) bzw. diese sich auf beide Parteien gleichmäßiger verteilten (2005).

Zweitens fielen die Überhangmandate bis zur Bundestagswahl 2009 vornehmlich in Ostdeutschland an. 2005 war das Verhältnis erstmals ausgeglichener, bevor sich der Trend 2009 ganz umkehrte. Dabei zeigte sich zugleich ein starkes Nord-Süd-Gefälle, indem 13 von den 17 in den alten Ländern entstandenen Überhangmandaten allein auf Baden-Württemberg und Bayern entfielen.

Das Anwachsen der Überhangmandate hängt mit den veränderten parteipolitischen Kräfteverhältnissen zusammen. Wichtigster Erklärungsfaktor ist der rückläufige Zweitstimmenanteil der beiden Volksparteien. Er hat zur Folge, dass die jeweils stärkere Partei weiterhin mit einer hohen Quote von Direktmandaten rechnen kann, die aber durch die gleichzeitig erreichten Zweitstimmen nicht mehr in jedem Fall gedeckt sind. Bedingt durch die Konkurrenz der mittelgroßen Drittpartei PDS trat dieser Effekt bis 2009 vorrangig in den neuen Ländern auf (Grotz 2000). Dass er sich bei der letzten Bundestagswahl auch in den alten Ländern massiv auswirkte, lag am deutlichen Stimmenvorsprung der Union vor der SPD, der es CDU und CSU trotz eines im Vergleich zu 2005 nochmals verschlechterten Zweitstimmenergebnisses ermöglichte, eine erhebliche Zahl an zusätzlichen Direktmandaten zu ergattern (Lübbert 2010: 281 f.).

Das Bundesverfassungsgericht hat sich mit der Problematik der Überhangmandate mehrfach befasst. Im Kern ging und geht es dabei um die Frage, ob die Regelung gegen den Wahlgrundsatz der Gleichheit verstoße. Ein solcher Verstoß könnte vorliegen, weil Überhangmandate das Stimmenverhältnis verzerren, das sich aufgrund der Zweitstimmen ergibt. Bezogen auf den einzelnen Wähler resultiert daraus ein unterschiedlicher Erfolgswert der Stimmen. Wer mit der Erststimme einem Wahlkreiskandidaten zum Direktmandat verhilft, dessen Partei in dem betreffenden Bundesland Überhangmandate erringt, mit der Zweitstimme aber eine andere Partei wählt, verfügt de facto über ein doppeltes Stimmgewicht (Pehle 1999: 242 ff.).

Eine Abweichung vom Prinzip des gleichen Erfolgswerts ließe sich rechtfertigen, wenn sie aus funktionalen Erwägungen sinnvoll oder geboten ist. Bezogen auf die Überhangmandate könnten solche Erwägungen zum einen im Element der Personenwahl liegen, zum anderen in dem von ihnen ausgehenden Mehrheitseffekt. Tatsächlich halten nur die wenigsten Verhältniswahlsysteme den Grundsatz der Erfolgswertgleichheit strikt ein. Die bedeutsamste Einschränkung ergibt sich durch die Sperrklauseln, die den Erfolgswert eines Teils der Stimmen sogar auf Null reduzieren. Wenn ein so starker Eingriff in die Wahlrechtsgleichheit gerechtfertigt ist, warum sollten dann nicht auch die Überhangmandate vor der Verfassung bestehen können?

Diese Argumentation steht in mehrerlei Hinsicht auf schwachen Füßen. *Erstens* ist es nicht sicher, ob die Überhangmandate die ihnen zugedachten systemischen Funktionen erfüllen. Weder müssen sie automatisch zu einer Verstärkung des personenbezogenen Elements der Verhältniswahl führen noch zur Mehrheitssicherung beitragen. *Zweitens* sind ihre Wirkungen im Unterschied zur klar kalkulierbaren Sperrklausel wenig transparent. Und *drittens* unterbindet das Bundeswahlgesetz ein doppeltes Stimmgewicht in anderen Fällen ausdrücklich. Wenn ein parteiloser Bewerber oder der Bewerber einer Partei ohne Landesliste in dem betreffenden Land ein Direktmandat gewinnt, dann dürfen die Zweitstimmen der Wähler, die für diesen Bewerber gestimmt haben, bei der Vergabe der Listenmandate nicht berücksichtigt werden (Lenski 2009: 486 ff.).[17]

Dass sich die Mehrheit des Zweiten Senats 1997 über diese Gesichtspunkte hinwegsetzte, verweist auf den politischen Charakter des damaligen Urteils, das die bestehende Praxis der Überhangmandate als verfassungsgemäß bestätigte. Das Gericht stand bei seiner Entscheidung unter enormem Druck. Die Verfassungswidrigerklärung der Überhangmandate wäre einer Delegitimierung der Bundesregierung aus CDU/CSU und FDP gleichgekommen, die nach der Bundestagswahl 1994 nur dank der zusätzlichen Sitze über eine stabile parlamentarische Mehrheit verfügte. Wie stark die parteipolitischen Affinitäten in das Verfahren hineinspielten, zeigte sich daran, dass die vier das Urteil tragenden Richter sämtlich auf dem „Unionsticket" in das Verfassungsgericht gekommen waren. Dass die Klage ausgerechnet von der niedersächsischen Landesregierung unter Ministerpräsident Gerhard Schröder ausging, entbehrt mit Blick auf die spätere Entwicklung ebenfalls nicht der Ironie, denn bei den nachfolgenden drei Bundestagswahlen (1998, 2002 und 2005) sollten es die Sozialdemokraten sein, die unter einem Kandidaten bzw. Kanzler Schröder von den Überhangmandaten in erster Linie profitierten. Diese ausgleichende (Un)Gerechtigkeit sorgte dafür, dass der Streit trotz des unbefriedigenden Urteils erst einmal ad acta gelegt wurde.

Dass er nach der Bundestagswahl 2005 in eine neue, vorerst letzte Runde ging, verdankte sich einer Zufälligkeit. Durch den Tod einer von der NPD aufgestellten Direktkandidatin kurz vor der Wahl musste im Wahlkreis 160 in Dresden

---

[17] § 6 Abs. 1 Satz 2 BWahlG. Der Sinngehalt dieser Bestimmung gebietet eine Nichtberücksichtigung der Zweitstimmen auch für den Fall, dass ein oder zwei Wahlkreisbewerber ein Direktmandat erringen, deren Partei bundesweit an der Fünfprozenthürde scheitert. Als diese Situation bei der Bundestagswahl 2002 in Berlin erstmals auftrat, wurden die Zweitstimmen der Wähler, die mit ihrer Erststimme für die PDS-Kandidaten Petra Pau und Gesine Lötzsch votiert hatten, mitgezählt (Jesse 2003: 3).

eine Nachwahl stattfinden. Die dortigen Wähler gaben ihre Stimme also in Kenntnis des bereits vorliegenden Ergebnisses der Hauptwahl ab. Dabei konnten sie sich einen Effekt zunutze machen[18], der in der Literatur als „negatives Stimmgewicht" oder „inverser Erfolgswert" bezeichnet wird. Eine Partei kann danach durch weniger Zweitstimmen mehr Mandate gewinnen oder durch mehr Zweitstimmen Mandate verlieren. „Büßt die Partei in dem Land, in dem sie ein Überhangmandat gewonnen hat, ein Listenmandat in der Unterverteilung ein, so erleidet sie dadurch keinen Nachteil, weil ihre Liste ohnehin nicht zum Zuge kommt und sie die ihr zustehenden Wahlkreismandate nicht verlieren kann. Eine andere Landesliste der Partei erhält hingegen einen Sitz mehr. Damit gewinnt die betroffene Partei bundesweit durch den geringeren Stimmenanteil ein Mandat hinzu. Auch in umgekehrter Reihenfolge ist dieser Effekt denkbar. Eine Partei kann durch mehr Zweitstimmen ein Überhangmandat verlieren und somit in der Gesamtmandatszahl schlechter stehen."[19]

Das negative Stimmgewicht stellt eine Folge des Mandatszuteilungsverfahrens dar und wird durch die Häufung der Überhangmandate begünstigt. Der Effekt war den Eingeweihten zwar seit längerem bekannt (Meyer 1994: 321 ff.). Das Verfassungsgericht ließ ihn jedoch ungeahndet, weil er nur geringe Mandatsrelevanz besaß und von den Wählern nicht vorausberechnet werden konnte. Mit dem Dresdner Fall änderte sich das. In einer Abkehr von ihrer bisherigen überhangfreundlichen Rechtsprechung befanden die Richter nun, dass das negative Stimmgewicht einen Verstoß gegen die Grundsätze der gleichen und unmittelbaren Wahl darstelle. Eine Stimme dürfe nicht gegen die Intention desjenigen wirken, der sie abgibt.[20] Dem Gesetzgeber wurde durch das Urteil vom 3. Juli 2008 aufgegeben, bis zum 30. Juni 2011, also binnen drei Jahren, eine verfassungsgemäße Neuregelung zu treffen.

---

[18] Dies betraf vor allem die CDU-Wähler, die – nachdem sie von den Medien über die Wirkungen des negativen Stimmgewichts vorab aufgeklärt worden waren – den Zweitstimmenanteil ihrer Partei künstlich nach unten drückten. Auf diese Weise konnte die Union durch den Gewinn eines weiteren Direktmandats ein Überhangmandat verbuchen, ohne dass ihr in einem anderen Bundesland ein Listenmandat verloren ging (Strohmeier 2009: 30 f.).

[19] BVerfGE 121, 266 (274 f.).

[20] Das im Unterschied zu 1997 einstimmig ergangene Urteil ist auch im Schrifttum vom Ergebnis her einmütig begrüßt worden. Kopfschütteln hat allerdings die Urteilsbegründung ausgelöst. So kritisiert z.B. Nohlen (2009b: 190 ff.) die Berufung des Gerichts auf den Wahlrechtsgrundsatz der Unmittelbarkeit, auf den es bei dem fraglichen Sachverhalt gar nicht ankomme.

Ob das Verfassungsgericht mit der großzügigen Fristsetzung gut beraten war, lässt sich im Nachhinein bezweifeln. Denn damit nahm man bewusst in Kauf, dass der nächste Bundestag nach einem in Teilen verfassungswidrigen Wahlgesetz gewählt werden würde. Auch die politischen Akteure drängte es zunächst nicht zur Eile. Erst als die SPD im Wahljahr in den Umfragen immer mehr absackte und deutlich hinter die Union zurückfiel, stand das Thema plötzlich auf der Tagesordnung. Simulationsrechnungen des Wahlforschers Joachim Behnke[21], die CDU und CSU für diesen Fall eine erhebliche Zahl von Überhangmandaten voraussagten, ließen bei SPD und Grünen Forderungen laut werden, das Wahlrecht noch vor der Bundestagswahl zu ändern. Verbunden wurde dies mit dem vorsorglichen Hinweis, dass eine nur aufgrund von Überhangmandaten zustande gekommene Mehrheit mit einem Makel behaftet sein würde. Bündnis 90 / Grüne legten im März 2009 einen Gesetzentwurf vor, der eine weitgehende Beseitigung der Überhangmandate anstrebte. Während SPD und Linkspartei den Entwurf prinzipiell guthießen, lehnten Union und FDP das Vorhaben strikt ab. Letzteres war verständlich, da eine Wahl unter dem bestehenden Wahlrecht für beide Parteien große Vorteile versprach – der vorgeschobene Verweis auf die vom Verfassungsgericht eingeräumte Frist, die keine schnelle, sondern eine gründliche Reform gebiete, konnte über dieses Motiv nicht hinwegtäuschen.[22] Am Ende entschied die Koalitionsräson: Weil die SPD kein Interesse hatte, das Regierungsbündnis mit CDU und CSU kurz vor der Bundestagswahl an der Wahlrechtsfrage scheitern zu lassen, musste sie in der Schlussabstimmung zu dem Gesetzentwurf Nein sagen.

6. *Große oder kleine Reform?*

Das Wahlergebnis vom 27. September 2009 ist mit Blick auf die anstehende Wahlrechtsreform in dreierlei Hinsicht bedeutsam. *Erstens* bestätigte es durch das Auftreten negativer Stimmeffekte erneut die Notwendigkeit der vom Verfassungsgericht verlangten Reform (Lübbert 2010: 282 ff.). *Zweitens* bescherte es der Union den erhofften Bonus in Gestalt von 24 Überhangmandaten, vermied aber

---

[21] „Das jetzige Wahlrecht ist das deutlich größere Übel", in: Spiegel online vom 28. Juni 2009.

[22] Dass diese Motive ausgerechnet von Politikwissenschaftlern übersehen oder bewusst verschwiegen werden, stimmt bedenklich (vgl. z.B. Strohmeier 2009: 35 ff.). Am scharfsinnigsten analysiert hat sie im Kontext der aktuellen Reformdebatte der Staatsrechtler Hans Meyer (2010: 12 ff.) – dessen Profession dafür eigentlich gar nicht zuständig ist.

zugleich die – auch von neutralen Beobachtern befürchtete – Konstellation einer „illegitimen" Mehrheit (Jesse 2009: 127). Und *drittens* brachte es mit Union und FDP diejenigen Parteien an die Regierung, die in der aktuellen Konstellation des Parteiensystems vom bestehenden Wahlrecht am meisten profitieren.

Da das Wahlgesetz mit einfacher Mehrheit geändert werden kann, sind die Regierungsparteien bei der anstehenden Reform auf eine Konsenslösung mit der Opposition nicht zwingend angewiesen (auch eine Zustimmung des Bundesrates ist nicht erforderlich). Die spannende Frage wird daher sein, wieweit sie sich in den Beratungen vom Interesse an einer Beibehaltung des Status quo wegbewegen. Das Verfassungsgericht hat dem Gesetzgeber bei der Reform einen breiten Spielraum eröffnet. Ein Systemwechsel hin zu einem mehrheitsbildenden Wahlrecht wäre danach ebenso möglich wie eine systemimmanente Korrektur, die ausschließlich der Verhinderung eines negativen Stimmgewichts dient. Letzteres könnte wiederum durch eine völlige oder nur teilweise Beseitigung der Überhangmandate erfolgen. Das Gericht ist sich im Klaren, dass bei jeder Lösung Nebenwirkungen auftreten. „Je nachdem, für welche Alternative sich der Gesetzgeber entscheidet, kann es zu Beeinträchtigungen des föderalen Proporzes, der personalen Elemente, der Genauigkeit der verhältnismäßigen Repräsentation der Parteien oder der Reststimmenverteilung der Landeslisten kommen."[23]

Eine „große" Lösung würde auf die Einführung eines Mehrheitswahlsystems in einer der oben unterschiedenen Varianten oder eines paritätischen Grabensystems hinauslaufen. Das Grabenwahlsystem hat das Verfassungsgericht in seinem Urteil zum negativen Stimmgewicht selbst ins Spiel gebracht. Unter allen Varianten des mehrheitsbildenden Wahlrechts genießt es in der deutschen Staatsrechtslehre traditionell die größte Sympathie, weil es die Prinzipien der Mehrheits- und Verhältniswahl scheinbar optimal verknüpft (Isensee 2010). Diese Ansicht wird auch von einigen Politikwissenschaftlern geteilt (z.B. Falter 2009: 146 ff.).[24]

Alle mehrheitsbildenden Systeme stoßen aber auf mindestens zwei gravierende Einwände (Grotz 2009b: 285 ff.). Zum einen ist es – wenn man vom relativen Mehrheitswahlrecht einmal absieht – keineswegs ausgemacht, ob sie ihren Zweck, unerwünschte Koalitionszwänge zu vermeiden, überhaupt erreichen (Schoen 2007, Linhart 2009). Zum anderen wären sie mit Blick auf die Entwick-

---

[23] BVerfGE 121, 266 (307).

[24] Auch Nohlen (2009a: 357) spricht sich zur Substituierung der als Mehrheitselement demnächst vielleicht wegfallenden Überhangmandate für eine „die parlamentarische Mehrheitsbildung fördernde Kompensation [aus], um Regierbarkeitsprobleme à la Weimar nicht aufkommen zu lassen." Wie die Kompensation genau aussehen soll, lässt er aber offen.

lung der parteipolitischen Kräfteverhältnisse nicht legitimierbar, die sich in der Bundesrepublik zu Lasten der großen Parteien zuletzt immer mehr verschoben haben. Eine Dezimierung der kleinen Parteien würde somit bewirken, was die Befürworter eines mehrheitsbildenden Wahlsystems selbst als unerwünschten Nebeneffekt der Verhältniswahl beklagen: nämlich die Verlierer (Union und SPD) zu Gewinnern machen. Ein solches Vorhaben könnte vor der Öffentlichkeit kaum bestehen; es würde den erbitterten Widerstand von FDP, Grünen und Linken hervorrufen und wäre deshalb noch nicht einmal von einer Großen Koalition durchsetzbar.[25]

Gegen die Einführung einer Mehrheitswahl spricht auch, dass die Herausbildung des Fünfparteiensystems in der Bundesrepublik bislang nicht zu einer starken Häufung oder gar Perpetuierung Großer Koalitionen geführt hat. Hier liegt ein deutlicher Unterschied zu Österreich, wo die aktuelle Debatte um ein minderheitenfreundliches Mehrheitswahlrecht vor genau diesem Hintergrund gesehen werden muss (Poier 2009b). Die Befürworter eines mehrheitsbildenden Wahlrechts wissen wahrscheinlich selbst, dass die Durchsetzungschance eines Systemwechsels in der derzeitigen politischen Situation gegen Null tendiert. Dennoch hat die von ihnen angestoßene Diskussion eine positive „heuristische" Funktion, indem sie den Finger in die Wunde der Probleme legt, die das Verhältniswahlsystem auf der Regierungsebene verursacht. Diese Probleme sind – wie gesehen – auch aus demokratietheoretischer Sicht relevant. Sie können aber nicht mit Hilfe des Wahlrechts bekämpft werden, sondern nur im Rahmen der parlamentarischen Regierungsform selbst: durch klare Koalitionsaussagen und die Etablierung fester Regeln beim Regierungsauftrag (Jesse 2009: 111 ff.).

---

[25] Ein weiteres Gegenargument, das in der Literatur merkwürdigerweise selten gesehen wird, ist der Föderalismus. Werden die kleinen Parteien im Bund so stark an den Rand gedrängt, dass sie für die Regierungsbildung keine Rolle mehr spielen, wie es die Befürworter der mehrheitsbildenden Wahlsysteme intendieren, dann würde es auch keinen Sinn machen, sie auf der gliedstaatlichen Ebene weiter an den Regierungen zu beteiligen. In den Ländern entstünde damit ein Druck, die eigenen Wahlrechtsregelungen jenen des Bundes anzupassen, wie es bereits in der Vergangenheit regelmäßig geschehen ist. Aufgrund des bei Landtagswahlen auftretenden Zwischenwahleffekts hätte das mit ziemlicher Sicherheit abweichende Mehrheitsverhältnisse zur Folge. Bei einfarbigen Mehrheiten wäre die Kompromissbildung im Bundesrat aber noch schwieriger als in der Vergangenheit. Die Interessengegensätze zwischen Regierung und Opposition bzw. Bund und Ländern, die durch das jetzige System vielfältiger und disparater Koalitionen zumindest abgemildert werden, könnten unvermittelt aufeinanderprallen.

Das realistischere Szenario besteht in einer verfassungskonformen Reform des vorhandenen Systems der personalisierten Verhältniswahl. Sie müsste bei der Beseitigung der unerwünschten Nebenwirkungen der Überhangmandate ansetzen. Für eine solche „kleine" Lösung sind in der Wahlrechtsliteratur zahlreiche Vorschläge gemacht worden (Behnke 2010).

(1) Am meisten Zuspruch findet das von dem Mathematiker Friedrich Pukelsheim (2004) entwickelte sogenannte „Augsburger Zuteilungsverfahren", nach dem die Überhangmandate bereits im Rahmen der Oberverteilung auf Bundesebene ermittelt und durch Verrechnung zwischen den Landeslisten einer Partei neutralisiert werden. Dieser Vorschlag einer „Bundeslösung" lag auch dem 2009 eingebrachten Gesetzentwurf der Grünen zugrunde. Der Nachteil der darin vorgesehenen Verrechnungsmethode liegt in der Beeinträchtigung des föderalen Proporzes. Die personelle Zusammensetzung würde sich zugunsten bestimmter Länder verändern, ohne dass dies durch deren Zweitstimmenanteile gerechtfertigt wäre. Dies könnte bei den Landesverbänden, denen Überhangmandate winken, Anreize erzeugen, aus dem Verbund der Landeslisten auszutreten (Pappi / Herrmann 2010: 275). Entsprechend würde das Verfahren auch nicht verhindern, dass weiterhin Überhangmandate für die CSU entstehen, weil diese als einzige Bundestagspartei mit einer unverbundenen Landesliste antritt. Dem ließe sich entweder durch die Einführung einer „virtuellen Bundesliste", wie von Behnke (2003: 1261 ff.) vorgeschlagen, oder durch Ausgleichsmandate begegnen.[26]

(2) Denkbar wäre auch, dass man den Anteil der Direktmandate an den Gesamtmandaten absenkt, was die Wahrscheinlichkeit des Auftretens von Überhangmandaten reduziert. Der Preis wäre hier eine Abschwächung des Elements der Personenwahl, die in ihrer Bedeutung allerdings – wie gesehen – ohnehin überschätzt wird. Außerdem müssten sämtliche Wahlkreise neu zugeschnitten werden. In dieselbe Richtung wirkt der Vorschlag von Behnke (2007: 228 ff.), der statt der heutigen Einerwahlkreise Zweierwahlkreise einführen möchte. Die Direktmandate würden sich dadurch auf die Parteien gleichmäßiger verteilen. Gleichzeitig wäre der Anreiz für die Wähler geringer, ihre Stimmen zu splitten. Die Kehrseite läge darin, dass das schon heute komplizierte Zweitstimmensystem noch komplizierter würde.

(3) Weniger geeignet erscheint der Vorschlag einer „Landeslösung" (Pappi / Herrmann 2010). Er würde darauf hinauslaufen, die bisherigen Listenverbindun-

---

[26] Weniger überzeugend ist der Vorschlag von Meyer (2009: 145), der vorsieht, dass der CSU in diesem Falle die Direktmandate mit dem geringsten prozentualen Stimmgewicht abgezogen werden. Dies wäre mit Blick auf die Logik der Personenwahl systemwidrig.

gen aufzulösen und die Länder als getrennte Wahlgebiete zu behandeln. Problematisch an dieser Lösung ist zum einen, dass sie dem unitarischen Charakter einer Bundestagswahl widerspricht (Meyer 2009: 141). Zum anderen würde sie sich gemessen an der Mandatsverteilung kaum vom heutigen Zustand entfernen. Durch den Wegfall des bisherigen Verrechnungsverfahrens wären die negativen Stimmgewichte zwar eliminiert. Die Zahl der Überhangmandate bliebe aber praktisch unverändert bzw. würde sogar noch ansteigen (siehe Abb. III.13). Damit bliebe auch das Problem des doppelten Stimmgewichts erhalten, das Wählern einen Anreiz gibt, durch strategisches Stimmensplitting Überhangmandate bewusst zu erzeugen.[27]

(4) Noch untauglicher ist die in den meisten Bundesländern angewandte Variante, Überhänge durch zusätzliche Mandate für die nicht begünstigten Parteien soweit auszugleichen, dass der Verhältnisanteil, der sich aufgrund der Zweitstimmen ergibt, wieder hergestellt wird. Negative Stimmgewichte könnten damit weiter auftreten, würden aber in der Wirkung kompensiert. Die Lösung scheitert nicht daran, dass Ausgleichmandate einen minderen Status besitzen: Wer sie wie Isensee (2010: 274) als „parasitäre Mandate" oder „Gerechtigkeitsplomben" verhöhnt, argumentiert aus der Sicht eines Befürworters der Mehrheitswahl. Ausschlaggebend ist vielmehr die durch die Kompensation bewirkte Aufblähung des Parlaments. Bei einer Ausgleichslösung hätte der jetzige Bundestag z.B. statt regulär 598 insgesamt 801 Abgeordnete. Eine vernünftige Lösung dieses Problems gibt es nicht. Eine Vorab-Verkleinerung des Parlaments scheidet ebenso aus wie eine Deckelung, wie sie z.B. das Wahlrecht in Schleswig-Holstein vorsieht (Linhart / Schoen 2010). Dies wurde vom dortigen Landesverfassungsgericht im August 2010 für verfassungswidrig erklärt.

Welche Lösung wird es am Ende geben? Am wahrscheinlichsten ist, dass sich der Gesetzgeber zwischen den Varianten 1 (*Bundeslösung*) und 3 (*Landeslösung*) entscheidet. Beide Varianten zeichnen sich einerseits dadurch aus, dass sie nur geringe Eingriffe in das bestehende System erforderlich machen. Andererseits lassen sie sich den unterschiedlichen Interessen der Regierungs- und Oppositionsparteien klar zuordnen. Union und FDP möchten an den Überhangmandaten gerne festhalten, SPD, Grüne und Linkspartei sähen sie lieber beseitigt. Zumindest in den beiden großen Parteien gibt es dabei allerdings keine einheitliche

---

[27] Der große Abstand zwischen ihren jeweiligen Erst- und Zweitstimmenergebnissen belegt, dass Union und FDP von diesem Effekt bei der letzten Bundestagswahl gerade in Baden-Württemberg profitiert haben dürften, wo die meisten Überhangmandate anfielen (Meyer 2010: 36 f.).

Linie. Eine Bundeslösung stößt auch in den Reihen der SPD auf Vorbehalte, weil sie unweigerlich zu Konflikten zwischen den Landesverbänden führt. Umgekehrt weiß die Union, dass die jetzige Konstellation, in der sie den Hauptnutzen aus den Überhangmandaten zieht, nicht von Dauer sein muss (Meyer 2010: 15 f.). Würde sie sich für die Landeslösung stark machen, hätte sie außerdem mit dem Widerstand der Öffentlichkeit zu rechnen, die die Überhangmandate mehrheitlich als ungerecht empfindet.

Abb. III.13   Reformvorschläge zum Bundestagswahlrecht und ihre Auswirkungen auf die Sitzverteilung

Wahlsystem	CDU	SPD	FDP	Grüne	Linke	CSU	Σ
Status quo (Bundestagswahl 2009)	194	146	93	68	76	45	622
reine Verhältniswahl	173	146	93	68	76	42	598
Grabenwahlsystem	260	137	46	35	54	66	598
Landeslösung	195	148	91	69	76	45	624
bundesweite Ausgleichsmandate	233	196	124	91	101	56	801
Bundeslösung	173	146	93	68	76	45	601
Bundeslösung, plus Ausgleichsmandate nur in Bayern	173	148	94	69	77	45	606

Quelle: Lübbert 2010: 187.

Das Problem einer kleinen Lösung – in sämtlichen hier beschriebenen Varianten – liegt darin, dass sie zwei wesentliche Schwachstellen des bestehenden Systems ausblendet. Das Wahlrecht bliebe genauso intransparent wie vorher und auch mit Blick auf eine Stärkung der personellen Komponente wäre nichts gewonnen. Deshalb stellt sich die Frage, ob es nicht einen mittleren Weg der Wahlrechtsreform geben könnte, der über die vom Verfassungsgericht aufgegebene Änderung hinaus weitere Verbesserungen anstrebt (Grotz 2009 b: 293 ff.).

Was das Transparenzproblem betrifft, wäre die einfachste Lösung die Rückkehr zu einem Einstimmensystem. Dabei sind zwei Varianten denkbar. Entweder man führt ein lediglich durch die Sperrklausel eingeschränktes reines Verhältniswahlsystem ein. Oder man behält die bestehenden Einerwahlkreise bei und wertet die Stimme gleichzeitig als Personen- und Parteistimme. (Dieses Verfahren wurde bei der Bundestagswahl 1949 angewandt.) Die erste Variante hätte den Vorteil, dass keine Überhangmandate mehr anfielen. Außerdem würde die Grundmandatsklausel automatisch wegfallen. Bei der zweiten Variante wären Überhangmandate weiterhin möglich; sie entstünden aber in geringerer Zahl, weil die Wähler ihre Stimmen nicht mehr splitten könnten. Jesse (2003: 11) erhofft sich von der Rückkehr zum Einstimmensystem außerdem eine Aufwertung der Personenwahl. Dies erscheint jedoch arg spekulativ, da sich die Wähler dann vermutlich erst recht an der Parteizugehörigkeit der Kandidaten orientieren würden.

Ein Alternative bestünde in der Einführung von großen Mehrpersonenwahlkreisen, wie sie Prittwitz (2003) in Anlehnung an das finnische Wahlsystem vorgeschlagen hat. Die Bundesrepublik würde danach in sechzig gleich große Wahlkreise aufgeteilt, in denen jeweils zehn Mandate zu vergeben sind. Der Wähler hätte nur eine Stimme, mit der er einen Kandidaten aus einer Liste auswählt. Diese Personenstimme würde zugleich als Parteistimme gewertet. Das Modell wäre somit genauso leicht zu handhaben wie das Einstimmensystem in Einerwahlkreisen; das personelle Element erführe aber eine deutliche Stärkung, da die Wähler sich zwischen mehreren Kandidaten derselben Partei entscheiden könnten.

Auch in einem reinen Verhältniswahlsystem gibt es zahlreiche Möglichkeiten, die Stimmgebung zu personalisieren. Voraussetzung dafür wäre der Übergang von den bisherigen starren zu freien oder lose gebundenen Listen. Bei den lose gebundenen Listen könnte der Wähler zwischen den Kandidaten einer Partei auswählen, bei den freien Listen dürfte er seine Stimmen sogar auf Kandidaten unterschiedlicher Parteien verteilen („Panaschieren"). Für das Bundestagswahlrecht kämen wahrscheinlich nur lose gebundene Listen in Betracht, wie sie z.B. Österreich oder die Niederlande verwenden. Dabei müsste man allerdings sicherstellen, dass die Liste nicht komplett umgestoßen wird. Denn einerseits macht erfahrungsgemäß nur eine Minderheit von den Präferenzstimmen Gebrauch, sodass eine zu niedrige „Relevanzschwelle" den Wählerwillen verfälschen könnte. Andererseits müssen die Parteien die Möglichkeit behalten, Spitzenpolitiker und Fachleute auf den Listen abzusichern. Letzteres ließe sich z.B. durch eine Kontingentierung gewährleisten, wie sie Cronqvist und Jun (2009: 233

f.) angeregt haben. Die eine Hälfte der Listenmandate würde danach nach der persönlichen Stimmenzahl, die andere nach der von den Parteien vorab festgelegten Reihenfolge der Kandidaten vergeben.

Der Nachteil der Präferenzstimmensysteme liegt darin, dass sie die Komplexität des Wahlsystems erhöhen. Dies gilt erst recht, wenn dabei verschiedene Verfahren kombiniert werden. So schlagen z.b. Franke und Grimmel (2007) ein Grabensystem vor, bei dem die Wähler sowohl bei der Kandidatenwahl als auch bei der Listenwahl jeweils mehrere Stimmen vergeben könnten.[28] Will man an den Vorzügen eines einfachen Wahlsystems festhalten, wäre deshalb zu überlegen, ob man die Demokratisierung der Listenwahl nicht besser vorverlegt, indem man die Wähler bereits an der Kandidatennominierung beteiligt. Im heutigen System obliegt diese ganz den Parteien bzw. genauer den Parteidelegierten, da auch die Mitglieder die Kandidaten im Regelfall nicht direkt wählen. Ein solches Modell, das auf die Einführung von Vorwahlen nach US-amerikanischem Vorbild hinausliefe, würde den Charakter der Parteiendemokratie vermutlich stärker verändern als jede Wahlrechtsreform (Siefken 2002).

So sinnvoll die zuvor erörterten Vorschläge im Einzelnen sein mögen, so wenig spricht dafür, dass sie im Rahmen der jetzt anstehenden Wahlrechtsänderung ernsthaft ins Kalkül gezogen werden. Einerseits stellt sich die Frage, warum die Parteien durch eine Demokratisierung der Personenwahl ihr heutiges Monopol bei der Kandidatenrekrutierung antasten sollten. Andererseits bietet das föderale System in der Bundesrepublik eine hervorragende Spielfläche, um Änderungen der Wahlsysteme in Ländern und Kommunen herbeizuführen, die den Reformdruck auf Bundesebene abschwächt. Ob beides auch in Zukunft hilft, den Wunsch nach einer weiterreichenden Reform des Bundestagswahlrechts zu unterdrücken, hängt von der Entwicklung der Kontextbedingungen ab – besonders derjenigen des Parteiensystems. Fürs erste werden wir uns wohl mit einer kleinen Lösung zufrieden geben müssen.

Literatur

Arnim, Hans Herbert von (2009), Mehrheitswahl und Partizipation, in: Gerd Strohmeier (Hg.), Wahlsystemreform, Baden-Baden, S. 183-210 (ZPol-Sonderband 2009).

Behnke, Joachim (2003), Überhangmandate: Ein (behebbarer) Makel im institutionellen Design des Wahlsystems, in: Zeitschrift für Politikwissenschaft 13 (3), S. 1235-1269.

---

[28] Auf der Landesebene wird ein ähnliches System gegenwärtig in Hamburg und – ab der kommenden Bürgerschaftswahl – in Bremen angewandt.

Behnke, Joachim (2007), Das Wahlsystem der Bundesrepublik Deutschland. Logik, Technik und Praxis der Verhältniswahl, Baden-Baden.

Behnke, Joachim (2010), Überhangmandate und negatives Stimmgewicht: Zweimannwahlkreise und andere Lösungsvorschläge, in: Zeitschrift für Parlamentsfragen 41 (2), S. 247-260.

Capoccia, Giovanni (2002), The Political Consequences of Electoral Laws: The German System at Fifty, in: West European Politics 25 (3), S. 171-202.

Cronqvist, Lasse / Uwe Jun (2009), Verhältniswahl und Partizipation, in: Gerd Strohmeier (Hg.), Wahlsystemreform, Baden-Baden, S. 211-237 (ZPol-Sonderband 2009).

Decker, Frank (2007), Parlamentarische Demokratie versus Volksgesetzgebung. Der Streit um ein neues Wahlrecht in Hamburg, in: Zeitschrift für Parlamentsfragen 38 (1), S. 118-133.

Dunleavy, Patrick / Helen Margetts (1995), Understanding the Dynamics of Electoral Reform, in: International Political Science Review 16 (1), S. 9-29.

Duverger, Maurice (1959), Die politischen Parteien, Tübingen.

Falter, Jürgen W. (2009), Mehrheitswahl und Regierbarkeit. Mehr Transparenz und höhere Legitimität durch Mehrheitswahl?, in: Gerd Strohmeier (Hg.), Wahlsystemreform, Baden-Baden, S. 133-154 (ZPol-Sonderband 2009).

Franke, Heiko / Andreas Grimmel (2007), Wahlen mit System? Reformüberlegungen zur personalisierten Verhältniswahl, in: Zeitschrift für Parlamentsfragen 38 (3), S. 591-602.

Gallagher, Michael (2008), Conclusion, in: ders. / Paul Mitchell (Hg.), The Politics of Electoral Systems, Oxford / New York, S. 535-578.

Grotz, Florian (2000), Die personalisierte Verhältniswahl unter den Bedingungen des gesamtdeutschen Parteiensystems. Eine Analyse der Entstehungsursachen von Überhangmandaten seit der Wiedervereinigung, in: Politische Vierteljahresschrift 41 (4), S. 707-729.

Grotz, Florian (2009a), Reform nach deutschem Vorbild? Zum Modellcharakter kombinierter Wahlsysteme, in: Klaus Poier (Hg.), Demokratie im Umbruch: Perspektiven einer Wahlrechtsreform, Wien u.a., S. 87-98.

Grotz, Florian (2009b), Abschied von der personalisierten Verhältniswahl? Perspektiven einer Reform des Bundestagswahlsystems, in: Einsichten und Perspektiven 7 (4), S. 276-296.

Hartleb, Florian (2009), Mehrheitswahl und Gerechtigkeit, in: Gerd Strohmeier (Hg.), Wahlsystemreform, Baden-Baden, S. 81-103 (ZPol-Sonderband 2009).

Helms, Ludger (2007), Die Institutionalisierung der liberalen Demokratie. Deutschland im internationalen Vergleich, Frankfurt a.M. / New York.

Hermens, Ferdinand A. / Helmut Unkelbach (1967), Die Wissenschaft und das Wahlrecht, in: Politische Vierteljahresschrift 8 (1), S. 2-22.

Isensee, Josef (2010), Funktionsstörung im Wahlsystem: Das negative Stimmgewicht. Denkbare Lösungen eines Dilemmas, in: Deutsches Verwaltungsblatt 125 (5), S. 269-277.

Jesse, Eckhard (1985), Wahlrecht zwischen Kontinuität und Reform. Eine Analyse der Wahlsystemdiskussion und der Wahlrechtsänderungen in der Bundesrepublik Deutschland 1949-1983, Düsseldorf.

Jesse, Eckhard (1998), Grundmandatsklausel und Überhangmandate. Zwei wahlrechtliche Eigentümlichkeiten in der Kritik, in: Max Kaase / Hans-Dieter Klingemann (Hg.), Wahlen und Wähler. Analysen aus Anlass der Bundestagswahl 1994, Opladen / Wiesbaden, S. 15-41.

Jesse, Eckhard (2003), Reformvorschläge zur Änderung des Wahlrechts, in: Aus Politik und Zeitgeschichte B 52, S. 3-11.

Jesse, Eckhard (2009), Verhältniswahl und Gerechtigkeit, in: Gerd Strohmeier (Hg.), Wahlsystemreform, Baden-Baden, S. 105-131 (ZPol-Sonderband 2009).

Katz, Richard (2008), Why are there so Many (or so Few) Electoral Reforms?, in: Michael Gallagher / Paul Mitchell (Hg.), The Politics of Electoral Systems, Oxford / New York, S. 57-76.

Lenski, Sophie-Charlotte (2009), Paradoxien der personalisierten Verhältniswahl, in: Archiv des Öffentlichen Rechts 134, S. 473-512.

Linhart, Eric (2009), Mögliche Auswirkungen von Grabenwahlsystemen in der Bundesrepublik Deutschland. Theoretische Überlegungen und Simulationen, in: Zeitschrift für Parlamentsfragen 40 (3), S. 637-660.

Linhart, Eric / Harald Schoen (2010), Überhang- und Ausgleichsmandate in Schleswig-Holstein: Unklares Wahlrecht und Reformvorschläge, in: Zeitschrift für Parlamentsfragen 41 (2), S. 290-303.

Lübbert, Daniel (2009), Negative Stimmengewichte bei der Bundestagswahl 2009, in: Zeitschrift für Parlamentsfragen 41 (2), S. 278-289.

Meyer, Hans (1987), Demokratische Wahl und Wahlsystem, in: Josef Isensee / Paul Kirchhof (Hg.), Handbuch des Staatsrechts der Bundesrepublik Deutschland. Band II. Demokratische Willensbildung – Die Staatsorgane des Bundes, Heidelberg, S. 249-267.

Meyer, Hans (1994), Der Überhang und anderes Unterhaltsames aus Anlass der Bundestagswahl 1994, in: Kritische Vierteljahresschrift für Gesetzgebung und Rechtswissenschaft 77 (4), S. 312-362.

Meyer, Hans (2009), Lösungsmöglichkeiten nach dem Wahlrechtsurteil des BVerfG vom 3. Juli 2008, in: Deutsches Verwaltungsblatt 124 (3), S. 137-146.

Meyer, Hans (2010), Die Zukunft des Bundestagswahlrechts zwischen Unverständnis, obiter dicta, Interessenkalkül und Verfassungsverstoß (unveröff. Manuskript).

Nohlen, Dieter (2009a), Wahlrecht und Parteiensystem. Zur Theorie und Empirie der Wahlsysteme, 6. Aufl., Opladen / Farmington Hills.

Nohlen, Dieter (2009b), Erfolgswertgleichheit als fixe Idee oder: Zurück zu Weimar? Zum Urteil des Bundesverfassungsgerichts über das Bundeswahlgesetz vom 3. Juli 2008, in: Zeitschrift für Parlamentsfragen 40 (1), S.179-195.

Pappi, Franz Urban / Michael Herrmann (2010), Überhangmandate ohne negatives Stimmgewicht: Machbarkeit, Wirkungen, Beurteilung, in: Zeitschrift für Parlamentsfragen 41 (2), S. 260-278.

Pehle, Heinrich (1999), Ist das Wahlrecht in Bund und Ländern reformbedürftig? Eine Bilanz seiner Mängel und Ungereimtheiten nach 50 Jahren, in: Gegenwartskunde 48 (2), S. 233-256.

Poier, Klaus (2009a), Wahlsysteme im internationalen Vergleich – Ein Überblick, in: ders. (Hg.), Demokratie im Umbruch: Perspektiven einer Wahlrechtsreform, Wien u.a., S. 41-73.

Poier, Klaus (2009b), Wahlsystemvorschläge für Österreich – Mögliche Auswirkungen und Bewertung, in: ders. (Hg.), Demokratie im Umbruch: Perspektiven einer Wahlrechtsreform, Wien u.a., S. 271-295.

Prittwitz, Volker von (2003), Vollständig personalisierte Verhältniswahl. Reformüberlegungen auf der Grundlage eines Leistungsvergleichs der Wahlsysteme Deutschlands und Finnlands, in: Aus Politik und Zeitgeschichte B 52, S. 12-20.

Pukelsheim, Friedrich (2004), Erfolgswertgleichheit der Wählerstimmen zwischen Anspruch und Wirklichkeit, in: Die Öffentliche Verwaltung 57 (10), S. 405-413.

Rokkan, Stein (1970), Citizens, Elections, Parties, New York.

Schmitt-Beck, Rüdiger (1993), Denn sie wissen nicht, was sie tun ... Zum Verständnis des Verfahrens der Bundestagswahl bei west- und ostdeutschen Wählern, in: Zeitschrift für Parlamentsfragen 24 (3), S. 393-415.

Schoen, Harald (2005), Wahlsystemforschung , in: Jürgen W. Falter / ders. (Hg.), Handbuch Wahlforschung, Wiesbaden, S. 573-607.

Schoen, Harald (2007), Eine optimale Lösung? Eine Replik auf Gerd Strohmeier, in: Zeitschrift für Parlamentsfragen 38 (4), S. 862-865.

Shugart, Matthew Soberg / Martin P. Wattenberg (2001), Mixed-Member Electoral Systems: A Typology, in: dies. (Hg.), Mixed-Member Electoral Systems. The Best of Both Worlds? Oxford, S. 9-24.

Siefken, Sven T. (2002), Vorwahlen in Deutschland? Folgen der Kandidatenwahl nach U.S.-Vorbild, in: Zeitschrift für Parlamentsfragen 33 (3), S. 531-550.

Sternberger, Dolf (1969), Vorwort, in: ders. / Bernhard Vogel (Hg.), Die Wahl der Parlamente und anderer Staatsorgane. Ein Handbuch. Band I: Europa, Berlin, S. V-XIII.

Strohmeier, Gerd (2006), Wahlsysteme erneut betrachtet: Warum die Mehrheitswahl gerechter ist als die Verhältniswahl, in: Zeitschrift für Politikwissenschaft 16 (2), S. 405-425.

Strohmeier, Gerd (2009), Vergangene und zukünftige Reformen des deutschen Wahlsystems, in: ders. (Hg.), Wahlsystemreform, Baden-Baden, S. 11-44 (ZPol-Sonderband 2009)

IV. Das Volk als Gesetzgeber? Zur Diskussion um die Einführung plebiszitärer Elemente auf Bundesebene

1. Einleitung

Die Debatte um die direkte Demokratie in der Bundesrepublik ist durch eine merkwürdige Ungleichzeitigkeit gekennzeichnet. Auf der einen Seite gehört die verbreitete Skepsis gegenüber den plebiszitären Elementen, die der strikt repräsentativen Ausrichtung des Grundgesetzes zugrunde gelegen und dessen Interpretation lange Zeit begleitet hat, mittlerweile der Vergangenheit an. Die plebiszitären Elemente werden nicht mehr in einen prinzipiellen Gegensatz zur Repräsentativverfassung gebracht, sondern als eine sinnvolle oder sogar notwendige Ergänzung der parlamentarischen Demokratie gesehen. Der Sinneswandel erklärt, warum es auf der kommunalen und Länderebene in den achtziger und neunziger Jahren zu einem rasanten Ausbau der direktdemokratischen Beteiligungsformen kommen konnte, die Zug um Zug eingeführt bzw. – wo sie bereits vorhanden waren – erweitert und in ihrer Anwendbarkeit verbessert wurden. Der „Siegeszug" der direkten Demokratie in den Ländern gab denjenigen Rückenwind, die die Einführung plebiszitärer Elemente auch auf der Bundesebene verlangten. Hielten sich die befürwortenden und ablehnenden Stimmen der Experten im Rahmen der Gemeinsamen Verfassungskommission 1994 noch weitgehend die Waage, so sprachen sich bei der Anhörung zu dem von der rot-grünen Bundesregierung eingebrachten Gesetzentwurf acht Jahre später die meisten Verfassungsrechtler für eine direktdemokratische Ergänzung des Grundgesetzes aus. Auch was die konkrete Anwendung der Verfahren in Ländern und Kommunen angeht, tritt die Staatsrechtslehre inzwischen betont „plebiszitfreundlich" auf. Gleichzeitig haben sich – bis auf die CDU – alle im Bundestag vertretenen Parteien die Forderung nach einer Verfassungsreform zu Eigen gemacht.

Auf der anderen Seite wird man kaum sagen können, dass die Debatte um das Thema in den letzten Jahren substanzielle Fortschritte gemacht hat und wir einer Einführung der Plebiszite ins Grundgesetz wirklich näher gekommen sind. Nachdem sich SPD und Union in ihrem Koalitionsvertrag 2005 nur zu einem unverbindlichen Prüfauftrag in Sachen Direktdemokratie durchringen konnten, ist das Thema von der Agenda vorerst verschwunden. Es wäre zu einfach, den Stillstand allein CDU und CSU anzulasten, die das Zustandekommen der notwendigen Zweidrittelmehrheit für die Plebiszite 1994 und 2002 vereitelt hatten. Denn wäre eine solche Mehrheit in Reichweite gewesen, hätten sich vermutlich auch die Befürworter vorsichtiger verhalten. Die im Frühjahr 2006 kurz nacheinander in den Bundestag eingebrachten Gesetzesentwürfe von FDP, Grünen und Linken sind unter einen ähnlichen Vorbehalt zu stellen. Von ihnen nahmen weder die Regierungsparteien noch die Öffentlichkeit großartig Notiz. Dasselbe gilt für die pro-plebiszitären Vorstöße Horst Köhlers, die von den Parteifreunden des Bundespräsidenten in der Union kühl zurückgewiesen wurden.

Im Folgenden soll nach den Gründen dieser Stagnation gefragt werden. Warum bleibt die direkte Demokratie auf Bundesebene auf Eis gelegt, obwohl es eine wachsende Unterstützerfront gibt, die sich für die Einführung von plebiszitären Elementen ins Grundgesetz stark macht? Die Antwort, die ich darauf geben möchte, lautet kurz gefasst so: Die Befürworter der Plebiszite vertreten einen falschen Ansatz! Sie setzen die Direktdemokratie mit dem Idealmodell der „Volksgesetzgebung" gleich und übersehen dabei die Schwierigkeiten, die deren Einführung gerade auf der Bundesebene birgt. Um die These zu begründen, wird der Aufsatz zunächst den generellen Ursachen des direktdemokratischen Trends nachspüren (2), bevor er eine Begriffsbestimmung (3) und Typologisierung (4) der plebiszitären Instrumente vornimmt. Anschließend wird die rechtliche Ausgestaltung und reale Bedeutung der Direktdemokratie in den Bundesländern untersucht (5) und in diesem Zusammenhang auch auf die historische Genese und Pfadabhängigkeit der plebiszitären Demokratisierung eingegangen (6). Von dort ausgehend wende ich mich der Frage zu, ob und in welcher Form plebiszitäre Elemente in das Grundgesetz integriert werden könnten und sollten. Dabei werden zuerst die verschiedenen Etappen der verfassungsrechtlichen und –politischen Debatte nachgezeichnet (7) und anschließend die Probleme der Systemverträglichkeit im Einzelnen erörtert (8). Die Erörterung führt zu der Empfehlung, auf der Bundesebene statt der Volksgesetzgebung lediglich ein plebiszitäres Veto nach Schweizerischem Vorbild einzuführen (9).

2.   Warum mehr direkte Demokratie?

Nimmt man die wissenschaftliche Publikationstätigkeit als Gradmesser, ist in den etablierten demokratischen Verfassungsstaaten seit gut zwei Jahrzehnten ein deutlich gestiegenes Interesse an der direkten Demokratie zu verzeichnen. Dieses Interesse reflektiert den tatsächlichen Bedeutungszuwachs des Instruments. Einerseits finden mehr Volksabstimmungen statt, andererseits schreitet die verfassungsrechtliche Einführung bzw. der Ausbau der plebiszitären Elemente voran. Wie in der Bundesrepublik entpuppen sich dabei auch in anderen Ländern Gemeinden und Regionen als die eigentlichen Vorreiter. Das gilt z.B. für Frankreich, Großbritannien oder Schweden, wo die direktdemokratischen Verfahren früher kaum eine Rolle gespielt hatten (vgl. die Übersicht in Kaufmann / Büchi / Braun 2006: 232 ff.).

Auf der nationalen Ebene zeigt sich ein gemischteres Bild. Die Stimmen, die nach Einführung bzw. Ausweitung der plebiszitären Verfahren auch im Gesamtstaat rufen, sind zwar in den meisten westeuropäischen Ländern lauter geworden; sieht man von den zaghaften Bemühungen der Niederlande einmal ab, hat das bisher aber nirgends zu substanziellen Fortschritten geführt. Der letzte Fall einer spektakulären Verfassungsänderung bleibt das „abrogative Referendum" in Italien, dessen Einführung aus dem Jahre 1970 datiert (Schiller 2002: 165 f.). Anders verhält es sich in den mittel- und osteuropäischen Staaten, die im Zuge der Verfassungsgebung Anfang der neunziger Jahre plebiszitäre Elemente auf breiter Front eingerichtet haben. Am weitestgehenden waren die Bemühungen in Litauen, der Slowakei und Ungarn, wo nicht nur das fakultative Gesetzesreferendum, sondern auch die Volksinitiative eingeführt wurde – diese ist auf der einfachgesetzlichen Ebene nicht einmal in der Schweiz geläufig (Möckli 1998: 95 ff.). Die Beteiligungs- und Zustimmungsquoren wurden dabei freilich in allen Fällen so hoch angesetzt, dass das Instrument in der Praxis bislang keine größeren politischen Spuren hinterlassen hat (wenn man von der allerjüngsten Entwicklung in Ungarn einmal absieht).

Ähnlich verhält es sich auf der supranationalen Ebene der Europäischen Union, die die Initiative in Gestalt einer Volksanregung in ihren Lissabonner Vertrag aufgenommen hat (Hofmann / Wessels 2009: 84). Eine Mindestzahl von einer Million EU-Bürgerinnen und Bürger, die aus einer „erheblichen Zahl von Mitgliedstaaten" stammen, können danach die Kommission auffordern, „im Rahmen ihrer Befugnisse geeignete Vorschläge zu Themen zu unterbreiten, zu denen es nach Ansicht jener Bürgerinnen und Bürger eines Rechtsakts der Union bedarf, um die Verträge umzusetzen" (Art. 11 Abs. 4 EUV). Auch hier dürften die Intentionen der Verfassungsgeber primär symbolischer Natur gewesen sein. Ob das Instrument jemals reale Wirkung entfaltet, bleibt zweifelhaft. Im Gesamtkontext des europäischen Regierungssystems erscheint es ohnehin als Fremdkörper. Die Möglichkeit, die Regierenden durch den Einsatz des Plebiszits zu einer responsiveren Politik zu zwingen, setzt ja die demokratische Verantwortlichkeit der Vertretungsorgane bereits voraus, die aber im Falle der EU nur sehr unzureichend gegeben ist. Der Lissabon-Vertrag hat hier bestenfalls marginale Fortschritte gebracht. Die Einführung der direkten Demokratie würde folglich bedeuten, den zweiten Schritt vor dem ersten zu tun (Decker 2003: 86 ff.). Wie lässt sich der Bedeutungszuwachs der plebiszitären Verfahren erklären? Ein Rückblick auf die Geschichte der Demokratisierung im 20. Jahrhundert zeigt, dass die Einführung von Elementen direkter Demokratie in den seltensten Fällen freiwillig erfolgte. Fast immer handelte es sich um Konzessionen der herrschenden Eliten an die Bevölkerung, die unter massivem Druck zustande kamen. Für das Vordringen der Plebiszite lassen sich zwei Haupterklärungen anführen. Zum einen kann die Demokratisierung als Ausdruck eines generell gestiegenen Partizipationsbedürfnisses betrachtet werden, das an der Zunahme des politischen Interesses festzumachen ist und dessen Ursachen im verbesserten Bildungs- und Informationsniveau der Bürger liegen. Zum anderen handelt es sich um eine spezielle Reaktion auf die Krise der demokratischen Vermittlungsinstitutionen (Luthardt 1994: 167).

Beide Erklärungen sind miteinander verwoben, bildet das gestiegene Selbstbewusstsein der Bürger doch die Kehrseite ihres Vertrauensverlusts in die etablierten demokratischen Institutionen. Die im Zuge der Bildungsexpansion und Tertiarisierung erweiterten Möglichkeiten einer selbstbestimmten individuellen Lebensgestaltung haben nicht nur das Bedürfnis nach mehr und anspruchsvollerer Partizipation geweckt, sondern auch die Erwartungen an die Responsivität des politischen Systems erhöht (Welzel 1997: 59 ff.). Beides wird durch die Behauptung einer generellen „Politikverdrossenheit" gelegentlich verdeckt, die nicht mit Apathie oder politischem Desinteresse gleichgesetzt werden darf. Ebenso voreilig wäre allerdings die Annahme, dass mehr Beteiligungsangebote schon automatisch für ein höheres Niveau der Demokratie sorgen. Legitimitätssteigernde Wirkung entfalten sie nur in einem positiven Werteumfeld und wenn sie in die vorhandenen Strukturen des politischen Systems vernünftig eingebettet werden (s.u.).

3.   Begriffliche Vorklärungen

In der Literatur findet man häufig die Feststellung, die repräsentativen und plebiszitären Komponenten der Demokratie stünden in einem Ergänzungsverhältnis zueinander, wobei das repräsentative Prinzip den plebiszitären Verfahren grundsätzlich vorausgehe. Diese Feststellung ist in mehrerlei Hinsicht korrekturbedürftig.

Erstens verdeckt sie, dass von den plebiszitären Elementen ein nachhaltiger Einfluss auf die Funktionslogik des gesamten Regierungssystems ausgehen kann, der über einen bloß ergänzenden Charakter hinausreicht. Das naheliegende Beispiel ist die Schweiz. Hier lässt sich die Bedeutung der direkten Demokratie nicht annähernd erfassen, wenn man sie an der Quote der Gesetze festmacht, die nach dem Parlamentsbeschluss einem fakultativen Referendum unterworfen werden: Diese bewegt sich im Durchschnitt bei lediglich sieben Prozent, wobei in etwa der Hälfte der Fälle die Referenden erfolgreich sind, das Gesetz also zu Fall kommt (Linder 1999: 245). Tatsächlich ist die Bedeutung des plebiszitären Vetos aber ungleich größer. Sie äußert sich in erster Linie präventiv, indem die repräsentativen Körperschaften die Möglichkeit eines plebiszitären Vetos im Gesetzgebungsverfahren vorsorglich einkalkulieren. In der Schweiz hat das dazu geführt, dass im Laufe der Zeit alle referendumsfähigen Parteien und Verbände in den Regierungsprozess förmlich eingebunden worden sind. Das 1874 eingeführte fakultative Referendum wurde so zum institutionellen Urheber einer extremen Form der Konsensdemokratie, für die sich in der Politikwissenschaft der Begriff Konkordanzsystem eingebürgert hat (Neidhart 1970).

Zweitens drückt das Begriffspaar „repräsentativ versus plebiszitär" einen fragwürdigen Gegensatz aus. Versteht man unter „Repräsentation" die Ausübung von Herrschaft im Auftrag oder Namen des Volkes, mithin das stellvertretende Entscheiden, so lassen sich plebiszitäre Sachentscheidungen darunter genauso subsumieren wie Parlaments- oder Regierungsentscheidungen. Auch das Volk trifft ja, wenn es zum Plebiszit aufgerufen ist, seine Entscheidung immer stellvertretend für jene, die daran nicht teilnehmen wollen, dürfen oder können. Zu den beiden letztgenannten Gruppen gehören z.b. Kinder oder die künftigen Generationen. Die plebiszitäre Demokratie stellt gemäß dieser – unter anderem von Winfried Steffani vertretenen – Lesart nur eine Variante der repräsentativen Demokratie dar, bei der die Gesetzgebung nicht den gewählten Vertretern, sondern den Wählern selbst obliege, die dadurch in den Status einer Verfassungsinstitution hineinwüchsen. Die Trennlinie verlaufe zwischen parlamentarischer und plebiszitärer Repräsentation, nicht zwischen repräsentativer und plebiszitärer Demokratie (Steffani 1999: 774).

Steffanis Repräsentationsbegriff ist insofern verkürzt, als er das Prinzip nur vom Ende – der Entscheidung – aus betrachtet, während der Modus der Repräsentation – die Wahl – ausgeblendet bleibt. Dabei liegt gerade hier ein gravierender Unterschied zwischen der parlamentarischen und plebiszitären Repräsentation, der mit Blick auf die potenzielle Qualität der Entscheidungsinhalte maßgebliche Bedeutung gewinnt. Während der durch Wahl bestellte Abgeordnete von den

Wählern zur Verantwortung gezogen werden kann, kennt das Abstimmungsvolk „kein Gegenüber, vor dem es sich rechtfertigen müsste und für das es Verantwortung trüge; der Teilnehmer entscheidet geheim und braucht nicht öffentlich für sein Votum einzustehen" (Isensee 2009: 311). Manche Autoren leiten daraus eine normative Höherwertigkeit der parlamentarischen gegenüber der plebiszitären Repräsentation ab.

Die Gegenposition erachtet die Repräsentativverfassung demgegenüber als Minderform oder Surrogat der direkten Demokratie, da nur letztere das Prinzip der größtmöglichen Übereinstimmung von Regierenden und Regierten realisiere. Folgt man der Argumentation von Peter Graf Kielmansegg, so ist demokratietheoretisch weder die eine noch die andere Position haltbar. Abstimmungs- und Wahldemokratie hätten nicht nur ihre je eigene Rationalität, sondern auch ihre je eigene Geschichte. Die Unterscheidung zwischen beiden Formen müsse „an die Differenz zwischen Wahlen und Abstimmungen als zwei grundverschiedene Modi der Bürgerbeteiligung anknüpfen. Repräsentative Demokratie ist Wahldemokratie, direkte Demokratie ist Abstimmungsdemokratie, die vormodern Versammlungsdemokratie war und sich modern durch Abstimmungen an der Urne verwirklicht" (Kielmansegg 2006: 60).

Kielmanseggs strikte Unterscheidung zwischen Wahl- und Abstimmungsdemokratie widerspricht dem Begriffsverständnis von „repräsentativ" und „plebiszitär", das Ernst Fraenkel (1958) seiner berühmten Abhandlung über „[d]ie repräsentative und die plebiszitäre Komponente im demokratischen Verfassungsstaat" zugrundegelegt hat. Nach Fraenkel verkörpert das repräsentative Prinzip den angenommenen „wahren" Volkswillen, während das plebiszitäre Prinzip den „empirischen", also tatsächlichen Volkswillen zum Ausdruck bringe. Sofern sie dem tatsächlichen Volkswillen zur Wirkung verhelfen, fallen damit auch Wahlen unter die plebiszitäre Demokratie. Kielmansegg (2006: 60) kritisiert dies als unzulässige Gleichsetzung von „plebiszitär" und „demokratisch". In der Tat besteht das Problem von Fraenkels Definition darin, dass sie nicht klar sagen kann, wo das repräsentative Prinzip endet und das plebiszitäre beginnt. So möchte Fraenkel nur bestimmten Arten von Wahlen das Attribut „plebiszitär" zubilligen, etwa den US-amerikanischen Präsidentschaftswahlen oder den britischen Unterhauswahlen, aus denen faktisch der Premierminister hervorgehe. Umgekehrt kann sich das repräsentative Prinzip durchaus auch in einem plebiszitären Verfahren entfalten, wenn dieses der Ermittlung des wahren Volkswillens genügend Raum gibt. Fraenkels Unterscheidung trifft sich hier mit der oben dargestellten These von Steffani.

Kielmanseggs und Fraenkels Positionen erscheinen unvereinbar, lassen sich aber in einer pragmatischen Begriffsverwendung sinnvoll verbinden, wenn man zwischen einem weiteren und engeren Verständnis unterscheidet. Im weiteren Sinne (von Fraenkel) können die Bezeichnungen „direktdemokratisch" und „plebiszitär" für alle Maßnahmen und Äußerungsformen benutzt werden, die unmittelbar an das Volk adressiert sind bzw. von diesem ausgehen und auf die Demokratisierung des politischen Systems abzielen. Hierunter fallen z.B. – im Bereich der staatlichen Wahlen – die Personalisierung der Parteienwahlen durch offene Listen oder – innerhalb der Parteien – die Abhaltung von Urwahlen und Mitgliederentscheiden. Eine besonders weitreichende Form demokratischer Kandidatenaufstellung stellt das US-amerikanische Vorwahlsystem dar, weil sich hier neben Mitgliedern und Sympathisanten auch ganz normale Wahlberechtigte an den Auswahlprozessen beteiligen können.

Abb. IV.1   Formen direkter Demokratie

direkte Demokratie	im weiteren Sinne (= Demokratisierung)	(staatliche) Wahlen	Allgemeinheit
			Gleichheit
			Unmittelbarkeit
			Personalisierung
		Parteien	Vorwahlen (*primaries*)
			Urwahlen Mitgliederentscheid
			sonstige Mitgliederrechte
	im engeren Sinne (= plebiszitäre Elemente)		Abberufung (*recall*)
			Referendum (obligatorisch / einfach)
			Volksgesetzgebung (Initiative)

Direkte Demokratie im engeren Sinne liegt vor, wenn die Wähler über besondere plebiszitäre Entscheidungsrechte verfügen. Dies entspricht Kielmanseggs Begriff der Abstimmungsdemokratie. Allerdings ist der Sprachgebrauch in der Literatur auch hier verwirrend. Einige Autoren verstehen darunter lediglich Entscheidun-

gen über Sachfragen und schlagen deshalb vor, statt von „direkter" oder „plebiszitärer" besser von „sachunmittelbarer" Demokratie zu sprechen (z.b. Neumann
2009). Andere wollen den Begriff für sämtliche Abstimmungen benutzen, die
außerhalb der regulären Wahlen stattfinden (z.b. Neidhart 1993). Letztere
Sprachregelung scheint insofern sinnvoller, als sie auch solche Personalvoten mit
umfasst, die – wie das Abberufungsrecht eines Amtsträgers (recall) oder eine
plebiszitäre Parlamentsauflösung – von den Bürgern in eigener Initiative betrieben werden können. Bei dieser Art von personenbezogenen Abstimmungen handelt es sich offenkundig weder um Sachentscheidungen noch um Wahlen. Die
der Abberufung vorausgehende Direktwahl würde demgegenüber systemlogisch
nicht zu den plebiszitären Elementen im engeren Sinne gehören, auch wenn ihre
(nachträgliche) Einführung zweifellos einen Akt der Demokratisierung darstellt
(Marschall 1997).

4. Typologisierung und Ausgestaltung

Die nachfolgenden Ausführungen konzentrieren sich auf die direkte Demokratie
im engeren Sinne. Auch hier ist die begriffliche Differenzierung ein dringendes
Gebot. Wenn die normative Debatte um das Für und Wider der direkten Demokratie in Deutschland bisweilen Züge eines Glaubenskrieges trägt, hat das nicht
zuletzt damit zu tun, dass die plebiszitären Beteiligungsrechte unterschiedslos
über einen Kamm geschoren werden – ohne Ansehen ihrer je spezifischen Reichweite, Anwendungsbedingungen und Systemverträglichkeit. Es gibt aber nicht
die direkte Demokratie, sondern lediglich eine große Vielfalt unterschiedlicher
direktdemokratischer Beteiligungsformen. Dies bedeutet zugleich, dass es bei der
Zulassung der Plebiszite weniger um das Ob geht als um das Wie. Die Wahl und
Ausgestaltung der direktdemokratischen Instrumente erlangt – mit anderen Worten – für die Funktionsweise des politischen Systems größere Bedeutung als der
grundsätzliche Unterschied zwischen plebiszitärer und parlamentarischer Repräsentation (Fijalkowski 1993: 151).
   Um die komplexe Vielfalt der direktdemokratischen Instrumente typologisch zu erfassen, bietet sich eine Differenzierung unter vier Gesichtspunkten an.[1]

---

[1] Zur Unterscheidung der verschiedenen Verfahrenstypen und -varianten vgl. aus der umfangreichen Literatur u.a. Luthardt 1994, Möckli 1998, S. Jung 2001, Erne 2002 und Schiller
2002.

- *Erstens* stellt sich die Frage, ob die Ergebnisse von Volksabstimmungen rechtlich verbindlich sind, das heißt von den parlamentarischen Körperschaften gesetzgeberisch umgesetzt werden müssen, oder ob sie lediglich konsultativen Charakter haben. In die letztgenannte Kategorie würde z.b. eine von den Regierenden veranlasste Volksbefragung fallen, deren Ergebnis aber vermutlich eine starke politische Bindungswirkung hätte, oder eine von den Bürgern betriebene Volksanregung, durch die das Parlament aufgefordert wird, sich mit einer bestimmten Angelegenheit zu befassen („qualifizierte Massenpetition").

- *Zweitens* geht es darum, wer berechtigt sein soll, einen Volksentscheid auszulösen. Hier lassen sich drei Varianten unterscheiden. 1.) Der Volksentscheid ist verfassungsrechtlich vorgegeben (*„obligatorisches Referendum"*). 2.) Der Entscheid wird von den Regierenden angesetzt. Die Auslösungsbefugnis liegt bei einem oder mehreren Staatsorganen (in der Regel Präsident, Regierung oder Parlament), die entweder autonom entscheiden können oder bei der Entscheidung zusammenwirken, in Bundesstaaten auch bei den Gliedstaaten.[2] Weil die Anberaumung des Volksentscheids im Ermessen der Staatsorgane liegt, würde es sich eigentlich anbieten, diesen Verfahrenstyp als „fakultatives Referendum" zu bezeichnen. Dies birgt jedoch Verwechslungsgefahr mit dem gleichnamigen Verfahren in der Schweiz, das vom Volk ausgelöst wird und deshalb in die Kategorie der Initiative gehört. Passender erscheint daher der Begriff *„einfaches Referendum"*. 3.) Der Entscheid wird vom Volk selbst erzwungen. Für die Auslösung genügt eine zahlenmäßig festgelegte Minderheit der Stimmberechtigten (*„Volksinitiative / Volksbegehren"*).

- *Drittens* muss nach den Gegenständen der Initiative bzw. des Referendums unterschieden werden. Wird ein bereits beschlossenes Gesetz einem Volksentscheid unterworfen, handelt es sich um ein Zustimmungsreferendum bzw. um eine Vetoinitiative. Letztere entspricht dem fakultativen Referendum in der Schweiz. Im umgekehrten Fall spricht man vom Entscheidungsreferendum oder einer (positiven) Initiative; hier wird der Entscheidungsgegenstand im plebiszitären Verfahren selbst festgelegt. In der deutschen Diskussion firmiert diese Spielart auch unter dem allgemeinen Begriff „Volksgesetzgebung". Desweiteren ist nach dem inhaltlichen Gegenstand zu fra-

---

[2] Möckli (1998: 92) unterscheidet zusätzlich noch danach, ob das Referendum auf einer bestehenden Rechtsgrundlage beruht, oder ob diese erst geschaffen werden muss bzw. die Abstimmung auch ohne Rechtsgrundlage durchgeführt werden kann.

gen. Abstimmungen können sich auf einzelne Personen oder ganze Körperschaften beziehen (*recall* / plebiszitäre Parlamentsauflösung) und dabei sowohl als Referendum wie auch als Initiative vorkommen. Bei den Sachabstimmungen ist wiederum grob zwischen Territorialplebisziten (einschließlich internationaler Verträge), Verfassungsänderungen /-revisionen und einfachen Gesetzen zu trennen. Während die erstgenannten in der Regel obligatorisch sind, gilt das für verfassungsändernde Gesetze nicht zwingend. Diese können wie die einfachen Gesetze auch Gegenstand eines einfachen Referendums bzw. einer Volksinitiative sein.

▪ *Viertens* gilt es die nähere Ausgestaltung der plebiszitären Instrumente zu betrachten, die ihre Inanspruchnahme in der Praxis erleichtern oder erschweren. So macht es z.b. einen Unterschied, ob Referenden nur von den mehrheitsdemokratisch legitimierten Organen oder auch von einer Minderheit der Abgeordneten oder Gliedstaaten ausgelöst werden können. Noch sehr viel bedeutsamer ist die Ausgestaltung bei der Initiative. Restriktionen ergeben sich hier durch die Beschränkung der Abstimmungsgegenstände, die in den verschiedenen Stadien des Verfahrens zu überwindenden Beteiligungs- und Zustimmungsquoren, die einzuhaltenden Fristen oder anderweitige Ausführungsbestimmungen, die zumeist unterhalb der Verfassung geregelt werden. Zu den letzteren gehören z.b. die Modalitäten der Unterschriftensammlung, die Kostenerstattung oder die Frage, ob ein Volksentscheid mit einer regulären Wahl zusammengelegt werden kann.

5. *Direkte Demokratie in Ländern und Kommunen: ein Siegeszug?*

Während sie auf Bundesebene weiterhin fehlen, gehören die direktdemokratischen Elemente heute zum institutionellen Kernbestand sämtlicher deutschen Länder- und Kommunalverfassungen. Die plebiszitäre Enthaltsamkeit des Grundgesetzes mag mit Blick auf die Kommunen gut erklärbar sein; mit Blick auf die Länder ist sie aber erstaunlich, da sich die institutionellen Strukturen der Regierungssysteme auf beiden Ebenen ansonsten stark ähneln. Die abweichende Entwicklung war in der Geschichte der Bonner Republik von Beginn an angelegt. Nicht nur, dass alle 13 vorgrundgesetzlichen Länderverfassungen[3], die zwischen

---

[3] Darin eingeschlossen sind die fünf Länder der damaligen Sowjetischen Besatzungszone und die Länder Baden, Württemberg-Baden und Württemberg-Hohenzollern, die sich 1952 zum Land Baden-Württemberg vereinigten.

November 1946 und Dezember 1947 verabschiedet wurden, direktdemokratische Verfahren vorsahen. Auch unter den sechs nach dem Grundgesetz in Kraft getretenen Verfassungen befanden sich drei, die plebiszitäre Elemente enthielten; lediglich die norddeutschen Länder Schleswig-Holstein, Niedersachsen und Hamburg waren damals dem Vorbild des Bundes gefolgt und hatten auf die Einführung der Plebiszite vollständig verzichtet.

In der Praxis spielte das Instrument bis zu Beginn der neunziger Jahre freilich keine große Rolle, wenn man von wenigen spektakulären Fällen absieht. Hierzu gehörte z.b. das Volksbegehren gegen die von der Landesregierung geplante Einführung der Kooperativen Schule in Nordrhein-Westfalen, das 1978 auch bundesweit Schlagzeilen machte. Die Gründe für die Zurückhaltung lagen zum einen in der restriktiven Ausgestaltung der Volksgesetzgebung, zum anderen im anti-plebiszitären Zeitgeist und dem vorhandenen Grundvertrauen in die repräsentativen Institutionen. Dementsprechend gab es auch keine Ambitionen, an der Verfassungslage etwas zu ändern. Die einzige Ausnahme blieb lange Zeit Baden-Württemberg, das sich 1974 zur Einführung einer zweistufigen Volksgesetzgebung entschloss, nachdem es Bürgerbegehren und -entscheid 18 Jahre zuvor bereits auf der kommunalen Ebene eingerichtet hatte. Umgekehrt entschied sich das Land Berlin im selben Jahr (1974) dafür, aus der praktischen Folgenlosigkeit des Instruments die Konsequenzen zu ziehen, indem es bis auf die plebiszitäre Parlamentsauflösung alle Volksrechte abschaffte (Weixner 2002: 137 ff.).

Richtige Schubkraft sollte die plebiszitäre Entwicklung erst ausgangs der achtziger Jahre entfalten. Ursächlich dafür waren eine Reihe von Faktoren, deren zeitnahes Zusammentreffen die Reformen beflügelte. Der Novellierungsbedarf der vorgrundgesetzlichen Länderverfassungen und die Verfassungsgebung in den neuen Bundesländern schufen günstige Gelegenheiten für die Einführung der Plebiszite, die durch das allgemein gestiegene Bedürfnis nach politischer Partizipation und die demokratische Aufbruchsstimmung in der früheren DDR zusätzlich unterstützt wurden (Decker 2004: 54 ff.). Vorreiter der Reform war das von der Barschel-Affäre geschüttelte Land Schleswig-Holstein, dessen 1990 verabschiedete neue Verfassung für die anderen Länder Modellcharakter gewann. Die Dynamik des anschließenden Prozesses lässt sich einerseits mit der Attraktivität des Themas im Parteienwettbewerb, andererseits mit dem föderalen Nachahmungsdruck erklären. Dies führte zumal auf der kommunalen Ebene zu einem regelrechten Dominoeffekt, durch den der bis dahin nur in Baden-Württemberg gekannte Bürgerentscheid ab 1990 in allen Kommunalverfassungen Einzug hielt. Begleitet wurde dieser Prozess von der flächendeckenden Einführung der Direktwahl der Bürgermeister, die vor 1992 – im Rahmen der Süddeutschen Rats-

verfassung – ebenfalls nur in Bayern und Baden-Württemberg vorgesehen war
(von Arnim 2000: 258 ff.). Begünstigend wirkte sich auch die direkte Demokratie
selbst aus, die – einmal eingeführt – als Hebel für weitere Verfassungsänderungen diente. So konnte auf der Länderebene schon 1996 der förmliche Schlussstein
unter den Reformprozess gesetzt werden, als Hamburg die Direktdemokratie als
letztes Bundesland in seine Verfassung übernahm.

Ein wesentlich nüchterneres Bild ergibt sich, wenn man die tatsächliche
Anwendungspraxis betrachtet. Zwar lässt sich auf der Länderebene ein deutlicher Anstieg der eingeleiteten Begehren und durchgeführten Volksentscheide
verzeichnen, seitdem das direktdemokratische Instrumentarium ausgeweitet
wurde, doch bewegt sich die Gesamtzahl nach wie vor auf sehr niedrigem Niveau. Der Befund wird durch die höchst ungleiche Verteilung zwischen den
Ländern unterstrichen. Im gesamten Zeitraum von 1947 bis 2008 wurden gerade
einmal 15 Volksentscheide durchgeführt, von denen allein zehn auf zwei Bundesländer – Bayern und Hamburg – entfielen.[4] In zehn Ländern fand bisher überhaupt kein Volksentscheid statt. Ähnlich sieht die Verteilung bei den Volksbegehren aus. Deren Gesamtzahl beläuft sich auf 61, von denen wiederum mehr als
die Hälfte (34) auf lediglich drei Länder – Bayern, Brandenburg und Hamburg –
entfallen. Baden-Württemberg, Mecklenburg-Vorpommern und das Saarland
verzeichnen bislang kein einziges Volksbegehren, Hessen und Rheinland-Pfalz,
wo das Instrument schon seit 1946 bzw. 1947 besteht, nur jeweils eines (Mehr
Demokratie 2009: 8 ff.).

Auf der kommunalen Ebene liegt die Zahl der Bürgerbegehren und -
entscheide naturgemäß höher. Nach Erhebungen des Vereins „Mehr Demokratie"
beläuft sie sich auf 3.721 bzw. 2.226. (Von den Entscheiden geht dabei knapp ein
Drittel auf ein Ratsbegehren zurück.) Die Verteilung ist auch hier sehr unterschiedlich: Allein Bayern kommt auf rund 40 Prozent aller Verfahren und Entscheide. Betrachtet man die Kommunen im Einzelnen, liegt München mit 20
Verfahren an der Spitze, gefolgt vom Hamburger Bezirk Wandsbek (19) und
Augsburg (18). Die meisten Bürgerentscheide fanden in Erlangen (13) und Re-
gensburg (10) statt. Laut „Mehr Demokratie" hat es in einem Fünftel der deutschen Städte und Gemeinden bisher mindestens ein Verfahren gegeben. Im Umkehrschluss heißt das, dass 80 Prozent der Kommunen noch keine Bekanntschaft
mit dem direktdemokratischen Instrument gemacht haben (Mehr Demokratie
2008: 12 ff.).

---

[4] Mit den Abstimmungen über den Nichtraucherschutz in Bayern und die Schulreform in
Hamburg gesellten sich 2010 zwei weitere Volksentscheide hinzu.

Abb. IV.2   Praxis der direkten Demokratie in den Ländern

Bundesland	Einführung der Plebiszite	Volks- initiativen*	Volks- begehren	Volks- entscheide	Verfassungs- referenden
Baden-Württemberg	1974	5	-	-	3
Bayern	1946	41	16	5	10
Berlin	1949 – 1974 1995	18	3	1	3
Brandenburg	1992	26	8	-	2
Bremen	1947	10	4	-	3
Hamburg	1996	25	10	5	-
Hessen	1946	6	1	-	10
Mecklenburg-Vorpommern	1994	21	-	-	1
Niedersachsen	1993	7	2	-	-
Nordrhein-Westfalen	1950	11	2	-	1
Rheinland-Pfalz	1947	5	1	-	2
Saarland	1979	6	-	-	-
Sachsen	1992	11	4	1	-
Sachsen-Anhalt	1992	3	2	1	-
Schleswig-Holstein	1990	20	4	2	-
Thüringen	1994	7	4	-	1
Summe		222	61	15	36

*einschließlich Antrag auf Volksbegehren in der zweistufigen Ausgestaltung

Quelle: Eigene Zusammenstellung nach Daten von „Mehr Demokratie" (2009).

Dass die direkte Demokratie im realen Verfassungsleben nur eine geringe Rolle spielt, hängt mit ihrer restriktiven Ausgestaltung zusammen. Ursächlich dafür sind zum einen die Regelungen selbst, zum anderen ihre überwiegend defensive Interpretation durch die Verfassungsrechtsprechung (Neumann 2002). Alle Bundesländer haben sich für die vermeintlich progressivste Variante der Direktdemokratie entschieden, die sogenannte Volksgesetzgebung. Diese gibt den Bürgern die Möglichkeit, selbst als Gesetzgeber aktiv zu werden und nötigenfalls an die Stelle – nicht nur an die Seite – des parlamentarischen Gesetzgebers zu treten. Damit unterscheidet sie sich grundsätzlich von anderen Formen der Abstim-

mung, die „von oben" anberaumt werden (einfaches Referendum), durch die
Verfassung vorgeschrieben sind (obligatorisches Referendum) oder sich auf ein
bereits beschlossenes Gesetz beziehen (Vetoinitiative bzw. fakultatives Referendum).

Die meisten Bundesländer kennen die Volksgesetzgebung in der dreistufigen Abfolge von Initiative, Begehren und Entscheid. Baden-Württemberg, Bayern, Hessen und das Saarland praktizieren ein zweistufiges Verfahren, das ohne
die Initiative auskommt; dasselbe Verfahren gilt in sämtlichen Kommunalverfassungen. Bemerkenswert ist, dass mit der Entscheidung für das Volksgesetzgebungsmodell ein weitgehender Verzicht auf die anderen Beteiligungsformen
einhergeht.[5] Ein obligatorisches Verfassungsreferendum ist nur in Bayern und
Hessen gegeben. In vier Ländern (Baden-Württemberg, Bremen, Nordrhein-
Westfalen und Sachsen) kann ein Verfassungsreferendum von Parlament oder
Regierung angesetzt werden, wenn ein verfassungsänderndes Gesetz im parla-
mentarischen Verfahren scheitert. Erwähnenswert ist auch, dass immerhin sieben
Länder – Baden-Württemberg, Bayern, Berlin, Brandenburg, Bremen, Nordrhein-
Westfalen (dort allerdings nur mittelbar) und Rheinland-Pfalz – zusätzlich zu der
in allen Länderverfassungen vorgesehenen Selbstauflösung – eine plebiszitäre
Abberufung des Parlaments gestatten. Ein einfaches Gesetz zur Abstimmung zu
stellen ist dagegen außer in Baden-Württemberg, Nordrhein-Westfalen und
Rheinland-Pfalz nirgendwo möglich; dasselbe gilt für die Initiative gegen ein
bereits beschlossenes Gesetz, die in abgeschwächter Form nur in Rheinland-Pfalz
vorgesehen ist (Rux 2008: 333 ff.).[6]

Während die Länder- und Kommunalverfassungen in der Grundausrichtung der Direktdemokratie übereinstimmen, bestehen deutliche Unterschiede bei
der Ausgestaltung der Verfahren im Einzelnen. Empirische Untersuchungen
bestätigen die Vorahnung, dass die Nutzungshäufigkeit der Regelungen mit ihrer
Nutzerfreundlichkeit korrespondiert: Je größer die Offenheit der Volksgesetz-

---

[5] Davon ausgenommen ist lediglich die unverbindliche Volkspetition, die unter verschiedenen Bezeichnungen – Volkspetition, Volksinitiative oder Bürgerantrag – in neun Bundesländern neben der Volksgesetzgebung besteht.

[6] „Abgeschwächt" deshalb, weil die Antragsberechtigung nicht beim Volk, sondern bei
einem Drittel des Landtags liegt (Art. 114 Satz 1 und Art. 115 Abs. 1 Satz 1 der rheinland-
pfälzischen Verfassung). Die Hamburgische Verfassung sieht nach der jüngsten Reform der
Volksgesetzgebung die Möglichkeit eines (von 2,5 Prozent der Wahlberechtigten zu bean-
tragenden) fakultativen Referendums vor, wenn das Parlament ein volksbeschlossenes Gesetz abändert (s.u.).

gebung, desto mehr Verfahren werden initiiert und haben die Chance, zum Erfolg zu kommen (Eder / Magin 2008: 283 ff.).

Ihre bedeutsamste Einschränkung erfährt die Direktdemokratie durch die Ausschlussgegenstände. Im Anschluss an die Weimarer Verfassung, die eine entsprechende Regelung in Art. 73 vorsah, nehmen sämtliche Länderverfassungen die sogenannte Finanztrias von Haushaltsgesetz, Abgaben und Besoldung von der Volksgesetzgebung aus. Bezogen auf das Haushaltsgesetz hat das zur Folge, dass auch finanzwirksame Gesetze dem plebiszitären Zugriff weitgehend entzogen sind. Des Weiteren ist ausgeschlossen, dass Verwaltungsentscheidungen und der Landesvollzug von Bundesgesetzen zum Gegenstand eines Volksgesetzgebungsverfahrens gemacht werden, obwohl im deutschen Föderalismus gerade hier die Hauptaufgabe der Länder liegt (Weixner 2002: 98 f.). Dieser Ausschluss fällt umso schwerer ins Gewicht, als deren Gesetzgebungskompetenzen im Vergleich zu jenen des Bundes ohnehin sehr schmal geschnitten sind.

Weichen die Verfassungen bei der Festlegung der Ausschlussgegenstände kaum voneinander ab, so offenbart ein Vergleich der in den verschiedenen Stadien des Verfahrens vorgeschriebenen Quoren interessante Unterschiede. Die neuen Bundesländer sowie diejenigen Länder der Altbundesrepublik, die ihre Verfassungen erst in jüngerer Zeit novelliert haben (Niedersachsen und die Stadtstaaten), sind bei der Ausgestaltung der Volksgesetzgebung dem sogenannten „Kieler Modell" gefolgt, das geringe Beteiligungshürden und großzügig bemessene Eintragungsfristen in der Eingangsphase mit einem vergleichsweise hohen Zustimmungsquorum kombiniert (zwischen 20 und 33 Prozent). Bayern, Hessen, Sachsen und – mit Abstrichen – Nordrhein-Westfalen haben den umgekehrten Weg beschritten: hohe Einstiegshürden und kurze Eintragungsfristen bei Initiative und Begehren, dafür aber ein niedrigeres bzw. überhaupt kein Zustimmungsquorum beim Entscheid.[7] Bildet man eine Rangfolge, stehen Bayern, Hamburg und Sachsen als Länder mit den niedrigsten Schwellen an der Spitze, während das Saarland mit einem in der Praxis unerreichbaren Zustimmungsquorum von 50 Prozent (!) am Ende rangiert (Mehr Demokratie 2009: 7).

In engem Zusammenhang mit den Quoren stehen die Fristen, die für das Zustandekommen eines Volksbegehrens einzuhalten sind, sowie die Modalitäten der Unterschriftensammlung. Die Fristen reichen von lediglich 14 Tagen (Baden-Württemberg, Bayern, Hessen und Saarland) bis zu gar keiner Frist (Mecklen-

---

[7] In Sachsen-Anhalt entfällt das Zustimmungsquorum, wenn der Landtag eine Konkurrenzvorlage zur Abstimmung stellt.

burg-Vorpommern).[8] Fasst man Quoren und Fristen zu einem Mobilisierungsko-
effizienten zusammen, ist es in Hessen fünfzig Mal schwerer, die Volksbegeh-
renshürde zu nehmen, als in Schleswig-Holstein (O. Jung 2005: 324 f.). Abschreckende Wirkung hat es auch, wenn die Unterschriften für ein Begehren in der
Amtsstube zu leisten sind und nicht – wie in der Initiativphase – frei gesammelt
werden können. Dies ist zur Zeit in acht Ländern vorgeschrieben; die restlichen
acht erlauben die freie Unterschriftensammlung.

Weitere Restriktionen ergeben sich aus den Regeln der Kostenübernahme.
Zwar sehen alle Länder vor, dass die Initiatoren die Kosten in der Eingangsphase
und beim Volksbegehren zunächst selbst tragen müssen. In einigen Ländern
können sie jedoch für die Aufwendungen entschädigt werden – sei es durch eine
Erstattung der tatsächlich entstandenen Kosten oder durch eine Vergütung, die
sich analog zur Wahlkampfkostenerstattung an der Unterstützung des Begehrens
bzw. Abstimmungsbeteiligung orientiert (Eder / Magin 2008: 281).

Von erheblicher Bedeutung ist schließlich die Terminierung des abschließenden Entscheids. Findet dieser parallel zu einer regulären Wahl statt, ist die
Wahrscheinlichkeit, dass das Beteiligungs- oder Zustimmungsquorum überschritten wird, sehr viel größer als bei einer getrennt anberaumten Abstimmung.
Nur in Hamburg schreibt die Verfassung zwingend vor, dass Volksentscheide
zeitgleich mit der Bundestags- oder Bürgerschaftswahl abzuhalten sind – es sei
denn, die Initiatoren selbst beantragen einen anderen Termin. Diese Regelung hat
eine interessante Geschichte. Nachdem sie 2004 bei gleich zwei Volksabstimmungen empfindliche Niederlagen erlitten hatte, setzte die regierende CDU eine Änderung des Ausführungsgesetzes durch, die die Koppelung der Abstimmungen
an die Wahlen beseitigte (von Arnauld 2010: 98 f.). Das Hamburgische Verfassungsgericht hob den Beschluss auf, da die Verfassung die gleichzeitige Durchführung von Wahlen und Abstimmungen ausdrücklich gestatte. Die Regierungspartei nahm dies zum Anlass, auf die Initiatoren zuzugehen und einen für beide
Seiten akzeptablen Kompromiss zu suchen. Die im Dezember 2008 von der Bürgerschaft verabschiedete Verfassungsänderung sieht nun unterschiedliche
Quoren vor, je nachdem, ob die Abstimmungen zeitgleich mit der Wahl stattfinden oder nicht: Im ersten Falle müssen mindestens so viele Wähler der Vorlage
zustimmen, wie der Mehrheit der in dem gleichzeitig gewählten Parlament re-

---

[8] Das gilt allerdings nur für den Fall, dass die Unterschriften frei gesammelt werden. Bei der
Amtseintragung ist die Frist auf zwei Monate begrenzt.

präsentierten Hamburger Stimmen entspricht, in letzterem Falle genügen 20 Prozent der Wahlberechtigten (Mehr Demokratie 2009: 26 ff.).[9]

Ohne bei der schier unendlichen Regelungsvielfalt noch weiter ins Detail zu gehen, lassen sich die vorstehenden Ausführungen zur Ausgestaltung der Direktdemokratie auf der kommunalen und Länderebene in drei Feststellungen zusammenfassen. *Erstens* bleiben die Anwendungsbedingungen in der Summe so restriktiv, dass die plebiszitären Elemente in der Verfassungspraxis nur eine geringe Rolle spielen und eine nachhaltige, systemverändernde Wirkung von ihnen nicht ausgeht. Die benutzerfreundlichsten Länder in der Bundesrepublik bewegen sich ungefähr auf demselben Niveau wie die benutzerunfreundlichsten Schweizer Kantone oder US-Bundesstaaten. *Zweitens* bestehen zwischen den Ländern in den Anwendungsbedingungen enorme Unterschiede, die sich in der tatsächlichen Nutzung der Verfahren widerspiegeln. In keinem anderen Bereich der Länderregierungssysteme ist die institutionelle Bandbreite so groß wie hier. Und *drittens* konnten die Anwendungsbedingungen nach der Einführung der Direktdemokratie im Schnitt verbessert werden. Weil auch hier nur ein Teil der Länder aktiv voranging und die anderen den Trend mehr oder weniger verschliefen, hat sich die Schere zwischen den Vorreitern und Nachzüglern seither nochmals vergrößert.

Dass die direkte Demokratie selbst einen wesentlichen Beitrag geleistet hat, um diese Entwicklung zu ermöglichen, ist hierbei mehr als nur eine ironische Fußnote. Schlüsselt man die 266 Volksinitiativen, -petitionen und -begehren, die laut Auskunft von „Mehr Demokratie" im Zeitraum 1946 bis 2008 lanciert wurden, nach Themengebieten auf, liegt der Bereich „Demokratie, Staatsorganisation und Innenpolitik" mit 21 Prozent gleich an zweiter Stelle – nach „Bildung und Kultur" mit 29 Prozent (Mehr Demokratie 2009: 12 f.). Etwa die Hälfte davon entfallen wiederum allein auf die direkte Demokratie. Nimmt man nur den Zeitraum seit 1991, ab dem die plebiszitären Elemente flächendeckend eingerichtet wurden bzw. Bestand hatten, liegt der Anteil sogar bei zwei Dritteln (vgl. die Aufstellung bei Rux 2008: 931 ff.). Aus den Zahlen spricht einerseits das Bedürf-

---

[9]Die Regelung knüpft an Art. 2 sect. 8 (b) und 9 (b) der kalifornischen Verfassung an, der eine entsprechende Koppelung an die Gouverneurswahlen vorsieht. Demokratiepolitisch inkonsequent ist sie im Hamburger Fall insofern, als bei einer Bezugnahme auf die Bundestagswahl der systemische Zusammenhang zwischen parlamentarischer und Volksgesetzgebung auf Landesebene durchbrochen wird. Das zeigt, dass es den Initiatoren weniger um eine Synchronisierung des Legitimationsniveaus der beiden konkurrierenden Landesgesetzgebungsorgane ging, als darum, die Beteiligungsraten bei den Volksabstimmungen zu erhöhen (von Arnauld 2010: 111 ff.).

nis vieler Wähler und Aktivisten, die als zu restriktiv empfundenen Anwendungsbedingungen der Plebiszite zu lockern, zum anderen – wie gesehen – der
weitreichende Ausschluss sonstiger abstimmungsfähiger Themen. Auch von den
Initiativen zur Direktdemokratie sind die meisten schon vorab als unzulässig
erklärt worden (O. Jung 2005: 357 f.). Nur in vier Fällen (einer in Bayern und drei
in Hamburg) gelang es, einen Volksentscheid zu erzwingen. Zwei davon waren
erfolgreich – der Entscheid über die Einführung des kommunalen Bürgerentscheids in Bayern (1995), bei dem sich der Entwurf von „Mehr Demokratie" gegen die Konkurrenzvorlage des Bayerischen Landtags durchsetzen konnte, und
der Entscheid über die Einführung des Bürgerentscheids in den Hamburger Bezirken (1998).

Der Erfolg der Direktdemokratie in eigener Sache lässt sich mit diesen Zahlen aber nicht annähernd erfassen. Denn auch wo die Vorstöße über das Initiativ-
oder Begehrensstadium nicht hinauskamen, wurden sie von den Parlamenten in
der Regel aufgegriffen. Auf diese Weise konnten z.B. in Berlin, Bremen und Thüringen teilweise erhebliche Verbesserungen erreicht werden. Besonders spektakulär war die Wirkung der beiden „unecht" – das heißt lediglich am Zustimmungsquorum – gescheiterten Initiativen für erleichterte Volksbegehren und –entscheide in Hamburg (1998 und 2007), denen eine klare Mehrheit der Wähler zuge-
stimmt hatte. Dies wurde von den Regierenden als Aufforderung verstanden, die
Volksgesetzgebung grundlegend zu reformieren. Dass das ehemalige Schlusslicht
Hamburg heute unter allen Bundesländern die anwenderfreundlichsten Verfahren hat, verdankt sich also ganz unmittelbar der direkten Demokratie (von
Arnauld 2010: 94 ff.).

Die rasche Folge der mit Hilfe des Plebiszits durchgesetzten Verbesserungen
ist mehreren Umständen geschuldet. Zum einen haben sich viele Initiativen nicht
auf die förmliche Verfassung bezogen, wo die Änderungshürden sehr hoch liegen, sondern auf die leichter veränderbaren Ausführungsgesetze. Zum anderen
waren ihnen oftmals Versuche der Verfassungsgerichte oder des Gesetzgebers
vorausgegangen, den erreichten Zustand zurückzudrehen und die Anwendbarkeit der direktdemokratischen Verfahren zu beschneiden. Dass die pro-
plebiszitären Kräfte in diesem Hase-Igel-Rennen am Ende meistens die Nase vorn
hatten, mag man im Sinne einer dynamischen Verfassungsentwicklung begrüßen.
Zur Idee der Verfassung gehört allerdings auch, dass sie auf eine gewisse Dauer-
haftigkeit hin angelegt ist. Ständiger Streit um einen wichtigen Teil seiner konstitutionellen Grundlagen tut auf lange Sicht keinem Gemeinwesen gut. Das Hin
und Her zwischen plebiszitfreundlicher und restriktiver Ausgestaltung, das die

Volksgesetzgebung provoziert, erweist sich unter diesem Gesichtspunkt als ernsthaftes Problem.

6. *Die Gleichsetzung von Direktdemokratie und Volksgesetzgebung im deutschen Verfassungsdenken*

Vor dem Hintergrund der Verfassungslage in den Ländern ist es wenig erstaunlich, dass sich auch die Diskussion um die Einführung von Plebisziten in das Grundgesetz weitgehend auf die Volksgesetzgebung kapriziert. Entsprechend sehen die Mehrzahl der Vorschläge vor, das Modell, wie es in Ländern und Kommunen existiert, für den Bund einfach zu übernehmen. Dieses ist sozusagen „gesetzt" und wird – auch im Lichte möglicher Alternativen – nicht weiter hinterfragt. Die Befürworter einer plebiszitären Verfassungsergänzung richten ihr Augenmerk deshalb ausschließlich auf die Ausgestaltung der direktdemokratischen Verfahren, das heißt ihre Benutzerfreundlichkeit – ganz so wie in den Ländern.

Die Fixierung der Verfassungsdebatte auf die Volksgesetzgebung wirkt befremdlich, wenn man die Bundesrepublik mit anderen Ländern vergleicht. Gewiss ist es nicht möglich, Strukturen, die historisch gewachsen und in einen bestimmten Systemkontext eingebettet sind, in einen anderen Kontext ohne weiteres zu übertragen. „Einen Rhododendronbusch aus Bergen in Norwegen sollte man nicht in den Havelsand verpflanzen, und das Edelweiß aus den Schweizer Alpen würde in der Bundesrepublik Deutschland jämmerlich eingehen" (Schmidt 2003: 122). Auf der anderen Seite zeigt der Vergleich aber auch, dass die institutionellen Merkmale eines politischen Systems keineswegs beliebig zusammenwirken – manche Kombinationen sind „funktionaler" als andere. Insofern ist es geradezu geboten, die ausländischen Vorbilder im Rahmen von Verfassungsgebungsprozessen zu studieren. Dies gilt insbesondere dann, wenn es sich – wie bei der Direktdemokratie – um „optionale" Einrichtungen handelt, die nicht zum institutionellen Mindestbestand der Verfassung gehören (wie Parlamentarismus, Wahlrecht, Verfassungsgerichtsbarkeit oder der territoriale Staatsaufbau).

Der europaweite Vergleich ergibt hier zunächst einen überraschenden Befund. Während die Möglichkeit eines von oben anzuberaumenden Referendums in unterschiedlichen Varianten fast überall gegeben ist, gilt dies nicht für die Volksinitiative! Lässt man Zwergstaaten wie Liechtenstein oder San Marino außer Betracht, räumen in Europa lediglich fünf parlamentarische Demokratien – Italien, Litauen, die Slowakei, Slowenien und Ungarn – den Bürgern das Recht ein, ein vom Parlament beschlossenes Gesetz mittels Vetoinitiative aufzuheben.

Drei davon – Litauen, die Slowakei und Ungarn – gestehen dem Volk darüber hinaus ein positives Gesetzgebungsrecht zu, das sich allerdings nicht auf alle Materien erstreckt. Von Italien abgesehen ist die Volksinitiative auf der nationalen Ebene also nur in einigen mittel- und osteuropäischen Ländern verbreitet, wo man sie nach dem Systemumbruch 1989 aus einem demokratischen Überschwang heraus eingeführt hat (Ewert 2007).

Unter den präsidentiellen Systemen ist das Bild gemischter. Während sich die US-amerikanische Bundesverfassung bis heute in plebiszitärer Enthaltsamkeit übt, ist die Initiative – in Kombination mit dem Referendum – mittlerweile in den meisten Staaten Lateinamerikas geläufig (Rinke / Stüwe 2008: 40 ff.). Auf der anderen Seite sehen in den USA immerhin rund die Hälfte der Einzelstaaten zum Teil sehr weitreichende Initiativrechte vor (Moeckli 2007). Dasselbe gilt für die präsidentiell (auf der Kantonsebene) bzw. „quasi-präsidentiell" (auf der nationalen Ebene) verfasste Schweiz – das Land mit der am stärksten ausgebauten Direktdemokratie überhaupt. Bemerkenswert ist allerdings, dass die Schweiz die Initiative auf der nationalen Ebene nur als Verfassungsinitiative kennt (Möckli 1998: 100 ff.). Die direktdemokratischen Verfahren konzentrieren sich hier nicht in der Volksgesetzgebung, sondern im fakultativen Referendum. Mit der Übertragung des Ländermodells auf den Bund wäre die Bundesrepublik also, was die Grundausrichtung der direkten Demokratie angeht, selbst der Schweiz voraus! Ob den Befürwortern einer plebiszitären Ergänzung des Grundgesetzes dieser Umstand bewusst ist, darf bezweifelt werden (Kielmansegg 2006: 73 ff.).

Die eben getroffene Feststellung gilt natürlich nur, wenn man die tatsächliche Anwendbarkeit des Instruments unberücksichtigt lässt. Hier zeigt sich – wie gesehen – das glatte Gegenteil. So pro-plebiszitär die Länderverfassungen in ihrer Grundentscheidung für die Initiative anmuten, so bürgerunfreundlich gestalten sie sich in der Praxis. Auch wo sie zur Anwendung kommen, entfalten die plebiszitären Verfahren keine nennenswerten systemischen Wirkungen – ganz anders als in der Schweiz. Kritiker attestieren ihnen darum zu Recht eine überwiegend symbolische Funktion (z.B. O. Jung 2002a: 292).

Angesichts dieses paradoxen Zustands stellt sich natürlich die Frage, warum die Verfassungsgeber unter allen denkbaren Optionen sich ausgerechnet für das potenziell weitreichendste Instrument der Initiative entschieden haben. Die Antwort ist in der deutschen Verfassungsgeschichte zu suchen. Wie Reinhard Schiffers (1971: 17 ff.) in seiner wegweisenden Studie über die direktdemokratischen Elemente im Weimarer Regierungssystem nachgewiesen hat, reichen die theoretischen Vorstellungen von einer unmittelbaren Volksgesetzgebung als Alternative zum herkömmlichen Repräsentativsystem bis Mitte des 19. Jahrhunderts zurück.

Als Pionier der ersten Stunde tat sich hier insbesondere der sozialistische Publizist und Politiker Moritz Rittinghausen hervor, dessen Vorschläge für eine direkte Volksgesetzgebung im Eisenacher Programm der SPD von 1869 Eingang fanden. Eine unmittelbare Wirkung auf die Verfassungsentwicklung ging von diesen Ideen allerdings nicht aus. Lediglich auf der kommunalen Ebene fanden das Referendum und später auch die Initiative eine gewisse Verbreitung, wobei die süddeutschen Länder eine Vorreiterrolle spielten (Hernekamp 1979: 223 ff.). Dass die Verfassungsgebung im Bereich der direkten Demokratie auf den Pfad der Initiative gedrängt wurde, hängt vor allem mit dem konstitutionellen Ist-Zustand um die Jahrhundertwende zusammen. Weil der Durchbruch zur parlamentarischen Demokratie in Deutschland erst 1918/19 gelang, lag die Volksgesetzgebung einerseits nicht im Erfahrungshorizont der Regierenden, andererseits galt das Referendum, das einen alternativen Pfad der direkten Demokratie hätte bereit halten können, aufgrund der bonapartistischen Plebiszite in Frankreich als diskreditiert. Die Verfassungsgeber griffen deshalb bei ihrer Suche nach Lösungen primär auf schweizerische und US-amerikanische Vorbilder zurück, wo sich das radikalere Modell der direkten Demokratie „von unten" ausgangs des 19. Jahrhunderts Bahn gebrochen hatte.

Eine Schlüsselbedeutung für die spätere Weimarer Reichsverfassung erlangte der Verfassungsgebungsprozess in Baden, der sich auch in anderen Fragen – etwa dem Amt des Staatspräsidenten – am Schweizer Nachbarn orientierte. Die badische Verfassung trug in ihren institutionellen Kernelementen im Wesentlichen die Handschrift des liberalen Politikers und nachmaligen Reichsaußenministers Julius Curtius, dessen Überlegungen die Referendumsdiskussion im Verfassungsausschuss der Weimarer Nationalversammlung maßgeblich prägten. Curtius' Forderungen, die die Einführung der Initiative für ganze Gesetze und Teile von Gesetzen sowie das obligatorische Verfassungsreferendum vorsahen, wurden in den Beratungen von der Sozialdemokratie vollständig übernommen. Die Möglichkeit, einen Volksentscheid herbeizuführen, sollte danach ausschließlich bei den Stimmberechtigten (und nicht beim Reichstag oder Reichspräsidenten) liegen und sich auch auf Abgabengesetze erstrecken. Diese radikalen Vorstellungen ließen sich gegen den Widerstand der liberalen und nationalen Kräfte nicht durchsetzen. Der am Ende gefundene Kompromiss beließ es zwar bei der Initiative (jetzt unter Ausschluss der Abgabengesetze), sah aber zugleich ein vom Reichspräsidenten anzuberaumendes einfaches Referendum vor, während auf der anderen Seite das obligatorische Verfassungsreferendum verworfen wurde. Die gleichzeitige Einführung von Initiative und Referendum konnte sich auf einzelne ausländische Vorbilder nicht mehr berufen. In ihr spiegeln sich vor allem die Skepsis gegenüber dem parteiendemokratischen Parlamentarismus, die linke und rechte Vertreter aus unterschiedlichen Gründen teilten, und das geringe Zutrauen in die Funktionsfähigkeit des neu geschaffenen Regierungssystems (Schiffers 1971: 153 f.).

Die Defizite der Weimarer Verfassung und der Missbrauch der Volksabstimmungen durch die Nationalsozialisten führten auch nach 1945 nicht zu einer grundsätzlichen Neubewertung der Plebiszite (Wiegand 2006: 181 ff.). Sämtliche Länderverfassungen, die 1946 und 1947, also vor dem Grundgesetz in Kraft traten, sahen direktdemokratische Elemente vor. Dass die spätere Bundesverfassung auf den Weg einer strikt repräsentativ angelegten Demokratie gebracht wurde, hatte denn auch weniger mit den angeblich negativen Erfahrungen von Weimar zu tun als mit der veränderten politischen Großwetterlage im aufziehenden Kalten Krieg, die den Verfassungsgeber davor zurückschrecken ließ, die potenziell „unberechenbaren" Plebiszite einzuführen. Die Volksgesetzgebung wurde gewissermaßen in „Quarantäne" genommen, um den neu gegründeten Weststaat vor den Anfechtungen aus der Sowjetischen Besatzungszone zu schützen, wo sich die SED das plebiszitäre Instrument für ihre Propagandazwecke mehrfach erfolgreich zunutze gemacht hatte (O. Jung 1992). Da sich das parlamentarische System der zweiten deutschen Republik – anders als sein Vorläufer – als Erfolgsgeschichte entpuppte, bestand auch in der Folgezeit keine Veranlassung, die Skepsis gegenüber der direkten Demokratie abzulegen. Zur Rückbesinnung auf die überkommene Tradition kam es erst in den achtziger Jahren, als die Funktionsschwächen des repräsentativen Prinzips den Ruf nach einem institutionellen Korrektiv lauter werden ließen und die Volksgesetzgebung in den Ländern reihum ausgebaut bzw. verstärkt wurde. Es ist nicht ohne Ironie, dass sich mit dem Mauerfall 1989 nahezu zeitgleich auch die historische Begründung der plebiszitären „Quarantäne" erledigen sollte. Spätestens jetzt bedurfte es anderer, inhaltlicher Argumente, um den Verzicht auf jegliche direktdemokratische Elemente im Grundgesetz weiter zu rechtfertigen.

7.   *Direkte Demokratie auf der Bundesebene*

a)   *Die Neubewertung der Plebiszite in der juristischen und politikwissenschaftlichen Diskussion*

Bevor es in den achtziger Jahren zur allmählichen Aufweichung des antiplebiszitären Konsenses kam, wurde die verfassungsrechtliche und politikwissenschaftliche Debatte um die direkte Demokratie auf der Bundesebene von drei wirkungsmächtigen Stereotypen begleitet. Das erste Stereotyp lautet, Plebiszite seien „eine Prämie für jeden Demagogen". Der Urheber dieses berühmten Zitats, Theodor Heuss, war kein grundsätzlicher Gegner der direkten Demokratie; er wollte deren Anwendungsbereich aber auf die kleinräumigen Verhältnisse eines Landes oder einer Gemeinde begrenzt wissen, wo die Dinge überschaubar seien und das Volk nicht zur „Masse" degeneriere (Niclauß 1992: 10 f.). Heuss' Furcht vor der Verführbarkeit der Massen, die einer in den Nachkriegsjahren weit verbreiteten Gesellschaftskritik entsprach, hat das Negativbild der direkten Demokratie lange Zeit geprägt. Plebiszitäre Elemente tendieren nach dieser Auffassung dazu, die Politik zu entrationalisieren, weil ihnen die deliberativen Eigenschaften der repräsentativen Verfahren fehlten. Nicht nur, dass dem Volk die Kompetenz abgehe, die in der Regel komplexen Entscheidungsmaterien zu überblicken. Es sei auch in seiner grundsätzlichen Orientierung weniger dem Gemeinwohl als den eigenen Interessen verpflichtet und unterliege dabei starken Stimmungsschwankungen. Im Ergebnis führe das zu einer geringeren Entscheidungsqualität.

Die empirische Forschung hat für diese Behauptungen bislang keine durchschlagenden Belege beigebracht, im Gegenteil: Untersuchungen aus der Schweiz und den US-Einzelstaaten zeigen, dass die Bürger in bestimmten Politikbereichen mitunter sachgerechter entscheiden als die Repräsentanten (Freitag / Wagschal 2007). Dennoch entfaltet der Glaube an die vermeintlich höhere Vernunft der parlamentarischen Repräsentation nach wie vor eine beträchtliche autosuggestive Wirkung, die sich gegen die nüchterne Kenntnisnahme der Fakten sperrt. Insbesondere bei der Staatsrechtslehre besteht an diesem Punkt weiter Nachholbedarf.

Das zweite Stereotyp versucht die „Unvernunftsthese" durch den Verweis auf die angeblich negativen Erfahrungen zu untermauern, die man mit dem plebiszitären Instrument in der Weimarer Republik gemacht habe. Auch hier ist die Hartnäckigkeit erstaunlich, mit der manche Autoren an dieser längst widerlegten Auffassung bis heute festhalten (z.B. Scholz 2002: 85). Die neuere zeithistorische Forschung hat überzeugend nachgewiesen, dass Volksbegehren und Volksentscheid keine Verantwortung für das Scheitern des Weimarer Regierungssystems zugeschrieben werden kann (Schiffers 2000). In Bezug auf die direkte Wirkung der Plebiszite gilt das schon deshalb, weil das Instrument nur in wenigen Fällen zum Einsatz kam: Von den insgesamt acht eingeleiteten Volksbegehren mündeten zwischen 1919 und 1933 ganze zwei in einen Volksentscheid, wo sie am notwendigen Beteiligungsquorum scheiterten. Es gilt aber auch in Bezug auf die indirekten Wirkungen, die im Falle des Volksentscheids über die Enteignung der

Fürstenhäuser eher stabilisierend waren, während drei Jahre später, als das von NSDAP und DNVP betriebene Volksbegehren gegen den Young-Plan zur Abstimmung stand, das innenpolitische Klima durch die Plebiszite weiter angeheizt wurde (Obst 1986: 106 f.). Zu diesem Zeitpunkt befand sich der Weimarer Staat jedoch bereits voll im Zangengriff der Extremisten von links und rechts, aus dem er sich nicht mehr befreien sollte.

Eine dritte in der Debatte um die Plebiszite immer wieder kolportierte Behauptung knüpft an die Legende von den negativen Weimarer Erfahrungen an. Sie sieht in der Auseinandersetzung mit Weimar den Hauptgrund, warum die Verfassungsgeber auf die Einführung von plebiszitären Elementen im Grundgesetz verzichteten. Tatsächlich lässt sich ein überragender Einfluss der „Weimarer Erfahrungen" aber weder für die unmittelbare Nachkriegszeit noch für die Beratungen des Parlamentarischen Rates nachweisen, dessen Entscheidung gegen die Plebiszite auf ganz unterschiedlichen Motiven beruhte (Niclauß 1992). Das Argument kam erst später in Mode, als es galt, den anti-plebiszitären Konsens der Bonner Republik abzusichern. Von dort an sollte es sich gewissermaßen verselbständigen. Es dauerte Jahrzehnte und erforderte eine Menge wissenschaftlicher Arbeit, bis sich gegen Ende der achtziger Jahre eine zutreffendere Sicht auf die Weimarer Vergangenheit durchsetzte (Büsching 2004: 74).

Der Umdenkungsprozess wird sichtbar, wenn man die beiden großen Verfassungsreformprojekte miteinander vergleicht, die es in der Bundesrepublik bislang gegeben hat. Während die Enquete-Kommission „Verfassungsreform" des Deutschen Bundestages sich in ihrem 1976 vorgelegten Schlussbericht einmütig gegen eine plebiszitäre Ergänzung des Grundgesetzes aussprach, hielten sich in der Gemeinsamen Verfassungskommission von Bundestag und Bundesrat, deren Einsetzung 1991 einer Empfehlung des Einigungsvertrages folgte, die Befürworter und Gegner der Plebiszite in etwa die Waage.[10] Die von SPD und Grünen vorgeschlagene Einführung einer dreistufigen Volksgesetzgebung scheiterte bei der Schlussabstimmung im Ausschuss zwar an der für eine Verfassungsänderung notwendigen Zweidrittelmehrheit; das größer gewordene Unterstützerlager und der gleichzeitig voranschreitende Ausbau der direktdemokratischen Verfahren auf kommunaler und Länderebene signalisierten jedoch, dass das Thema von der Tagesordnung nun nicht mehr so rasch verschwinden würde.

---

[10] Für die Enquete-Kommission vgl. Beratungen und Empfehlungen zur Verfassungsreform. Schlussbericht der Enquete-Kommission Verfassungsreform des Deutschen Bundestages. Teil 1: Parlament und Regierung, Bonn 1976, 52 ff.; für die Gemeinsame Verfassungskommission von Bundestag und Bundesrat vgl. Deutscher Bundestag – 12. Wahlperiode. Drucksache 12/6000, S. 83 ff.

Parallel zum politischen Umdenkungsprozess kam es auch in der Rechts-
und Politikwissenschaft zu einer vorsichtigen Neubewertung, die an den mehrheitlich zustimmenden Stellungnahmen der von der Verfassungskommission
gehörten Sachverständigen ablesbar ist (Wiegand 2006: 275 ff.). Galt bis in die
achtziger Jahre noch die prononciert anti-plebiszitäre Lesart des verfassungsrechtlichen Demokratieprinzips als unangefochtene herrschende Meinung, so
setzte sich jetzt die Auffassung durch, dass das Grundgesetz die Aufnahme von
plebiszitären Elementen keineswegs verbiete. Insofern wird die Debatte darüber,
ob direktdemokratische Verfahren eingeführt werden sollen, auch in der Staatsrechtslehre heute in erster Linie mit verfassungspolitischen Argumenten bestritten. Anders verhält es sich auf der kommunalen und Länderebene, wo die Frage
der (konkreten) Zulässigkeit einzelner Volksbegehren den Juristen ein breites
Betätigungsfeld eröffnet hat. Die fortbestehende Grundkontroverse um die direkte Demokratie lässt sich hier daran ablesen, dass die Plebiszitskeptiker die vom
Verfassungsgesetzgeber ohnehin eng gezogenen Grenzen der Volksgesetzgebung
in der Rechtsprechung noch enger stecken, während die Befürworter dazu tendieren, diese Grenzen auszuweiten, um die Anwendbarkeit des plebiszitären
Instrumentes zu erleichtern. Die letztgenannte Position hat im Schrifttum mittlerweile so stark an Boden gewonnen, dass die Staatsrechtslehre heute deutlich
plebiszitfreundlicher auftritt als die Verfassungsrechtsprechung (z.B. Löwer /
Menzel 2003).

Bezogen auf die in Ländern und Kommunen bestehenden direktdemokratischen Verfahren bleiben zum einen die Zahl und Reichweite der Ausschlussgegenstände und zum anderen die Höhe der Eingangshürden und Quoren aus
normativer Sicht strittig. Mit beiden Fragen verbinden sich unterschiedliche demokratietheoretische Implikationen. Bei den Ausschlussgegenständen geht es
letztlich erneut um das Schlüsselproblem der „Vernunftbegabung". Je mehr Ent-
scheidungskompetenz man den Wählern im Vergleich zu den gewählten Repräsentanten zutraut, umso weniger Abstimmungsmaterien müssen ihnen „vorsorglich" entzogen werden.

Mit Blick auf die Eingangshürden und Quoren stellt sich darüber hinaus die
Frage nach der Entscheidungslegitimität. Setzt man die Quoren zu niedrig an,
besteht nach Ansicht der Kritiker einerseits die Gefahr, dass das plebiszitäre Instrument missbraucht wird und am Ende schlechte Entscheidungen herauskommen (bei zu häufigem oder fahrlässigem Einsatz). Zum anderen könnte es gut
organisierte Minderheiten in die Lage versetzen, ihre Präferenzen gegen eine
weitaus größere, aber schweigende Mehrheit zu behaupten. Tatsächlich zeigen
die Erfahrungen aus Ländern mit einer breit ausgebauten Volksgesetzgebung,

dass die Beteiligungsraten bei den Sachabstimmungen zumeist deutlich geringer liegen als bei regulären Wahlen; in der Schweiz reichen sie z.b. über 40 Prozent nur selten hinaus (Linder 1999: 278 ff.). Je weniger Hürden und Quoren es gibt, um so mehr tendieren die Plebiszite also dazu, interessierte Abstimmungsminderheiten zu bevorzugen. Welche Folgen das aus demokratischer Sicht hat, hängt von der Struktur der jeweiligen Gesellschaft ab. Ist diese entlang ethnischer, kultureller oder konfessioneller Konfliktlinien gespalten, erfüllen die Volksrechte als Instrument des Minderheitenschutzes eine potenziell nützliche Funktion (Abromeit 2003: 104 f.). In homogeneren Sozialkulturen wie der Bundesrepublik widerstreiten sie demgegenüber dem mehrheitsdemokratischen Grundcharakter des Parlamentarismus, der hierzulande – wie beim britischen Westminster-System – im Prinzip alternierender Regierungen zum Ausdruck kommt. Von daher war es voraussehbar, dass sich die Verfassungsgeber in den Ländern bemühen würden, die mehrheitsdemokratische Qualität der Volksabstimmungen durch möglichst hohe Beteiligungs- oder Zustimmungsquoren abzusichern.

Befürworter eines generellen Wegfalls der Quoren wie der Berliner Politologe Otmar Jung oder die Interessenvertreter des Vereins „Mehr Demokratie" bemühen in ihrer Kritik gerne den Vergleich zu den regulären Wahlen, wo ebenfalls keine Quoren vorgesehen seien, obwohl die zum Teil stark rückläufigen Beteiligungsraten auch hier Zweifel an der mehrheitsdemokratischen Legitimation nährten.[11] Der Vergleich ist insofern schief, als es zur Bestellung einer Repräsentativkörperschaft durch Wahlen keine Alternative gibt, wohingegen Sachentscheidungen nicht notwendigerweise vom Volk getroffen werden müssen. Dennoch berührt er einen unter Demokratiegesichtspunkten neuralgischen Punkt. Empirische Untersuchungen aus der Schweiz haben herausgefunden, dass die Präferenzen derjenigen, die nicht an einer Abstimmung teilnehmen, sich annähernd proportional auf das Lager der Ja- und Nein-Stimmen verteilen (Linder 1999: 284). Wenn diese Ergebnisse zutreffen, ist der Verzicht auf ein Quorum in der Tat konsequent. Andernfalls würden nämlich die Initiativgegner systematisch bevorteilt, die ihre Anhänger dann lediglich zum Boykott der Abstimmung aufrufen müssten, um die gewünschte Ablehnung zu erreichen. Quoren führen

---

[11] Länder wie Belgien oder Australien wirken dem bis heute durch die traditionell verankerte Wahlpflicht entgegen, während eine Stimmpflicht bei Sachentscheidungen in der Schweiz aktuell nur noch im Kanton Schaffhausen besteht. Wenig bekannt ist, dass die „indirekte" Wahlpflicht in Gestalt einer Mindestbeteiligung im 19. Jahrhundert in einer Reihe von deutschen Fürstentümern geläufig war, etwa in Sachsen, Braunschweig, Württemberg, Bayern und Baden. Bereits vor der Jahrhundertwende wurde diese jedoch nicht mehr umgesetzt, sodass es Quoren fortan nur noch im Bereich der Direktdemokratie gab.

also dazu, dass die Abstinenten sämtlich dem Nein-Lager zugerechnet werden, was eine Verfälschung des Wählerwillens bedeutet. Außerdem geben sie einen Anreiz zur Nicht-Partizipation, der schon aus prinzipiellen demokratischen Überlegungen nicht gewollt sein kann (O. Jung 1999: 880 ff.).

b) Zur verfassungsrechtlichen Zulässigkeit der Volksabstimmungen

Die Frage nach der verfassungsrechtlichen Zulässigkeit der Volksabstimmungen auf Bundesebene war in Deutschland lange Zeit ein Tabu. Bis in die achtziger Jahre hinein galt es als ausgemacht, dass das Grundgesetz direktdemokratische Elemente über den heutigen Anwendungsbereich von Art. 29 und Art. 118 hinaus verbiete. Auch die besagten Regelungen zur territorialen Neugliederung des Bundesgebiets können die anti-plebiszitäre Grundausrichtung der Verfassung nicht verleugnen. Zum einen sehen sie keine gesamtstaatlichen Volksabstimmungen (mehr) vor: Entscheidungsberechtigt sind immer nur die von einer Neugliederung betroffenen Landesvölker. Zum anderen wurde die Möglichkeit, die Ländergrenzen neu zuzuschneiden, durch Verfassungsänderung 1976 so stark eingeschränkt, dass die plebiszitären Verfahren des Art. 29 ins Leere laufen; Kritiker sprechen seither zu Recht von einem „Neugliederungsverhinderungsartikel" (Leonardy 2004).[12]

Blickt man über Art. 29 hinaus, geht es bei der Zulässigkeit der Plebiszite um zwei zentrale Fragen. Zum einen muss geklärt werden, ob und in welcher Form Volksabstimmungen bereits unter der bestehenden Verfassung möglich sind. Zum zweiten geht es darum, ob sie durch Verfassungsänderung eingeführt werden dürften. Die erste Frage wird in der Literatur überwiegend verneint. Allein bei einer informellen Volksbefragung ohne weitere Verbindlichkeit halten einige Verfassungsrechtler eine Umgehung des Verfassungsvorbehalts für denkbar; diese könnten also auch heute schon abgehalten werden, ohne dass man das Grundgesetz zuvor ändern müsste (Bugiel 1991: 358). Bei allen anderen Formen kommt man um eine solche Verfassungsänderung nicht umhin. Die Begründung dafür liegt in Art. 76 Abs. 1 des Grundgesetzes, der das Gesetzesinitiativrecht abschließend der Bundesregierung, dem Bundestag und dem Bundesrat zuordnet, sowie Art. 77 Abs. 1, der bestimmt, dass die Bundesgesetze vom Bundestag

---

[12] Diese Entwicklung kulminierte im 1994 neu eingefügten Art. 118a. Abweichend von Art. 29 hätte dieser es den Ländern Berlin und Brandenburg freigestellt, ihren Zusammenschluss auch ohne förmlichen Volksentscheid durch bloße staatsvertragliche Vereinbarung herbeizuführen, worauf sich die Beteiligten dann aber doch nicht einlassen wollten. Die Neugliederung scheiterte 1997 prompt an der fehlenden Zustimmung der Brandenburger.

beschlossen werden. Auch die Einführung eines dem parlamentarischen Gesetzgebungsverfahren nachgeschalteten Referendums wäre danach unzulässig (Hufschlag 1999: 88 f.).

Besteht über den Verfassungsvorbehalt insoweit Klarheit, so hat sich auf der
anderen Seite die Meinung durchgesetzt, dass das Grundgesetz selbst einer plebiszitären Erweiterung nicht im Wege stehen würde. Diese Auffassung gründet
insbesondere auf der Formulierung des Art. 20 Abs. 2 Satz 2, wonach die „Staatsgewalt vom Volke in Wahlen und *Abstimmungen* ausgeübt [wird]". Das Demokratieprinzip wird also vom Verfassungsgeber nicht ausschließlich als repräsen-
tatives interpretiert. Dies lässt sich auch an der Entstehungsgeschichte des Passus
im Parlamentarischen Rat ablesen, der mit der Erwähnung der Abstimmungen
die Möglichkeit, direktdemokratische Elemente künftig einzuführen, bewusst
offen halten wollte (Obst 1986: 86 ff.). In einer plebiszitären Erweiterung des
Grundgesetzes läge deshalb auch kein Verstoß gegen das sogenannte „Ewigkeitsgebot" des Art. 79 Abs. 3, das die in Art. 20 Abs. 1 niedergelegten Grund-
elemente der staatlichen Ordnung vor Änderungen des Verfassungsgesetzgebers
schützt. Ein solcher Verstoß wäre nur dann anzunehmen, wenn andere Prinzipien des Art. 20 Abs. 2 – etwa die „grundsätzliche Mitwirkung der Länder bei der
Gesetzgebung" – durch die direkte Demokratie in Mitleidenschaft gezogen würden (Hufschlag 1999: 113 ff.). Tatsächlich wirft die Beteiligung des Bundesrates an
einem plebiszitären Gesetzgebungsverfahren gravierende verfassungspolitische
Probleme auf, auf die wir weiter unten zurückkommen werden.

Zusätzlich gestützt wird die These einer prinzipiellen Zulässigkeit der direkten Demokratie über den Anwendungsbereich der Art. 29 und 118 hinaus durch
das Homogenitätsgebot des Art. 28 Abs. 1, das die verfassungsmäßige Ordnung
in den Ländern an die Grundsätze des republikanischen, demokratischen und
sozialen Rechtsstaates „im Sinne dieses Grundgesetzes" bindet. Wenn die Vereinbarkeit der plebiszitären Elemente in den Länderverfassungen mit Art. 28 Abs.
1 von niemandem ernsthaft in Zweifel gezogen wird, warum sollten sie dann
dem Demokratieprinzip auf der Bundesebene widersprechen? Eine solche Auffassung wäre in der Tat unlogisch. Dies bedeutet natürlich nicht, dass im Umkehrschluss schon eine positive Verpflichtung besteht, plebiszitäre Elemente ins
Grundgesetz aufzunehmen (Bugiel 1991: 309 ff.). Die Homogenität der verfassungsmäßigen Ordnung ist nicht gleichbedeutend mit ihrer Identität. Auch in
den Ländern wäre es dem Verfassungsgesetzgeber selbstverständlich unbenom-
men, die Volksgesetzgebung wieder abzuschaffen und zu einem reinen Repräsentativsystem zurückzukehren. Ob und in welcher Form direktdemokratische

Verfahren den parlamentarischen Gesetzgebungsprozess ergänzen sollen, bleibt – mit anderen Worten – zunächst eine politische Frage.

c)   Der Gesetzentwurf der rot-grünen Bundesregierung vom März 2002

Nachdem die SPD die Einführung von Volksbegehren und Volksentscheid auf der Bundesebene 1989 als Forderung in ihr Berliner Grundsatzprogramm aufgenommen hatte und die Ende der siebziger Jahre ins Parteiensystem hinzugetretenen Grünen noch sehr viel weitergehende (und konkretere) direktdemokratische Vorstellungen hegten, kündigte sich mit der Regierungsübernahme beider Parteien 1998 ein neuer Anlauf für eine Grundgesetzänderung an. Allerdings stand das Thema auf der Agenda der rot-grünen Spitzenpolitiker nicht sonderlich weit oben. In die Koalitionsverhandlungen wurde es von den Grünen erst nachträglich eingebracht und dort gegen eine eher unwillige SPD im Koalitionsvertrag verankert. Danach brauchte es weitere eineinhalb Jahre, bis sich die Akteure an die Umsetzung des Vorhabens machten. Im Frühjahr 2001 beschloss der Parteivorstand der SPD ein „Eckpunktepapier" über die Einführung der Plebiszite, das die Basis des im März 2002 formell eingebrachten Gesetzesentwurfs bildete (Decker 2001). Der Einladung an die anderen Parteien, auf dieser Grundlage über eine Verfassungsänderung zu verhandeln, standen jedoch nur FDP und PDS aufgeschlossen gegenüber. Die Unionsparteien lehnten das Vorhaben rundweg ab. Obwohl dessen Scheitern damit vorprogrammiert war, entschieden die Regierungsparteien, dem Bundestag ein ausgearbeitetes Gesetz[13] vorzulegen, wobei sich die koalitionsinterne Kompromissfindung schwierig gestaltete. Nach Abschluss des förmlichen Gesetzgebungsverfahrens stimmten im Juni 2002 348 Abgeordnete für eine Verfassungsänderung und nur 199 dagegen. Im Vergleich zur Verfassungskommission von 1994 hatten sich die Gewichte damit nochmals deutlich zugunsten der Plebiszitbefürworter verschoben. Dennoch dürfen die eindrucksvollen Zahlen nicht für bare Münze genommen werden. Tatsächlich verschaffte die ablehnende Haltung der Union der Regierungsseite ein willkommenes Alibi, das in der Öffentlichkeit populäre Vorhaben aus taktischen Gründen durchzuziehen. Ob sie sich ähnlich engagiert hätte, wenn die verfassungsändernde Mehrheit wirklich in Reichweite gewesen wäre, ist zweifelhaft (O. Jung 2002b).

Den stärksten Beleg dafür liefert der Entwurf selbst. Dass die Initiatoren in ihrem Vorschlag am Modell der dreistufigen Volksgesetzgebung festhielten, das

---

[13] Deutscher Bundestag, 14. Wahlperiode, Drucksache 14/8503.

ihnen aus den Bundesländern geläufig war und das bereits bei früheren Anläufen zu einer plebiszitären Ergänzung des Grundgesetzes Pate gestanden hatte, stellte noch das geringere Problem dar. Obwohl die direkte Demokratie „von unten" – wie gezeigt – in den nationalen politischen Systemen kaum verbreitet ist, hätte eine Abkehr von diesem Entwicklungspfad der deutschen Verfassungstradition widersprochen. Weniger nachvollziehbar war, dass die Anwendbarkeit der plebiszitären Verfahren im Vergleich zu den Länderverfassungen deutlich erleichtert werden sollte. Nicht nur, dass jenseits der auch hier ausgenommenen Trias von Haushaltsgesetz, Abgabengesetzen und Besoldungsregelungen finanzwirksame Volksinitiativen laut Entwurf ausdrücklich zulässig gewesen wären. Auch das Zustimmungsquorum hätte mit nur 10 Prozent deutlich geringer gelegen als in den meisten Länderverfassungen. Dasselbe gilt für die Eingangshürden und Eintragungsfristen, bei denen man sich an den benutzerfreundlichen Regelungen des „Kieler Modells" orientiert hatte.

Die nach der vorgezogenen Bundestagswahl 2005 gebildete Große Koalition einigte sich in ihrem Koalitionsvertrag darauf, die Einführung der Plebiszite erneut zu prüfen. Dies führte aber zu keinen greifbaren Ergebnissen, da die Union an ihrer grundsätzlichen Abwehrhaltung festhielt. Auch die in der ersten Jahreshälfte 2006 kurz nacheinander eingebrachten Gesetzesinitiativen von FDP[14], Grünen[15] und Linken[16] für die Einführung der Volksgesetzgebung auf Bundesebene konnten die Regierungsparteien nicht unter Druck setzen, da sie in der Öffentlichkeit kaum Resonanz erzeugten. Dass sie dennoch eingebracht wurden, dürfte in erster Linie auf die Vorarbeiten der rot-grünen Regierung zurückzuführen sein, deren 2002 gescheiterten Gesetzentwurf Grüne und FDP nahezu unverändert übernahmen. Die Linke legte einen weitergehenden Entwurf vor, der niedrigere Quoren und weniger Ausschlussgegenstände enthielt, und zusätzlich zur positiven Gesetzesinitiative auch die Einführung des einfachen Referendums und einer Vetoinitiative vorsah. Dieser Entwurf liegt näher bei den Vorstellungen des Interessenvereins „Mehr Demokratie"[17], der die Direktdemokratie in ihrer wohl radikalsten Form verwirklichen möchte: niedrige Quoren in der Eingangsphase und beim Volksbegehren, kein Quorum beim Entscheid, keinerlei Themenausschlüsse, kein „von oben" anzuberaumendes Referendum, dafür aber

---

[14] Deutscher Bundestag, 16. Wahlperiode, Drucksache 16/474.
[15] Deutscher Bundestag, 16. Wahlperiode, Drucksache 16/680.
[16] Deutscher Bundestag, 16. Wahlperiode, Drucksache 16/1411.
[17] Der Entwurf ist abrufbar unter: www.mehr-demokratie.de. In der Tendenz gleichlautende, aber weniger ausgefeilte Entwürfe wurden von „Mehr Demokratie" bereits 1999 bzw. 2004 vorgelegt (Wiegand 2006: 534 ff.).

ein fakultatives Referendum nach Schweizer Vorbild und ein obligatorisches Referendum bei Verfassungsänderungen und der Übertragung von Hoheitsrechten.

Abb. IV.3   Gesetzesentwürfe für die Einführung der Volksgesetzgebung auf Bundesebene

	Quoren (einfache Gesetze)			Ausschluss	sonstige Verfahren
	Volks-initiative	Volks-begehren	Volks-entscheid		
Rot-Grün (2002)	400.000	5 % (6 Monate)	20% Beteiligung	Haushaltsgesetz Abgabengesetze Besoldungsgesetze Rechtsverhältnisse der Abgeordneten Wiedereinführung der Todesstrafe	
FDP (2006)	400.000	10 % (3 Monate)	15 % Zustimmung	Haushaltsgesetz Abgabengesetze Wiedereinführung der Todesstrafe	fakultatives Verfassungsreferendum (durch Staatsorgane)
Grüne (2006)	400.000	5 % (6 Monate)	15 % Zustimmung	Haushaltsgesetz Abgabengesetze Wiedereinführung der Todesstrafe	fakultatives Verfassungsreferendum (durch Staatsorgane)
Linke (2006)	100.000	1 Mio. (ca. 1,7 %) (6 Monate)	kein Quorum	Haushaltsgesetz	einfaches Referendum fakultatives Referendum
Mehr Demokratie (2009)	100.000	1 Mio. (6 Monate)	kein Quorum		fakultatives Referendum obligatorisches Verfassungsreferendum

Quelle: eigene Zusammenstellung.

8.   *Die Systemverträglichkeit der Volksgesetzgebung*

a)   *Verfassungsstaatliche Begrenzungen*

So wie die repräsentativen und plebiszitären Komponenten der Demokratie in einem Ergänzungs- und Spannungsverhältnis zueinander stehen, so bemisst sich auch die Legitimität demokratischer Entscheidungen an zwei komplementären und zugleich konfligierenden Eigenschaften: ihrer inhaltlichen Richtigkeit und ihrem Zustandekommen. Was die inhaltliche Wirkung angeht, kann auf der Basis der vorhandenen Forschungsergebnisse – wie oben angedeutet – eine klare Präferenz für oder gegen die direkte Demokratie nicht begründet werden; die repräsentativen und plebiszitären Elemente verhalten sich in dieser Beziehung annähernd neutral (Freitag / Wagschal 2007).

Anders verhält es sich mit Blick auf das Zustandekommen der Entscheidungen. Hier wird den Plebisziten in der Regel eine höherwertige Legitimation attestiert. „Der Bürger hat nun mal bei direktdemokratischen Verfahren mehr Chancen, auf den Inhalt der Entscheidungen einzuwirken als bei Entscheidungen durch Repräsentanten. Deshalb sind direktdemokratische Entscheidungen, am Maßstab der Bürgermitwirkung gemessen, den Entscheidungen durch Repräsentanten grundsätzlich vorzuziehen" (von Arnim 2000: 191). Die Schwäche dieser Argumentation liegt darin, dass sie Bürgermitwirkung irrtümlich mit „Responsivität" gleichsetzt. Aus Sicht der an einer Abstimmung tatsächlich Teilnehmenden mag beides Hand in Hand gehen. Ob die direkte Demokratie aber auch die Präferenzen der übrigen Bürger besser oder genauso gut abbilden kann wie eine repräsentative Körperschaft, scheint keineswegs ausgemacht und müsste empirisch erst bewiesen werden. Die Literatur liefert hierzu „ein ebenso facettenreiches wie disparates Bild" (Grotz 2009: 298).

Ein demokratischer Mehrwert der plebiszitären Verfahren kann demnach nicht von vornherein unterstellt werden. Wenn er ihnen dennoch zugebilligt wird, dürfte das vor allem damit zusammenhängen, dass es sich bei den vom Volk beschlossenen oder verworfenen Gesetzen überwiegend um solche handelt, die als besonders wichtig empfunden werden und den Charakter von Richtungsentscheidungen gewinnen. Weil das so ist und Referenden in den meisten Ländern (auch solchen mit einer stark plebiszitären Tradition wie z.B. Frankreich) nur äußerst selten vorkommen, sind sie der verfassungsgerichtlichen Kontrolle üblicherweise entzogen. Das Gros der Gesetzgebungstätigkeit verbleibt demgegenüber auch in den Staaten mit einer breit ausgebauten Volksgesetzgebung in den Händen der Repräsentativkörperschaften. Dies gilt selbst für die Schweiz, wo die direkte Demokratie den Kern des politischen Systems umschreibt und das Prinzip der Volkssouveränität in seiner unmittelbarsten Form zum Ausdruck bringt.

Letzteres bedeutet, dass in allen Fragen, welche die Verfassung berühren, das Letztentscheidungsrecht beim Volk liegt. Gerade hierin erweist sich die Schweiz als ein singulärer Fall. Wenn das Volk selbst der Inhaber der obersten

Souveränität ist, kann es oberhalb des Gesetzgebers keine Verfassungsgerichtsbarkeit geben, die die Gesetze auf ihre Verfassungsmäßigkeit prüft.[18] Auch die umstandslose Übertragung von Kompetenzen auf supranationale Institutionen oder sonstige unabhängige Entscheidungsträger würde dem Prinzip zuwiderlaufen. Die Schweiz erinnert in dieser Beziehung an die britische Doktrin der Parlamentssouveränität, die sich ebenfalls ohne verfassungsmäßige Beschränkung entfalten kann, nur dass die Regierungsgewalt hier ausschließlich von den repräsentativen Körperschaften wahrgenommen wird (Abromeit 1995: 53 ff.).

Fast alle anderen westlichen Demokratien stehen demgegenüber heute für einen Systemtypus, der die Wahrnehmung der vom „Volk ausgehenden" Staatsgewalt einer Verfassung unterwirft und ihr dadurch mehr oder weniger weitreichende Grenzen auferlegt. In der Bundesrepublik zeigt sich das konstitutionelle Prinzip besonders ausgeprägt: Hier ist an die Stelle des – im Verfassungsstaat nicht vorgesehenen – Souveräns sukzessive das Verfassungsgericht getreten, das durch seine letztverbindlichen Entscheidungen selber Regierungsgewalt ausübt und das Demokratieprinzip des Art. 20 – die Ausübung der Staatsgewalt durch das Volk in Wahlen und Abstimmungen – ins Leere laufen lässt. Die Entdemokratisierung ist im verfassungsstaatlichen Konzept ausdrücklich intendiert. Dennoch ruft es Erstaunen hervor, dass sie in der Bundesrepublik keine großen Legitimationsprobleme verursacht und scheinbar widerspruchslos hingenommen wird (ebd.: 61).

Dies würde bei Einführung der Volksgesetzgebung auf der Bundesebene zweifellos anders werden. Das Prinzip der Verfassungssouveränität postuliert zwar, dass ein vom Volk beschlossenes Gesetz genauso der verfassungsgerichtlichen Kontrolle unterliegt wie ein Parlamentsgesetz (Jutzi 2003). Handelt es sich dabei aber um Richtungsentscheidungen, denen eine höherwertige Legitimität zugeschrieben wird, wenn sie direktdemokratisch zustande kommen, dann würde das Verfassungsgericht einen solchen Volksentscheid nicht einfach kassieren können, ohne seine eigene Legitimation zu untergraben (Kranenpohl 2003).

Die Befürworter einer plebiszitären Ergänzung des Grundgesetzes versuchen dieses Problem durch eine verfassungsgerichtliche ex ante-Kontrolle zu umgehen. So hat der von der rot-grünen Koalition 2002 eingebrachte Entwurf vorgesehen, dass bei begründeten Zweifeln an der Verfassungsmäßigkeit eines vom

---

[18] Hier liegt zugleich einer der Gründe, warum (positive) Volksinitiativen in der Schweiz nicht als einfachgesetzliche, sondern nur als Verfassungsinitiativen zugelassen werden: Wenn die vom Volk beschlossenen Regelungen selbst Teil der Verfassung sind, können sie der Verfassung nicht widersprechen (Kranenpohl 2003: 41).

Volk begehrten Gesetzes schon vorab eine Entscheidung aus Karlsruhe einzuho-
len sei. Die Prüfung erfolgt auf Antrag, nachdem das Volksbegehren eingereicht
ist. Anrufungsbefugt wären – wie bei der abstrakten Normenkontrolle üblich –
die Bundesregierung, eine Landesregierung oder ein Viertel der Mitglieder des
Bundestages. Analoge Regelungen finden sich in den Entwürfen von FDP, Grünen, Linken und Mehr Demokratie.

b)   Föderalismus

Während die verfassungsstaatliche Absicherung der direktdemokratischen Verfahren keine großen Probleme aufzuwerfen scheint, gestaltet sich die Kompatibilität der Volksgesetzgebung mit dem Föderalismus wesentlich komplizierter.
Bundes- oder Föderalstaaten zeichnen sich im verfassungsrechtlichen Sinne
durch zwei institutionelle Eigenschaften aus. Zum einen verteilen sie die staatlichen Kompetenzen auf zwei Ebenen, wobei es sich entweder um materielle (Politikfelder) oder funktionelle Kompetenzen (Gesetzgebung, Verwaltung, Gerichts-
barkeit) handeln kann. Die Ausübung der Zuständigkeiten erfolgt im Rahmen
eigener Verfassungen und Regierungssysteme der Länder, die insoweit über
Staatsqualität verfügen. Zum anderen weisen alle bundesstaatlichen Systeme eine
föderal konstituierte Zweite Kammer auf, mittels derer die Gliedstaaten an der
Gesetzgebung und Verwaltung des Gesamtstaates mitwirken. Beide Dimensionen müssen bei der Untersuchung der Systemverträglichkeit der direktdemokratischen Verfahren berücksichtigt werden.
       Was die Kompetenzverteilung betrifft, könnte man vermuten, dass plebiszi-
täre Elemente in Bundesstaaten häufiger vorkommen als in Einheitsstaaten, weil
die erstgenannten eine zusätzliche (staatliche) Handlungsebene aufweisen. Ein
solcher Zusammenhang lässt sich aber empirisch nicht erhärten. Dies gilt insbesondere dann, wenn man die lokale Ebene mit einbezieht, wo Plebiszite auch in
Einheitsstaaten ein durchaus gängiges Mittel darstellen (Möckli 1998: 93). Eine
andere Frage ist, ob das Vorhandensein direktdemokratischer Elemente auf der
gliedstaatlichen Ebene ihre gleichzeitige Einrichtung im nationalen (gesamtstaatlichen) Rahmen eher befördert oder erschwert. Hier ergibt der internationale
Vergleich keinen eindeutigen Befund. Dies ist auch nicht verwunderlich, da sich
für beide Annahmen plausible institutionentheoretische Gründe finden lassen.
Einerseits gehen vom Vorhandensein oder Nicht-Vorhandensein der direktdemokratischen Elemente auf einer staatlichen Ebene potenzielle Ausstrahlungseffekte auf die andere Ebene aus, die eine Angleichung der institutionellen Strukturen herbeiführen. Die Pfadabhängigkeit kann dabei in der einen wie der anderen

Richtung wirken. Andererseits könnte man argumentieren, dass die direkte Demokratie zumal in ihrer starken Ausprägung der Initiative für die unteren territorialen Ebenen besonders gut geeignet ist, weil über die fraglichen Materien hier einfacher und betroffenennäher entschieden werden kann, als es in den Materien der nationalen Politik möglich ist. Föderal verfasste Staaten, die das Plebiszit auf der einzelstaatlichen Ebene vorhalten, könnten sich insofern leichter tun, auf die Einführung des Instruments im Gesamtstaat zu verzichten. Tatsächlich findet man mit den USA und Deutschland für den letztgenannten Fall zwei markante Beispiele, die aber gegenüber den Bundesstaaten mit institutionell angeglichenen Strukturen in der Minderheit bleiben. Hierzu gehören z.B. die Schweiz, Österreich und Australien, die das Instrument auf beiden Ebenen kennen, sowie das bis heute plebiszitfreie Belgien.

Auch in den Staaten mit angeglichener Struktur sind die direktdemokratischen Verfahren im gesamt- und einzelstaatlichen Rahmen keineswegs dieselben. Ihre unterschiedliche Ausgestaltung trägt erstens der Tatsache Rechnung, dass auf beiden Ebenen – je nach Kompetenzverteilung – verschiedene Entscheidungsgegenstände zu regeln sind, die sich für die Volksgesetzgebung mal mehr oder mal weniger eignen. Positive Erfahrungen, die man mit dem plebiszitären Instrument auf der gliedstaatlichen Ebene gemacht hat, lassen sich insofern nicht umstandslos auf die Ebene der nationalen Politik übertragen. Zum zweiten stellt sich bei nationalen Volksbegehren und -entscheiden in den Bundesstaaten das zusätzliche Problem, wie die föderal konstituierte Zweite Kammer im Verfahren angemessen zu beteiligen ist. Dieses Problem entfällt sowohl auf der einzelstaatlichen Ebene, wo in der Bundesrepublik nach der durch Volksbegehren erzwungenen Abschaffung des bayerischen Senats heute keine Zweite Kammer mehr existiert, als auch in den einheitsstaatlich verfassten Systemen, in denen die Zweiten Kammern zumeist nur über abgestufte Beteiligungsrechte (in Gestalt eines suspensiven Vetos) verfügen. In Deutschland wirkt der Bundesrat demgegenüber im überwiegenden Teil der Gesetzgebung gleichberechtigt mit. Um so erstaunlicher ist, dass die Schwierigkeiten, die sich daraus mit Blick auf die Plebiszite ergeben, erst in jüngster Zeit zum Gegenstand rechts- und politikwissenschaftlicher Untersuchungen geworden sind (Beckstein 2003, O. Jung 2004, Estel 2006, Blasche 2006).

Der normative Ausgangspunkt ist einfach: Dem Volk die Möglichkeit einzuräumen, selbst als Gesetzgeber in Aktion zu treten, macht offenkundig nur dann Sinn, wenn es beim abschließenden Gesetzesbeschluss die staatlichen Organe verdrängen, das heißt: sich vollständig an deren Stelle setzen kann (Maurer 1997:

27).[19] Ein Zustimmungsrecht des Bundesrates oder einer anders gearteten repräsentativen Körperschaft würde dem zuwiderlaufen. Außerdem wäre sie mit der heutigen Unterscheidung von Zustimmungs- und Einspruchsgesetzen nicht vereinbar. Die Kategorie der Einspruchsgesetze müsste im Grunde entfallen, da das Volk nach einem Einspruch des Bundesrates ansonsten gezwungen wäre, gleich nochmal abzustimmen. Dasselbe gilt für die Anrufung des Vermittlungsausschusses und das anschließende Vermittlungsverfahren, die nur durch gewählte oder delegierte Vertreter wahrgenommen werden können und deshalb ebenfalls keinen Bestand mehr hätten (Degenhart 2005: 98). Dabei zählen gerade sie zu den funktional unentbehrlichen Bestandteilen der föderativen Mitregierung.

Doch wie lauten die Alternativen? Scheidet eine gleichberechtigte Teilnahme an den plebiszitären Gesetzgebungsverfahren aus den besagten Gründen aus, so könnte die Mitwirkungsfunktion des Bundesrates immer noch unterhalb der Mitentscheidung wahrgenommen werden. Das naheliegende Vorbild ist der so genannte erste Durchgang im herkömmlichen Gesetzgebungsverfahren, der vorsieht, dass Vorlagen der Bundesregierung zunächst dem Bundesrat zur Stellungnahme zuzuleiten sind. In diesem Sinne könnte man sich z.B. eine Beteiligung der Länderkammer bei der Annahme oder Ablehnung eines Volksbegehrens oder bei der Erstellung einer Konkurrenzvorlage durch den Bundestag vorstellen. Ziel wäre eine weitestmögliche Verschränkung der Volksgesetzgebung mit dem parlamentarischen Gesetzgebungsverfahren, die an entsprechende Regelungen in den Länderverfassungen anknüpfen könnte (Beckstein 2003: 124 ff.).

Ein Zustimmungsrecht des Bundesrates zum anschließenden Gesetzesbeschluss halten heute nur noch wenige Autoren für zwingend geboten. Die meisten Verfassungsrechtler vertreten die Ansicht, dass das Ewigkeitsgebot des Art. 79 Abs. 3 lediglich die „grundsätzliche Mitwirkung der Länder bei der Gesetzgebung" schütze und keine Aussage darüber treffe, in welcher Form diese Mitwirkung zu erfolgen habe. Positiv gewendet heißt das, dass die Mitwirkung auch durch die „Landesvölker" selbst erfolgen kann (Weber 2003). Das einschlägige Beispiel liefert hier die Schweiz, wo bei einem Gesetzesreferendum nicht nur die Mehrheit des Volkes zustimmen muss („Volksmehr"), sondern auch die Mehrheit der Kantonsvölker („Ständemehr"). Dem Bürger steht dabei lediglich eine Stimme zu, die gleichzeitig als seine Volks- und Kantonsstimme gewertet wird.

---

[19] In den US-Einzelstaaten kommt das z.B. darin zum Ausdruck, dass volksbeschlossene Gesetze nicht mit einem Veto des Gouverneurs belegt werden können (Stelzenmüller 1994: 154).

Die Übertragung dieses Modells auf die Bundesrepublik hätte den Vorteil, dass sie die unterschiedlichen Stimmengewichte der Länder im Bundesrat berücksichtigen könnte; die Mehrheit des Landesvolkes wäre dann gleichbedeutend mit der Abgabe der Bundesratsstimmen des Landes. Dies erschien den Befürwortern der direkten Demokratie seinerzeit so plausibel, dass sie die Ländermehr-Lösung 1993 in ihrem Vorschlag für eine plebiszitäre Ergänzung des Grundgesetzes verankerten, der anschließend der Gemeinsamen Verfassungskommission vorgelegt wurde. Als die rot-grüne Koalition 2002 ihren eigenen Entwurf auf den Weg brachte, konnte sie an dieses Konzept anknüpfen.

Die Schwächen der Ländermehr-Lösung erschließen sich einem erst auf den zweiten Blick. Folgt man der Argumentation von Estel (2006), so muss ihre Übernahme in der Bundesrepublik aus zwei Gründen scheitern. Zum einen verkörpere die Schweiz ein ganz anderes Föderalismusmodell, bei dem die an einem Volksentscheid teilnehmenden Bürger nicht als einheitliches Bundesvolk, sondern als Zusammenschluss der Kantonsvölker aufträten, wohingegen in der stärker unitarisch geprägten Bundesrepublik die fiktive Trennung von Bundes- und Landeszugehörigkeit keinen Sinn mache. Zum anderen könne das Ländermehr im deutschen Fall keinen Ersatz für ein föderatives Vertretungsorgan bieten, weil nur dieses funktional in der Lage sei, die Länderinteressen wahrzunehmen. Der Unterschied zur Schweiz ergibt sich hier aus der Zuständigkeitsverteilung zwischen beiden Ebenen. In der Schweiz verfügen die Kantone sowohl in der materiellen Gesetzgebung als auch bei der Umsetzung der Bundesgesetze über weitreichende eigene Befugnisse, was die Schutzfunktion einer föderativ konstituierten Zweiten Kammer bis zu einem gewissen Grade entbehrlich macht und die Wahrnehmung der Kantonsinteressen durch das Ständemehr als ausreichend erscheinen lässt. In der Bundesrepublik kommt man demgegenüber nicht umhin, den Ländern auch ein inhaltliches Mitgestaltungsrecht an den Bundesgesetzen einzuräumen, weil der Bund hier durch die Regelung der Verwaltungsverfahren, die Steuergesetzgebung und die Überwälzung von Finanzierungslasten unmittelbar in deren Domäne eingreift. Die Regelzuständigkeit der Länder für den Vollzug legitimiert dabei zugleich die im internationalen Vergleich unübliche Ausgestaltung der zweiten Gesetzgebungskammer als Vertretungsorgan der Länderexekutiven.

Gegen diese Argumentation ließe sich einwenden, dass das Gros der Gesetze lediglich Routineangelegenheiten umfasst, bei denen die Verwaltungskompetenz genauso gut auf anderem Wege – etwa durch eine gutachterliche Stellungnahme im Vorstadium des Volksentscheids – wahrgenommen werden könnte. Unter den wichtigen Gesetzen dürften sich andererseits viele Fälle finden, bei

denen die Länderbelange häufig nur vorgeschoben sind und die Ablehnung
durch den Bundesrat in Wahrheit aus parteipolitischen Gründen erfolgt. So vertretbar eine Umgehung der Länderkammer unter solchen Bedingungen scheint,
scheidet sie als Lösung dennoch aus. Der Regierungsseite wäre damit ja die Möglichkeit gegeben, ihre Gesetzesvorhaben von vornherein auf dem plebiszitären
Wege zu betreiben, um die gegnerische Mehrheit im Bundesrat auszuschalten.
Die Zweckentfremdung eines verfassungsmäßigen Instruments würde hier gewissermaßen durch die Zweckentfremdung eines anderen Instruments beantwortet. Stellt man diese systemischen Weiterungen in Rechnung, so bleibt von der
scheinbaren Eleganz des Schweizer Modells am Ende nicht mehr viel übrig.

c)   Parlamentarisches System und Parteienwettbewerb

Die letzte – und weitaus schwierigste Frage – betrifft die Vereinbarkeit der Volksgesetzgebung mit dem parteiendemokratischen parlamentarischen System. Sie
lässt sich in einen normativ-verfassungsrechtlichen und institutionell-funktionalen Aspekt unterteilen.

Aus normativ-verfassungsrechtlicher Sicht geht es um die Verbindlichkeit
der volksbeschlossenen Gesetze. Befürworter und Gegner der Plebiszite stimmen
darin überein, dass Volks- und Parlamentsgesetze als prinzipiell gleichrangig
betrachtet werden müssen. Beide wären damit wechselseitig aufhebungsfähig.
Das heißt: So wie das Volk die Möglichkeit hat, ein Parlamentsgesetz einem Referendum zu unterwerfen oder durch eine spätere (positive) Gesetzesinitiative zu
korrigieren, so muss auch das Parlament ein vom Volk beschlossenes Gesetz
wieder rückgängig machen können (Borowski 2000). Dennoch wäre es falsch, von
einer vollständigen Symmetrie der beiden Verfahrenstypen auszugehen. Dazu
muss man keine normative Höherwertigkeit der Plebiszite unterstellen, wie es
pro-direktdemokratisch argumentierende Autoren wie Hans Herbert von Arnim
oder Otmar Jung (2005: 334) tun. Eine solche Höherwertigkeit kommt ihnen im
Sinne einer Bindewirkung allenfalls politisch zu. Einerseits wird – wie gesehen –
nur einer kleiner Teil zumeist besonders wichtiger Gesetze auf plebiszitärem
Wege beschlossen. Andererseits würde das Vertrauen der Bürger in die Direktdemokratie untergraben, wenn das Parlament einen Volksentscheid schon am
nächsten Tage wieder aufhöbe. Deshalb ist es durchaus zweckmäßig, den volksbeschlossenen Gesetzen einen höheren Bestandsschutz einzuräumen als den
Parlamentsgesetzen. Eine Lösung könnte z.B. darin liegen, dass man bestimmte
Fristen vorsieht, innerhalb derer der parlamentarische Gesetzgeber auf ein plebiszitär zustande gekommenes Gesetz nicht zugreifen darf. Noch konsequenter

wäre es, die Aufhebung oder Korrektur eines solchen Gesetzes von einem neuerlichen Volksvotum abhängig zu machen[20] oder sie der Möglichkeit einer Vetoinitiative zu unterwerfen, wie es die in diesem Punkt geänderte Hamburgische Verfassung in Art 50 Abs. 4 und 4a jetzt vorsieht (O. Jung 2010: 436 ff.). Die Neuregelung kam auf Druck eines von „Mehr Demokratie" lancierten Volksbegehrens zustande, das neben anderen Verbesserungen auch eine größere Verbindlichkeit der Volksentscheide anstrebte. Dem waren mehrere Fälle vorausgegangen, in denen der Senat bzw. die Bürgerschaft der Hansestadt Volksbeschlüsse missachtet oder gegen den Willen der Initiatoren korrigiert hatte (Decker 2007).

Der Konflikt zwischen parlamentarischem und Volksgesetzgeber, der in Hamburg fürs erste befriedet erscheint[21], leitet zur institutionell-funktionalen Problematik über, also zur Frage, ob sich die plebiszitären Verfahren in die vorhandene repräsentative Demokratie *überhaupt* sinnvoll einfügen lassen. Um dies zu beantworten, muss zum einen nach dem Charakter der repräsentativen Strukturen und der durch sie geprägten Entscheidungslogik des (gesamten) Regierungssystems gefragt werden. Zum anderen gilt es zu untersuchen, welche Differenzen hinsichtlich ihrer Systemverträglichkeit zwischen den verschiedenen Varianten der direkten Demokratie bestehen.

Im ersten Punkt kann man auf die von Lijphart (1999) entwickelte Unterscheidung von Mehrheits- und Konsensdemokratie als zwei Grundtypen demokratischer Regierungssysteme zurückgreifen. Die Mehrheitsdemokratie stellt eine Abstraktion des britischen Westminster-Modells dar. Dessen Hauptmerkmale sind zum einen die Realisierung des Prinzips der alternierenden Regierung auf der Basis eines gegnerschaftlich ausgerichteten, dualistischen Parteienwettbewerbs, und zum anderen der Umstand, dass Kabinett und Premierminister über weitreichende Handlungsmacht verfügen, da sie im Parlament in der Regel eine große zahlenmäßige Mehrheit hinter sich wissen und ihre Kreise nicht durch Mitregenten oder sonstige verfassungsrechtliche Gegengewichte gestört werden. Die Konsensdemokratie orientiert sich demgegenüber am Prinzip der Machtteilung. Diese kann institutionell auf unterschiedliche Weise realisiert werden. In

---

[20] So der neu beschlossene Art. 73 Abs. 2 der Bremischen Verfassung, der daneben auch die Korrektur eines volksbeschlossenen Gesetzes durch die Bürgerschaft mit qualifizierter verfassungsändernder Mehrheit gestattet.

[21] Nachdem die Durchsetzung verbindlicher Volksentscheide auf Drängen der GAL in den schwarz-grünen Koalitionsvertrag aufgenommen wurde, ist es nicht ohne Ironie, dass sich das erste erfolgreiche Volksbegehren seit der Neuregelung ausgerechnet gegen ein zentrales Regierungsprojekt der Grünen richtete, nämlich die vom Senat beschlossene Schulreform. Diese wurde im Volksentscheid am 18. Juli 2010 von den Bürgern zu Fall gebracht.

den so genannten Konkordanzsystemen findet sie bereits auf der parlamentarischen Ebene statt. An die Stelle des bipolaren Wettbewerbs treten hier Verfahren der „gütlichen" Konfliktregelung, in die nach Möglichkeit alle relevanten Parteien und Gruppen einbezogen werden. Unter den Regierungsformaten dominieren entsprechend zentristische oder große Koalitionen, die im Parlament über breite Unterstützung verfügen. Beispiele sind Belgien oder die skandinavischen Länder. Stark ausgeprägte Konkordanzstrukturen waren in der Vergangenheit auch in Österreich, den Niederlanden und Italien anzutreffen, deren politische Systeme sich inzwischen jedoch in Richtung Wettbewerb geöffnet haben. Dies gilt in begrenztem Maße selbst für die Schweiz, die mit ihrer Proporzregierung bis heute den Extremtypus der Konkordanzdemokratie verkörpert.

Bei Lijphart finden sich über die systemischen Wirkungen der Plebiszite nur kryptische Äußerungen. Hatte er in der Erstauflage seines Demokratiebuches noch versucht, die direktdemokratischen Verfahren in seine Typologie zu integrieren, so wurde das Kapitel über die Referenden in der Neufassung ganz gestrichen. Lijpharts These, wonach es zwischen der direkten Demokratie und dem majoritären oder konsensuellen Grundcharakter des politischen Systems keinen Zusammenhang gebe, basiert auf einer unzureichenden Operationalisierung der plebiszitären Variable, bei der ausschließlich die Einsatzhäufigkeit des Instruments zugrunde gelegt wird und nicht dessen unterschiedliche Spielarten (Lijphart 1989). Dabei hätte sich bereits intuitiv erschließen lassen, dass die Rückwirkungen der Initiative auf das Regierungssystem ganz andere sein müssen als jene des obligatorischen oder einfachen Referendums (S. Jung 1996).

Befürworter knüpfen an die Einführung der direkten Demokratie häufig die Hoffnung, dass sich darüber die Macht der Parteien begrenzen lasse. Wird ein Plebiszit von der Verfassung vorgeschrieben oder liegt es in der Hand der Regierenden, ob sie eine Volksabstimmung durchführen wollen, scheint diese Hoffnung allerdings übertrieben: Wo Regierung, Parlament oder der Staatspräsident ein Referendum anberaumen können, dürfte eher eine Stärkung der Parteien die Folge sein. Diese hätten dann z.B. die Möglichkeit, eine Angelegenheit, über die sie intern zerstritten sind oder bei der die Meinungen quer durch die politischen Lager gehen, an das Volk weiterzureichen. Ein kluger Einsatz des Instruments würde nicht nur die Legitimität der getroffenen Entscheidungen erhöhen; er könnte auch helfen, Entscheidungsblockaden aufzubrechen, die innerhalb der Regierung zwischen den Koalitionspartnern oder durch konstitutionelle Mit- und Gegenspieler entstehen. Die Einführung eines einfachen Referendums erscheint von daher gerade in den konsensdemokratischen Systemen sinnvoll (S. Jung 2001: 290 ff.). Schwieriger wäre eine Situation, in der das Referendum in ein Vertrauensvotum über den Bestand der Regierung umfunktioniert wird – sei es, weil diese selbst ihr Schicksal an eine bestimmte Sachentscheidung koppeln möchte, oder weil die Opposition einen solchen Zusammenhang herstellt. Würde die Regierung die Abstimmung verlieren, müsste sie entweder zurücktreten oder für den Rest der Amtszeit mit ihrem Autoritätsverlust leben. Mit Blick auf die Regierungsstabilität birgt das einfache Referendum also gewisse Gefahren, die gegen die zuvor dargestellten Vorteile abzuwägen sind.

Weniger kompliziert würde sich dagegen die Einführung eines obligatorischen Verfassungsreferendums gestalten. Aufgrund der automatischen Auslösung ist die Gefahr eines manipulativen Missbrauchs durch die Parteien hier von vornherein geringer. Andererseits stellen obligatorische Referenden für diejenigen Parteien, die in der Abstimmungsfrage uneins sind, ein höheres Risiko dar, als Referenden, deren Auslösung sie selbst kontrollieren (de Vreese 2006). Von Bedeutung sind dabei auch die Mehrheitserfordernisse. Gehört der Vorrang der Verfassung zum Kern des konstitutionellen Demokratieverständnisses, folgt daraus zwingend, dass ihre Abänderbarkeit höheren Hürden unterliegen muss als jene des einfachgesetzlichen Rechts (Rinken 2001). Dies gilt sowohl für die Referenden als auch die Parlamentsbeschlüsse, für die in allen Länderverfassungen mindestens Zweidrittelmehrheiten und im Grundgesetz eine doppelte Zweidrittelmehrheit von Bundestag und Bundesrat vorgeschrieben sind. Indem sie den Kompromiss bereits auf der parlamentarischen Ebene erzwingen, sorgen die Quoren dafür, dass das nachträgliche Volksvotum aus dem Parteienstreit herausgehalten wird und die Regierung eine Abstimmungsniederlage nicht als gegen sich gerichtet empfinden muss. Ein obligatorisches Verfassungsreferendum würde von daher auch in den mehrheitsdemokratischen Systemen keine großen Probleme aufwerfen.

Anders verhält es sich mit dem stärksten Mittel der direkten Demokratie – der Initiative. Diese kann vom Volk autonom betrieben und somit auch gegen die repräsentativen Organe eingesetzt werden, weshalb die Parteien nichts unversucht lassen dürften, ihre Nutzung zu kontrollieren. Institutionell ergibt sich daraus eine paradoxe Situation: „Je höher der Grad [...] an Parteienstaatlichkeit [...], desto notwendiger erscheinen direktdemokratische Korrektive, um die Responsivität des Systems zu erhöhen – und desto leichter fällt es den Parteien, die betreffenden Instrumente zu vereinnahmen und damit zu entwerten" (Abromeit 2003: 110). Volksinitiativen und Volksbegehren führen also nicht dazu, dass die Parteien ihre Rolle als Träger des politischen Willens- und Entscheidungsbildungsprozesses einbüßen, sondern erweitern deren Tätigkeitsfeld lediglich vom Parlament in eine andere politische Arena. Untersuchungen für die

kommunale Ebene haben gezeigt, dass sie davon unter dem Strich sogar profitieren. Die direkte Demokratie eröffnet ihnen neue Einflussmöglichkeiten und damit auch die Chance, ihre alten Funktionen zu revitalisieren (Paust 2002).

Gilt diese Feststellung für die mehrheits- und konsensdemokratischen Regierungsformen gleichermaßen, so stellt sich die Frage der Systemverträglichkeit
vor allem in Bezug auf die Mehrheitsdemokratien. Wo die Plebiszite als Initiativrechte ausgestaltet sind, stehen sie in einem natürlichen Spannungsverhältnis
zum gegnerschaftlichen Parteienwettbewerb (Kielmansegg 2006: 72 f.). Die Initiative würde der parlamentarischen Opposition ein Mittel an die Hand geben, von
der Regierungsmehrheit beschlossene Gesetze über den Umweg einer Volksabstimmung nachträglich zu Fall zu bringen. Diese Möglichkeit besteht ganz unmittelbar bei der Vetoinitiative; sie wäre aber auch bei der (positiven) Gesetzesinitiative gegeben, die eingebracht werden könnte, um einen Gegenentwurf durchzusetzen. In einer solchen Situation wäre die Regierung gut beraten, etwaige Widerstände gegen ihr Vorhaben schon im Vorwege einzukalkulieren und inhaltlich zu
berücksichtigen. Die Volksinitiative wirkt also ihrer Logik nach „konsensuell",
indem sie für eine breitere Interesseninklusion sorgt. Dies kommt auch in den
Verfahren selbst zum Tragen, die zahlreiche Querverbindungen zwischen parlamentarischer und Volksgesetzgebung vorsehen. So können die Länderparlamen-
te in der Bundesrepublik z.b. einen Volksentscheid abwenden, wenn sie sich dem
Volksbegehren innerhalb einer bestimmten Frist ganz oder in wesentlichen Teilen
anschließen. Kommt es zum Volksentscheid, haben sie wiederum die Möglichkeit, einen eigenen Entwurf mit zur Abstimmung zu stellen. Auch dieser wird in
der Regel das Anliegen der Initiative zumindest teilweise aufgreifen.

Stellt man die konsensuellen Wirkungen mit in Rechnung, könnte die
Volksgesetzgebung den Regierungsparteien unter dem Strich mehr nützen als
der Opposition. Bemächtigt sich letztere des Plebiszits, trägt sie ja ungewollt dazu
bei, dass die Regierung eine „gute" bleibt und deren Wiederwahlchancen sich erhöhen. Initiativrechte unterminieren insofern das Prinzip der alternierenden Regierung, auf dem der mehrheitsdemokratische Parlamentarismus basiert. In der
Schweiz hat das dazu geführt, dass im Laufe der Zeit alle großen Parteien und
Verbände in den Regierungsprozess integriert wurden und ein fest institutionali-
siertes Konkordanzsystem ausbildeten. Die lebhaft praktizierte Abstimmungsdemokratie und das nahezu vollständige Fehlen von Parteienkonkurrenz sind in
diesem System Seiten derselben Medaille (Linder 1999: 311 ff.).

Im Umkehrschluss heißt das, dass dort, wo der Wettbewerb nicht funktioniert und das mehrheitsdemokratische Prinzip ins Leere läuft, die Volksgesetzgebung durchaus ein nützliches, bisweilen sogar unverzichtbares Korrektiv be-

reithalten kann. Beispiele sind die bis zu Beginn der neunziger Jahre „blockierte" Demokratie Italiens oder die Dauerherrschaft der CSU in Bayern. In ähnliche Richtung weist der Fall einer Großen Koalition. In dieser atypischen parlamentarischen Konstellation ist das zahlenmäßige Übergewicht der Regierung so groß, dass nicht nur die Kontrolle durch die Opposition leidet, sondern auch das Verfassungsgericht und die Länderkammer als „Vetospieler" weitgehend ausfallen. Plebiszitäre Elemente drängen sich hier als Ersatz förmlich auf. Die Entwicklung der Parteiensysteme in Bund und Ländern, die Große Koalitionen künftig wahrscheinlicher machen könnte, liefert der Forderung nach mehr direkter Demokratie also zusätzliche Gründe.

Strittiger ist, ob direktdemokratische Elemente auch in einem majoritären System gut aufgehoben wären. Die Antwort hängt davon ab, wie man die konsensuellen Effekte, die von den Initiativrechten vermutlich ausgehen, mit Blick auf die Gesamtarchitektur des Regierungssystems bewertet. In der Bundesrepublik ist die Politikwissenschaft in dieser Frage gespalten. Während die einen eine Stärkung der Mehrheitskomponente empfehlen (z.B. durch eine Wahlrechtsreform), ziehen die anderen die Weisheit des Parteienwettbewerbs als Entscheidungsprinzip in Zweifel und denken über Alternativen zum mehrheitsdemokratischen Parlamentarismus nach. Auch international verlaufen die Debatten zum Teil gegenläufig. Wo die Mehrheitslogik dominiert – wie in Großbritannien – redet man einer konsensuellen Umgestaltung des Systems das Wort, wo das Konsensdenken vorherrscht – wie in der Schweiz –, sollen die Konkordanzzwänge zurückgedrängt werden und mehr Wettbewerb Einzug halten (Germann 1993). Noch weitaus kritischer als in der Schweiz steht man der direkten Demokratie mittlerweile in Kalifornien gegenüber. Nachdem die Weigerung der Bürger, Steuererhöhungen und Ausgabenkürzungen per Volksabstimmung zu beschließen, den Staatshaushalt zuletzt massiv aus dem Gleichgewicht gebracht hat, mehren sich hier die Stimmen, die höhere Hürden für die bisher leicht zugänglichen Verfahren fordern.[22] Die Funktionalität ist also auch bei der Volksgesetzgebung zuerst eine Frage des Grades, die nur unter Hinweis auf die konkrete Ausgestaltung der Verfahren beantwortet werden kann.

Die nachfolgende Abbildung stellt die Verträglichkeit der direkten Demokratie, aufgeschlüsselt nach ihren verschiedenen Spielarten, mit den institutionellen Kernmerkmalen des deutschen Regierungssystems zusammengefasst dar.

---

[22] „Der Terminator in der Zwangsjacke", in: Frankfurter Allgemeine Zeitung vom 10. Dezember 2009, S. 3.

Abb. IV.4   Systemverträglichkeit der direkten Demokratie

	obligatorisches Referendum	(einfaches) Referendum	Vetoinitiative	(positive) Initiative
Verfassungsstaat	+ / –	+	+	+ / –
parlamentarisches System (majoritär)	+ / –	+ / –	–	–
parlamentarisches System (konsensuell)	+	+	+	+
Föderalismus	+	+	+	+ / –

9. *Alternativen zum Volksgesetzgebungsmodell: ein Vorschlag*

Die Untersuchung hat ergeben, dass die Entscheidung für das potenziell stärkste plebiszitäre Instrument und dessen gleichzeitige Entwertung durch hohe Quoren und weitreichende Ausschlussgegenstände in den deutschen Ländern einander bedingen. Diesen Makel ausgerechnet durch eine größere Anwenderfreundlichkeit der Verfahren auf der Bundesebene beseitigen zu wollen, wäre die falsche Konsequenz. Umgekehrt wird ein Schuh daraus. Bevor man über eine Einführung der dreistufigen Volksgesetzgebung ins Grundgesetz nachdenkt, müssten zuerst die Nutzungsbedingungen in den Ländern verbessert werden. Mit niedrigeren Zugangsschwellen würden freilich auch die Konflikte zwischen dem parlamentarischen und Volksgesetzgeber zunehmen. Um zu verhindern, dass sie das ganze System in Misskredit bringen, sollte man deshalb bei den Verfahrenserleichterungen behutsam vorgehen.

Auf der anderen Seite wäre zu überlegen, ob man – als Konsequenz dieser Probleme – auf die Einführung der (positiven) Gesetzesinitiative im Bund nicht besser verzichtet. Damit ließe sich einerseits das Problem der Quoren und Ausschlussgegenstände entschärfen, das ansonsten mit Sicherheit zu Dauerstreitigkeiten vor dem Verfassungsgericht führen würde. Zum anderen bräuchte man sich über die Einbeziehung des Bundesrates nicht den Kopf zu zerbrechen, die ja bei der direkten Demokratie auf Länderebene entfällt. Ein anwendbares, system-verträgliches und in seinen institutionellen Rückwirkungen nutzbringendes Konzept direkter Demokratie könnte somit folgende Elemente umfassen:

- eine bloß konsultative Gesetzesinitiative
- die Vetoinitiative
- das einfache Referendum und
- ein obligatorisches Verfassungsreferendum.

1. Die konsultative Gesetzesinitiative läuft im Grunde auf ein qualifiziertes Massenpetitionsrecht hinaus. Mit ihr könnte der Gesetzgeber aufgefordert werden, sich mit einer bestimmten Thematik zu befassen. Eine rechtliche Verpflichtung, der Anregung zu folgen, besteht nicht.

2. Die Vetoinitiative folgt dem Vorbild des Schweizerischen fakultativen Referendums. Sie eröffnet dem Volk die Möglichkeit, bereits beschlossene Gesetze einer nochmaligen Abstimmung zu unterwerfen und sie gegebenenfalls zu Fall zu bringen. Die Hürden in der Eingangsphase müssten so bemessen sein, dass das Instrument nicht zu häufig zum Einsatz kommt. Hier könnte man sich an der Quote von fünf Prozent der Stimmberechtigten orientieren, die der rot-grüne Gesetzentwurf aus dem Jahre 2002 für die Einleitung eines Volksbegehrens vorgesehen hat. In den Händen der Oppositionsparteien stellt das plebiszitäre Vetorecht ein funktionales Äquivalent zur Anrufung des Bundesverfassungsgerichts oder zur Blockade von Gesetzesvorhaben im Bundesrat dar. Als „Delegitimierungsstrategie" wäre sie allerdings institutionell funktionaler, weil sie die Opposition nicht zwingen würde, verfassungsrechtliche Argumente oder Länderinteressen vorzuschützen, wo es in Wirklichkeit um parteipolitische Unterschiede geht (Bull 1989). Die Vetoinitiative würde sich von daher in das bestehende System der Gewaltenteilung gut einfügen.

3. Konsensuelle Wirkungen kann das Volksveto allerdings nur entfalten, wenn die regierende Mehrheit – gewissermaßen als Gegenwaffe – ihrerseits über plebiszitäre Mittel verfügt, um Blockaden im Entscheidungsprozess aufzubrechen. Als Pendant zur Vetoinitiative müsste man deshalb über die Einführung eines einfachen Referendums nachdenken, um der Regierung Gelegenheit zu geben, ihre Gesetzesbeschlüsse vom Volk – auch gegen ein ablehnendes Votum des Bundesrates – bestätigen zu lassen. Verschafft sie sich auf diese Weise Rückhalt, wäre der Kritik der Opposition die Spitze genommen. Umgekehrt könnte eine verlorene Abstimmung als institutioneller Hebel dienen, um über eine vorzeitige Parlamentsauflösung Neuwahlen anzu-

beraumen. Dies würde in die Nähe eines plebiszitären Auflösungsrechts führen und wäre eine Möglichkeit, das verfassungsrechtlich strittige Verfahren nach Art. 68 des Grundgesetzes zu umgehen.[23]

4. Schließlich wäre für bestimmte Bereiche an die Einführung obligatorischer Referenden zu denken, deren Auslösung nicht der Initiative des Volkes überlassen bleiben oder in das alleinige Ermessen der Regierenden gestellt werden soll. Hierfür kommen in erster Linie internationale Verträge in Betracht, die die Übertragung von Souveränitätsrechten auf zwischenstaatliche Organisation regeln, wie z.b. der EU-Verfassungsvertrag, über den zehn der damals 25 Mitgliedstaaten durch Referendum entschieden haben.[24] Der andere Anwendungsbereich sind Verfassungsrevisionen, bei denen man aber – um eine Überbeanspruchung zu vermeiden – eine sinnvolle Eingrenzung vornehmen müsste (etwa auf die Art. 1 bis 20 des Grundgesetzes).

Dass die vier hier vorgeschlagenen Varianten in der Debatte um das optimale „Design" der direkten Demokratie bisher kaum eine Rolle gespielt haben, ist symptomatisch. Für die Plebiszitanhänger, die der Bundesrepublik gebetsmühlenhaft die Gesetzesinitiative empfehlen, sind sie offenbar gleichbedeutend mit einer minderwertigen Form der plebiszitären Beteiligung, deren Einsatz nicht lohne. Dabei wären die systemischen Wirkungen, die von einer gleichzeitigen Einführung der Vetoinitiative und des Referendums ausgingen, beträchtlich.

---

[23] Im Grunde würde es den ursprünglichen Charakter des Art. 68 wiederherstellen, der durch die Verfassungsrechtsprechung und eine ihr sekundierende Staatsrechtslehre im Laufe der Zeit völlig verschüttet worden ist. Wie die Entstehungsgeschichte des Artikels im Parlamentarischen Rat zeigt, sollte die Vertrauensfrage nämlich nicht nur im Falle einer bedrohten oder abhanden gekommenen parlamentarischen Mehrheit den Weg zu Neuwahlen bahnen, sondern bereits dann, wenn bestimmte politische Fragen strittig sind und die Regierung den Wunsch hegt, sie durch das Volk entscheiden zu lassen. Die erweiterte plebiszitäre Interpretation der Vertrauensfrage verfolgte den ausdrücklichen Zweck, die Aufnahme von Volksbegehren und Volksentscheid ins Grundgesetz überflüssig zu machen. Nachdem das Bundesverfassungsgericht in seinen Urteilen von 1982 und 2005 eine wesentlich engere Auslegung des Art. 68 vorgenommen hat, wird heute als Alternative zur „unechten" Vertrauensfrage bezeichnenderweise nur noch über ein Selbstauflösungsrecht des Bundestages nachgedacht. Die plebiszitäre Auslösung von Neuwahlen spielt in der Debatte keine Rolle (Niclauß 2005).

[24] Darunter befinden sich mit Dänemark und Irland allerdings nur zwei, in denen das Referendum von der Verfassung vorgeschrieben war. In den übrigen acht Staaten wurde es von der Regierung bzw. den Staatsorganen angesetzt.

Es ist eine oft wiederholte Binsenwahrheit, dass die direktdemokratischen Verfahren diese Wirkung nicht durch ihren tatsächlichen, sondern bereits durch ihren möglichen Gebrauch entfalten (Berlit 1993: 359). Indem sie als Handlungsoption in Reserve stehen, zwingen sie die politischen Akteure, auf die Interessen der referendumsfähigen Gruppen Rücksicht zu nehmen und nach Übereinstimmung zu suchen. Dies bedeutet nicht, dass sich die Bundesrepublik zu einer Konkordanzdemokratie Schweizerischen Typs wandeln wird, wenn man dem hier gemachten Vorschlag folgt – dem stehen sowohl die Grundstruktur des Regierungssystems als auch unsere Verfassungstradition entgegen. Mit der Einführung der Plebiszite würde allerdings ein stärker konsensorientierter Politikstil Einzug halten, der die parlamentarische Kultur langfristig verändern und die Bürger wieder näher an die repräsentativen Institutionen heranführen könnte (Patzelt 2009).

Eine „abgespeckte" Version der Volksgesetzgebung hätte den Vorzug, dass sie die meisten Argumente der Plebiszitkritiker ins Leere laufen lassen würde. Der Einwand, dass sich die direktdemokratischen Verfahren für die anspruchsvollen Materien der Bundespolitik nicht eigneten, würde dann ebenso wenig greifen wie das Föderalismusargument. Auch die grundsätzlichen Zweifel an der Urteilsfähigkeit des Volkes könnten leichter zerstreut werden, da das Prä der parlamentarischen Repräsentation bei allen vier hier vorgeschlagenen Punkten erhalten bliebe. Für die Kritiker der direkten Demokratie gilt nämlich wie für die Befürworter, dass sich ihre Argumente nahezu ausschließlich auf die (positive) Gesetzesinitiative richten. In dieser Fixierung liegt das eigentliche Problem der bundesdeutschen Debatte, die eine realistisches Verständnis dessen, was die direkte Demokratie leisten kann und was nicht, bisher verhindert hat. Erst wenn sich dies ändert und die institutionellen Vorschläge auf das richtige Gleis gebracht werden, könnte ein neuer Anlauf zu einer plebiszitären Ergänzung des Grundgesetzes gelingen.

Literatur

Abromeit, Heidrun (1995), Volkssouveränität, Parlamentssouveränität, Verfassungssouveränität: Drei Realmodelle der Legitimation staatlichen Handelns, in: Politische Vierteljahresschrift 36 (1), S. 49-66.

Abromeit, Heidrun (2003), Nutzen und Risiken direktdemokratischer Instrumente, in: Claus Offe (Hg.), Demokratisierung der Demokratie, Frankfurt a.M. / New York, S. 95-110.

Arnim, Hans Herbert von (2000), Vom schönen Schein der Demokratie. Politik ohne Verantwortung – am Volk vorbei, München.

Arnauld, Andreas von (2010), „Refolution" an der Elbe: Hamburgs neue direkte Demokratie – Die Verfassungsänderungen der Jahre 2008 und 2009 im Kontext, in: Lars P. Feld
u.a. (Hg.), Jahrbuch für direkte Demokratie 2009, Baden-Baden, S. 90-130.

Beckstein, Günther (2003), Volksgesetzgebung auf Bundesebene und bundesstaatliche
Ordnung, in: Hans-Detlef Horn (Hg.), Recht im Pluralismus. Festschrift für Walter
Schmitt Glaeser zum 70. Geburtstag, Berlin, S. 119-133.

Berlit, Uwe (1993), Soll das Volk abstimmen? Zur Debatte über die direktdemokratischen
Elemente im Grundgesetz, in: Kritische Zeitschrift für Gesetzgebung und Rechtswissenschaft 76 (1), S. 318-359.

Blasche, Sebastian (2006), Die Mitwirkung der Länder an der Gesetzgebung. Eine verfas-
sungsdogmatische Untersuchung zu Art. 79 Abs. 3, 2. Var. GG vor dem Hintergrund
einer möglichen Einführung von Volksgesetzgebung in das Grundgesetz, Baden-
Baden.

Borowski, Martin (2000), Parlamentsgesetzliche Änderungen volksbeschlossener Gesetze,
in: Die Öffentliche Verwaltung 53 (12), S. 481-491.

Büsching, Stephan (2004), Angst vor dem Volk! Die Diskussion um die Einführung plebiszitärer Elemente in das Grundgesetz, Frankfurt a.M.

Bugiel, Karsten (1991), Volkswille und repräsentative Entscheidung. Zulässigkeit und
Zweckmäßigkeit von Volksabstimmungen nach dem Grundgesetz, Baden-Baden.

Bull, Hans Peter (1989), Keine Angst vor dem Volksentscheid, in: Die Zeit Nr. 14 vom 31.
März 1989, S. 4.

Decker, Frank (2001), Das Kreuz mit der direkten Demokratie, in: Berliner Republik 3 (4), S.
52-62.

Decker, Frank (2003), Präsidialsystem und direkte Demokratie in der Europäischen Union,
in: Hans Herbert von Arnim (Hg.), Reform der Parteiendemokratie, Berlin, S. 79-95.

Decker, Frank (2004), Systemrezeption und institutionelle Innovationen im deutschen Einigungsprozess. Eine Bilanz, in: Zeitschrift für Politikwissenschaft 14 (1), S. 31-67.

Decker, Frank (2007), Parlamentarische Demokratie versus Volksgesetzgebung. Der Streit
um ein neues Wahlrecht in Hamburg, in: Zeitschrift für Parlamentsfragen 38 (1), S.
118-133.

Degenhart, Christoph (2005), Direkte Demokratie auf Bundesebene nach dem Grundgesetz.
Anmerkungen zu einem Gesetzentwurf, in: Klaus Stern u.a. (Hg.), Gedächtnisschrift
für Joachim Burmeister, Heidelberg, S. 87-99.

De Vreese, Claes H. (2006), Political Parties in Dire Straits? Consequences of National Referendums for Political Parties, in: Party Politics 12 (5), S. 581-598.

Eder, Christina / Raphael Magin (2008), Direkte Demokratie, in: Markus Freitag / Adrian
Vatter (Hg.), Die Demokratien der Bundesländer, Opladen / Farmington Hills, S. 257-
308.

Erne, Roland (2002), Obligatorisches Referendum, Plebiszit und Volksbegehren – drei Typen direkter Demokratie im europäischen Vergleich, in: Theo Schiller / Volker Mittendorf (Hg.), Direkte Demokratie, Wiesbaden, S. 76-87.

Estel, Denise (2006), Bundesstaatsprinzip und direkte Demokratie im Grundgesetz, Baden-Baden.

Ewert, Benjamin (2007), Potentiale der direkten Demokratie in Litauen, Slowenien und Ungarn unter besonderer Berücksichtigung der politischen Kultur, Frankfurt a.M.

Fijalkowski, Jürgen (1993), Erfahrungen mit Volksabstimmungen zu Sachfragen. Erfordernisse und Ergebnisse kategorialer Differenzierung, in: Hans-Dieter Klingemann / Wolfgang Luthardt (Hg.), Wohlfahrtsstaat, Sozialstruktur und Verfassungsanalyse, Opladen, S. 147-167.

Fraenkel, Ernst (1958), Die repräsentative und die plebiszitäre Komponente im demokratischen Verfassungsstaat, Tübingen. Wiederabgedruckt in: ders., Deutschland und die westlichen Demokratien, 6. Aufl., Stuttgart u.a. 1974, S. 113-151.

Freitag, Markus / Uwe Wagschal, Hg. (2007), Direkte Demokratie. Bestandsaufnahmen und Wirkungen im internationalen Vergleich, Berlin.

Germann, Raimund E. (1993), Aufnahme plebiszitärer Elemente ins deutsche Grundgesetz. Was lehren die Schweizer Erfahrungen?, in: Jahrbuch für Politik 3 (2), S. 219-238.

Grotz, Florian (2009), Direkte Demokratie in Europa. Erträge, Probleme und Perspektiven der vergleichenden Forschung, in: Politische Vierteljahresschrift 50 (2), S. 286-305.

Hernekamp, Karl (1979), Formen und Verfahren direkter Demokratie. Dargestellt anhand ihrer Rechtsgrundlagen in der Schweiz und Deutschland, Frankfurt a.M.

Hofmann, Andreas / Wolfgang Wessels (2009), Eine dauerhafte Verfassung für Europa? Die Beantwortung konstitutioneller Grundfragen durch den Vertrag von Lissabon, in: Frank Decker / Marcus Höreth (Hg.), Die Verfassung Europas, Wiesbaden, S. 69-95.

Hufschlag, Hans-Peter (1999), Einführung plebiszitärer Komponenten in das Grundgesetz? Verfassungsrechtliche Möglichkeiten und verfassungspolitische Konsequenzen direkter Demokratie im vereinten Deutschland, Baden-Baden.

Isensee, Josef (2009), Organisiertes Staatsethos: das öffentliche Amt, in: Karl Dietrich Bracher u.a. (Hg.), Politik, Geschichte und Kultur. Festschrift für Manfred Funke zum 70. Geburtstag, Bonn, S. 311-323.

Jung, Otmar (1992), Kein Volksentscheid im Kalten Krieg! Zum Konzept einer plebiszitären Quarantäne für die junge Bundesrepublik 1948/49, in: Aus Politik und Zeitgeschichte B 45, S. 16-30.

Jung, Otmar (1999), Das Quorenproblem beim Volksentscheid. Legitimität und Effizienz beim Abschluss des Verfahrens der Volksgesetzgebung, in: Zeitschrift für Politikwissenschaft 9 (3), S. 886-898.

Jung, Otmar (2002a), Direkte Demokratie als Herausforderung der Repräsentativen Demokratie. Eine Auseinandersetzung mit Werner J. Patzelt, in: German Studies Review 25 (2), S. 285-304.

Jung, Otmar (2002b), Volksentscheid ins Grundgesetz? Die politische Auseinandersetzung um ein rot-grünes Reformprojekt 1998-2002, in: Zeitschrift für Politik 49 (3), S. 267-289.

Jung, Otmar (2004), Direkte Demokratie und Föderalismus. Die grundsätzliche Mitwirkung der Länder bei der Volksgesetzgebung im Bund, in: Stefan Brink / Heinrich Amadeus Wolff (Hg.), Gemeinwohl und Verantwortung. Festschrift für Hans Herbert von Arnim zum 65. Geburtstag, Berlin, S. 353-366.

Jung, Otmar (2005), Grundsatzfragen der direkten Demokratie, in: Andreas Kost (Hg.), Direkte Demokratie in den deutschen Ländern, Wiesbaden, S. 312-357.

Jung, Otmar (2010), Volksgesetze und parlamentarische Konterlegislatur, in: Klemens H. Schrenk / Markus Soldner (Hg.), Analyse demokratischer Regierungssysteme. Festschrift für Wolfgang Ismayr zum 65. Geburtstag, Wiesbaden, S. 427-442.

Jung, Sabine (1996), Lijpharts Demokratietypen und die direkte Demokratie, in: Zeitschrift für Politikwissenschaft 6 (3), S. 623-645.

Jung, Sabine (2001), Die Logik direkter Demokratie, Wiesbaden.

Jutzi, Siegfried (2003), Volksgesetzgebung und Verfassungsrechtsprechung. Zu verfassungsrechtlich und verfassungsgerichtlich bestimmten Grenzen der Volksgesetzgebung, in: Zeitschrift für Gesetzgebung 18 (3), S. 273-292.

Kaufmann, Bruno / Rolf Büchi / Nadja Braun (2006), Guidebook to Direct Democracy in Switzerland and Beyond. 2007 Edition, Bern / Marburg.

Kielmansegg, Peter Graf (2006), Über direkte Demokratie – sechs Anmerkungen zu einer unbefriedigenden Debatte, in: Uwe Backes / Eckhard Jesse (Hg.), Jahrbuch Extremismus & Demokratie 18, Baden-Baden, S. 57-80.

Kranenpohl, Uwe (2003), Verkürzen Verfassungsrichter Volksrechte? Verfassungspolitische Probleme der Volksgesetzgebung, in: Gesellschaft – Wirtschaft – Politik 52 (1), 37-46.

Leonardy, Uwe (2004), Föderalismusreform ohne Länderneugliederung?, in: Frank Decker (Hg.), Föderalismus an der Wegscheide?, Wiesbaden, S. 75-97.

Lijphart, Arend (1989), Democratic Political Systems. Types, Cases, Causes and Consequences, in: Journal of Theoretical Politics 1 (1), S. 33-48.

Lijphart, Arend (1999), Patterns of Democracy. Government Forms and Performance in Thirty-Six Countries, New Haven / London.

Linder, Wolf (1999), Schweizerische Demokratie. Institutionen – Prozesse – Perspektiven, Bern / Stuttgart / Wien.

Löwer, Wolfgang / Jörg Menzel (2003), Plebiszitäre Gesetzgebung ernst genommen. Überlegungen zu einigen Schwierigkeiten direktdemokratischer Entscheidung anlässlich NdsStGH, NdsVbl. 2002, 11 ff., in: Niedersächsische Verwaltungsblätter 10 (4), S. 89-95.

Luthardt, Wolfgang (1994), Direkte Demokratie. Ein Vergleich in Westeuropa, Baden-Baden.

Marschall, Stefan (1997), Ist das unmittelbare Personenvotum ein „direktdemokratisches" Verfahren?, in: Zeitschrift für Politikwissenschaft 7 (3), S. 845-862.

Maurer, Hartmut (1997), Plebiszitäre Elemente in der repräsentativen Demokratie, Heidelberg.

Mehr Demokratie (2008), Erster Bürgerbegehrensbericht 1956 – 2007, erstellt in Kooperation mit der Forschungsstelle Bürgerbeteiligung und Direkte Demokratie der Universität Marburg, Berlin.

Mehr Demokratie (2009), Volksbegehrensbericht 2008, Berlin.

Möckli, Silvano (1998), Direktdemokratische Einrichtungen und Verfahren in den Mitgliedstaaten des Europarates, in: Zeitschrift für Parlamentsfragen 29 (1), S. 90-107.

Moeckli, Silvio (2007), Direkte Demokratie in den Gliedstaaten der USA, in: Markus Freitag/ Uwe Wagschal (Hg.), Direkte Demokratie, Berlin, S. 19-39.

Neidhart, Leonhard (1970), Plebiszit und pluralitäre Demokratie. Eine Analyse der Wirkungen des schweizerischen Gesetzesreferendums, Bern.

Neidhart, Leonhard (1993), Interessenvermittlung im schweizerischen Regierungssystem, in: Ralf Kleinfeld / Wolfgang Luthardt (Hg.), Westliche Demokratien und Interessenvermittlung, Marburg, S. 114-130.

Neumann, Peter (2002), Die Entwicklung der Rechtsprechung zu Volksbegehren und Volksentscheid nach der Deutschen Einheit, in: Theo Schiller / Volker Mittendorf (Hg.), Direkte Demokratie, Wiesbaden, S. 115-152.

Neumann, Peter (2009), Sachunmittelbare Demokratie im Bundes- und Landesverfassungsrecht unter besonderer Berücksichtigung der neuen Länder, Baden-Baden.

Niclauß, Karlheinz (1992), Der Parlamentarische Rat und die plebiszitären Elemente, in: Aus Politik und Zeitgeschichte B 45, S. 3-15.

Niclauß, Karlheinz (2005), Vertrauensfrage – ein Plebiszit für die Neuwahl, in: Süddeutsche Zeitung vom 1. Juni 2005, S. 2.

Obst, Claus-Henning (1986), Chancen direkter Demokratie in der Bundesrepublik Deutschland. Zulässigkeit und politische Konsequenzen, Köln.

Patzelt, Werner J. (2009), Unsere Verfassung verträgt keine Basteleien, in: Frankfurter Allgemeine Zeitung vom 5. Juni, S. 9.

Paust, Andreas (2002), Wirkungen der direkten Demokratie auf das kommunale Parteiensystem, in: Theo Schiller / Volker Mittendorf (Hg.), Direkte Demokratie, Wiesbaden, S. 218-230.

Rinke, Stefan / Klaus Stüwe (2008), Politische Systeme Amerikas: Ein Vergleich, in: Klaus Stüwe / Stefan Rinke (Hg.), Die politischen Systeme in Nord- und Lateinamerika, Wiesbaden, S. 9-58.

Rinken, Alfred (2001), Volksgesetzgebung und Verfassung, in: Joachim Bohnert u.a. (Hg.), Verfassung – Philosophie – Kirche. Festschrift für Alexander Hollerbach zum 70. Geburtstag, Berlin, S. 403-426.

Rux, Johannes (2008), Direkte Demokratie in Deutschland. Rechtsgrundlagen und Rechtswirklichkeit der unmittelbaren Demokratie in der Bundesrepublik Deutschland und ihren Ländern, Baden-Baden.

Schiffers, Reinhard (1971), Elemente direkter Demokratie im Weimarer Regierungssystem, Düsseldorf.

Schiffers, Reinhard (2000), Schlechte Weimarer Erfahrungen?, in: Hans Herbert von Arnim (Hg.), Direkte Demokratie, Berlin, S. 51-65.

Schiller, Theo (2002), Direkte Demokratie. Eine Einführung, Frankfurt a.M. / New York.

Schmidt, Manfred G. (2003), Lehren der Schweizer Referendumsdemokratie, in: Claus Offe (Hg.), Demokratisierung der Demokratie, Frankfurt a.M. / New York, S. 111-123.

Scholz, Rupert (2002), Voraussetzungen und Grenzen plebiszitärer Demokratie, in: Ulrich Willems (Hg.), Demokratie auf dem Prüfstand, Opladen, S. 83-92.

Steffani, Winfried (1999), Das magische Dreieck demokratischer Repräsentation: Volk, Wähler und Abgeordnete, in: Zeitschrift für Parlamentsfragen 30 (3), S. 772-793.

Stelzenmüller, Constanze (1994), Direkte Demokratie in den Vereinigten Staaten von Amerika, Baden-Baden.

Weber, Tim (2003), Sind Volksgesetzgebung und Föderalismus vereinbar?, in: Zeitschrift für direkte Demokratie 15 (3), S. 30-32.

Weixner, Bärbel Martina (2002), Direkte Demokratie in den Bundesländern. Verfassungsrechtlicher und empirischer Befund aus politikwissenschaftlicher Sicht, Opladen.

Welzel, Christian (1997), Repräsentation alleine reicht nicht mehr. Sachabstimmungen in einer Theorie der interaktiven Demokratie, in: Rainer Schneider-Wilkes (Hg.), Demokratie in Gefahr? Zum Zustand der deutschen Republik, Münster, S. 54-79.

Wiegand, Hanns-Jürgen (2006), Direktdemokratische Elemente in der deutschen Verfassungsgeschichte, Berlin.

V. Der umstrittene Föderalismus

A. Mehr Asymmetrie im deutschen Föderalismus? Die neue Abweichungsgesetzgebung

1. Symmetrische versus asymmetrische Föderalstaaten: Begriffe und Typologie

Föderalistische Systeme sind ihrer Idee nach darauf ausgelegt, ein bestimmtes Maß an Vielgestaltigkeit der Lebensverhältnisse im Gesamtstaat mit einem bestimmten Maß an Einheitlichkeit zu verbinden. Vielgestaltigkeit kann in der faktischen Konsequenz auf Unterschiedlichkeit und mithin Ungleichheit hinauslaufen, auch wenn das nicht unbedingt zwingend ist. Umgekehrt verbindet sich der Begriff der Einheitlichkeit mit der Vorstellung der Gleichheit oder Homogenität. Die Begriffe Symmetrie und Asymmetrie lassen sich als – sprachlich freilich nicht ganz korrekte – Synonyme darauf abbilden. Symmetrischer Föderalismus zeichnet sich danach durch ein hohes Maß an Gleichheit zwischen den territorialen Untergliederungen innerhalb des Gesamtstaates aus, während asymmetrischer Föderalismus durch Ungleichheit oder Heterogenität charakterisiert ist (Tarlton 1965: 861 ff.).

Von zentraler Bedeutung ist die Unterscheidung zwischen tatsächlicher (faktischer) und institutioneller (rechtlicher oder konstitutioneller) Symmetrie / Asymmetrie (Watts 1999: 63 ff.). Genauso wie auf der Ebene des Individuums förmlich gleiche Rechte zu faktischer sozialer Ungleichheit führen können, je nachdem welchen Gebrauch die Einzelnen von diesen Rechten machen, so können auch auf der Ebene des Kollektivs oder der Institutionen rechtliche und tatsächliche Symmetrie / Asymmetrie auseinanderfallen. Unterschiedliche Rechte (und Pflichten) der Gliedstaaten müssen dabei aber nicht zwangsläufig zu einer größeren Heterogenität im Gesamtstaat führen, auch wenn ein solcher Zusammenhang durchaus wahrscheinlich ist. So kann es z.B. durch Lern- und Rezeptionsprozesse zu Angleichungen kommen, die im Endeffekt genauso zentralisierend wirken wie eine einheitliche Regelung. Auch die finanzielle Bevorzugung einzelner, ökonomisch rückständiger Gliedstaaten trägt auf lange Sicht nicht zwangsläufig zu deren Besserstellung bei. Indem sie der Subventionsmentalität Vorschub leistet und eine selbsttragende ökonomische Entwicklung erschwert, könnte sie sogar zur Perpetuierung der Ungleichheit führen.

Die Unterscheidung von rechtlicher und faktischer Symmetrie / Asymmetrie entspricht in etwa derjenigen, die Daniel Elazar zwischen dem politischen und sozialen Föderalismus vorgenommen hat (Elazar 1987: 67 ff.). Letzterer knüpft an die tatsächlichen gesellschaftlichen Gegebenheiten in einem Land an. Hier sind es insbesondere zwei Faktoren, die eine föderale Gestaltung auch in politisch-institutioneller Hinsicht nahe legen: die Größe des Landes oder sonstige geografische Besonderheiten und das Vorhandensein kultureller Minderheiten, seien sie religiösen, sprachlichen oder ethnischen Ursprungs. Bilden diese Minderheiten territorial abgegrenzte Einheiten und / oder weisen sie die Attribute einer Quasi-Nation auf, ist ein föderaler Staatsaufbau geradezu zwingend, um Separationsbestrebungen zu vermeiden, die bei einer permanenten strukturellen Majorisierung sicher drohen würden. Ob das föderale System in rechtlicher Hinsicht symmetrisch oder asymmetrisch ausgestaltet wird, dürfte primär von der Zahl der kulturell abgrenzbaren Einheiten und ihrer relativen Größe abhängen. In Belgien haben wir es z.B. – sieht man von der zahlenmäßig zu vernachlässigenden deutschen Gemeinschaft einmal ab – mit annähernd gleich großen und starken Gliedstaaten zu tun, während in Kanada oder in Spanien die nach mehr Autonomie strebenden Provinzen (Québec, Katalonien und das Baskenland) gegenüber dem Rest des Landes klar in der Minderheit sind. Die Schweiz wiederum zeigt, dass eine asymmetrische Struktur in soziologischer Hinsicht mit höchst unterschiedlicher Größe der drei bzw. vier Sprachgemeinschaften durchaus kompatibel sein kann mit einer weitgehend symmetrischen institutionellen Struktur. Gewährleistet wird dies dadurch, dass die Kantone kleinere Einheiten bilden als die Sprachgemeinschaften. Kantonsgrenzen und Sprachgrenzen sind dabei keineswegs deckungsgleich. In mehreren Kantonen – Bern, Freiburg, Graubünden und Wallis – läuft letztere mitten durch den Staat hindurch (Freiburghaus / Gehl 2004: 93 f.).

Am schwächsten ist der Zusammenhang zwischen sozialem und institutionellem Föderalismus in ökonomischer Hinsicht. Starke Disparitäten kann es hier auch in Einheitsstaaten geben, obwohl diese zumindest theoretisch über die besten Chancen verfügen, das Gefälle auszugleichen. Ein solcher Ausgleich findet aber auch in den Bundesstaaten statt. Wie leicht die Disparitäten abgebaut werden können, hängt hier vor allem von der Kompetenzverteilung zwischen den Ebenen und der Finanzverfassung ab. Liegen die für die Gestaltung der wirtschaftlichen und sozialen Lebensverhältnisse relevanten Zuständigkeiten ganz oder überwiegend beim Bund und findet zwischen den Ländern ein Finanzausgleich statt, wie es z.B. in der „unitarischen" Bundesrepublik der Fall ist, dann ist der Unterschied zum Einheitsstaat nicht mehr besonders groß. Indem sie den Ausgleich institutionell verbürgen, sind die Föderalstaaten womöglich sogar besser in der Lage, gleichmäßige Lebensverhältnisse herzustellen als ein Einheitsstaat.

Liegen die sozial- und wirtschaftspolitischen Kompetenzen dagegen in hohem Maße bei den Einzelstaaten und verzichtet der Gesamtstaat auf einen institutionalisierten Finanzausgleich, so wächst oder entsteht natürlich auch größere Ungleichheit. Das nahe liegende Beispiel sind die USA. Der Anspruch, einheitliche oder gleichwertige Lebensverhältnisse im ganzen Land herzustellen, wird hier gar nicht erst erhoben. In den USA funktioniert dieses Föderalismusmodell deshalb, weil das Land von seiner politischen Kultur her darauf geeicht ist, ein hohes Maß an sozialer und ökonomischer Ungleichheit zu verkraften (Lösche 1999: 140 ff.). Dies gilt mit Abstrichen auch für die anderen angelsächsisch geprägten Föderalstaaten (Australien und Kanada), wobei die schiere geografische Größe als Erklärungsfaktor aber mindestens eine so große Rolle spielen dürfte wie die politische Kultur. Umgekehrt zeigt der Schweizer Fall, dass ein hohes Maß an Eigenständigkeit der Gliedstaaten, das in unterschiedlichen Lebensverhältnissen Niederschlag findet, auch in einem kleinen Land möglich ist. Anders als die deutschen Bundesländer verfügen die im Schnitt noch sehr viel kleineren Kantone hier z.B. über substanzielle Steuerkompetenzen. Dass die Sozialstaatsquote und Steuerlast in der Schweiz (wie in den USA) deutlich geringer sind als in den meisten anderen (west)europäischen Ländern, hängt auch mit der dezentralen Ausgestaltung ihres Bundesstaates zusammen. Von daher ist es kein Zufall, dass die Rückverlagerung von Bundeskompetenzen auf die Länder im Sinne eines stärker wettbewerbsföderal ausgerichteten Systems gerade bei Ökonomen und „neoliberalen" Wirtschaftspolitikern großen Anklang findet.[1]

Ob ein Föderalstaat in rechtlicher Hinsicht als symmetrisch oder asymmetrisch charakterisiert werden kann, entscheidet sich an der Ausgestaltung der drei zentralen institutionellen Merkmale des Föderalismus. Am Ausgangspunkt steht die Kompetenzverteilung. Symmetrisch ist ein föderales System in dieser Beziehung, wenn die Sphären der Gesetzgebung zwischen den beiden staatlichen Ebenen getrennt sind, es also entweder nur ein in allen Gliedstaaten gültiges Bundesrecht oder in den jeweiligen Gliedstaaten gültiges Landesrecht gibt, und wenn die Gliedstaaten untereinander sowie im Verhältnis zum Gesamtstaat über

---

[1] Vgl. z.B. das von der Friedrich Naumann-Stiftung am 21. August 1998 vorgestellte Manifest „Wider die Erstarrung in unserem Staat. Für eine Erneuerung des Föderalismus." Zum Begriff des Wettbewerbsföderalismus siehe Schatz / Van Ooyen / Werthes 2000.

den gleichen Status verfügen und gleiche Rechte genießen. Sind die Gesetzgebungsbefugnisse zwischen den Gliedstaaten abgestuft, verfügen einzelne Gliedstaaten mithin über mehr Rechte als andere, handelt es sich um einen Fall starker
(oder harter) Asymmetrie. Schwache (oder weiche) Asymmetrie liegt vor, wenn
die Möglichkeit, in bestimmten Bereichen aus der gemeinsamen Geltung des
Rechts auszuscheren (*opt out*) oder eigene Regelungen zu treffen, von Verfassungs wegen allen Gliedstaaten offen steht, davon aber nur eine bestimmte Zahl
Gebrauch machen.

Als zweites ist die Finanzverfassung in den Blick zu nehmen. Hier bedeutet
Symmetrie bezogen auf die Einnahmenseite der Steuern und Verschuldung dasselbe wie bei der Kompetenzverteilung. Darüber hinaus besagt sie aber auch,
dass es keine Möglichkeit der Sonderzuweisungen durch den Gesamtstaat oder
einen institutionalisierten Finanzausgleich gibt, der bestimmte Gliedstaaten zu
Lasten anderer finanziell begünstigt.[2] Dies gilt unbeschadet der Tatsache, dass
diese Begünstigung gerade mit dem Ziel erfolgt, Disparitäten abzubauen, also
mehr Symmetrie herzustellen. Hier kommt es allein auf den rechtlichen Aspekt
an (Watts 1999: 67 f.).

Drittens schließlich muss gefragt werden, wie die Gliedstaaten an der Gesetzgebung des Gesamtstaates beteiligt werden. Genießen alle Länder oder Provinzen ungeachtet ihrer Bevölkerungsgröße denselben Vertretungsanspruch,
verfügen sie also in der Zweiten Kammer über gleich viel Sitze, ist das System
symmetrisch; sind die Beteiligungsrechte abgestuft, ist es asymmetrisch.

Legt man die drei Kriterien in dieser Priorität zugrunde, so stehen Kanada,
das quasi-föderalistische Spanien und das sich föderalisierende Vereinigte Königreich an der Spitze der asymmetrischen Föderalstaaten. In der mittleren Gruppe
befinden sich Italien (Sonderstatus von fünf autonomen Regionen) und der
supranationale Staatenverbund der Europäischen Union, dessen Mitglieder in
bestimmten Politikfeldern über die Möglichkeit des „opting out" verfügen. Handelt es sich in all diesen Fällen (mit Ausnahme Kanadas) um Länder bzw. Systeme, in denen der Föderalismus unvollständig ausgeprägt oder erst in Entstehung
begriffen ist, so gehören die symmetrischen Föderalismen ausnahmslos zu den

---

[2] Der Charakterisierung des Finanzausgleichs als Element rechtlicher Asymmetrie steht
nicht entgegen, das theoretisch jeder Gliedstaat in den Status des Gebers oder Nehmers
gelangen kann. Tatsächlich gibt es in der Bundesrepublik mit Bayern ein gutes Beispiel für
den „Aufstieg" eines früheren Empfängers von Ausgleichszahlungen zu einem wirtschaftlich potenten Geberland. Die Zuordnung zum asymmetrischen Föderalismus erfolgt hier
zur Unterscheidung von den Systemen, die auch auf der „sekundären" Ebene der Finanzverfassung an der vollständigen Eigenverantwortlichkeit der Gliedstaaten festhalten.

voll ausgebildeten Bundesstaaten. An der Spitze stehen hier die USA, die alle drei oben genannten Kriterien der Symmetrie erfüllen, gefolgt von der Schweiz und Australien mit zwei erfüllten Kriterien (Kompetenzverteilung und Beteiligung). Österreich und Deutschland können demgegenüber nur mit Blick auf die Kompetenzordnung als ganz oder annähernd symmetrisch qualifiziert werden. Die Beteiligungsrechte in der Zweiten Kammer sind hier nach Bevölkerungsgröße abgestuft, gleichzeitig verfügt der Bund über noch mehr finanzielle Durchgriffsrechte auf die Gliedstaaten als z.B. in der Schweiz. Das nachfolgende Schaubild zeigt, dass es zwischen der faktischen und rechtlichen Symmetrie nur einen losen Zusammenhang gibt. Starke gesellschaftliche Heterogenität kann sowohl mit einer starken (Spanien, Kanada) als auch mit einer weniger starken asymmetrischen Struktur einhergehen (Belgien). Symmetrische Föderalstaaten existieren aber auch in gesellschaftlich homogenen Ländern (Österreich). Lediglich für die Verbindung von gesellschaftlicher Homogenität und rechtlicher Asymmetrie lässt sich kein empirisches Beispiel finden.

Abb. V.1   Asymmetrie in Föderalstaaten

de jure de facto	gering	mittel	hoch
gering	Österreich	–	–
mittel	Australien USA Deutschland ( )	Italien	Vereinigtes Königreich
hoch	Schweiz	Belgien Europäische Union	Spanien Kanada

2.   Symmetrie und Asymmetrie im deutschen Föderalismus

Betrachtet man die Kompetenzverteilung zwischen den beiden staatlichen Ebenen (einschließlich der Steuergesetzgebung), so gehört die Bundesrepublik einerseits in die Gruppe der symmetrischen Föderalismen; andererseits zeichnet sie sich durch eine klare Dominanz des Bundes in der Gesetzgebung aus, für die in der Literatur der Begriff der „Unitarisierung" geprägt wurde (Hesse 1962). Autoren wie Abromeit sind sogar soweit gegangen, die Bundesrepublik als „verkappten Einheitsstaat" zu apostrophieren (Abromeit 1992).

Symptomatisch für die Verbindung von rechtlicher Symmetrie und Unitarisierung steht das im Grundgesetz festgeschriebene Leitbild der „einheitlichen" (Art. 106 Abs. 3 Satz 4 Nr. 2) oder „gleichwertigen" Lebensverhältnisse (Art. 72 Abs. 2). Obwohl daraus, wie Hebeler (2006: 301 ff.) dargelegt hat, kein zwingendes verfassungsrechtliches Gebot folgt, haben sich in der Vergangenheit sowohl der Gesetzgeber als auch die Verfassungsgerichtsbarkeit vom Ziel der Einheitlichkeit leiten lassen, das in der politischen Kultur des Landes tief verankert ist und der weitaus überwiegenden Erwartungshaltung der Bevölkerung entspricht. Die Ursachen dafür reichen weit in die Geschichte zurück. Die Verspätung des deutschen Nationalstaates hatte im Kaiserreich einerseits eine starke Sehnsucht nach Rechts- und Wirtschaftseinheit entstehen lassen. Andererseits musste berücksichtigt werden, dass die zum Reich vereinigten Länder 1871 über voll ausgebildete staatliche Strukturen verfügten, die jenen der klassischen Nationalstaaten entsprachen. Die deutsche Antwort auf dieses Problem war bereits in der Paulskirchenverfassung von 1848 angelegt. Sie bestand in der Schaffung eines verbundföderalen Systems, in welchem das Reich das Gros der Gesetzgebungskompetenzen ausübte, während die Länder für die Verwaltung bzw. den Vollzug zuständig blieben. Diese Konstruktion wurde ab 1918 auch auf die Finanzverfassung ausgedehnt. Der Versuch des Parlamentarischen Rates, den Steuerverbund in unwesentlich veränderter Form in das Grundgesetz zu übernehmen, stieß bei den Alliierten zunächst auf Widerstand. Allerdings gelang es dem deutschen Verfassungsgeber zwischen 1949 und 1969, die ursprünglich intendierte Lösung schrittweise durchzusetzen und den Finanzverbund auf einer neuen verfassungsrechtlichen Grundlage fest zu verankern (Lehmbruch 2002: 53 ff.).

So wie er 1871 geschaffen wurde, hatte der deutsche Bundesstaat allerdings einen schweren Geburtsfehler – die Hegemonie Preußens. Der mit Abstand größte deutsche Einzelstaat, auf den etwa zwei Drittel der Bevölkerung und der Fläche des Reiches entfielen, verfügte in der Länderkammer, dem Bundesrat, über eine Schlüsselstellung, da Änderungen der Reichsverfassung oder der Wehr- und Zollgesetze gegen seinen Willen nicht durchgesetzt werden konnten. Auch in der Weimarer Republik blieb der Dualismus Preußen – Reich erhalten, „er musste sich unter den neuen Bedingungen eines unitarischen Parteienstaates eher schärfer als unter dem alten monarchischen System zur Geltung bringen. Die mit der Verfassung unterbliebene Reichsreform, die Aufteilung Preußens und Aufhebung kleiner Länder, kam auch bis zum Ende der Republik nicht mehr zustande; die einzige bedeutende Gebietsreform der Weimarer Zeit war die Schaffung des Landes Thüringen" (Friedrich 1994: 28 f.). Die Unitarisierung des deutschen Bundesstaates wurde mithin gerade durch dessen extreme Asymmetrie vorangetrieben.

Während die Konstruktion des Bundesrates als Vertretungsorgan der Länderexekutiven – von Bismarck auch als Gegengewicht zu dem sich emanzipierenden Reichstag ersonnen –, das Kaiserreich und die Weimarer Republik überlebte, sorgte die Auflösung des Landes Preußen dafür, dass es ab 1946 zu einer ausgewogeneren föderalen Struktur des neu zu schaffenden Weststaates kam. Auch wenn der Unitarisierungspfad nicht verlassen wurde, war damit zumindest einer Machtzentralisierung der Riegel vorgeschoben. Bezieht man die abgestuften Stimmengewichte im Bundesrat auf die jeweiligen Bevölkerungsgrößen, so werden die kleinen Länder in Deutschland ähnlich stark begünstigt wie in der Schweiz und den USA. Das Machtgleichgewicht drückte sich in der alten Bundesrepublik darin aus, dass die großen, finanzstarken Länder auch auf der einfachgesetzlichen Ebene im Bundesrat von den schwachen Ländern nicht majorisiert werden konnten. Seit der deutschen Einheit verfügen sie trotz neu vorgenommener Stimmenspreizung nur noch über eine Sperrminorität bei Verfassungsänderungen (Wachendorfer-Schmidt 2005: 105 ff.).

Sieht man von der leichten Asymmetrie auf der Beteiligungsebene ab und lässt man den durch die deutsche Teilung bedingten Sonderstatus West-Berlins einmal unberücksichtigt, begründete das Bonner Grundgesetz bei der Kompetenzverteilung einen rechtlich symmetrischen Föderalstaat, der auch nach dem Beitritt des Saarlandes (1957) und der fünf ostdeutschen Länder (1990) unangetastet blieb (Jung 2005). Letzteres ist insofern erstaunlich, als die komplette Übernahme des Rechtsbestandes der Bundesrepublik in der früheren DDR zum 3. Oktober 1990 keineswegs vorgezeichnet war. Die bundesdeutschen Verhandlungsführer unter Innenminister Schäuble hatten sich auf die Fortgeltung von DDR-Recht und Übergangsfristen in vielen Politikbereichen eingerichtet, die aber von der DDR-Seite am Ende bis auf wenige Ausnahmen nicht mehr gewollt wurden (Decker 2004a: 32 f.). Auch die drei Stadtstaaten, die neben ihren staatlichen zugleich kommunale Aufgaben wahrzunehmen haben, sind in ihrem rechtlichen Verhältnis zum Gesamtstaat und den anderen Ländern diesen gleichgestellt.

Dasselbe gilt für Bayern, Sachsen und Thüringen, deren stolze Selbstbezeichnung als „Freistaaten" lediglich symbolische Funktionen erfüllt.[3]

Blicken wir auf die Finanzverfassung, so zeigt sich das gegenteilige Bild einer rechtlich äußerst stark ausgeprägten Asymmetrie. Dass die Länder je nach finanzieller Stärke oder Schwäche ungleich behandelt werden, trifft zunächst zwar nur auf einen Teil der Einnahmen und Ausgaben in ihren Haushalten zu: Auf der primären Verteilungsebene – bei Steuern, Verschuldung und gesetzesakzessorischen Verwaltungskosten – gelten für alle die gleichen Regeln, auch wenn die sich daraus ergebenden faktischen Belastungen ganz unterschiedlich sein können. Anders verhält es sich auf der sekundären Verteilungsebene – beim Finanzausgleich. Hier werden die schwachen Länder zu Lasten der starken entschieden begünstigt.[4] In der Bundesrepublik geschieht dies auf zwei Wegen. Zum einen werden durch Umverteilung zwischen den Ländern die Finanzkraftunterschiede bis auf ein Niveau von 95 Prozent des Durchschnittswerts ausgeglichen („horizontaler Finanzausgleich"). Als Berechnungsmaßstab dienen dabei die nach dem Wohnortprinzip ermittelten Steuereinnahmen des Landes und der Gemeinden. Eine leichte Modifikation des Verteilungsschlüssels ergibt sich durch die Anerkennung eines „abstrakten Mehrbedarfs" der Länder mit Zugang zu Nord- und Ostsee (Hafenlasten) und der Stadtstaaten (Leistungen für die Umlandregionen der Nachbarländer). Zum zweiten erhalten die finanzschwachen Länder zusätzliche Mittel vom Bund (Ergänzungszuweisungen). Hierunter fallen neben den regulären „Fehlbetragszuweisungen" z.B. die sogenannten „Sonderbedarfszuweisungen", die im Rahmen des Solidarpakts an die neuen Länder gezahlt werden, oder die Haushaltssanierungszuweisungen für Bremen und das Saarland („vertikaler Finanzausgleich"). Bedingt durch die deutsche Einheit wurden über die Bundeszuweisungen in der jüngeren Vergangenheit mehr Mittel umverteilt als über den horizontalen Finanzausgleich (14,6 gegenüber 6,9 Milliarden im Jahre 2005). Das garantierte Finanzniveau der Länder ist dadurch auf bis auf 99,5 Prozent (!) des Durchschnitts gestiegen (Lindner 2004: 140 ff.).

Bezogen auf das Ziel der Herstellung einheitlicher Lebensverhältnisse sind die nahezu vollständige Nivellierung der Finanzkraftunterschiede auf der sekun-

---

[3] Ursprünglich (1918/19) hatte der Begriff mit den Beziehungen der Länder zum Reich gar nichts zu tun; er war vielmehr als Gegenbild zu dem als „unfrei" empfundenen Staat des Kaiserreiches gedacht.

[4] Der hohe Umverteilungsbedarf im deutschen Finanzausgleichssystem rührt auch daher, dass bei der ursprünglichen Aufteilung des Finanzvolumens der Ländergesamtheit auf die 16 Bundesländer im Wege des sogenannten „Umsatzsteuervorwegausgleichs" die reichen Länder systematisch bevorzugt werden (Färber 2000).

dären Verteilungsebene und die Unitarisierung der „primären" Finanzverfassung in der Bundesrepublik Seiten derselben Medaille. Letztere hat die autonomen Handlungsspielräume der Gliedstaaten auf ein Minimum schrumpfen lassen. Nicht nur, dass ihre finanziellen Mittel auf der Ausgabenseite durch den Vollzugsföderalismus und die Aufgabenteilung im föderalen Verbund weitgehend festgelegt sind. Auch auf die Gestaltung ihrer Einnahmen haben die Länder nur geringen Einfluss, da die Steuerkompetenzen in der Bundesrepublik sämtlich beim Gesamtstaat liegen und durch Bundesgesetze ausgefüllt werden. Dies gilt selbst für die Steuern, deren Ertrag den Ländern in Gänze zufließt. Gemessen an der Vereinheitlichung seiner Finanzverfassung übertrifft Deutschland sogar das ansonsten noch unitarischere Österreich. Autonom waren und sind die Länder praktisch nur noch bei der Verschuldung. Dass ihnen dieser – zugegebenermaßen fragwürdige – Restposten an staatlicher Eigenständigkeit im Zuge der Föderalismusreform II nun ebenfalls entwunden worden ist (s.u.), macht die Unitarisierung der Finanzbeziehungen perfekt.

Der Mangel an eigenen Gestaltungsmöglichkeiten und das Gefühl, durch das bestehende Ausgleichssystem benachteiligt zu werden, hat einige Länder schon vor 1989 veranlasst, bestimmte Teile der Finanzverfassung auf den verfassungsrechtlichen Prüfstand zu stellen. Eine Abkehr vom Leitbild der Einheitlichkeit war damit noch nicht verbunden. Erst die dramatisch gestiegenen Unterschiede der wirtschaftlichen Leistungsfähigkeit nach der deutschen Einheit ließen das Bewusstsein reifen, dass die de facto größer gewordene Heterogenität des deutschen Föderalismus eine einseitige Fortschreibung des bisherigen Entwicklungspfades nicht mehr gestattete (Benz 1999: 55 ff.). Der Beitritt der neuen Länder führte zwar zu einem nochmaligen Unitarisierungsschub, indem er eine enorme Erhöhung des finanziellen Ausgleichvolumens bewirkte, die das Gewicht des Bundes gegenüber den Ländern verstärkte (Wachendorfer-Schmidt 2005: 215 ff.). Gleichzeitig kam es jedoch durch die Herabstufung des verfassungsrechtlichen Leitbilds der „einheitlichen" zu „gleichwertigen" Lebensverhältnissen und die von den süddeutschen Ländern betriebene Neuregelung des horizontalen Finanzausgleichs zu einer zunächst noch zaghaften Öffnung der föderalen Ordnung für mehr Autonomie und Wettbewerb, die in der Folge durch mehrere länderfreundliche Urteile des Bundesverfassungsgerichts befördert wurde.

Der in der Bevölkerung tief verwurzelte Glaube an die Notwendigkeit einheitlicher Regelungen ging dadurch nicht verloren. Seine Virulenz zeigt sich z.B. in der immer wieder kehrenden Forderung nach einer Neugliederung des Bundesgebietes, die in dem Maße an Bedeutung gewann, wie die reichen Länder gegen ihre übermäßige Inanspruchnahme im Finanzausgleichssystem aufbegehrten (Leonardy 2004: 75 ff.). Wenn gleichwertige Lebensverhältnisse nicht durch mehr Umverteilung zu bewerkstelligen waren, so galt es zumindest annähernd gleich große und leistungsstarke Gebilde zu schaffen, die im Wettbewerb untereinander bestehen konnten. Das Föderalismusverständnis, das hinter dieser Forderung steht, würde in anderen Ländern befremdlich wirken. Wie die Beispiele der USA und der Schweiz zeigen, können substanzielle Kompetenzen der Gliedstaaten auch von sehr kleinen Einheiten wahrgenommen werden. Selbst wenn eine Neugliederung Spielraum für zusätzliche Länderkompetenzen eröffnet, hätte sie in anderer Hinsicht einen Verlust an Vielgestaltigkeit zur Folge, indem gewachsene Länderidentitäten zerstört würden. Hinzu kommt, dass die Herstellung von annähernd gleich starken Gebilden allein durch territorialen Neuzuschnitt gar nicht möglich ist. Die Frage, wie aus zwei finanzschwachen Ländern ein finanzstarkes Land entstehen soll, hat bisher noch kein Neugliederungsbefürworter plausibel beantwortet.[5] Insofern ist es nicht sehr überzeugend, wenn Kritiker der im September 2006 in Kraft getretenen Föderalismusreform deren dürftiges Ergebnis auch auf die unterlassene Neuzuschneidung der Ländergrenzen zurückführen (so z.b. Scharpf 2006: 7 f.).

3. Mehr Asymmetrie nach der Föderalismusreform?

a) Die Interessenlagen der politischen Akteure

Obwohl die Schwächen des Ende der sechziger Jahre perfektionierten Systems der Politikverflechtung schon wenige Jahre später geballt hervortraten, hat es dreißig Jahre gedauert, bis die Föderalismusreform endlich zustande kam. Die Gründe dafür liegen in dem von Scharpf (1985: 323 ff.) als „Politikverflechtungsfalle" beschriebenen Interessengeflecht der politischen Akteure, in dem sich parteipolitische Konflikte, Bund-Länder-Konflikte und Konflikte der Länder untereinander zu einem unauflöslichen Knäuel verquickten. Dass die Reform im Jahre 2003 durch die Einsetzung der Bundesstaatskommission angestoßen werden

---

[5] Unabhängig davon ist das Stadtstaatenproblem zu betrachten, wo durch Ländergrenzen ökonomische Ballungsräume zerschnitten werden, die unter regionalen Gesichtspunkten zusammengehören. Hier könnte eine Fusion oder Neuzuschneidung tatsächlich sinnvoll sein. Beispiele aus anderen Föderalstaaten zeigen allerdings, dass eine solche Konsequenz nicht zwingend ist. So konnten z.B. die Abstimmungsprobleme zwischen den US-Bundesstaaten New York und New Jersey, deren Grenze mitten durch die Metropolregion New York hindurch läuft, bislang stets auf dem Verhandlungswege gelöst werden.

konnte, lag vor allem an der veränderten Interessenlage des Bundes und der starken Länder (Scharpf 2003). Unterstützt durch die bundesfreundliche Auslegung der Erforderlichkeitsklausel des Art. 72, die das Bedürfnis nach bundeseinheitlicher Regelung an der notwendigen Herstellung einheitlicher bzw. gleichwertiger Lebensverhältnisse festmachte, hatte der Bund – bis auf Schule und Hochschule – fast alle wichtigen Gesetzgebungsmaterien in der Bundesrepublik usurpiert und dabei auch die administrative Umsetzung seinem unitarisierenden Zugriff unterworfen. Im Gegenzug musste er allerdings in Kauf nehmen, dass durch den Eingriff in die verfassungsrechtlich geschützte Verwaltungsautonomie der Länder ein wachsender Teil dieser Gesetze der Zustimmungspflicht des Bundesrates unterlag (Art. 84 Abs. 1). Dies erwies sich vor allem dann als Problem, wenn die Oppositionsparteien des Bundes in der Länderkammer die Mehrheit hielten, was durch den bei Landtagswahlen auftretenden „Zwischenwahleffekt" mit einer gewissen Zwangsläufigkeit eintrat. Die Opposition nutzte diese Konstellation naturgemäß auch zur Verbesserung ihrer Wettbewerbsposition. Indem sie wichtige Gesetze blockierte oder in ihrem Sinne veränderte, sorgte sie dafür, dass deren Früchte nicht in den Schoß der Regierung fielen.

Die Umstände, unter denen die rot-grüne Bundesregierung ab 1999 einige ihrer zentralen Gesetzesvorhaben durch den CDU-dominierten Bundesrat brachte, machten den Reformbedarf für jedermann offensichtlich. Ihren traurigen Höhepunkt fanden sie in der Auseinandersetzung um das Zuwanderungsgesetz, bei der die politischen Akteure ihre eigenen Machtinteressen wichtiger nahmen als den Respekt vor der Verfassung. Da die Oppositionsparteien sich 2002 gute Chancen ausrechneten, die Bundestagswahl zu gewinnen, mussten sie davon ausgehen, früher oder später ebenfalls mit einem vom gegnerischen Lager beherrschten Bundesrat konfrontiert zu sein. Deshalb wuchs bei ihnen die Bereitschaft, die Macht der Länderkammer durch eine Reduzierung des Anteils der zustimmungspflichtigen Gesetze zu begrenzen. Umso merkwürdiger ist, dass die rot-grüne Bundesregierung, der ja noch sehr viel mehr an einer Entmachtung des Bundesrates hätte gelegen sein müssen, die Arbeit der Bundesstaatskommission eher missmutig und mit kaum verhülltem Desinteresse begleitete. Dies änderte sich erst durch die beiden Urteile des Bundesverfassungsgerichts zur Juniorprofessur und zu den Studiengebühren, die in einer 180-Grad-Wende der früheren Judikatur die bis dahin unangefochtene Dominanz des Bundes im Bereich der konkurrierenden Gesetzgebung in Frage stellten.

Der eigentliche Antreiber der Reform waren die großen, finanzstarken Länder der Altbundesrepublik. Diese hatten sich früher genauso wie die kleineren Länder mit der Auszehrung ihrer Gesetzgebungskompetenzen bereitwillig abgefunden, weil ihnen die allfällige Mitwirkung an der Bundesgesetzgebung attraktiver schien als eine eigenverantwortliche politische Gestaltung. Dass sich dies in den neunziger Jahren änderte, hatte im Wesentlichen zwei Gründe. Zum einen waren die großen Länder nach der deutschen Einigung im Bundesrat klar in die Minderheit geraten, konnten sie ihre Interessen gegen die „zentralistische" Koalition von Bund und kleineren Ländern also nicht mehr so gut behaupten. Zum anderen wurden ihnen durch die europäische Integration Befugnisse entwunden, für die sie – anders als auf der nationalen Ebene – keinen Ausgleich in Form von Beteiligungsrechten erhielten. Die Aussicht, auf diese Weise ihrer staatlichen Substanz ganz beraubt zu werden, ließ vor allem bei den starken Ländern ein neues Interesse entstehen, ihre Autonomie zu schützen und verloren gegangene Zuständigkeiten vom Bund zurückzufordern (Scharpf 2006: 6).

Die Föderalismusreform lief insofern auf ein Tauschgeschäft hinaus. Der Bund sollte mehr Handlungsfreiheit gewinnen, indem weniger Gesetze als bisher im Bundesrat zustimmungspflichtig sein würden – angestrebt wurde eine Halbierung der Quote von 60 auf etwa 30 Prozent. Die Länder erhielten dafür im Gegenzug mehr Kompetenzen. Zum einen wurde ihre Verwaltungsautonomie gestärkt, indem der Bund seinen Zugriff auf die Gesetzesdurchführung lockerte. Damit würde das Zustimmungserfordernis im Bundesrat gemäß Art. 84 Abs. 1 entfallen. Zum anderen sollten den Ländern aus den Bereichen der konkurrierenden und Rahmengesetzgebung sowie der Gemeinschaftsaufgaben auch materielle Zuständigkeiten (rück)übertragen werden, die bis dahin vom Bund oder von Bund und Ländern gemeinsam ausgeübt wurden. Die beiden Losungsworte der Reform lauteten mithin „Entflechtung" und „Reföderalisierung".[6]

Obwohl er in Gestalt der Bundesregierung in der Kommission nicht direkt vertreten war, saß der Bund in den Verhandlungen mit den Ländern zunächst am längeren Hebel, da er die Gesetze im Prinzip auch ohne Zugeständnisse bei der Kompetenzverteilung zustimmungsfrei halten konnte. Dies änderte sich durch die erwähnten länderfreundlichen Urteile des Verfassungsgerichts. Um den drohenden Zugriff der Länder auf andere Bereiche der konkurrierenden Gesetzgebung abzuwehren, ging es dem Bund nun vor allem darum, bestimmte Materien von der Erforderlichkeitsklausel des Art. 72 auszunehmen. Um die Länder dafür zu gewinnen, musste er größere Zugeständnisse bei der Rückübertragung von Zuständigkeiten machen als ursprünglich geplant.

---

[6] Für eine zusammenfassende Betrachtung der in der Kommission diskutierten Reformvorschläge vgl. Decker 2004b: 540 ff. Zum schließlich gefundenen Kompromiss der Regierungsparteien Hrbek 2006: 139 ff.

Die Reichweite der Reform hing insofern in erster Linie vom Interessenausgleich zwischen den starken und schwachen Ländern ab. Aus Furcht vor den sie benachteiligenden Folgen eines stärker wettbewerbsföderalen Systems hatten die letzteren – um ihre finanzielle Ausstattung zu schützen – darauf bestanden, dass die Finanzverfassung aus den Beratungen der Kommission vorsorglich ausgeklammert bleiben würde. Damit waren aber auch einer Reföderalisierung der materiellen Befugnisse Grenzen gesetzt. Die Liste der übertragungsfähigen Kompetenzen, auf die sich die Länder einvernehmlich verständigten, schmolz mit zunehmender Dauer der Verhandlungen zusammen und war am Ende kleiner als diejenige des Bundes. Selbst mit der Rückübertragung der Zuständigkeit für die Beamtenbesoldung, die den Ländern auf der Ausgabenseite ein Stück ihrer finanziellen Autonomie zurückzugeben versprach, waren einige Vertreter nur unter Vorbehalt einverstanden.

b)   Idee, Genese und Ausgestaltung der Abweichungsgesetzgebung

Fritz Scharpf, der als einer von zehn Sachverständigen Mitglied der Bundesstaatskommission war, hat nach Verabschiedung des Reformkompromisses durch die Große Koalition die These aufgestellt, dass eine weitergehende Entflechtung auch bei gegebener Interessenlage der beteiligten Akteure möglich gewesen wäre, wenn man bei der Kompetenzverteilung einen anderen Ansatz verfolgt hätte (Scharpf 2006: 8 ff.). Theoretisch lassen sich drei Modelle vorstellen, nach denen eine Verteilung der Gesetzesmaterien und Regelungsbereiche zwischen den Ebenen vorgenommen werden kann. Aus demokratischer Sicht am vorzugswürdigsten erscheint ein reines Trennsystem, das die Zuständigkeiten der einen oder anderen Ebene abschließend zuweist. Für die Bundesrepublik würde das nicht nur auf eine Abschaffung der Gemeinschaftsaufgaben, sondern auch auf die Beseitigung der konkurrierenden und Rahmengesetzgebung hinauslaufen. Da es dem Erfordernis einer differenzierten und flexiblen Kompetenzverteilung offenkundig zuwiderläuft, wollten sich auch unter den Verfassungsrechtsexperten nur wenige auf ein so radikales Modell verstehen. Dies ist umso verständlicher, als ein reines Trennsystem auch mit Blick auf die angestrebte Reföderalisierung vermutlich kontraproduktive Wirkungen hätte. Es könnte zwar eine schleichende Unitarisierung abwenden, indem es die gliedstaatlichen Kompetenzen vor Übergriffen des Bundes rechtlich schützt; die Kompetenzen würden dabei jedoch aus „Sicherheitsgründen" im Zweifel so schmal geschnitten sein, dass am Ende für die untere Ebene wenig gewonnen wäre.

Das zweite Modell würde an der konkurrierenden Gesetzgebung festhalten und allenfalls an der Rahmengesetzgebung rütteln (die man in die konkurrierende Gesetzgebung überführen könnte). Der Hebel für eine Reföderalisierung der Gesetzgebungskompetenzen läge hier in einer Konkretisierung bzw. Verschärfung der Erforderlichkeitsklausel, die an die veränderte Verfassungsrechtsprechung anknüpft. Von daher ist es kein Zufall, dass dieses Modell von den meisten Verfassungsrechtlern favorisiert worden ist und auch bei den abschließenden Beratungen der Bundesstaatskommission Pate gestanden hat. Herausgekommen ist dabei freilich das Gegenteil des Erhofften: eine nochmalige Komplizierung der Kompetenzordnung, die der Idee der Transparenz Hohn spricht und verfassungsästhetisch nur als Zumutung bezeichnet werden kann. Nach dem schließlich gefundenen Kompromiss bleibt die Erforderlichkeitsklausel in derselben Formulierung wie heute bestehen, soll sich aber nun nicht mehr auf alle Bereiche der konkurrierenden Gesetzgebung erstrecken. Nicht weniger als 15 der 26 Titel wurden von der Vorschrift auf Drängen des Bundes ausgenommen, um dessen Zuständigkeit festzuschreiben und sie einer möglichen Überprüfung durch Karlsruhe zu entziehen. Im Gegenzug wurde der in Art. 74 aufgelistete Katalog der konkurrierenden Befugnisse zugunsten der Länder ausgedünnt, indem man die dort nicht mehr enthaltenen Teil- und Untergebiete, die jetzt von den Ländern selbst geregelt werden können, in die einzelnen Titel explizit hineingeschrieben hat (z.B. Nr. 17 Förderung der land- und forstwirtschaftlichen Erzeugung ohne das Recht der Flurbereinigung, Nr. 18 Bodenrecht ohne das Recht der Erschließungsbeiträge, Nr. 24 Lärmbekämpfung ohne Sport- und Freizeitlärm und Lärm von Anlagen mit sozialer Zweckbestimmung). Auch die als besonders symbolträchtig angesehene Regelung der Ladenöffnungszeiten ist nur ein Teilgebiet des an Nr. 11 aufgeführten Rechts der Wirtschaft, das den Ländern zusammen mit anderen Teilgebieten zugeschlagen worden ist.

Bevor das sich abzeichnende Urteil zu den Studiengebühren in die Beratungen der Kommission hineinplatzte und die Bemühungen um eine tragfähige Kompetenzverteilung in die Richtung des eben skizzierten zweiten Modells verschob, hatten die Präferenzen der Länderseite eher bei einem anderen Modell gelegen: den sogenannten Abweichungs- oder Zugriffsrechten.[7] Diese sollten den Ländern die Möglichkeit einräumen, bereits bestehendes Bundesrecht durch

---

[7] Beide Begriffe werden hier synonym benutzt. In den Beratungen der Föderalismuskommission war zunächst von Zugriffsrechten die Rede, ehe sich der sprachlich genauere Begriff der Abweichungsgesetzgebung durchsetzte. Gelegentlich findet man auch den Begriff der Parallelgesetzgebung.

eigene Regelungen zu ergänzen, zu erweitern oder zu modifizieren. Hätte man solche Zugriffsrechte auf möglichst viele Kompetenztitel gestattet, wäre die Erforderlichkeitsklausel des Art. 72 Abs. 2 im Grunde überflüssig geworden, denn diese geht ja davon aus, dass eine bundeseinheitliche Regelung entweder erforderlich ist (zur Herstellung gleichwertiger Lebensverhältnisse oder zur Wahrung der Rechts- und Wirtschaftseinheit) oder eben nicht. Zugriffsrechte würden demgegenüber darauf hinauslaufen, dass in einem bestimmten Bereich Bundes- und Landesgesetze gleichzeitig existieren und sich wechselseitig überlagern. Damit würden sie nicht nur eine flexiblere Kompetenzaufteilung ermöglichen als ein striktes Trennprinzip. Sie böten auch mehr Rechtssicherheit als eine verschärfte Erforderlichkeitsklausel, mit der sich die Politik in ständige Abhängigkeit von der Verfassungsgerichtsbarkeit begeben würde.

Der größte Vorzug der Zugriffsrechte liegt freilich darin, dass sie den Interessenunterschieden zwischen starken und schwachen Ländern Rechnung tragen würden. Indem sie eine asymmetrische Ausübung der Kompetenzen gestatten, könnten sie der Besorgnis der letzteren entgegenwirken, im föderalen Wettbewerb abgehängt zu werden. Diejenigen Länder, die abweichen möchten und über die Kapazitäten verfügen, die entsprechenden Regelungen zu treffen bzw. umzusetzen, würden danach von der Zugriffsmöglichkeit Gebrauch machen, während sich die anderen mit der bestehenden Bundesgesetzgebung zufrieden geben. Im Ergebnis könnte durch eine solcherart differenzierte Kompetenzausübung mehr Vielgestaltigkeit erreicht werden als bei einem reinen Trennsystem oder einer strenger gefassten Erforderlichkeitsklausel. Das Zugriffsmodell hätte also den Vorteil, dass es der Grundintention der Reform am ehesten entsprechen würde.

Abb. V.2   Strategien der Reföderalisierung

	Trennsystem	verschärfte Erforderlichkeitsklausel	Zugriffsrechte
Transparenz / Zurechenbarkeit von Verantwortung	+	–	–
Problemverflechtung / Flexibilität	–	+	+
Asymmetrie	–	–	+

Die Zugriffsrechte sind keine Neuerfindung der Bundesstaatskommission (Dietsche / Hinterseh 2005: 187 ff.). Ihre Ursprünge reichen bis zur Paulskirchenverfassung von 1849 zurück, in deren § 66 die Möglichkeit einer „subsidiären
Bundesgesetzgebung" bereits festgeschrieben wurde. In der Diskussion um eine
Reform der Weimarer Reichsverfassung lebte der Gedanke 1928 kurzzeitig wieder auf, doch wurde er dort ebenso wenig weiter verfolgt wie von den späteren
Verfassungsgebern im Parlamentarischen Rat. Erneut ins Spiel gebracht wurde
das Zugriffsmodell im Rahmen der Enquete-Kommission Verfassungsreform zu
Beginn der siebziger Jahre vom Hamburger Senator Ernst Heinsen, der in einem
dem Schlussbericht beigefügten Sondervotum dafür plädierte, den Ländern im
Bereich der konkurrierenden Gesetzgebung ein Zugriffsrecht auf die bestehenden
bundesgesetzlichen Regelungen einzuräumen (Heinsen 1977: 76 f.). Heinsens
Vorschlag geriet danach rasch in Vergessenheit. Erst als die offenkundig gewordenen Mängel des föderalen Systems Ende der neunziger Jahre in konkrete Re-
formempfehlungen mündeten, kam man auf das Modell zurück. Zu nennen sind
hier insbesondere die Vorschläge der Bertelsmann-Kommission (Arndt u.a. 2000)
und der Enquete-Bericht des Bayerischen Landtages (Bayerischer Landtag 2002),
von denen wichtige Impulse für die Beratungen der späteren Bundesstaatskommission ausgingen.

So wie die Abweichungsrechte von der Großen Koalition verabschiedet und
zum 1. September 2006 in Kraft gesetzt wurden, haben sie mit dem ursprünglichen Konzept allerdings nur wenig gemein. Dieses sah vor, dass im Idealfalle alle
oder zumindest ein erheblicher Teil der konkurrierenden Befugnisse für die Län-
dergesetzgebung geöffnet würden. Um sicherzustellen, dass ein Land dabei nicht
gegen die Interessen des Bundes oder der Ländergesamtheit verstieß, sollte Bundestag und Bundesrat ein Widerspruchsrecht in Form einer „Rückholklausel"
eingeräumt werden (Scharpf 2006: 9 f.).

Gegen ein so weitreichendes Modell konditionierter Abweichungsrechte
regte sich in der Kommission schon bald Widerstand. Dieser ging zum einen von
den kleineren, finanzschwachen Ländern aus, die darin eine ebenso bedrohliche
Überforderung ihrer Leistungsfähigkeit erblickten wie bei einer vollständigen
Übernahme von Bundeskompetenzen gemäß dem Trennprinzip. Zum anderen
meldeten die als Sachverständige hinzugezogenen Verfassungsjuristen rechtliche
Bedenken an. Die Zugriffsrechte bürgen die Gefahr einer „irreparablen Rechts-
zersplitterung" und brächen mit dem anerkannten Prinzip, wonach jeweils ein
Gesetzgeber eine Materie möglichst abschließend und in sich stimmig regelt und
dafür die Gesamtverantwortung übernimmt (so z.B. Möstl 2003: 304). Auch die in
der Kommission diskutierten Lösungsvorschläge für den Fall einer etwaigen

Kollision von Bundes- und Landesrecht vermochten die Kritik nicht auszuräumen. Um den in Art. 31 festgelegten Vorrang des Bundesrechts nicht auszuheben, führte man hier eine sogenannte lex-posterior-Regel ein, derzufolge das jeweils zuletzt in Kraft gesetzte Gesetz gelte. Rechtssystematisch bedeutet das, dass Bundesrecht durch Landesrecht nicht aufgehoben, sondern lediglich in seiner Geltung verdrängt werden kann. Dass diese Lösung am Ende für die wenigen verbliebenen Posten der Abweichungsgesetzgebung übernommen wurde, ist insofern überraschend, als das 2004 vorgelegte Müntefering/Stoiber-Papier, das die Grundlage für den späteren Koalitionskompromiss bildete, die Zugriffsrechte gar nicht mehr enthalten hatte. Erst in den Koalitionsverhandlungen nach der Bundestagswahl 2005 tauchten sie gleichsam über Nacht wieder auf (Stock 2006: 233).

Gemessen am Umfang der den Ländern eingeräumten Abweichungsrechte kann von einer Hinwendung der Bundesrepublik zum asymmetrischen Föderalismus nach der Reform keine Rede sein. Das (formelle) Zugriffsrecht auf die Regelung des Verwaltungsverfahrens, das im neuen Art. 84 Abs. 1 eingeführt wurde, dient in erster Linie dazu, die Gesetze von der Zustimmungspflicht des Bundesrates zu befreien. Der Bund kann also weiterhin entsprechende Regelungen treffen und darauf setzen, dass diese von den Ländern ohne Abweichung übernommen werden. Darüber hinaus behält er „in bestimmten Ausnahmefällen" die Möglichkeit, die Einrichtung der Behörden und Verfahren auch ohne Abweichungsrecht zu regeln.

Die materiellen Abweichungsrechte wiederum bleiben auf ganze zwei Politikbereiche begrenzt und umfassen auch hier nur wenige eng abgesteckte Gebiete, die allesamt dem früheren Katalog der Rahmengesetzgebung entnommen wurden. Hierzu gehören zum einen – als einziger verbliebener Restposten der Bildungspolitik unter den konkurrierenden Befugnissen – die Regelung der Hochschulzulassung und -abschlüsse, zum anderen die umweltrelevanten Materien des Jagdwesens, des Naturschutzes und der Landschaftspflege, der Bodenverteilung, Raumordnung und des Wasserhaushalts. Selbst hier gilt das Abweichungsrecht in einigen Bereichen nur eingeschränkt (Kloepfer 2006: 254). So können die Länder abweichende Regelungen über den Naturschutz nicht treffen, wenn „Grundsätze des Naturschutzes, das Recht des Artenschutzes oder des Meernaturschutzes" berührt sind (Art. 72 Abs. 3 Satz 1 Nr. 2). Dasselbe trifft auf die „stoff- oder anlagenbezogenen Regelungen" des Wasserhaushalts zu (Art. 72 Abs. 3 Satz 1 Nr. 5).

Angesichts dieser Begrenzungen wirkt es befremdlich, wenn Juristen die Gefahr einer ausufernden „Ping-Pong-Gesetzgebung" infolge der neuen Abwei-

chungsrechte an die Wand malen (z.B. Nierhaus / Rademacher 2006: 389 f.). Ob
und wieweit dieses Rechte überhaupt genutzt werden, lässt sich auch drei Jahre
nach Inkrafttreten der Reform noch nicht ausmachen.[8] Vieles spricht dafür, dass
gerade die kleineren, finanzschwachen Länder auf eigene Regelungen verzichten
und es beim bestehenden Bundesrecht belassen. Darüber hinaus hat der Verfassungsgesetzgeber in den fraglichen Bereichen eine Sechs-Monats-Frist für das
Inkrafttreten neuer Bundesgesetze vorgesehen, um kurzfristigen Rechtsänderun-
gen vorzubeugen und den Ländern den Gebrauch der Abweichungsrechte tatsächlich zu ermöglichen. Sollte es dennoch einmal zum Konflikt kommen, wird
wohl kaum ein unendlicher Gesetzgebungswettlauf einsetzen. „Eher ist zu erwarten, dass bei einer zweiten bundeseinheitlichen Regelung ein Kompromiss ge-
sucht wird, um das abweichende Landesrecht überflüssig zu machen. Offensicht-
lichen Rechtsmissbräuchen könnte im Übrigen mit dem Gedanken der Bundes-
treue entgegengewirkt werden" (Kloepfer 2006: 255).

4.   *Warum die Föderalismusreform missglückt ist*

Ziel der Föderalismusreform war es, den Verflechtungswildwuchs im deutschen
Bundesstaat zu beschneiden und den beiden staatlichen Ebenen ein Stück ihrer
verloren gegangenen Handlungsautonomie zurückzugeben, indem man ihre
jeweiligen Sphären wieder stärker voneinander trennt. Damit sollte zum einen
die Funktionsfähigkeit des Systems verbessert werden, zum anderen Transparenz einkehren. Der Bürger sollte mehr Klarheit bekommen, welche staatliche
Ebene für welche Maßnahme verantwortlich ist.
       Auch wenn die Wirkungen der am 1. September 2006 in Kraft getretenen
Verfassungsänderungen noch nicht im Einzelnen abgeschätzt werden können, ist
die Reform bei nüchterner Betrachtung hinter diesem Anspruch weit zurückge-
blieben. Selbst skeptische Stimmen hatten sich ein besseres Ergebnis erhofft. Dass
die Reform dennoch gegenüber dem vormaligen Status quo einen Fortschritt
darstellt, verdankt sich nicht in erster Linie dem Wirken der parteipolitischen
Klasse (in Bund und Ländern). Ausschlaggebend dafür war und ist vielmehr das
Bundesverfassungsgericht, dessen veränderte Rechtsprechung zur konkurrieren-

---

[8] Nachdem es bis 2009 keinen einzigen Anwendungsfall gab, haben die Länder Niedersach-
sen, Nordrhein-Westfalen und Sachsen Ende 2009 / Anfang 2010 angekündigt, von der
Abweichungsmöglichkeit im Bereich des Umweltrechts erstmals Gebrauch zu machen
(Leunig / Pock 2010: 162).

den Gesetzgebung die Politik zu den jetzt vorgenommenen verfassungsrechtlichen Klarstellungen gezwungen hat.

Das Scheitern lässt sich im Wesentlichen auf zwei Gründe zurückführen. Zum einen hängt es damit zusammen, dass die Tauschlogik, auf der die Reform im Kern beruhte, eine „asymmetrische" war. Während das Interesse, der Regierungsmehrheit durch eine Beschneidung der Zustimmungspflichten im Bundesrat wieder mehr Handlungsfreiheit zu ermöglichen, im Prinzip von allen Akteuren (auch den von der Zustimmungspflicht am meisten profitierenden Ministerpräsidenten) geteilt wurde, waren beileibe nicht alle diese Akteure bereit, den Ländern im Gegenzug auch mehr eigenständige Gesetzgebungsbefugnisse einzuräumen. Dieses Interesse ging vor allem von den starken, unionsregierten Bundesländern im Süden aus, die aber gegenüber der zentralistischen Koalition von Bund, finanzschwachen Ländern und ideologischen Gegnern des Wettbewerbsföderalismus hoffnungslos in der Minderheit waren. Die Liste der rückübertragenen Befugnisse nahm sich deshalb nicht sonderlich eindrucksvoll aus und enthielt – von der Besoldungskompetenz für die Beamten einmal abgesehen – überwiegend „Quisquilien" (Scharpf). Selbst diese stießen – wie beim Umweltschutz oder Strafvollzug – auf zum Teil deutlichen Widerspruch der betroffenen Gruppen und Experten.

Der zweite Grund lag darin, dass man bei der Trennung der Sphären einen falschen Ansatz verfolgte. Wie Scharpf (2006: 7 f.) überzeugend herausgearbeitet hat, wäre nur ein konsequentes, für große Teile der konkurrierenden Befugnisse geöffnetes Zugriffsmodell, wie es Senator Heinsen seinerzeit vorgeschlagen hatte, geeignet gewesen, den unterschiedlichen Interessen und Ressourcen der starken und schwachen Länder im Gesetzgebungsprozess gerecht zu werden. Dies im verschärften Standortwettbewerb der Regionen in Europa auch als Chance für sich selbst zu erkennen, fehlte es den letzteren aber an der nötigen Phantasie und Bereitschaft, wobei ihnen der Bund und das Gros der Rechtswissenschaftler mit ihren prinzipiellen Bedenken fleißig sekundierten (z.B. Kirchhof 2004: 216). So blieb es am Ende bei ganz wenigen ausgewählten Kompetenztiteln, die für die Abweichungsgesetzgebung geöffnet wurden. Aus Sicht der starken Länder war diese magere Ausbeute umso enttäuschender, als sich der Bund und die Länder untereinander auch in den anderen Politikbereichen nur auf partielle Rückübertragungen von Zuständigkeiten einigen konnten. Insofern bewirkte der Kompromiss eine nochmalige Komplizierung der Kompetenzordnung und damit das Gegenteil dessen, was die politischen Akteure unter ständigem Verweis auf die angestrebte Entflechtung vollmundig versprochen hatten. Statt der bisherigen vier (ausschließliche Gesetzgebung des Bundes und der Länder, konkurrierende und Rahmengesetzgebung) kennt das Grundgesetz nach der Reform – je nach Lesart – fünf oder sogar sechs Gesetzgebungsarten, denn zu den ausschließlichen Befugnissen des Bundes und der Länder gesellen sich nun gleich mehrere Varianten der konkurrierenden Gesetzgebung (mit oder ohne Erforderlichkeitsklausel, mit vollem oder eingeschränktem Abweichungsrecht). Wie die Wähler auf dieser Basis eine klarere Zuordnung der Verantwortlichkeiten vornehmen sollen, bleibt das Geheimnis des Verfassungsgesetzgebers.

Für eine Revitalisierung der Länderpolitik, die diesen Namen verdient, sind die rückübertragenen Kompetenzen ohnehin zu schmal und zu unbedeutend. Ein gewisser Effekt wird hier allenfalls von den neuen Zuständigkeiten für die Besoldung und den Strafvollzug ausgehen, die von den Parteien genutzt werden könnten, um ihr Profil vor der Wählerschaft zu schärfen.[9] Die formellen Zugriffsrechte beim Verwaltungsverfahren sind demgegenüber für die Zwecke des Parteienwettbewerbs gänzlich ungeeignet. Dasselbe gilt – mit Einschränkungen – für die materiellen Abweichungsrechte im Hochschul- und Umweltbereich. Schon aus diesem Grund ist die von manchen Kritikern gehegte Befürchtung, es könne durch die Abweichungsrechte zu einer Nivellierung der Standards nach unten kommen, zumindest beim Umweltschutz überzogen. Und im Hochschulrecht werden die Länder wohl wie gehabt auf das Instrument der Selbstkoordination zurückgreifen, um im Bedarfsfalle zu gemeinsamen Regelungen zu gelangen.

Dass unter diesen Voraussetzungen auch bei der Neuordnung der Finanzbeziehungen nicht viel herauskommen konnte, die ab 2006 von der Föderalismuskommission II in Angriff genommen wurde, liegt auf der Hand. Nachdem die Länder auf der materiellen Ebene nur spärlich Kompetenzen hinzugewonnen hatten, wären zusätzliche Kompetenzen bei der Einnahmengestaltung (etwa in der Steuergesetzgebung) ins Leere gegangen. Zudem ist nicht einzusehen, warum die Vertreter der finanzschwachen Länder der Forderung nach mehr Steuerautonomie hätten nachgeben sollen, wo sie sich doch schon mit der Rückverlagerung der wenigen materiellen Befugnisse äußerst schwer taten. Die Verhandlungen zum Maßstäbegesetz und Solidarpakt II haben gezeigt, dass Veränderungen

---

[9] Eine erste Bilanz nach drei Jahren zeigt, dass in manchen Bereichen (Hochschule, Wohnraumförderung, Versammlungsrecht, Ladenschluss) nur einige, in anderen (Altenpflege, Beamtenbesoldung, Gaststätten und Strafvollzug) dagegen die meisten Länder von den neu hinzugewonnenen Kompetenzen Gebrauch gemacht haben. Die getroffenen Regelungen weichen allerdings in der Regel nicht signifikant vom zuvor gültigen Bundesrecht ab. Darüber hinaus ist eine Tendenz zur Rechtsangleichung feststellbar, die durch gemeinsame Absprachen oder Übernahme bestehender Regelungen herbeigeführt wird (Leunig / Pock 2010: 162 ff.).

im Finanzverbund nur dann durchsetzbar sind, wenn sie den Status quo der beteiligten Akteure nicht verschlechtern (Wachendorfer-Schmidt 2005: 238 ff.). Die Einführung einer begrenzten Steuerautonomie, die in der Konsequenz auch das bestehende Finanzausgleichssystem zur Disposition gestellt hätte, stand deshalb in der Kommission von vornherein nicht zur Debatte. Die 2010 beschlossenen Verfassungsänderungen konzentrierten sich stattdessen ganz auf die Lösung des Schuldenproblems, die einerseits durch Verankerung einer Kreditbremse im Grundgesetz, andererseits durch Hilfen für die armen Länder beim Abbau ihrer Altschulden erreicht werden soll (Lenk / Kuntze 2009). Dass die Neuregelung den finanziellen Handlungsspielraum der Länder praktisch auf Null reduziert – diese dürfen im Unterschied zum Bund ab 2016 überhaupt keine Schulden mehr aufnehmen – schien die Reformer dabei nicht sonderlich zu stören.

Bleibt als letzter Punkt die im Tausch für die neuen Länderkompetenzen von den Ministerpräsidenten zugestandene Rückführung der Beteiligungsposition des Bundesrates. Folgt man einem vom Wissenschaftlichen Dienst des Bundestages erstellten Gutachten, das kurz vor der Beschlussfassung über die Reform eilig in Auftrag gegeben wurde, um deren Kritiker zu beschwichtigen, so hätte der Anteil der zustimmungspflichtigen Gesetze in den beiden zurückliegenden Legislaturperioden bei deutlich unter 30 Prozent gelegen, wenn die jetzt in Kraft getretenen Neuregelungen dort bereits gültig gewesen wären (Georgii / Borhanian 2006). Dieser – auf den ersten Blick eindrucksvolle – Wert ist freilich mit Vorsicht zu genießen. Es könnte sein, dass die Zunahme der zustimmungsfreien Gesetze infolge des geänderten Art. 84 Abs. 1 von den Autoren überschätzt und der Anteil der Gesetze, die gemäß Art. 104a Abs. 4 neu zustimmungspflichtig sind, weil sie den Ländern Kosten für Sachleistungen aufbürden, unterschätzt worden ist. Ersteres wäre der Fall, wenn der Bund von seinem in Art. 84 Abs. 1 festgeschriebenen Recht, das Verwaltungsverfahren in Ausnahmefällen doch selbst zu regeln, häufiger Gebrauch macht als die Gutachter unterstellen. Diese Annahme scheint deshalb realistisch, weil er ja theoretisch schon unter dem alten Recht die Möglichkeit gehabt hätte, auf solche Regelungen zu verzichten. Letzteres würde eintreten, wenn der in Art. 104a Abs. 4 beschriebene Tatbestand der „geldwerten Sachleistungen und vergleichbaren Dienstleistungen" von den Verfassungsinterpreten so weit gefasst wird, dass darunter jegliche von den Ländern getätigte Ausgaben fallen. In der Konsequenz würde dann genau das, was man über die Neuregelung der Verwaltungskompetenzen verhindern wollte, durch die Hintertür des Art. 104a Abs. 4 wieder eingeführt. Die Ministerpräsidenten könnten so ihren inhaltlichen Einfluss auf die Bundesgesetzgebung aufrechterhalten (Burkhart / Manow 2006: 15).

Untersuchungen von Risse (2007) und Höreth (2007) haben für das erste Jahr nach Inkrafttreten der Reform einen Anteil der zustimmungspflichtigen Gesetze von 43 bzw. 48 Prozent errechnet. Je nach Bewertungsmaßstab kann man darin einen beachtlichen oder mäßigen Reduktionserfolg erblicken, der in erster Linie auf die Neuregelung des Art. 84 Abs. 1 zurückgeht. Die mengenmäßige Reduzierung besagt aber für sich genommen noch nicht viel, da sie keine Unterscheidung zwischen wichtigen und unwichtigen Gesetzen trifft. Die Föderalismusreform sollte sich ja gerade in den konfliktträchtigen Politikfeldern bewähren, in denen es bei divergierenden Mehrheitsverhältnissen zu Handlungsblockaden zwischen Regierung und Opposition kommt. Ausgerechnet hier bleibt die Vetomacht des Bundesrates jedoch weitgehend unverändert erhalten.

Dass diese Vetomacht während der Regierungszeit der zweiten Großen Koalition (2005 bis 2009) nicht virulent wurde, verdankte sich im Wesentlichen drei Gründen. *Erstens* verfügten Union und SPD bis Anfang 2009 über eine Mehrheit in der Länderkammer, sodass von den oppositionell mitregierten Ländern keine Gefahr für ihre Gesetzesvorhaben ausging. *Zweitens* hielten sich aufgrund der guten Konjunkturentwicklung auch die föderativen Interessenkonflikte in Grenzen, die Widerstand aus den eigenen Reihen hätten hervorrufen können. Nachdem die Unionsministerpräsidenten Anfang 2007 zentrale Bausteine aus der Gesundheitsreform herausgebrochen hatten, die zu den wichtigsten innenpolitischen Projekten der Großen Koalition gehörte, sah es noch so aus, als ob der Bundesrat zu einem permanenten Mit- und Gegenspieler der Regierung werden würde. Dies sollte sich jedoch rasch als Irrtum entpuppen.[10] *Drittens* schließlich hatten beide Regierungsparteien ein ureigenes Interesse, die erst nach langem Hin und Her zustande gekommene Föderalismusreform der Öffentlichkeit als Erfolg zu verkaufen (Höreth 2007: 719 f.). Deshalb lag es für sie nahe, in Fällen, in denen die Zustimmungsbedürftigkeit eines Gesetzes verfassungsrechtlich nicht klar feststand, dieses im Zweifel als zustimmungsfrei einzustufen. Weil sie dabei weder den Widerspruch der Länderregierungschefs noch eine Verfassungsklage

---

[10] Nur in einem einzigen Fall – beim Ende 2008 eingebrachten BKA-Gesetz – versagte der Bundesrat einem Gesetzesbeschluss seine Zustimmung. In drei weiteren Fällen legte er Einspruch ein, der vom Bundestag anschließend überstimmt wurde. Auch die Zahl der Vermittlungsverfahren hielt sich mit 18 (darunter 17 auf Antrag des Bundesrates) in Grenzen, von denen alle mit einem Ergebnis abgeschlossen werden konnten. Zum Vergleich: In der 15. Wahlperiode (2002 bis 2005), in der die rot-grüne Regierung mit einer Mehrheit der Opposition im Bundesrat konfrontiert war, musste der Vermittlungsausschuss in 102 Fällen tätig werden (davon 90 mal nach Anrufung durch den Bundesrat). In zwölf Fällen scheiterte das Verfahren, kam also kein Gesetz zustande.

der dafür zahlenmäßig zu schwachen Opposition zu fürchten hatten, konnten sie den Anteil der zustimmungspflichtigen Gesetze so künstlich nach unten drücken.

Literatur

Abromeit, Heidrun (1992), Der verkappte Einheitsstaat, Opladen.

Arndt, Hans Wolfgang u.a. (2000), Entflechtung 2005. Zehn Vorschläge zur Optimierung der Regierungsfähigkeit im deutschen Föderalismus, Gütersloh (Bertelsmann-Kommission „Verfassungspolitik & Regierungsfähigkeit").

Bayerischer Landtag, Hg. (2002), Reform des Föderalismus – Stärkung der Landesparlamente, München (Beiträge zum Parlamentarismus, Band 14).

Benz, Arthur (1999), From Unitary to Asymmetric Federalism in Germany: Taking Stock after 50 Years, in: Publius. The Journal of Federalism 29 (4), S. 55-78.

Burkhart, Simone / Philip Manow (2006), Was bringt die Föderalismusreform? Wahrscheinliche Effekte der geänderten Zustimmungspflicht, Max Planck-Institut für Gesellschaftsforschung Köln (MPIfG Working Paper 06/6).

Decker, Frank (2004a), Systemrezeption und institutionelle Innovationen im deutschen Einigungsprozess. Eine Bilanz, in: Zeitschrift für Politikwissenschaft 14 (1), S. 31-67.

Decker, Frank (2004b), Konturen des „neuen" Föderalismus aus Expertensicht. Eine Zwischenbilanz der Arbeit der Kommission zur Modernisierung der bundesstaatlichen Ordnung, in: Zeitschrift für Parlamentsfragen 35 (3), S. 540-558.

Dietsche, Hans Jörg / Sven Hinterseh (2005), Ein sogenanntes Zugriffsrecht für die Länder – „konkurrierende" Gesetzgebung beim Wort genommen? Zur Entwicklung einer verfassungsrechtlichen Diskussion, in: Europäisches Zentrum für Föderalismus-Forschung Tübingen (Hg.), Jahrbuch des Föderalismus 2005, Baden-Baden, S. 187-205.

Elazar, Daniel (1987), Exploring Federalism, Tuscaloosa.

Färber, Gisela (2000), Probleme der regionalen Steuerverteilung im bundesdeutschen Finanzausgleich, Baden-Baden.

Freiburghaus, Dieter / Fabien Gehl (2004), Föderalismus und Mehrsprachigkeit – Belgien und die Schweiz im Vergleich, in: Michael Piazolo / Jürgen Weber (Hg.), Föderalismus – Leitbild für die Europäische Union?, München, S. 74-97.

Friedrich, Manfred (1994), Geschichtliche Grundlagen des deutschen Föderalismus, in: Jürgen Hartmann (Hg.), Handbuch der deutschen Bundesländer, 2. Aufl., Frankfurt a.M., S. 19-32.

Georgii, Harald / Sarab Borhanian (2006), Zustimmungsgesetze nach der Föderalismusreform: Wie hätte sich der Anteil der Zustimmungsgesetze verändert, wenn die vorgeschlagene Reform bereits 1998 in Kraft gewesen wäre?, Berlin (Wissenschaftliche Dienste des Deutschen Bundestages, Band 3 – 37/06 und 123/06).

Hebeler, Timo (2006), Die Einheitlichkeit der Lebensverhältnisse im Grundgesetz, in: Zeitschrift für Gesetzgebung 21 (3), S. 301-320.

Heinsen, Ernst (1977), Sondervotum zu Abschnitt 4.1 „Neuverteilung der Gesetzgebungszuständigkeiten", in: Deutscher Bundestag (Hg.), Schlussbericht der Enquete-Kommission Verfassungsreform des Deutschen Bundestages. Teil II: Bund und Länder, Bonn, S. 76 f.

Hesse, Konrad (1962), Der unitarische Bundesstaat, Karlsruhe.

Höreth, Marcus (2007), Zur Zustimmungsbedürftigkeit von Bundesgesetzen: Eine kritische Bilanz nach einem Jahr Föderalismusreform I, in: Zeitschrift für Parlamentsfragen 38 (4), S. 712-733.

Hrbek, Rudolf (2006), Ein neuer Anlauf zur Föderalismus-Reform: Das Kompromisspaket der Großen Koalition, in: Europäisches Zentrum für Föderalismus-Forschung Tübingen (Hg.), Jahrbuch des Föderalismus 2006, Baden-Baden, S. 139-157.

Jung, Saskia (2005), German Federalism – Still a Model of Symmetry?, in: Asymmetrical Studies 11, Kingston (Queen's University / School of Policy Studies).

Kirchhof, Ferdinand (2004), Ein neuer Ansatz zur Reform des Grundgesetzes. Zu den Bemühungen der Föderalismuskommission um die Erneuerung des Bundesstaates, in: Zeitschrift für Gesetzgebung 19 (3), S. 209-225.

Kloepfer, Michael (2006), Föderalismusreform und Umweltgesetzgebungskompetenzen, in: Zeitschrift für Gesetzgebung 21 (3), S. 250-271.

Lehmbruch, Gerhard (2002), Der unitarische Bundesstaat in Deutschland: Pfadabhängigkeiten und Wandel, in: Arthur Benz / ders. (Hg.), Föderalismus, Opladen, (PVS-Sonderheft 32), S. 53-110.

Lenk, Thomas / Martina Kuntze (2009), Dilemmata der Föderalismusreform II – von Anfang an zum Scheitern verurteilt oder Opfer der globalen Wirtschaftsentwicklung, in: Ralf Thomas Baus / Henrik Scheller / Rudolf Hrbek (Hg.), Der deutsche Föderalismus 2020, Baden-Baden, S. 72-86.

Leonardy, Uwe (2004), Föderalismusreform ohne Länderneugliederung?, in: Frank Decker (Hg.), Föderalismus an der Wegscheide?, Wiesbaden, S. 75-97.

Leunig, Sven / Martin Pock (2010), Landespolitik nach der Föderalismusreform I, in: Julia von Blumenthal / Stephan Bröchler (Hg.), Föderalismusreform in Deutschland, Wiesbaden, S. 157-175.

Lindner, Christian (2004), Steuerwettbewerb und Finanzausgleich. Kann die Finanzverfassung reformiert werden?, in: Frank Decker (Hg.), Föderalismus an der Wegscheide?, Wiesbaden, S. 121-147.

Lösche, Peter (1999), Einige unsystematische Anmerkungen zum Vergleich des deutschen und amerikanischen Föderalismus, in: Reinhard C. Meier-Walser / Gerhard Hirscher (Hg.), Krise und Reform des Föderalismus, München, S. 140-147.

Möstl, Martin (2003), Neuordnung der Gesetzgebungskompetenzen von Bund und Ländern. Hintergrund, Stand und Bewertung der aktuellen Reformdiskussion, in: Zeitschrift für Gesetzgebung 18 (3), S. 297-315.

Nierhaus, Michael / Sonja Rademacher (2006), Die große Staatsreform als Ausweg aus der Föderalismusfalle?, in: Landes- und Kommunalverwaltung 16 (9), S. 385-395.

Risse, Horst (2007), Die Entwicklung der Zustimmungsbedürftigkeit von Bundesgesetzen nach der Föderalismusreform 2006, in: Zeitschrift für Parlamentsfragen 38 (4), S. 707-712.

Scharpf, Fritz W. (1985), Die Politikverflechtungsfalle. Europäische Integration und deutscher Föderalismus im Vergleich, in: Politische Vierteljahresschrift 26 (4), S. 323-356.

Scharpf, Fritz W. (2003), Stellungnahme zur Anhörung am 12. Dezember 2003 (Kommission von Bundestag und Bundesrat zur Modernisierung der bundesstaatlichen Ordnung; Drucksache 7), Berlin.

Scharpf, Fritz W. (2006), Nicht genutzte Chancen der Föderalismusreform, Max Planck-Institut für Gesellschaftsforschung Köln (MPIfG Working Paper 06/2).

Schatz, Heribert / Robert Chr. Van Ooyen / Sascha Werthes (2000), Wettbewerbsföderalismus. Aufstieg und Fall eines politischen Streitbegriffes, Baden-Baden.

Stock, Martin (2006), Konkurrierende Gesetzgebung postmodern: Aufweichung durch „Abweichung", in: Zeitschrift für Gesetzgebung 2 (3), S. 226-249.

Tarlton, Charles E. (1965), Symmetry and Asymmetry as Elements of Federalism: A Theoretical Speculation, in: Journal of Politics 27 (4), S. 861-874.

Wachendorfer-Schmidt, Ute (2005), Politikverflechtung im vereinigten Deutschland, 2. Aufl., Wiesbaden.

Watts, Ronald L. (1999), Comparing Federal Systems, 2. Aufl., Montreal.

B. Reform des Bundesrates: unmöglich oder unnötig?

1. Der Bundesrat in der Typologie der Zweikammersysteme

Während in der Komparatistik Zweite Kammern und Zweikammersysteme[1] erst in jüngster Zeit zum Gegenstand verstärkter Forschungsanstrengungen geworden sind, kann der deutschen Politikwissenschaft und Staatsrechtslehre ein vergleichbares Desinteresse an „ihrem" Bundesrat nicht nachgesagt werden. Die Diskrepanz hängt mit der unterschiedlichen Rolle der Zweiten Kammern in den jeweiligen politischen Systemen zusammen. In vielen Ländern wird diese als kaum beachtlich wahrgenommen und die Zweite Kammer selbst als Einrichtung betrachtet, die im Grunde aus der Zeit gefallen sei. Dass einige unter ihnen die Zweite Kammer abgeschafft haben (Schweden, Dänemark, Island, Neuseeland) oder im Begriff sind, es zu tun (Rumänien), scheint vor diesem Hintergrund konsequent. Ins Gedächtnis gerufen werden muss des Weiteren, dass heute gut die Hälfte aller demokratisch verfassten Staaten ohne Zweite Kammer auskommen (Kailitz 2008: 396). Nur eine Handvoll Länder gestehen ihren Zweiten Kammern eine so herausgehobene Bedeutung im Regierungs- und Gesetzgebungsprozess zu, dass diese automatisch ins Zentrum der wissenschaftlichen Aufmerksamkeit rücken. Neben den USA, der Schweiz, Australien und Indien gehört dazu auch die Bundesrepublik.

Das jüngst aufgewachte Interesse an den anderen, weniger mächtigen Zweiten Kammern dürfte vor allem mit zwei Entwicklungen zusammenhängen. *Erstens* haben im Zuge von Regionalisierungsprozessen eine Reihe von Staaten begonnen, ihre Verfassungen zu föderalisieren. In Europa gilt das z.B. für Spanien,

---

[1] Strukturell handelt es sich bei den Zweiten Kammern um Gesetzgebungskörperschaften, die nicht nach dem demokratischen Gleichheitsprinzip aller Bürger („one man, one vote") zusammengesetzt sind. Funktionell unterscheiden sie sich von den ersten Kammern darin, dass nur diese als Beschlussorgan der Gesetze auftreten. Können beide Häuser Gesetze beschließen (wie in den USA), ergibt die Bezeichnung des Oberhauses als „Zweite" Kammer keinen Sinn. Nur in diesem Falle – und nicht schon bei Vorhandensein eines absoluten Vetorechts der Zweiten Kammer – wären die Häuser tatsächlich gleichgestellt (Hanf 1999: 22 ff.). In der Regel fallen die strukturellen und funktionellen Definitionsmerkmale der Zweiten Kammern zusammen. Eine Ausnahme stellt die Europäische Union dar, wo der Ministerrat im Gesetzgebungsprozess als erste Kammer fungiert. Auch die nominellen Bezeichnungen stimmen mit dem wissenschaftlichen Sprachgebrauch nicht immer überein; so firmiert der niederländische Senat z.B. offiziell als „erste Kammer".

Großbritannien oder Italien. Damit stellt sich auch die Frage nach einer Umgestaltung der Zweiten Kammer. Ob die Verbindung von Föderalismus und Bikameralismus zwingend ist, Bundesstaaten also stets eine föderativ konstituierte Zweite Kammer mit sich führen müssen, ist zwar nicht ausgemacht; faktisch handelt es sich bei beiden Prinzipien jedoch um „natürliche Verbündete" (Sharman 1987: 96).

Zweitens gewinnen die Beratungs- und Kontrollfunktionen neue Aktualität, die den Zweiten Kammern – jenseits der regionalen Interessenvertretung – als „chambre de réflexion" und „sanior pars" im System der Gewaltenteilung zugeschrieben werden (Mughan / Patterson 1999: 343 f.). Der Grund dafür liegt in der zunehmenden Komplexität der Gesetzgebung, die nicht nur zu größerer handwerklicher Fehleranfälligkeit führt, sondern auch den Konsensbedarf der Politik verbreitert. Deshalb wurde z.B. im Zuge der neuseeländischen Verfassungsreformdiskussion in den achtziger Jahren die Wiedererrichtung der Zweiten Kammer erwogen. Auch Zweite Kammern, die lediglich über ein suspensives Vetorecht verfügen, können im Gesetzgebungsprozess wirksamen Einfluss ausüben (Riescher / Ruß 2000: 387 ff.). Umgekehrt macht die Gleichstellung allein noch keine „starke" Zweite Kammer, wenn diese strukturell ein bloßes Abbild der ersten Kammer darstellt (wie der italienische oder rumänische Senat).

Der letztgenannte Hinweis erinnert an das berühmte Diktum des französischen Revolutionstheoretikers Abbé de Sieyès, wonach eine Zweite Kammer, die von der ersten Kammer abweiche, schädlich, und eine, die mit ihr übereinstimme, überflüssig sei (zit. bei Haas 2000: 4). „Abweichung" und „Übereinstimmung" bezieht sich dabei auf die am Bestellungsmodus ablesbare Repräsentationsbasis der Zweiten Kammern. Von dieser Basis hängt ihre Legitimität ab. Historisch stellen die Zweiten Kammern „institutionalisierte Kompromisse" dar, die im Übergang von alten (ständischen) zu neuen (verfassungsstaatlichen, demokratischen und / oder territorialen) Legitimitätsüberzeugungen entstanden sind (Schüttemeyer / Sturm 1992: 517). Die zum Teil rivalisierenden Prinzipien unter einen Hut zu bringen, gestaltet sich in vielen Ländern bis heute schwierig. Dies macht die Zweiten Kammern mehr als andere Einrichtungen zu „contested institutions", die unter starkem Begründungszwang stehen und ein Dauergegenstand von Reformdiskussionen oder -prozessen sind (Mughan / Patterson 1999: 338).

Am stärksten ist der Reformdruck, wo sich das ständische Prinzip – wie in Großbritannien – bis in die Gegenwart gehalten hat. Das Problem wurde hier durch die weitgehende Entmachtung des Oberhauses zwar frühzeitig (1911) entschärft; doch gibt es gehörige Zweifel, ob dessen funktionelle Begründung den Anachronismus eines aus Vertretern der gesellschaftlichen Oberschicht zusammengesetzten Organs in Zukunft noch ausgleichen kann (Schüttemeyer / Sturm 1992: 520 ff.).[2] Am anderen Ende der Skala stehen die Zweiten Kammern mit unbestrittener Legitimität, die die Prinzipien der Gewaltenteilung, der Demokratie und des Föderalismus „optimiert" haben. Diese werden von den Bürgern direkt gewählt, fußen auf der Idee der gleichberechtigten Repräsentation der Gliedstaaten bzw. territorialen Einheiten und sind in ein „separation of powers"-System eingebettet, das die Regierungsmacht auf mehrere Institutionen verteilt.

Letzteres ist der Hauptgrund dafür, dass in den präsidentiell bzw. quasi-präsidentiell verfassten Bundesstaaten – die Gruppe umfasst mit den USA, Argentinien, Brasilien, Mexiko und der Schweiz heute fünf Länder – die Zweiten Kammern im Gesetzgebungsprozess sämtlich über gleiche oder nahezu gleiche Rechte verfügen, was in den Bundesstaaten mit parlamentarischen Regierungssystemen nur ausnahmsweise der Fall ist.[3] Die Bedeutung der Regierungsform für das Verhältnis der beiden Kammern wird in der Literatur immer noch zu wenig gesehen (z.B. Leunig 2009). Sie lässt sich auch am Sprachgebrauch in den präsidentiellen Systemen ablesen, der die Unterscheidung zwischen erster und zweiter bzw. unterer und oberer Kammer gar nicht kennt. Am deutlichsten treten die Unterschiede hervor, wenn beide Häuser infolge divergierender Mehrheitsverhältnisse politisch aneinander geraten (*divided government*). In den präsidentiellen Systemen gehören solche Konstellationen zur demokratischen Normalität und werden als nicht weiter störend empfunden. In den parlamentarischen Systemen können sie sich dagegen zu einem handfesten Funktionsproblem auswachsen, das die Legitimität der Zweiten Kammer bedroht.

---

[2] Kritik an der als überkommen empfundenen berufsständischen Repräsentation war auch der Grund für die 1998 erfolgte Abschaffung des bayerischen Senats. Der Freistaat hatte sich 1946 als einziges Bundesland entschieden, eine solche Zweite Kammer einzurichten.
[3] Auch die Bundesrepublik und Australien zeichnen sich durch ein – mehr oder weniger – leichtes Übergewicht der ersten gegenüber der Zweiten Kammer aus. In Kanada ist der Senat zwar formell gleichberechtigt, doch wird dies in der Verfassungspraxis nicht eingelöst.

Abb. V.3   Ausgewählte Zweite Kammern im Vergleich

	Vertretungs-Prinzip	Bestellung	Stimmverteilung	Stellung gegenüber der ersten Kammer
Australien	föderal	direkt	quasi-gleich	weitgehend gleichberechtigt
Belgien	föderal	direkt, ernannt und kooptiert	proportional	nachgeordnet
Deutschland	föderal	qua Amt (Regierungsvertreter)	abgestuft	weitgehend gleichberechtigt
Frankreich	territorial	indirekt	proportional	nachgeordnet
Großbritannien	ständisch	ernannt und vererbt	--	nachgeordnet
Indien	föderal	indirekt und ernannt	proportional	nachgeordnet
Italien	Bevölkerung	direkt und ernannt	proportional	gleichberechtigt
Kanada	territorial	ernannt	abgestuft	weitgehend gleichberechtigt[1]
Österreich	föderal	indirekt	proportional	nachgeordnet
Polen	territorial/Bevölkerung	direkt	proportional	nachgeordnet
Schweiz	föderal	direkt	gleich	gleichberechtigt
Spanien	föderal[2]	direkt und indirekt	abgestuft	nachgeordnet
Südafrika	föderal	indirekt und qua Amt (Regierungsvertreter)	gleich	nachgeordnet
USA	föderal	direkt	gleich	gleichberechtigt

[1]Gilt nur formal und wird in der Verfassungspraxis nicht eingelöst.
[2]Ob Spanien als Bundesstaat bezeichnet werden kann, ist in der Literatur umstritten.

Quelle: eigene Zusammenstellung

Die Diskussion um den Bundesrat ordnet sich hier ein. So wie das britische Oberhaus stellt auch die Zweite Kammer in Deutschland ein Produkt der Verfassungstradition dar, deren Ursprünge sich bis zum Gesandtenkongress des „ewigen Reichstages" in das 17. Jahrhundert zurückverfolgen lassen (Rührmair 2001: 18). Anders als dem *House of Lords* ist dem Bundesrat die Integration in die Umwelt eines demokratischen Regierungssystems jedoch in struktureller Hinsicht gelungen. Wenn Wilhelm Hennis (1997) ihn als „Relikt des monarchischen Obrigkeitsstaates" bezeichnet, hat er damit nur in Bezug auf die äußere Hülle Recht. Waren es in der Kaiserzeit die Fürsten, die im Bundesrat die gliedstaatlichen Interessen vertraten und in dieser Funktion zugleich ein Bollwerk gegen die Parlamentarisierung des Reiches bildeten, so handelt es sich bei den heutigen Mitgliedern des Bundesrates ausnahmslos um demokratisch gewählte Regierungschefs und Minister. Die demokratische Legitimation der Länderkammer steht also außer Frage. Sie stellt die Grundlage für die maßgebliche Beteiligung des Bundesrates am Gesetzgebungsprozess dar, die ihn zu einer in weiten Teilen gleichberechtigten Zweiten Kammer macht. Mit seiner außergewöhnlichen Konstruktion bleibt der Bundesrat ein weltweites Unikum. Sucht man unter den Zweiten Kammern nach Vergleichsbeispielen, wird man nur in Südafrika fündig, wo sich der *National Council of Provinces* ebenfalls – wenn auch nicht ausschließlich – aus Regierungsvertretern zusammensetzt. Das deutsche Vorbild stand hier bei der Verfassungsgebung ausdrücklich Pate. Interessanter ist die Analogie zum europäischen Ministerrat, der als wichtigere der beiden Gesetzgebungskammern der EU wie der Bundesrat aus Vertretern der (mit)gliedstaatlichen Regierungen besteht. Sie verweist auf die Parallelen der föderalen Entwicklung. So wie sich die Europäische Union heute als ein Verbund historisch gewachsener Nationalstaaten begreift, so ist in Deutschland die Existenz der Länder sowohl der Reichsgründung 1871 als auch der Wiedererrichtung des westdeutschen Teilstaates 1949 vorausgegangen. Die Ländervertreter konnten die Verfassungsberatungen daher nach ihren Vorstellungen lenken, die bei der Ausgestaltung der Zweiten Kammer eine klare Präferenz für die „Bundesratslösung" enthielten.

Was darunter genau zu verstehen ist, lässt sich der Literatur nicht immer klar entnehmen. Dies gilt zumal, wenn dem Bundesrat das „Senatsprinzip" als vermeintlicher Antipode gegenübergestellt wird. Die meisten Autoren sehen das Hauptmerkmal des „Bundesratsmodells" im fehlenden freien Mandat. Die Regierungsmitglieder, die in der Länderkammer sitzen, sind keine Abgeordneten. Ihre Stimmabgabe wird durch die jeweilige Landesregierung instruiert und muss für die Länder einheitlich erfolgen. Der Bundesrat wird aus diesem Grund häufig als „nicht parlamentarische" Zweite Kammer bezeichnet, was sich auch darin widerspiegelt, dass er in der Bundesrepublik kein förmlicher Teil des Parlaments – und mithin strenggenommen gar keine Zweite Kammer – ist, sondern ein eigenständiges Bundesorgan (von Beyme 1974: 367).

Der Kern des „Bundesratsmodells" ist damit zweifellos richtig beschrieben. Typologisch gibt die Begriffsbestimmung allerdings nicht viel her, weil sie alle Zweiten Kammern außerhalb Deutschlands automatisch zu Senaten machen würde. Einige Autoren haben deshalb andere oder zusätzliche Kriterien eingeführt. So wollen z.B. Wagschal / Grasl (2004: 743) nur direkt gewählte Kammern unter das Senatsprinzip subsumieren. Einen nachvollziehbaren Grund dafür nennen sie nicht. Dies ist auch kaum möglich, weil die Definition einen Großteil der Zweiten Kammern ausschließen würde, die offiziell den Namen „Senat" tragen. Umso merkwürdiger ist, dass Wagschal / Grasl ihr eigenes Reformmodell für den Bundesrat, das gar keine Direktwahl vorsieht, als „modifizierte Senatslösung" bezeichnen. Das Senatsprinzip wird hier unvermittelt an ganz anderen Kriterien festgemacht, nämlich dem freien Mandat (s.o.) und dem gleichen Stimmgewicht der in der Kammer vertretenen Gliedstaaten (ebd. 747).

Noch unsinniger ist es, bei der Unterscheidung auf die legislativen Befugnisse abzustellen. Das Gleichstellungsmerkmal, das manche Autoren als Teil des Senatsmodells betrachten (z.B. Laufer 1992: 45), wird vom deutschen Bundesrat eher erfüllt als von den meisten nominellen Senaten. Eine vollkommen gleichberechtigte „Zweite" Kammer gibt es, wie gesehen, ohnehin nur in den USA. Wie unpassend das Kriterium ist, zeigt auch die Entstehungsgeschichte des Bundesrates im Parlamentarischen Rat. Die SPD hatte sich damals für einen von den Landesparlamenten zu wählenden „Senat" stark gemacht, der im Gesetzgebungsprozess nur über ein Einspruchsrecht verfügen sollte. Umgekehrt trat die Mehrheit der Unionsvertreter für einen gleichberechtigten Bundesrat ein. Am Ende stand der bis heute gültige doppelte Kompromiss. Die Sozialdemokraten „opferten" den Senat, um die völlige Gleichstellung der Zweiten Kammer zu verhindern. Deren Befugnisse wurden wiederum abgestuft, indem man zwischen einem kleineren Bereich zustimmungspflichtiger Gesetze und den restlichen Einspruchsgesetzen unterschied (Niclauß 1998: 212 ff.).

Auch die Stimmgewichtung innerhalb der Zweiten Kammer ist zur Unterscheidung von Senats- und Bundesratsprinzip nicht geeignet. In den meisten Ländern richtet sich die Stimmenverteilung nach der jeweiligen Bevölkerungsgröße der Gliedstaaten bzw. territorialen Einheiten, was Sturm (2002: 171) zufolge dem „Bundesratsmodell" entspricht. Dabei könne es – wie in der Bundesrepublik – eine mehr oder weniger starke Abstufung zugunsten der kleinen Staaten geben („gemäßigte" Bundesratslösung). Weil nur ganz wenige Zweite Kammern eine strikte Gleichverteilung praktizieren, die allen Gliedstaaten denselben Vertretungsanspruch einräumt, würden nach dieser Lesart die meisten Senate unter das Bundesratsprinzip fallen! Problematisch an der Definition ist, dass sie die historischen Entstehungsbedingungen der Zweiten Kammern vernachlässigt. In klassischen Föderalstaaten wie den USA, der Schweiz, Australien und Deutschland war die Überrepräsentation der kleinen Staaten der Preis dafür, dass diese an der Bundesstaatsgründung überhaupt teilnahmen (Sharman 1987: 83). Die spezielle deutsche Lösung der abgestuften Stimmverteilung muss wiederum vor dem Hintergrund der bevölkerungsmäßigen Übermacht Preußens gesehen werden, die weder eine proportionale Lösung noch die völlige Gleichheit der Gliedstaaten in Frage kommen ließ. Die Weimarer Verfassung nahm später eine stärker proportionale Verteilung vor, bevor das Pendel mit dem Bonner Grundgesetz wieder in die föderative Richtung zurückschwang. Angesichts der fortbestehenden Größenunterschiede zwischen den Ländern erweist sich die heutige Stimmenspreizung im Bundesrat als äußerst moderat. Wie die nachfolgende Tabelle zeigt, ist die Repräsentation in der Zweiten Kammer in der Bundesrepublik damit ähnlich disproportional wie in den Staaten mit föderativer Gleichverteilung (Australien, Schweiz, USA).

Abb. V.4   Disproportionalität der Stimmverteilung in der Zweiten Kammer

	Prozentsatz der Mitglieder der Zweiten Kammer, die einen bestimmten Bevölkerungsanteil repräsentieren				Gini-Ungleichheits-index
	10 %	*20 %*	*30 %*	*50 %*	
USA	39,7	55,0	67,7	83,8	0,49
Schweiz	38,4	53,2	64,7	80,6	0,46
Australien	28,7	47,8	58,7	74,0	0,36
Kanada	33,4	46,3	55,6	71,3	0,34
Deutschland	24,0	41,7	54,3	72,6	0,32
Indien	15,4	26,9	37,4	56,8	0,10
Österreich	11,9	22,5	32,8	52,9	0,05
Belgien	10,8	20,9	31,0	50,9	0,01

Quelle: Lijphart 1999: 208. Aus der Tabelle herausgenommen wurde Venezuela, das seine Zweite Kammer 1999 abgeschafft hat.

Die Konsequenz aus der unsystematischen Begriffsverwendung kann nur lauten, in einer typologischen Betrachtung auf die Kategorisierung der oberen Parlamentskammern als „Senat" oder „Bundesrat" zu verzichten. Mit Blick auf deren großen institutionellen Variantenreichtum erscheint die Aufteilung in nur zwei Modelle grundsätzlich verfehlt. Dies gilt umso mehr, als die Begriffe auch semantisch austauschbar sind: In Deutschland wird der Name „Senat" bekanntlich zugleich für Regierungen verwendet (in den drei Stadtstaaten), während umgekehrt manche Länder die erste Kammer ihrer Parlamente als „Rat" bezeichnen (wie Österreich oder die Schweiz). Die Gegenüberstellung von Bundesrats- und Senatsprinzip stellt ohnehin ein Spezifikum der deutschen Literatur dar, was vor dem Hintergrund der besonderen Konstruktion des Bundesrates verständlich sein mag (Schmidt 2004). Auch dort ergibt sie aber nur Sinn, wenn sie von den Inhalten ausgeht, die den Modellen in den verschiedenen Phasen der Verfassungsgebung tatsächlich unterlegt worden sind. Diese haben für den Senat z.b. stets eine indirekte Bestellung durch die Landtage und – damit zusammenhängend – eine an der Bevölkerungsgröße orientierte Stimmgewichtung vorgesehen, jedoch nicht unbedingt die volle gesetzgeberische Gleichstellung. In allen drei Punkten unterscheidet sich die deutsche Lösung signifikant vom idealtypischen Senatsmodell, das den eben erörterten politikwissenschaftlichen Definitionen zugrunde liegt (Kielmansegg 1989: 54). Letzteres ist außer in den USA bislang nirgendwo verwirklicht worden.

2.   Notwendigkeit und Ziele einer Bundesratsreform

Legt man die eben vorgenommenen typologischen Unterscheidungen zugrunde, lassen sich drei mögliche Zielsetzungen einer Reform des Bundesrats benennen: Erstens eine strukturelle Demokratisierung, indem die qua Amt bestellten Vertreter der Landesregierungen durch gewählte Abgeordnete (Senatoren) ersetzt werden; zweitens eine partielle Entmachtung durch weniger Beteiligungsrechte bzw. eine verminderte Bedeutung dieser Rechte in der Praxis und *drittens* eine Änderung der Stimmenverteilung.

Die strukturelle Demokratisierung des Bundesrates ist bisher nur selten als eigenständiges Ziel ausgegeben worden; in der Regel hat man sie im Zusammenhang der „Machtfrage" mitverhandelt, die sich zunächst an den legislativen Befugnissen der Länderkammer festmacht. Ob eine Abkehr von der exekutivischen Struktur deren Position im Regierungssystem stärken oder schwächen würde, bedarf der Prüfung, da – bei gleichbleibenden Gesetzgebungskompetenzen – theoretisch beide Effekte denkbar sind. Genauso ungewiss bleibt, ob die demokratische Vorzugswürdigkeit eines Senatsmodells unter den speziellen Bedingungen des deutschen Föderalismus ohne weiteres behauptet werden kann. Im folgenden Kapitel werden wir auf darauf zurückkommen.

Das dritte Ziel kann dagegen schon an dieser Stelle abgehakt werden, da es ein Nebenschauplatz der Reform geblieben ist. Im Zuge der Wiedervereinigung war 1990 eine Neuordnung der Stimmenverteilung notwendig geworden, die aber keine größeren Konflikte hervorrief (Wachendorfer-Schmidt 2005: 105 ff.).

Nordrhein-Westfalen, Bayern, Baden-Württemberg und Niedersachsen erhielten je eine Stimme mehr, um die veränderte Balance zwischen großen und kleinen Ländern etwas abzumildern, die durch den Beitritt der fünf neuen Länder entstanden war. Diese betrug nun 24 gegenüber 45 Stimmen – im Vergleich zu 20 gegenüber 25 Stimmen in der alten Bundesrepublik, womit den großen Ländern zumindest eine Sperrminorität bei Verfassungsänderungen verblieb.

Bedeutung behält die abgestufte Stimmverteilung allerdings auf zwei Gebieten. Zum einen wirkt die starke Überrepräsentation der kleinen Länder als Reformbremse bei einer möglichen Länderneugliederung. So würde z.b. der Zusammenschluss Bremens, Hamburgs, Niedersachsens und Schleswig-Holsteins zu einem Nordstaat die Vertretung der vier Länder im Bundesrat von derzeit 16 auf sechs Stimmen reduzieren. Eine Neugliederung, die die Beteiligungsinteressen mit berücksichtigt, erscheint von daher – wenn überhaupt – nur als bundesweite Lösung gangbar, in deren Rahmen dann auch eine Neuverteilung der Stimmen vorgenommen werden könnte (Leonardy 1999: 145 ff.).

Zum anderen findet die Stimmenverteilung im Plenum des Bundesrates keine Entsprechung auf der Ausschussebene. Sowohl in den Fachausschüssen als auch auf der Bundesratsseite des Vermittlungsausschusses verfügen die 16 Länder laut Geschäftsordnung des Bundesrates über jeweils einen Sitz, sind sie also mit dem gleichen Stimmengewicht vertreten. Anders als die Ausschüsse des Bundestages bilden die Ausschüsse des Bundesrates damit kein Spiegelbild des Plenums, was jeglicher Logik entbehrt. Weil in den Fachausschüssen zudem mit einfacher Mehrheit entschieden wird – im Plenum gilt die absolute Mehrheit (s.u.) –, kann dies Situationen hervorrufen, in denen die Ausschussempfehlungen infolge divergierender Mehrheiten von den Plenumsbeschlüssen abweichen. Im Grunde ließe sich der Widerspruch durch eine Angleichung der Stimmverteilung und Abstimmungsregeln in den Ausschüssen leicht beseitigen (Laufer 1974: 417 ff.). Bei der 1992 neu eingerichteten Europakammer ist man genauso verfahren. In der Praxis wird das Problem aber offenbar als wenig gravierend empfunden, sodass es in der aktuellen Debatte nur eine Randnotiz darstellt (Leunig 2010: 95).

Hauptthema der Reform bleibt die Position des Bundesrates im Gesamtgefüge des Regierungssystems, die bereits die Debatten des Parlamentarischen Rates maßgeblich geprägt hatte. Als die Verfassungsgeber das oben beschriebene Kompromissmodell auf den Weg brachten, waren sie davon ausgegangen, dass für die Gesetzgebung in erster Linie der Bundestag zuständig sein und die Länderkammer nur auf bestimmten Gebieten gleichberechtigt mitwirken würde. Der Anteil der zustimmungspflichtigen Gesetze betrug allerdings schon in der ersten

Legislaturperiode mehr als 40 Prozent und stieg seither auf über 50 Prozent an (Dästner 2001).

Ursächlich für die hohe Quote waren einerseits die zunehmende Unitarisierung der Gesetzgebung und andererseits das für den deutschen Föderalismus charakteristische Verbundprinzip, das den Ländern die Hauptverantwortung für die Durchführung der Bundesgesetze zuweist. Im Grundgesetz bereits angelegt, wurde die Verlagerung von Gesetzgebungskompetenzen auf den Bund durch Verfassungsreformen und die bundesfreundliche Rechtsprechung des Verfassungsgerichts in den fünfziger und sechziger Jahren rasch vorangetrieben. Über eigene substanzielle Zuständigkeiten verfügten die Gliedstaaten danach nur noch im Bereich Schule und Hochschule. Die Unitarisierung führte allerdings nicht zur Entmachtung der Länder, bedeutete sie doch, dass der Bund – um eine einheitliche Durchführung der Gesetze sicherzustellen – auch in deren Verwaltungszuständigkeit eingreifen musste, was laut Art. 84 Abs. 1 nur mit Zustimmung des Bundesrates möglich war. Die Länder stemmten sich diesem Prozess nicht entgegen, sondern unterstützten ihn sogar bereitwillig, da eine umfängliche Mitwirkung an der Bundesgesetzgebung für sie mehr Attraktivität versprach als das Pochen auf der eigenen Autonomie.

Durch die verfassungspolitische Aufwertung änderte sich die Rolle des Bundesrates im Regierungsprozess. Ursprünglich als „Widerlager der Parteipolitik" gedacht, wurde die Länderkammer in den parlamentarischen Wettbewerb immer mehr hineingezogen. Eine Schlüsselbedeutung gewannen dabei die parteipolitischen Mehrheitsverhältnisse, die in der Regierungszeit der sozial-liberalen Koalition zwischen beiden Kammern erstmals auseinanderfielen (Lehmbruch 2000: 183 f.). Diese Konstellation wurde später immer mehr zum Regelfall. Während Helmut Kohl bis 1990 noch eine gleichgerichtete Mehrheit im Bundesrat hinter sich wusste, brauchte die 1998 ins Amt gekommene rot-grüne Regierung unter Gerhard Schröder nicht einmal ein halbes Jahr, um ihre Mehrheit in der Länderkammer zu verspielen. Dasselbe Schicksal ereilte die schwarz-gelbe Koalition nach ihrer Niederlage bei der nordrhein-westfälischen Landtagswahl im Mai 2010. Selbst die Große Koalition stand am Ende ihrer vierjährigen Amtszeit 2009 im Bundesrat ohne eigene Mehrheit da.

Die Tendenz zum *divided government* stellt ebenfalls ein Produkt der Unitarisierung dar. Denn je mehr Kompetenzen der Bund beanspruchte, desto mehr wurden auch die Landtagswahlen von bundespolitischen Themen bestimmt. Auf diese Weise verstärkte sich der bei Zwischenwahlen ohnehin erwartbare Sanktionswahleffekt, also der Anreiz, bei den als weniger wichtig empfundenen Abstimmungen auf regionaler oder lokaler Ebene gegen die gerade amtierende nationale Regierung zu votieren (Decker 2006). Ein weiterer Grund, dass sich die Position der Bundesregierungen in der Länderkammer seit den neunziger Jahren systematisch verschlechterte, lag in der Auffächerung der Parteienlandschaft, die durch das vermehrte Auftreten „gemischter" Koalitionen zu einem Anwachsen des neutralen Stimmenblocks im Bundesrat geführt hat. Damit ist zwar zugleich die Wahrscheinlichkeit gesunken, dass es im Bundesrat zu einer reinen Oppositionsmehrheit kommt. Dennoch nutzt die Konstellation den Oppositionsparteien unter dem Strich mehr als der Regierung, da die Abstimmungsregeln des Bundesrates im Bereich der zustimmungspflichtigen Gesetze eine absolute Mehrheit vorschreiben (s.u.). Will die Opposition das Zustandekommen von Beschlüssen verhindern, die für sie im Wählerwettbewerb nachteilig wären, kann sie dazu also auch auf ihre Regierungsbeteiligungen in den „neutralen" Ländern zurückgreifen. Gewiss muss sie den Eindruck einer bloßen Obstruktionspolitik vermeiden. Gelingt es ihr, erfolgversprechende Maßnahmen zu blockieren oder ihrer Substanz zu entkleiden, darf sie jedoch darauf rechnen, dass das Versagen im Zweifel der Regierung angelastet wird.

Ob diese Annahme auch empirisch trägt und die Länderkammer als verantwortlich für Blockierungstendenzen im deutschen Regierungssystem hingestellt werden kann, ist in der politikwissenschaftlichen Forschung umstritten (Burkhart 2008, Johne 2004, Leunig 2003, Lhotta 2003, Renzsch 1999, Zohlnhöfer 1999). Wenig Belege gibt es für den von Kritikern häufig geäußerten Vorwurf, im Bundesrat würden Länderinteressen durch parteipolitische Interessen systematisch verdrängt. Wo die Belange der Länder den macht- oder sachpolitischen Interessen der Opposition nicht im Wege stehen, mag das so erscheinen. Geraten beide in Widerstreit, dürfte einem Ministerpräsidenten das Land aber im Zweifel näher sein als die Partei. Dies gilt zumal, wenn das Landesinteresse dem eigenen parteipolitischen Interesse entspricht, im Land selbst wiedergewählt zu werden.

Anders liegt der Fall, wenn es in einer Streitfrage ganz oder überwiegend um parteiliche Interessenunterschiede geht. Zwar weisen einige Autoren zu Recht darauf hin, dass die Quote der vom Bundesrat verhinderten Gesetze gemessen an deren Gesamtzahl äußerst gering ist; selbst in den Zeiten, in denen die Opposition die Mehrheit in der Länderkammer hielt, betrug sie nie mehr als 2,5 Prozent (Stüwe 2004). Vom tatsächlichen Umfang der oppositionellen Mitregierung geben solche Zahlen allerdings nur einen unzureichenden Eindruck. Einerseits vernachlässigen sie die präventiven Wirkungen der föderalen Gegenmacht auf die Regierungsseite, die von der versuchten Umgehung der Zustimmungspflicht bis hin zur inhaltlichen Kapitulation vor der Bundesratsmehrheit reichen können. Der durch die gegenläufigen Mehrheiten herbeigeführte Einigungsdruck lässt sich z.B. an der Häufigkeit der Vermittlungsverfahren ablesen, von denen die allermeisten mit einem Kompromiss enden (Strohmeier 2004: 724 ff.). Auf der anderen Seite verbergen sich hinter den wenigen zu Fall gebrachten Gesetzen nicht selten Vorhaben von großer politischer Tragweite. So trug die vom seinerzeitigen SPD-Vorsitzenden Lafontaine organisierte Ablehnung der Waigel'schen Steuerreform in der Länderkammer 1997 maßgeblich zum Niedergang und Machtverlust der Kohl-Regierung bei. Dasselbe widerfuhr im Jahre 2002 der rot-grünen Koalition, als sich die Unionsmehrheit im Bundesrat dem von Finanzminister Eichel vorgelegten Paket zur Streichung von Steuersubventionen verweigerte. Die dadurch verschärfte Haushaltssituation war einer der Gründe, warum Gerhard Schröders Regierung drei Jahre später am Rande der Handlungsunfähigkeit stand und der Kanzler vorzeitige Neuwahlen anberaumen musste.

Die Probleme, die sich aus der Integration eines föderativen Mitregierungsorgans in ein parteiendemokratisches parlamentarisches System ergeben, wurden bereits in den siebziger Jahren von Gerhard Lehmbruch weitsichtig beschrieben. Lehmbruch zufolge lassen sich beide Prinzipien nur schwer in Einklang bringen. Das Ergebnis sei ein Negativsummenspiel, bei dem die von parteipolitischen Interessen beeinflussten föderativen Aushandlungsprozesse ebenso diskreditiert würden und an Legitimationskraft verlören wie der Parteienwettbewerb, der „hinter einer Fassade von Konkurrenz faktisch als Große Koalition funktioniere" (Lehmbruch 1976: 160). An dieser Situation hat sich bis heute im Kern nichts geändert. Manche Autoren führen die Zunahme der föderalen Interessenkonflikte als Argument gegen die „Strukturbruchthese" ins Feld, die die Wahrscheinlichkeit eines Ausscherens der Ländervertreter aus der Parteidisziplin erhöhten (Sturm 1999). Dabei übersehen sie jedoch, dass infolge der rückläufigen natürlichen Parteibindungen auch die Zwänge des gesamtstaatlichen Parteienwettbewerbs größer geworden sind. Nicht von ungefähr datieren die spektakulärsten Auseinandersetzungen, die zwischen Regierung und Opposition im Bundesrat ausgetragen wurden, alle aus der jüngeren Vergangenheit. Bewertungsunterschiede gibt es auch in der Frage, was hinter den parteipolitischen Konflikten steht. Haben die Akteure bloß ihren eigenen Machtvorteil im Sinn oder geht es ihnen um politikinhaltliche Positionen? Da die Fälle unterschiedlich gelagert sind und beide Motive fast immer gleichzeitig auftreten, ist hier ein eindeutiges Urteil nur selten möglich (Ganghof 2006).

Unbeschadet dieser Forschungskontroversen ist die grundsätzliche Richtigkeit der Strukturbruchthese in der Literatur nicht angezweifelt worden. In der Wissenschaft bildete sich deshalb ein breiter Konsens, dass eine Rückführung der

Beteiligungsposition des Bundesrates sowohl unter Effizienz- als auch unter Demokratiegesichtspunkten geboten sei. Ziel der Reform sollte es sein, die föderative Mitregierung zurückzudrängen und das Regierungssystem wieder stärker am parlamentarischen Mehrheitsprinzip auszurichten. Dieser Grundgedanke wurde von den politischen Akteuren geteilt, als sich das Fenster für eine umfangreichere Föderalismusreform Ende der neunziger Jahre öffnete. Über den Weg dahin wusste man sich ebenfalls einig. Die legislativen Befugnisse der Länderkammer sollten durch eine Absenkung der Quote der zustimmungspflichtigen Gesetze um etwa die Hälfte beschnitten werden. Im Gegenzug würde man den Bundesländern zusätzliche Gesetzgebungskompetenzen übertragen, um der Länderpolitik wieder ein größeres eigenständiges Gewicht einzuräumen.

Auch wenn das Ausmaß des Scheiterns dieses Ansatzes nicht vorhersehbar war, erweist es sich aus heutiger Sicht als schweres Versäumnis, dass die alternative Option einer strukturellen Reform des Bundesrates aus den Überlegungen der Bundesstaatskommission vollständig ausgeklammert wurde. Die diesbezüglichen Vorschläge der von der Kommission zu Rate gezogenen wissenschaftlichen Sachverständigen stießen bei den Politikern sämtlich auf taube Ohren. Die Bundesstaatskommission tat es damit den früheren Verfassungskommissionen gleich, die das Thema ebenfalls nicht angehen wollten. Die vom Bundestag eingerichtete Enquete-Kommission „Verfassungsreform" hatte es Mitte der siebziger Jahre zwar eingehend erörtert, konnte sich am Ende aber nur zu einer Minimalempfehlung durchringen (Verlängerung der Beratungsfrist bei Grundgesetzänderungen); ansonsten sollte alles so bleiben wie es war (Rührmair 2001: 138 ff.). Die Gemeinsame Verfassungskommission von Bundestag und Bundesrat, die aus Anlass der deutschen Einheit eingerichtet worden war, setzte die Strukturreform 1994 erst gar nicht auf die Tagesordnung. Ihre Mitglieder wussten nur zu gut, dass jedweder Versuch einer Änderung des Status quo von vornherein zwecklos sein würde.

Obwohl der Verfassungsgeber die Gelegenheit für eine Reform verstreichen ließ, blieb das Thema im Raum. So empfahl Verfassungsgerichtspräsident Hans-Jürgen Papier in einem im November 2003 erschienenen Artikel der Frankfurter Allgemeinen Zeitung, bei den Entflechtungsbemühungen grundsätzlicher anzusetzen als die im ersten Anlauf gescheiterte Bundesstaatskommission und über die Einrichtung eines Senats nach amerikanischem Vorbild anstelle des Bundesrates nachzudenken (Papier 2003). Die Idee fand allerdings keine Fürsprecher und löste lediglich eine akademische Diskussion aus. Massiv ins Bewusstsein trat das Problem dagegen zwei Jahre später, als Gerhard Schröder seine Absicht, im Bundestag die Vertrauensfrage zu stellen, auch mit den Machtverhältnissen im Bundesrat begründete. Die Wahlniederlagen der SPD in den Ländern hatten den Kanzler schon vorher bewogen, den untauglichen Vorschlag einer Zusammenlegung der Landtagswahlen zu machen (s.u.).

Die Bildung der Großen Koalition und das Zustandekommen der Föderalismusreform im zweiten Anlauf ließen die Debatte kurzzeitig verstummen, ehe sie 2008 erneut losbrach. Mit Blick auf den anschwellenden neutralen Stimmenblock gerieten nun vor allem die Abstimmungsregeln der Länderkammer ins Visier. Altbundespräsident Roman Herzog sprach sich in einem Zeitungsinterview dafür aus, diese Regeln zu ändern und die bisher notwendige absolute Mehrheit durch eine relative Mehrheit zu ersetzen (Herzog 2008). Sein Vorschlag, der später auch vom amtierenden Bundespräsidenten Horst Köhler aufgegriffen wurde, verhallte zunächst noch ungehört. Politische Schubkraft erhielt er erst, als ihn sich Innenminister Schäuble zu eigen machte. Anlass war der massive Ärger Schäubles, dass sein Entwurf für ein BKA-Gesetz am Veto der von der FDP mitregierten Länder im Bundesrat zu scheitern drohte. Der erkennbar nur aus eigennützigen Motiven unternommene Vorstoß stieß in der Öffentlichkeit auf wenig Verständnis und konnte deshalb von den Ministerpräsidenten (auch der CDU) leicht zurückgewiesen werden. Insofern hatte Schäuble der eigentlichen Sache durch sein ungeschicktes Vorgehen einen Bärendienst erwiesen.

Die weiteren Ausführungen gehen von zwei Zielen einer Strukturreform des Bundesrates aus.[4] Das erste Ziel besteht darin, die Länderkammer zu demokratisieren. Folgt man der Mehrheitsmeinung der Kritiker, könnte es durch eine Abschaffung der überkommenen exekutivischen Struktur und Einführung eines „Senatsmodells" erreicht werden. Beim zweiten Ziel geht es darum, die Blockademacht des Bundesrates im Regierungsprozess zu beschneiden. Hier lassen sich als Unterziele bzw. mögliche Lösungsansätze unterscheiden: erstens eine stärkere Orientierung an föderativen statt an Parteiinteressen und zweitens eine Verminderung der Situationen, in denen gegenläufige parteipolitische Mehrheiten auftreten. Weil die meisten der nachfolgend diskutierten Reformvorschläge Rück-

---

[4] Maßnahmen, die lediglich Detailfragen der Arbeitsweise oder Binnenorganisation der Länderkammer betreffen, bleiben deshalb unberücksichtigt (Mulert 2007: 26). Dasselbe gilt für Reformideen, die sich schon aus verfassungsrechtlichen Gründen verbieten. Hierzu gehört z.B. der Vorschlag, die Landtagswahlen auf einen oder zwei Termine in der Legislaturperiode zusammenzulegen (Decker 2006: 276 f.). Dies würde nicht nur einen unzulässigen Eingriff in die Verfassungsautonomie der Länder darstellen; sondern wäre auch unter Demokratiegesichtspunkten dysfunktional, weil die Landtagswahlen dann vollends in den Sog der Bundespolitik gerieten. Die Auswirkungen einer Zusammenlegung wären damit ähnlich wie bei einem direkt gewählten Senat (s.u.).

wirkungen auf beide Ziele haben, liegen der Darstellung die Vorschläge (und nicht die Ziele) als Gliederungsschema zugrunde.

3. Das Senatsmodell als Alternative

Der radikalste Reformvorschlag propagiert die Ersetzung der qua Amt bestellten Regierungsvertreter durch gewählte Abgeordnete der Länder. Die Bestellung erfolgt dabei entweder direkt durch die Landesvölker oder mittelbar durch die Landesparlamente. Nur die Wahl durch die Landesparlamente kann sich auf gedankliche Vorläufer in der deutschen Verfassungsgeschichte berufen. Bei der Ausgestaltung sind unter anderem folgende Punkte zu berücksichtigen:

Erstens müsste festgelegt werden, wie groß der Senat sein soll; hier könnte man sich an den Erfahrungswerten anderer föderativ konstituierter Zweiter Kammern wie dem Schweizer Ständerat oder dem US-amerikanischen Senat orientieren, die eine Relation von etwa einem Viertel im Vergleich zur ersten Kammer vorsehen. Für die Bundesrepublik würde das auf rund 150 Senatoren hinauslaufen.

Zweitens wäre zu klären, wie die Sitze auf die Bundesländer verteilt werden. Im Folgenden wird der Einfachheit halber angenommen, dass es bei der derzeitigen Abstufung bleibt, die die kleinen Länder stark begünstigt. Würde der Senat aus doppelt so vielen Abgeordneten bestehen, wie der jetzige Bundesrat Stimmen hat (138), hätten die kleinsten Länder damit sechs und die größten Länder zwölf Sitze.

Drittens müsste bei einer Wahl durch die Landesparlamente normiert werden, ob die zur Wahl stehenden Senatoren Mitglieder der Landesparlamente sein sollen, die beide Ämter gleichzeitig ausüben – dies würde der Bundesratsstruktur nahekommen –, oder ob sie von außerhalb kommen bzw. ihr Landtagswahlmandat nach der Wahl aufgeben müssen. Letzteres versteht sich nur bei der Direktwahl von selbst.

Viertens gilt es das genaue Wahlverfahren zu regeln. Wenn Bundestag und Landtage nach dem Verhältniswahlrecht gewählt werden, käme dieses vermutlich auch bei den Senatswahlen zur Anwendung. Bei lediglich sechs Vertretern im Senat würde das zu einer Benachteiligung der kleineren Parteien führen, die dann rund 16 Prozent der Stimmen gewinnen müssten, um einen Abgeordneten zu stellen. Derselbe Effekt wäre bei der Wahl durch die Landesparlamente zu erwarten, wenn diese nach Fraktionsproporz erfolgt. Hier müsste ein ähnliches

Verfahren praktiziert werden, wie es die Landtage heute bei der Bestellung ihrer Vertreter in der Bundesversammlung anwenden.

Fünftens müsste der Zeitpunkt der Wahlen festgelegt werden. Hier könnte man entweder das heutige Verfahren der kontinuierlichen Erneuerung übernehmen, das die Amtszeit der Mitglieder an die Wahlperiode der Landtage bindet. Bei der Direktwahl würde das heißen, dass die Wahl der Senatoren gleichzeitig mit den Landtagswahlen stattfindet. Oder man koppelt die Amtszeiten voneinander ab, indem man für alle Länder einen einheitlichen Termin der Senatswahlen festsetzt. Dabei wären auch abgestufte Lösungen denkbar, die zu einer hälftigen oder drittelweisen Neuwahl führen (wie in den USA).

Ein demokratischer Mehrwert des Senats gegenüber der heutigen Struktur wäre – wenn man nur von der Bestellung ausgeht – sowohl bei der Direktwahl als auch bei einer Wahl durch die Landesparlamente gegeben. Der Hauptunterschied besteht zum einen darin, dass sich die gewählten Senatoren vor den Parlamenten bzw. der Wahlbevölkerung für ihr Verhalten verantworten müssten; sie könnten mithin unmittelbarer und wirkungsvoller sanktioniert werden, als das bei den Regierungsvertretern im Bundesrat der Fall ist. Wird die Wahl von den Landtagen vorgenommen, wäre das Senatsmodell zugleich geeignet, dem oft beklagten Funktionsverlust der Landesparlamente im deutschen Föderalismus entgegenzuwirken (Höreth 2004: 114 f.). Zum anderen würde der Senat auf der horizontalen Ebene des Regierungssystems zu einer klareren Gewaltenteilung führen, weil er im Gegensatz zum Bundesrat auch strukturell ein reines Legislativorgan darstellt.

Ob diese Vorteile schon ausreichen, um den Senat im Vergleich zum Bundesrat zu einer demokratischeren Zweiten Kammer zu machen, ist damit noch nicht entschieden. Dies hängt von seiner Stellung und Funktion im Regierungsgeschehen ab. Einerseits kann eine Zweite Kammer im Gesetzgebungsprozess umso mehr Mitwirkungsbefugnisse reklamieren, je demokratischer sie ausgestaltet ist. Andererseits gerät sie gerade dadurch in einen potenziellen Widerstreit zur ersten Kammer, der ihre Legitimität bedroht (Mughan / Patterson 1999: 339). Im Umkehrschluss heißt das nicht, dass eine politisch schwache Kammer unter Demokratiegesichtspunkten automatisch vorzugswürdig wäre. Dienen deren Rechte z.B. dazu, Minderheiteninteressen zu schützen, kann eine starke Beteiligungsposition durchaus sinnvoll, vielleicht sogar geboten sein.

Die Gretchenfrage lautet mithin, ob ein Senat die Funktion eines föderativen Vertretungsorgans, das zugleich der Gewaltenteilung dient, besser wahrnehmen würde als der Bundesrat. Dies wäre der Fall, wenn die gewählten Senatoren sich den Zwängen des übergeordneten Parteienwettbewerbs leichter entziehen könnten als die heute im Bundesrat sitzenden Regierungsmitglieder. Es gibt keinen nachvollziehbaren Grund anzunehmen, warum das so sein sollte. Werden die Senatoren oder ein erheblicher Teil der Senatoren in direkten Wahlen zeitgleich bestimmt, würde der Bundespolitik ein noch viel größeres Gewicht zukommen als bei den heutigen Landtagswahlen. Auch bei einer Bestellung durch die Landtage nähme die Bedeutung der Parteipolitik eher zu als ab, wodurch sich die Inkompatibilität mit der ersten Kammer bei gegenläufigen Mehrheiten verschärfen würde. Die gereifte, über den Dingen stehende Persönlichkeit, die manchen Anhängern des Senatsmodells im Parlamentarischen Rat als Idealbild des Senators vorschwebte, war schon damals ein Trugschluss. Läge die Nominierung der Senatsmitglieder ausschließlich in den Händen der Parteien, wovon in der Bundesrepublik fest auszugehen ist, könnten diese ihr Mandat genauso wenig „frei" ausüben wie die Abgeordneten der Landtage oder des Bundestages.

Ein derart parteipolitisierter Senat könnte auch, wie man leicht erkennt, das Problem der gegenläufigen Mehrheiten nicht lösen. Bei einer an die Landtagswahlen gekoppelten Wahl durch die Landesparlamente kämen diese durch die Privilegierung der großen Parteien eher häufiger zustande (Wagschal / Grasl 2004: 746 f.).[5] Dasselbe wäre bei einer Direktwahl des Senats der Fall, die – wenn sie inmitten der Legislaturperiode stattfindet – in der öffentlichen Wahrnehmung noch stärker als die zeitlich versetzten Landtagswahlen als Zwischenwahl aufgefasst würde, bei der die Politik der Bundesregierung auf dem Prüfstand steht. Diese müsste dann schon zu Beginn ihrer Amtszeit damit rechnen, nach einem solchen Wahltag mit einer gegnerischen Mehrheit in der Zweiten Kammer konfrontiert zu sein.

In der Wissenschaft wird die Überlegenheit der bestehenden Bundesratskonstruktion unter föderativen Gesichtspunkten heute kaum noch angezweifelt. Gerade dessen exekutivische Struktur, so heißt es, trage „zu einem nicht nur parteipolitisch geprägten zusätzlichen Blick auf die Gesetzgebung bei" (Sturm 2009: 140). Die Notwendigkeit eines solchen Blicks wird in erster Linie mit der Verwaltungskompetenz der Länder begründet, die von den für die Durchführung der Gesetze zuständigen Exekutiven besser eingebracht werden könne als von gewählten Abgeordneten. Die Nachteile der exekutivischen Struktur unter Demokratie- und Gewaltenteilungsgesichtspunkten würden dadurch aufgewogen (Süsterhenn 1957). Gestützt wird der Befund durch internationale Vergleiche, die dem

---

[5] Berechnet man die Zusammensetzung eines 138 Mitglieder zählenden Senats auf der Basis der Fraktionsstärken in den Landesparlamenten, lägen nach jetzigem Stand (August 2010) das Regierungs- und Oppositionslager mit jeweils 69 Sitzen gleichauf (siehe Abb. V.5).

Bundesrat ein höheres Maß an territorialer Interessenvertretung bescheinigen als anderen föderativ konstituierten Zweiten Kammern.

Der Zusammenhang zwischen Vollzugsföderalismus und exekutivischer Struktur wird in der Literatur zum Bundesrat fast durchgängig hergestellt. Das Argument hat sich – auch durch seine historische Überhöhung – mittlerweile so verselbständigt, dass die meisten Autoren es ungeprüft übernehmen. Die Frage nach etwaigen Alternativen taucht dann gar nicht mehr auf. Dabei würde ein genauerer Blick zeigen, dass eine direkte Verbindungslinie von den Ursprüngen des Prinzips im Kaiserreich zur jetzigen Situation nicht besteht. Als der Bundesrat von Bismarck geschaffen wurde, war der bürokratische Sachverstand der Länder für die Gesetzgebung des Reiches schlechterdings unverzichtbar. Die Ausschüsse der Fürstenkammer traten damals als vorbereitende Gesetzgebungsorgane anstelle der noch nicht existenten Reichsministerien. Der Bundesrat stellte somit eine Art kollegialer Reichsregierung dar, deren Vorsitz folgerichtig beim Reichskanzler lag (Schwarz-Liebermann von Wahlendorf 1958: 96).

Heute verfügt die für die Vorbereitung der Gesetze zuständige Ministerialbürokratie über vielfältige Mittel, das administrative Element in ihre Entscheidungsprozesse zu integrieren. Von daher ist die Frage berechtigt, ob dieses Element zwingend an ein Vertretungsorgan der Länderexekutiven gebunden sein muss (Schmidt 2006: 330 f.). So wie sich die Senatoren den notwendigen bürokratischen Sachverstand bei einer entsprechenden Amtsausstattung aneignen könnten, so stünde es auch den Landesregierungen und -beamten offen, durch Informations- und Anhörungsrechte an der Gesetzgebung teilzunehmen. Erinnert sei an die Zuleitung von Gesetzesentwürfen der Bundesregierung an den Bundesrat im sogenannten „ersten Durchgang" oder das Vernehmlassungsverfahren in der Schweiz. Die Verwaltungskompetenz stellt insofern kein zwingendes Kriterium für die Struktur der Zweiten Kammer dar, das der Einführung eines Senats in der Bundesrepublik prinzipiell im Wege stehen würde.

Unter dem Strich ergibt sich dennoch, dass mit der Schaffung eines Senats anstelle des heutigen Bundesrates kaum etwas gewonnen wäre. Unter Demokratiegesichtspunkten bliebe seine Bilanz bestenfalls gemischt, weil dem strukturellen Plus einer gewählten Kammer ein funktionelles Minus bei der Wahrnehmung der Länderinteressen gegenüberstünde. Und mit Blick auf die Regierungsfähigkeit wäre ein Senat noch weniger in der Lage als der Bundesrat, die Blockierungstendenzen abzuwenden, die den Zwängen des gesamtstaatlichen Parteienwettbewerbs und daraus resultierenden gegenläufigen Mehrheiten geschuldet sind. Damit erübrigen sich auch Überlegungen in Richtung eines wie immer gearteten „Mischsystems", die als Möglichkeit, die Vorteile der beiden Modelle zu verbinden, bereits im Parlamentarischen Rat erwogen, am Ende aber für die Kompromisslösung eines nicht gleichberechtigten Bundesrates fallen gelassen worden waren (Niclauß 1998: 218 ff.).[6]

4. Das Problem der Stimmenthaltungen

Bleibt die Frage, ob die Reformziele nicht auch innerhalb bzw. durch eine lediglich moderate Korrektur der bestehenden Grundstruktur des Bundesrates erreicht werden könnten. Ins Zentrum der Überlegungen rückt dabei das von den Abstimmungsregeln ausgehende Problem der Stimmenthaltungen. Die Abstimmungsregeln schreiben für die Beschlüsse des Bundesrates eine absolute Mehrheit vor. Dies gilt unabhängig davon, ob es sich um Einsprüche, Zustimmungsvoten oder sonstige Beschlüsse handelt (Gesetzesinitiativen, Stellungnahmen zu Gesetzesvorlagen der Bundesregierung, Anrufungen des Vermittlungsausschusses etc.). Die absolute Mehrheit führt dazu, dass Enthaltungen das Zustandekommen eines Beschlusses erschweren. Bei den Einspruchsgesetzen wirkt sich das zugunsten des zur Abstimmung stehenden Gesetzes aus, bei den zustimmungspflichtigen Gesetzen zulasten.

Enthaltungen sind aus demokratischer Sicht legitim und werden deshalb in den meisten Kollegialorganen zugelassen (Thiele 2008: 436 ff.). Ob sie als Verzicht auf die Stimmabgabe oder „willentliches Nichtbekunden einer Meinung" (Martin Morlok) interpretiert werden, ist dabei unerheblich. In den Zweifeln an ihrer Gleichwertigkeit mit einer klaren Ja- oder Nein-Entscheidung schwingt allerdings die Vorstellung mit, dass Enthaltungen sparsam eingesetzt und mithin als Abstimmungsform die Ausnahme bleiben sollten. Ist das nicht der Fall, wächst die Wahrscheinlichkeit, dass sie das Abstimmungsergebnis – je nach Mehrheitserfordernis – in der einen oder anderen Richtung beeinflussen. Dies könnte als demokratisch fragwürdige Verzerrung der Stimmenpräferenzen aufgefasst werden.

Im Bundesrat resultieren die Enthaltungen aus dem Gebot der einheitlichen Stimmabgabe gemäß Art. 51 Abs. 3 Satz 2 des Grundgesetzes. Dieses Gebot ist mit der exekutivischen Struktur des Vertretungsorgans unmittelbar verbunden. Es ergibt sich aus der Vorstellung, dass ein Staat nicht mehrere oder einander

---

[6] Die Idee eines „Halbsenats" knüpfte an den Verfassungsentwurf der Frankfurter Nationalversammlung von 1848 an. Dieser hatte als Zweite Kammer ein „Staatenhaus" vorgesehen, das je zur Hälfte von den Regierungen und den Parlamenten der Gliedstaaten beschickt werden sollte.

widersprechende Willen haben könne. Die Einheitlichkeit herzustellen ist bei normalen Regierungsentscheidungen (etwa über Gesetzesvorlagen) in der Regel dadurch möglich, dass unterschiedliche Präferenzen innerhalb des Kollegialorgans Regierung in inhaltlichen Kompromissen aufgelöst werden. Mit Blick auf das Abstimmungsverhalten im Bundesrat entfällt diese Möglichkeit, weil die Entscheidungsalternativen hier bereits feststehen und von den Akteuren nicht veränderbar sind. Zwischen „ja" und „nein" verbleibt deshalb als einzige Kompromissmöglichkeit die Enthaltung.

Die Häufung der Enthaltungen im Bundesrat erklärt sich aus dem Phänomen der „gemischten" Koalitionen. Darunter werden Landesregierungen verstanden, die sich aus mindestens einer Regierungspartei und mindestens einer Oppositionspartei des Bundes zusammensetzen. In den fünfziger Jahren war dieser Koalitionstyp noch weit verbreitet, ehe es durch die Konzentration des Parteiensystems zu einer weitgehenden Angleichung der Regierungsformate in Bund und Ländern kam. Auf dem Höhepunkt dieser Entwicklung konnten Mitte der siebziger[7] und Anfang der achtziger Jahre alle Koalitionen ausnahmslos dem Regierungs- oder Oppositionslager zugeordnet werden. Die Pluralisierung des Parteiensystems nach der deutschen Einheit ließ die Zahl der gemischten Koalitionen dann erneut ansteigen. Scherten von Mitte der siebziger bis Anfang der neunziger Jahre maximal zwei Länder aus der Regierungs-Oppositions-Logik aus, so waren es am Ende der rot-grünen Regierungszeit bereits sieben. Von 1992 bis 2009 hielten die gemischten Koalitionen im Schnitt mehr als ein Drittel der Stimmen des Bundesrates; der bisherige Spitzenwert von 39 Stimmen wurde dabei zu Beginn des Jahres 2009 erreicht; er führte dazu, dass die Große Koalition ab diesem Zeitpunkt in der Länderkammer über keine Mehrheit mehr verfügte (siehe Abb. V.6).

Weil der Wettbewerb zwischen Regierung und Opposition auch im Bundesrat stattfindet, stehen die Regierungspartner in den gemischten Koalitionen häufig vor Situationen, in denen sie sich nicht auf ein gemeinsames Abstimmungsverhalten einigen können. In diesen Fällen sind sie zur Enthaltung „verdammt". Die Beteiligten wissen dies natürlich bereits vorab und schreiben die Enthaltungspflicht deshalb in der Regel in ihren Koalitionsverträgen fest. Heute sehen alle 15 Länder mit Koalitionsregierungen solche „Bundesratsklauseln" vor. Setzt sich ein Partner darüber hinweg, wie es z.B. Ministerpräsident Harald Ringstorff

---

[7] Seit dieser Zeit hat sich im politisch-administrativen Sprachgebrauch die Unterscheidung zwischen SPD-geführten „A-Ländern" und unionsgeführten „B-Ländern" eingebürgert (Lehmbruch 1998).

bei der Abstimmung über die Rentenreform im Jahre 2001 getan hat, riskiert er den Bruch der Koalition.[8]

Das Unbehagen am Enthaltungsautomatismus hat einige Länder bewogen, nach alternativen Möglichkeiten der Konfliktregelung Ausschau zu halten. Am originellsten geriet dabei die von der sozial-liberalen Landesregierung in Rheinland-Pfalz 1996 gefundene Lösung, wonach bei strittigen Fragen anstelle der Enthaltung ein Losentscheid treten sollte.[9] Diese Regelung ist in der Öffentlichkeit zu Unrecht verspottet worden. Ihre Rationalität bestand gerade darin, den politischen Einigungsdruck zwischen den Partnern zu erhöhen. Dem war insofern Erfolg beschieden, als von der Losformel in der Praxis niemals Gebrauch gemacht werden musste. Empirischen Untersuchungen zufolge nutzte das dem kleinen Koalitionspartner mehr als dem großen, sodass die Position der damaligen Bundesregierung aus Union und FDP tendenziell gestützt wurde. Allerdings verblieben auch hier genügend Fälle, in denen die Einigung nicht gelang und die Landesregierung auf die in solchen Situationen übliche Enthaltung zurückgreifen musste (Kropp 2001: 194 f.).

Unter dem Strich bleibt damit das Ergebnis, dass eine Verhaltensänderung der Partner einer gemischten Koalition weder wahrscheinlich ist noch einen generellen Ausweg aus dem Enthaltungsdilemma weist; gelöst werden kann das Problem letztlich nur durch eine Änderung der Abstimmungsregeln selbst. In der wissenschaftlichen Literatur sind dazu eine Reihe von Vorschlägen gemacht worden, die zum Teil Eingang in die konkreten Reformprozesse gefunden haben.

---

[8] Welche Blüten das treiben kann, zeigte sich bei der denkwürdigen Abstimmung über das Zuwanderungsgesetz im Jahr darauf, als den Vertretern des Landes Brandenburg der Fortbestand der eigenen Regierung wichtiger war als die Einhaltung der Verfassung. Hätten sich SPD und Union bei der Abstimmung an den Koalitionsvertrag gehalten und mit Enthaltung gestimmt, wäre das Zuwanderungsgesetz im Bundesrat gescheitert. Um ein Passieren des Gesetzes für beide Seiten gesichtswahrend zu ermöglichen, waren Ministerpräsident Stolpe und Innenminister Schönbohm deshalb auf die Idee verfallen, ihr Abstimmungsverhalten so zu „gestalten", dass es einerseits als Disagreement erkennbar war, andererseits aber doch vom sozialdemokratischen Sitzungsleiter als Zustimmung gewertet werden konnte. Das von den unionsregierten Ländern angerufene Bundesverfassungsgericht wertete dies später als verfassungswidrigen Verstoß gegen das Gebot der einheitlichen Stimmabgabe (Lang 2003).
[9] Nach der Mainzer Bundesratsklausel hätte das Los nicht über das Abstimmungsverhalten entschieden, sondern lediglich festgelegt, welcher Koalitionspartner beim ersten strittigen Punkt auf der Tagesordnung die Stimmen stellvertretend für die Regierung abgeben darf. Danach wäre die Stimmführerschaft in der Reihenfolge der Dissenspunkte von den Partnern alternierend ausgeübt worden (Kropp 2001: 145).

Einführung einer Koalitionsstimme. Am weitesten geht der Vorschlag von Roland Sturm (2009: 142 f.), den Zwang zur Enthaltung durch die Einführung einer „Koalitionsstimme" zu durchbrechen. Anstelle der heutigen Bundesratsklausel würden dann in den Koalitionsverträgen Vereinbarungen treten, wie die Regierungspartner die dem Land zustehenden Stimmen untereinander aufteilen. Diese Stimmen könnten unterschiedlich abgegeben werden, was auf die Zulassung eines freien Mandats innerhalb des fortbestehenden Ratsmodells hinausliefe. Eine solche Durchbrechung des Einheitlichkeitsprinzips ist der deutschen Verfassungsgeschichte keineswegs fremd. Im Reichsrat der Weimarer Republik verfügten die Vertreter der preußischen Provinzen innerhalb des Stimmenblocks Preußens ebenfalls über ein freies Mandat, das freilich aus föderalen Erwägungen gewährt wurde und nicht – wie bei der Koalitionsstimme – aus parteipolitischen (Eschenburg 1974: 46). Genau hier offenbart das Modell seine zentrale Schwäche. Während das Einheitlichkeitsprinzip die Regierungspartner anhält, im Interesse des Landes nach Übereinstimmung zu suchen, würde es ihnen die Koalitionsstimme leicht machen, sich hinter den Positionen ihrer jeweiligen Parteien zu verstecken. Ein Bundesrat mit Koalitionsstimme hätte von daher in Bezug auf die föderative Legitimation der Zweiten Kammer ähnliche Nachteile wie ein reiner Senat.

Positive Wirkungen würden sich dagegen mit Blick auf die gegenläufigen Mehrheiten einstellen, die durch die Zulassung eines freien Mandats vermindert werden könnten. Dies gilt allerdings nur unter der Voraussetzung, dass die Neutralisierung der Stimmen in den gemischten Koalitionen überwiegend von den kleinen Parteien ausgeht, wie es aktuell der Fall ist. Die nachfolgende Tabelle zeigt, dass die schwarz-gelbe Bundesregierung im Koalitionsstimmenmodell auch nach der verlorenen Landtagswahl in Nordrhein-Westfalen (Mai 2010) weiter über eine Mehrheit verfügen würde. Im Senatsmodell hätte sie diese Mehrheit – genauso wie im bestehenden Bundesratsmodell – eingebüßt.

Als problematisch bei der Einführung des Koalitionsstimmenmodells könnte sich die derzeitige Stimmenverteilung im Bundesrat erweisen. So müsste z.B. das von einer Jamaika-Koalition regierte Saarland drei Stimmen auf drei Parteien verteilen. Bei einer paritätischen Lösung würde die CDU stark benachteiligt. Um auch Mehrparteienregierungen angemessen zu repräsentieren, bräuchte man also eine höhere Gesamtstimmenzahl, die eine bessere Differenzierung erlaubt. Hier wird – wie beim oben skizzierten Senatsmodell – von einer Verdoppelung ausgegangen. Die Auswirkungen der beiden Modelle lassen sich damit unmittelbar gegenüberstellen.

Abb. V.5   Stimmenverteilung im Senatsmodell und
                Koalitionsstimmenmodell (Stand: August 2010)

	Senatsmodell						Bundesratsmodell / Koalitionsstimme				
	Union	FDP	SPD	Grüne	Linke	Sonstige	Union	FDP	SPD	Grüne	Linke
BW	7	1	3	1	-	-	9	3			
BY	7	1	2	1	-	1	9	3			
BE	2	-	4	1	1	-			5		3
BB	2	-	3	-	3	-			4		4
HB	2	-	3	1	-	-			4	2	
HH	3	-	3	-	-	-	4			2	
HE	4	2	3	1	-	-	7	3			
MV	2	-	3	-	1	-	3		3		
NI	6	1	4	1	-	-	9	3			
NW	5	1	5	1	-	-			9	3	
RP	3	-	5	-	-	-			8		
SL	3	-	2	-	1	-	4	1		1	
SN	4	1	1	-	2	-	6	2			
ST	4	-	2	-	2	-	4		4		
SH	4	1	2	1	-	-	6	2			
TH	3	-	2	-	3	-	4		4		
Σ	Regierung: 69			Opposition: 69			Regierung: 82			Opposition: 56	

Quelle: eigene Berechnungen. Für das Senatsmodell wurden die Sitze nach dem d'Hondt-Verfahren auf der Grundlage der aktuellen Sitzverteilung in den Landtagen ermittelt. Für das Bundesratsmodell mit Koalitionsstimme wurde die Aufteilung zugrundgelegt, die die Partner auf der Basis ihrer jeweiligen Stärke vermutlich selbst vornehmen würden. Ähnlich wie bei der Ressortaufteilung wird dabei unterstellt, dass der kleine / die kleinen Koalitionspartner tendenziell überrepräsentiert ist / sind.

Verbot von Stimmenthaltungen. Ein ähnlich radikal anmutender Vorschlag, der allerdings nicht an der einheitlichen Stimmabgabe rütteln würde, wurde von Arthur Benz (2004) in der Expertenanhörung der Bundesstaatskommission gemacht: ein Verbot von Stimmenthaltungen bei zustimmungspflichtigen Gesetzen. Entsprechende Bestimmungen kennen hierzulande die Geschäftsordnungen einiger Landesregierungen (Bayern, Brandenburg, Niedersachsen), während unter den legislativen Körperschaften das Enthaltungsverbot nur in Bayern verbreitet ist, wo es die meisten Gemeinde-, Landkreis- und Bezirksordnungen vorsehen (Thiele 2008: 440 f.). Die in der Bundesrepublik einmalige Vorschrift stößt mit Blick auf das freie Mandat der Ratsvertreter auf Kritik, wurde aber vom Bayerischen Verfassungsgerichtshof bislang nicht beanstandet. Auf den Bundesrat wäre die Kritik ohnehin nicht übertragbar, da die Mitglieder hier in der Stimmabgabe gebunden sind. Prinzipielle verfassungsrechtliche oder demokratietheoretische Bedenken stünden der Einführung einer Stimmpflicht insofern nicht im Wege. Gravierende Zweifel gibt es jedoch, ob der Vorschlag tauglich wäre. Wenn die Funktion der Enthaltung darin besteht, eine Einigung zwischen uneinigen Partnern zu ermöglichen, würde ein Verbot das Problem ja letztlich nur verschieben. Die Konflikte über das Abstimmungsverhalten würden dann massiv in die Landesregierungen hineingetragen und deren Zusammenhalt bedrohen. Die Regierungspartner könnten darauf mit neuen Ausweichstrategien reagieren, indem sie z.b. ihre Stimme im Bundesrat durch einen Verstoß gegen die einheitliche Abgabe bewusst ungültig machen. Dies wäre unter Demokratiegesichtspunkten noch misslicher als die heutige Flucht in die Enthaltung. Auch die Einführung eines Stimmführerprinzips, wie es z.b. Mulert (2007: 29) vorschlägt, würde an dem grundsätzlichen Problem nichts ändern. Welches Interesse sollten der Ministerpräsident und die größere Regierungspartei haben, die einheitliche Abgabe der Stimmen auf diesem Wege zu erzwingen, wenn sie damit den Fortbestand der Koalition aufs Spiel setzen? Die Stimmführerschaft des Regierungschefs passt hier zur Praxis der Koalitionsregierungen ebenso wenig wie die Richtlinienkompetenz oder das Recht, die Minister zu bestellen und zu entlassen.[10]

Relative statt absolute Mehrheit. Der mit Abstand am häufigsten vertretene Vorschlag sieht vor, dass anstelle der heute notwendigen absoluten Mehrheit eine relative Mehrheit ausreichen soll, um das Zustandekommen eines Beschlusses zu ermöglichen. Er wurde zuerst von einer Expertenkommission der Bertelsmann-Stiftung (2000: 30) gemacht und danach von den meisten Sachverständigen zustimmend aufgegriffen. Auch die Politiker, die sich die Forderung nach einer Änderung der Abstimmungsregeln zu Eigen gemacht haben, beziehen sich nahezu übereinstimmend auf diesen Vorschlag.

Der Vorteil der relativen Mehrheit liegt darin, dass sie die Enthaltungen tatsächlich neutralisieren würde. Wenn diese nicht mitgezählt werden, kommt es für ein positives Abstimmungsergebnis allein darauf an, dass die Ja-Stimmen die Nein-Stimmen überwiegen. Dies würde aber bedeuten, dass das Regierungslager in der Länderkammer über mehr Stimmen verfügen müsste als das Oppositionslager, was wegen des Zwischenwahleffekts bei Landtagswahlen im Regelfall

---

[10] Insofern war es konsequent, dass das Bundesverfassungsgericht die rechtliche Gleichstellung der Bundesratsmitglieder in seinem Urteil zum Zuwanderungsgesetz nochmals hervorgehoben hat. Es folgte damit der mehrheitlichen Rechtsauffassung, wonach sich das Institut der Stimmführerschaft nur auf die Bekundung des einheitlichen Votums im Bundesrat bezieht, nicht auf dessen Herbeiführung. Diese obliegt stets der Landesregierung als ganzer (Wulfert-Markert 2005: 104 ff.).

nicht zu erwarten ist. Berechnungen von Roland Sturm (2002: 176), die von einer Geltung der relativen Mehrheit in der Vergangenheit ausgehen, haben ergeben, dass unter diesen Umständen Blockadesituationen sogar noch häufiger eingetreten wären. Laut Sturm hätte unter den Bedingungen der relativen Mehrheit die Regierung im Zeitraum 1949 bis 1999 nur in zehn der insgesamt 33 Jahre, in denen sie nicht über die absolute Mehrheit verfügte, die gewünschte Mehrheit bekommen (wobei sieben dieser zehn Jahre auf den Zeitraum 1949 bis 1956 entfallen). Dem stehen jedoch elf Jahre gegenüber, in denen sie – dasselbe Stimmverhalten der gemischten Koalitionen vorausgesetzt –, von der Opposition zusätzlich hätte blockiert werden können (sieben davon im Zeitraum 1992 bis 1999). Noch eindrucksvoller nehmen sich die Zahlen für die Regierungszeit der rot-grünen Koalition aus (1998 bis 2005): Hier hatte das Regierungslager in sechs von sieben Jahren (von 1999 bis 2005) weniger Stimmen als die Opposition. Der Gesamteffekt der relativen Mehrheit ist also klar negativ. Geht man davon aus, dass die künftigen Mehrheitskonstellationen eher denjenigen gleichen werden, die von 1992 bis 2005 vorgeherrscht haben (als jenen aus den fünfziger Jahren), wäre die Nichtberücksichtigung der neutralen Stimmen geradezu kontraproduktiv.

Abb. V.6 Mehrheitsverhältnisse im Bundesrat seit der deutschen Einheit

Zeitraum	gesamt	Mehrheit	Regierung	Opposition	gemischt
1990 – 1998	CDU / CSU – FDP				
11/1990	68	35	35	26	7
1/1991	68	35	35	22	11
4/1991	68	35	31	26	11
5/1991	68	35	27	26	16
6/1991	68	35	27	**29**	12
12/1991	68	35	27	26	15
4/1992	68	35	21	**26**	21
7/1994	68	35	17	**30**	21
10/1994	68	35	17	**34**	17
11/1994	68	35	13	**34**	21
12/1994	68	35	10	**34**	24
1/1996	69	35	10	**35**	24
6/1996 – 10/1998	69	35	16	**35**	18

Zeitraum	gesamt	Mehrheit	Regierung	Opposition	gemischt
1998 – 2005	SPD –B'90 / Grüne				
10/1998	69	35	35	16	18
2/1999	69	35	30	21	18
10/1999	69	35	23	**28**	18
9/2001	69	35	24	**28**	17
1/2002	69	35	20	**28**	21
5/2002	69	35	16	**32**	21
3/2003	69	35	10	**38**	21
11/2004	69	35	10	**37**	22
5/2005	69	35	6	**37**	26
6/2005 – 11/2005	69	35	-	**43**	26
2005 – 2009	CDU / CSU – SPD				
11/2005	69	35	36	-	33
4/2006	69	35	44	-	25
9/2006	69	35	47	-	22
5/2007	69	35	44	-	25
3/2008	69	35	41	-	28
10/2008	69	35	35	-	34
1/2009 – 10/2009	69	35	30	-	39
seit 2009	CDU / CSU – FDP				
10/2009	69	35	37	15	17
7/2010	69	35	31	21	17

Quelle: eigene Berechnungen nach den amtlichen Statistiken. Fett markiert sind die Zeit-räume, in denen die reinen Oppositionsstimmen die reinen Regierungsstimmen überwie-gen, die Regierung also weder über die absolute noch über die relative Mehrheit verfügt.

Angesichts dieses nüchternen Befunds scheinen die Hoffnungen, die in die relative Mehrheit gesetzt werden, stark übertrieben. Dass der Vorschlag dennoch ohne nähere Prüfung immer wieder neu aus dem Hut gezaubert wird, dürfte an zwei Gründen liegen: Zum einen entspricht die relative Mehrheit dem Verfahren, das in den etablierten Demokratien sowohl in den ersten also auch in den Zweiten Kammern überwiegend praktiziert wird. Auch im Deutschen Bundestag wird nach dieser Regel abgestimmt. Zum anderen entfaltet die Überlegung, dass bei einer Neutralisierung der de facto wie Nein-Stimmen wirkenden Enthaltungen die Ja-Seite automatisch profitieren würde, offenbar eine autosuggestive Wirkung. Wenn die relative Mehrheit das weniger anspruchsvolle Erfordernis darstellt, dann sollte sie auch leichter zu erreichen sein! Genau das trifft aber bezogen auf den Bundesrat nicht zu.

Umkehrung der Abstimmungsfrage. Vor diesem Hintergrund ist es merkwürdig, dass ein anderer Vorschlag, das Enthaltungsproblem innerhalb der vorhandenen Grundstruktur des Art. 51 GG zu beseitigen, in der Debatte bislang kaum eine Rolle gespielt hat, nämlich die Umkehrung der Abstimmungsfrage. Würde man fragen, wer dem Gesetz die Zustimmung verweigert, wären die Enthaltungen faktische Pro-Stimmen und die Wahrscheinlichkeit, dass es zu einer Blockade kommt, in der Tat geringer. Dies gilt auch für den Fall, dass die Oppositionsstimmen die Regierungsstimmen überwiegen, wo eine relative Mehrheit – wie gesehen – nichts nützen würde. Eine solche Lösung hätte zugleich den Vorteil, dass sie der Logik der Einspruchsgesetze folgen würde, bei denen die Abstimmungsfrage ebenfalls eine negative ist (nur dass das Veto bei den Einspruchsgesetzen von der Regierungsmehrheit im Bundestag überstimmt werden kann, während es bei den Zustimmungsgesetzen endgültig ist).

Die Umkehrung der Abstimmungsfrage hatte der Berliner Staatsrechtslehrer Hans Meyer als Sachverständiger in der Bundesstaatskommission ins Spiel gebracht, am Ende aber zugunsten der vermeintlich besser geeigneten Umstellung auf die relative Mehrheit selbst wieder verworfen (Meyer 2004). Die von Meyer angedeuteten Gegenargumente können indessen nicht überzeugen. Sie beschränken sich zum einen auf die – nicht näher begründete – Feststellung, dass die Verweigerung der Zustimmung eine andere Qualität habe als ein positiv erteiltes Zustimmungsvotum, und zum anderen auf den Hinweis, dass bei einer Umkehrung der Abstimmungsfrage alle Zustimmungstatbestände im Grundgesetz entsprechend umformuliert werden müssten. Beide Einwände wiegen leicht, wenn man sie den hier geschilderten Nachteilen der anderen Vorschläge gegenüberstellt. In der Summe spricht daher vieles dafür, dass die Umkehrung der Abstimmungsfrage am besten geeignet wäre, die destruktive Wirkung der Enthaltungen zu beseitigen.

5. Vermittlungsverfahren

Wenig Ansatzpunkte für eine Reform bietet das Verfahren der Konfliktschlichtung, das angewendet wird, wenn der Bundesrat sich den Gesetzesvorschlägen der Regierung verweigert. Die Struktur eines aus Vertretern der beiden Kammern paritätisch zusammengesetzten Vermittlungsausschusses ist hier durch deren gleichberechtigte Stellung im Gesetzgebungsprozess (im Bereich der zustimmungspflichtigen Gesetze) weitgehend vorgegeben. Als grundsätzliche Alternative käme nur ein Navette-Verfahren in Betracht, bei dem die Vorlagen zwischen den beiden Kammern so lange hin- und hergeschoben werden, bis eine einvernehmliche Lösung gefunden ist. Das Navette-Verfahren, das z.B. in Australien oder der Schweiz praktiziert wird, hat gegenüber der Konfliktregelung durch einen Vermittlungsausschuss den Vorzug der größeren Transparenz. In punkto Effizienz bzw. Problemlösungsfähigkeit dürfte es diesem aber unterlegen sein, was sich auch daran ablesen lässt, dass das Navette-Verfahren in der Regel um andere Formen der Konfliktschlichtung ergänzt wird (Sturm 2002: 171 f.).

Weiterreichende Vorschläge wie eine Aufhebung der Parität, die der Regierung bei einer Mehrheitsentscheidung bessere Chancen geben würde, sich gegenüber der Zweiten Kammer durchzusetzen[11], oder die Möglichkeit einer Auflösung beider Kammern wären im bundesdeutschen Kontext systemwidrig. Bezogen auf den Bundesrat würde letzteres bereits an dessen Bestellungsmodus scheitern, während die Auflösung der ersten Kammer eine so gravierende Konsequenz wäre, dass sie nur im Kontext eines plebiszitären Verfahrens vorstellbar erscheint. Dieses wiederum würde eine sehr viel grundlegendere Reform des Regierungssystems erfordern.

Schenkt man den empirischen Untersuchungen Glauben, dann steigen sowohl die Zahl der eingeleiteten Vermittlungsverfahren (bei Einspruchs- und Zustimmungsgesetzen) als auch die Ablehnungsquote (bei den Zustimmungsgesetzen) unter den Bedingungen des *divided government* an. Und so wie die insgesamt geringe Ablehnungsquote den gegen den Bundesrat gerichteten Blockadevorwurf scheinbar widerlegt, so deutet die hohe Quote der Gesetze, die auf der Basis eines

---

[11] Das Verfahren einer gemeinsamen Sitzung der beiden Kammern wird z.B. in Indien praktiziert.

Vermittlungsvorschlags angenommen wurden, auf ein erfolgreiches Arbeiten des Vermittlungsausschusses hin. Wie sehr der Parteienwettbewerb aber auch in dieses Gremium hineinwirkt, zeigt sich bei genauerem Hinsehen. Verfügt die Opposition im Vermittlungsausschuss über die Mehrheit, nimmt einerseits die Zahl der „unechten" Einigungsvorschläge zu, die nicht auf einem tatsächlichen Kompromiss, sondern auf einem gegen die Minderheit der Regierungsseite durchgesetzten Mehrheitsentscheid basieren. Das Scheitern des Gesetzes in der ersten Kammer ist damit vorprogrammiert, die dem Vorschlag ja – genauso wie die Zweite Kammer – abschließend zustimmen muss (Dästner 1999). Andererseits zeigt sich, dass der Vermittlungsausschuss unter diesen Bedingungen seltener angerufen wird, als wenn er von der Regierung kontrolliert wird. Der Grund dafür liegt in der Antizipation der Mehrheitsverhältnisse durch die Regierung, die die Vorstellungen der Opposition bei der Formulierung ihrer Gesetzesvorhaben in diesem Fall schon vorab stärker berücksichtigt (Lehnert / Linhart 2009).

Bleibt die Bewertung des Ausschusses unter Funktions- und Demokratiegesichtspunkten. Was den Funktionsaspekt anbetrifft, teilt das Vermittlungsverfahren die generellen Probleme eines auf dem Konsensprinzip basierenden Verhandlungssystems, das Entscheidungen häufig nur auf kleinstem inhaltlichen Nenner zulässt. In dem Maße, wie die Wettbewerbsinteressen der Parteien das eigentliche Problemlösungsziel überlagern, wird die Kompromissfindung dabei zusätzlich erschwert.[12] Werden die Dilemmata des Parteienbundesstaates somit in den Ausschuss hinein verlängert, sorgen auf der anderen Seite dessen informelle Verhandlungsstrukturen für eine „überraschend hohe institutionelle Effizienz", die an der Quote der erfolgreich abgeschlossenen Verfahren abgelesen werden kann (Lhotta 2000: 88). Der Vermittlungsausschuss, der eine originäre Erfindung des

---

[12] Welche Folgen das haben kann, lässt sich an der zermürbenden Auseinandersetzung um die von der rot-grünen Bundesregierung eingeleiteten Arbeitsmarkt- und Sozialstaatsreformen demonstrieren, als die Oppositionsparteien die Gelegenheit nutzten, um im Vermittlungsverfahren noch weitergehende Reformschritte durchzusetzen. Diese sollten einen Keil zwischen Kanzler Schröder und dessen SPD-interne Kritiker treiben, die sich bereits mit der ursprünglichen „Agenda 2010" kaum anfreunden mochten. Zwar gelang es Bundestag und Bundesrat am Ende, ein Reformpaket zu verabschieden, doch wurden dabei unter hohem Zeitdruck so viele Einzelgesetze zusammengeschnürt und politisch miteinander „verrechnet", dass den Akteuren zahlreiche handwerkliche Schnitzer unterliefen. Auch sachlich blieben manche Kompromisse unbefriedigend. So verständigten sich Regierung und Opposition z.B. darauf, die Zuständigkeit für die Betreuung der Arbeitslosen zum Teil der Bundesagentur für Arbeit (Forderung der SPD) und zum Teil den Kommunen zu übertragen (Forderung der Union), was aufgrund des bürokratischen Mehraufwands zu unnötigen Effizienzverlusten führte.

Grundgesetzes darstellt, hat in dieser Hinsicht – insbesondere von Seiten der Politikwissenschaft – überwiegend Lob erfahren.
Kritischer fällt das Urteil aus demokratischer Sicht aus. Hier sind es gerade die Vorzüge unter Effizienzgesichtspunkten, die verfassungsrechtliche und –politische Bedenken auslösen. So stellen z.b. die verhandlungstechnische Zusammenfassung verschiedener Gesetzesvorhaben zu Kompromisspaketen oder die Einbeziehung von zuvor noch nicht berücksichtigten Beratungsgegenständen in das Vermittlungsverfahren laut Bundesverfassungsgericht eine unzulässige Kompetenzausweitung des Vermittlungsausschusses dar, die gegen das Prinzip der Parlamentsöffentlichkeit und den Vorrang des Bundestages im Gesetzgebungsprozess verstoße (Huber / Fröhlich 2005).[13] Fraglich bleibt, ob hier nicht an das parlamentarische Verfahren insgesamt zu hohe Maßstäbe angelegt werden. Denn einerseits wissen die Abgeordneten auch bei den regulären Gesetzesentscheidungen nur selten, um was es genau geht – im hochgradig arbeitsteiligen Parlamentsbetrieb sind sie auf das Fachwissen ihrer Fraktionskollegen angewiesen. Andererseits findet die parlamentarische Arbeit im Bundestag bekanntlich überwiegend hinter verschlossenen Türen statt, nämlich in den Ausschüssen. Wollte man dem Transparenzgebot tatsächlich genügen, müssten diese konsequenterweise öffentlich tagen. Das würde dann auch für den Vermittlungsausschuss gelten (Möllers 2010).

6.   Umsetzung und Machbarkeit

Vorschläge zur Reform politischer Institutionen sind nur dann tauglich und genügen politikwissenschaftlichen Kriterien, wenn man ihre Systemverträglichkeit beachtet. Daraus lassen sich drei Mindestanforderungen an eine seriöse Analyse ableiten. Erstens ist zu fragen, ob die Institutionen zu den gesellschaftlichen und kulturellen Grundlagen des Regierungssystems passen bzw. mit diesen vereinbar sind. Zweitens muss untersucht werden, ob und auf welche Weise sich die Änderung einer institutionellen Systemeigenschaft auf andere Systemeigenschaften

---

[13] Nachdem es solche Verstöße schon mehrfach moniert hatte, hob das Bundesverfassungsgericht in seiner Anfang 2010 ergangenen Entscheidung zum Haushaltsbegleitgesetz 2004 aufgrund einer Kompetenzüberschreitung des Vermittlungsausschusses erstmals ein Gesetz teilweise auf. Den Anlass bildete das sogenannte „Koch/Steinbrück-Papier" – eine umfangreiche Streichliste von Subventionen, von der Teile in das vom Vermittlungsausschuss abschließend ausverhandelte Gesetz Eingang gefunden hatten, ohne dass sie zuvor zum Gegenstand des normalen parlamentarischen Beratungsverfahrens gemacht worden waren (BVerfG Beschluss vom 8.12.2009, 2 BvR 758/07).

auswirkt. Und drittens geht es um die Umsetzbarkeit der Vorschläge, also um die Frage, wie man vom einen in den anderen Systemzustand gelangt. Hier müssen sowohl die historischen Prägungen berücksichtigt werden, die den Pfad möglicher Veränderungen vorgeben, als auch die Interessenlagen der politischen Akteure. Es reicht eben nicht, sich auf der grünen Wiese Idealmodelle auszumalen und dann an die Politik zu appellieren, sie möge diese doch bitte verwirklichen. Analysen, die so argumentieren, bleiben ganz im Voluntaristischen befangen und können allenfalls den heuristischen Wert einer Utopie für sich reklamieren.

Legt man diese Überlegungen zugrunde und klammert man die Folgen fürs erste aus, die aus der Reform anderer Bereiche des Regierungssystems für den Bundesrat erwachsen könnten, lässt sich ein grundlegender Systemwechsel hin zu einem Senat mit an Sicherheit grenzender Wahrscheinlichkeit ausschließen (Jun 2010: 352). Eine Zweite Kammer mit gewählten Abgeordneten liegt zwar nicht völlig außerhalb des historischen Entwicklungspfades des Föderalismus in Deutschland, der diese Option zumindest theoretisch eröffnet hat. Sie würde aber den föderativen Interessen der Länder zuwiderlaufen, die ihre legislativen Rechte im Bundesrat besser wahrnehmen können als in einem stärker parteipolitisch geprägten Senat. Auch die Landesparlamente hätten von einer solchen Reform keinen großen Nutzen, da sie die Senatoren wohl genauso wenig auf ihren Willen verpflichten könnten wie die heutigen Regierungsmitglieder im Bundesrat.

Schwieriger einzuschätzen sind die Chancen einer immanenten Reform. Selbst wenn die Gelegenheit der Föderalismusreform nicht genutzt wurde, um eine Neufassung der Abstimmungsregeln vorzunehmen, dürfte das Problem der neutralen Stimmen früher oder später erneut auf die Tagesordnung drängen. Der überfälligen Neuregelung stehen dabei weniger parteipolitische als Landesinteressen im Wege. Während die Parteien, die heute von der destruktiven Wirkung der neutralen Stimmen profitieren, sich leicht ausmalen können, dass sie irgendwann in der umgekehrten Situation sein werden, teilen die Länder als ganzes (gegenüber dem Bund) und die schwachen Länder (gegenüber den starken) das Interesse am Erhalt einer möglichst starken föderativen Vetomacht. Dass sie auf einen Teil dieser Macht freiwillig verzichten, erscheint zunächst wenig realistisch. Dennoch könnte die Einsicht in die Notwendigkeit einer Reform wachsen, wenn man zwei Dinge in Rechnung stellt. Zum einen wäre ja das föderative Veto in seiner Substanz durch eine Änderung der Abstimmungsregeln gar nicht gefährdet, weil die Länder anstelle der Enthaltung immer die Möglichkeit hätten, mit nein zu stimmen. Zum anderen würden sie so einer Situation vorbeugen, in der die Regierungsmehrheit ein ablehnendes Votum der Länderkammer, hinter dem de facto nur eine Minderheit steht, als undemokratisch hinstellen kann. Im Falle des BKA-Gesetzes ging dieser Schuss – wie gesehen – noch nach hinten los. Ob sich die Länder einer solchen Delegitimierungsstrategie auf Dauer widersetzen könnten, erscheint jedoch keineswegs sicher.

Nicht unerwähnt bleiben sollten schließlich die möglichen Rückwirkungen anderweitiger Systemreformen. So würden zum Beispiel ein Wechsel zum Mehrheitswahlrecht oder die Einführung von plebiszitären Elementen auf der Bundesebene Position und Zusammensetzung der Länderkammer zwangsläufig verändern. Beides hat zwar in absehbarer Zukunft ebenso wenig Aussicht auf Verwirklichung wie die Ersetzung des Bundesrates durch einen Senat. Dennoch ist es erstaunlich, dass die systemischen Konsequenzen, die eine Wahlrechtsreform oder ein Gesetzgebungsrecht des Volkes für die Zweite Kammer hätten, in der Wissenschaft nur selten reflektiert werden.

Blendet man vom Bund auf die Länder über, wo zugleich eine höhere Wahrscheinlichkeit institutioneller Veränderungen besteht, ist die Ausblendung der „Nebenwirkungen" noch misslicher. Dies gilt zumal, wenn man die informelle Ebene in die Betrachtung einbezieht. Unmittelbare Konsequenzen für den Bundesrat ergeben sich z.B. aus den Modalitäten der Regierungsbildung. So wie die Landesparteien nach der Landtagswahl über die Koalitionen entscheiden und darin von den Bedingungen der Bundespolitik beeinflusst werden, so liegt es in der Hand der Landesregierungen, Vereinbarungen über ihr Abstimmungsverhalten in der Länderkammer zu treffen. Die Bundespolitik könnte auch eine Rolle spielen, wo die potenziellen Partner anstelle einer regulären Koalition eine Minderheitsregierung bilden, denn hier stünde es dem stützenden oder tolerierenden Teil nicht zu, das Land im Bundesrat zu vertreten.

Die verwaltungslastigen Aufgaben der Länderpolitik lassen es ohnehin zweifelhaft erscheinen, ob das auf dem strikten Gegenüber von Regierungsmehrheit und Opposition beruhende parlamentarische System in den Gliedstaaten noch zeitgemäß ist. Autoren wie Hans Herbert von Arnim (2000: 158 f.), die den Ländern das präsidentielle Regierungsmodell empfehlen (mit der Direktwahl der Ministerpräsidenten als Kernstück), knüpfen daran nicht nur die Hoffnung eines stärker konsensorientierten Parlamentarismus, sondern auch einer Zurückdrängung der Parteiinteressen im Bundesrat. Letzteres dürfte allerdings aufgrund der starken bundespolitischen Überlagerung der Landespolitik kaum eintreten. Wahrscheinlicher ist, dass mit der Einführung der Direktwahl auch die exekutivische Struktur der Länderkammer unter Druck geraten und eine neue Diskussion über das Senatsmodell auslösen würde. Wer das als utopisch abtut, übersieht, dass die Reichweite der Verfassungsreformen in den Ländern durch die neu eingerichteten Verfahren der direkten Demokratie enorm zugenommen hat. Damit ist auch die Chance gewachsen, institutionelle Veränderungen jenseits der eingefahrenen Interessen und Pfade zu betreiben.

Literatur

Arnim, Hans Herbert von (2000), Vom schönen Schein der Demokratie. Politik ohne Verantwortung – am Volk vorbei, München.

Benz, Arthur (2004), Abstimmungsverfahren im Bundesrat (Kommission von Bundestag und Bundesrat zur Modernisierung der bundesstaatlichen Ordnung; Drucksache 86), Berlin.

Bertelsmann-Kommission (2000), Verfassungspolitik und Regierungsfähigkeit. Entflechtung 2005, Gütersloh.

Beyme, Klaus von (1974), Die Funktionen des Bundesrates. Ein Vergleich mit Zweikammersystemen im Ausland, in: Bundesrat (Hg.), Der Bundesrat als Verfassungsorgan und politische Kraft, Bad Honnef / Darmstadt, S. 365-393.

Burkhart, Simone (2008), Blockierte Politik. Ursachen und Folgen von „Divided Government" in Deutschland, Frankfurt a.m. / New York.

Dästner, Christian (1999), Der ‚unechte Einigungsvorschlag' im Vermittlungsverfahren. Oder: Hat der Vermittlungsausschuss versagt?, in: Zeitschrift für Parlamentsfragen 30 (1), S. 26-40.

Dästner, Christian (2001), Zur Entwicklung der Zustimmungsbedürftigkeit von Bundesgesetzen seit 1949, in: Zeitschrift für Parlamentsfragen 32 (2), S. 290-309.

Decker, Frank (2006), Landtagswahlen als bundespolitische „Zwischenwahlen". Empirische Analyse und institutionelle Konsequenzen, in: Eckhard Jesse / Roland Sturm (Hg.), Bilanz der Bundestagswahl 2005, München, S. 259-279.

Eschenburg, Theodor (1974), Bundesrat – Reichsrat – Bundesrat. Verfassungsvorstellungen und Verfassungswirklichkeit, in: Bundesrat (Hg.), Der Bundesrat als Verfassungsorgan und politische Kraft, Bad Honnef / Darmstadt, S. 35-62.

Ganghof, Steffen (2006), Strategische Uneinigkeit? Methodische Probleme und normative Implikationen von „analytischen Erzählungen" über Reformblockaden, in: Thomas Bräuninger / Joachim Behnke (Hg.), Jahrbuch für Handlungs- und Entscheidungstheorie 4, Wiesbaden, S. 151-177.

Haas, Christoph (2000), Sein oder nicht sein: Bikameralismus und die Funktion Zweiter Kammern, in: Gisela Riescher / Sabine Ruß / ders. (Hg.), Zweite Kammern, München / Wien, S. 2-17.

Hanf, Dominik (1999), Bundesstaat ohne Bundesrat? Die Mitwirkung der Glieder und die Rolle zweiter Kammern in evolutiven und devolutiven Bundesstaaten. Eine rechtsvergleichende Untersuchung, Baden-Baden.

Hennis, Wilhelm (1997), Totenrede des Perikles auf ein blühendes Land, in: Frankfurter Allgemeine Zeitung vom 27. September 1997, S. 36.

Herzog, Roman (2008), Eine fundamentale Veränderung unseres Regierungssystems, in: Süddeutsche Zeitung vom 6. März 2008, S. 6.

Höreth, Marcus (2004), Senat statt Bundesrat? Über föderale Reformoptionen jenseits bundesdeutscher Pfadentwicklung, in: Frank Decker (Hg.), Föderalismus an der Wegscheide?, Wiesbaden, S. 99-120.

Huber, Peter M. / Daniel Fröhlich (2005), Die Kompetenz des Vermittlungsausschusses und ihre Grenzen. Am Beispiel von Art. 15 Haushaltsbegleitgesetz 2004, in: Die Öffentliche Verwaltung 58 (8), S. 322-333.

Johne, Roland (2004), Bundesrat und parlamentarische Demokratie. Die Länderkammer zwischen Entscheidungshemmnis und notwendigem Korrektiv in der Gesetzgebung, in: Aus Politik und Zeitgeschichte B 50-51, S. 10-17.

Jun, Uwe (2010), Der Bundesrat im föderativen System Deutschlands: Vor und nach der Reform 2006, in: Klemens H. Schrenk / Markus Soldner (Hg.), Analyse demokratischer Regierungssysteme, Wiesbaden, S. 335-358.

Kailitz, Steffen (2008), Zwei Seiten der gleichen Medaille? Zum theoretischen und empirischen Zusammenhang zwischen der Regierungsform und der Ausgestaltung von Zweikammersystemen, in: Zeitschrift für Parlamentsfragen 39 (2), S. 387-414.

Kielmansegg, Peter Graf (1989), Vom Bundestag zum Bundesrat. Die Länderkammer in der jüngsten deutschen Verfassungsgeschichte, in: Bundesrat (Hg.), Vierzig Jahre Bundesrat, Baden-Baden, S. 43-61.

Kropp, Sabine (2001), Regieren in Koalitionen. Handlungsmuster und Entscheidungsbildung in deutschen Länderregierungen, Wiesbaden.

Lang, Joachim (2003), Das Urteil des Bundesverfassungsgerichts zum Zuwanderungsgesetz, in: Zeitschrift für Parlamentsfragen 34 (3), S. 596-605.

Laufer, Heinz (1974), Reform des Bundesrates? Eine Untersuchung über Bewährung und Reformprobleme der Struktur, der Arbeitsweise und der Organisationsregelung des föderativen Verfassungsorgans, in: Bundesrat (Hg.), Der Bundesrat als Verfassungsorgan und politische Kraft, Bad Honnef / Darmstadt, S. 395-420.

Laufer, Heinz (1992), Art. „Bundesrat", in: Uwe Andersen / Wichard Woyke (Hg.), Handwörterbuch des politischen Systems der Bundesrepublik Deutschland, Opladen, S. 44-49.

Lehmbruch, Gerhard (1976), Parteienwettbewerb im Bundesstaat, Stuttgart u.a.

Lehmbruch, Gerhard (1998), „A-Länder" und „B-Länder": Eine Anmerkung zum Sprachgebrauch, in: Zeitschrift für Parlamentsfragen 29 (2), S. 348-350.

Lehmbruch, Gerhard (2000), Parteienwettbewerb im Bundesstaat. Regelsysteme und Spannungslagen im politischen System der Bundesrepublik Deutschland, Wiesbaden.

Lehnert, Matthias / Eric Linhart (2009), Der Einfluss der Mehrheitsverhältnisse im Vermittlungsausschuss auf die deutsche Gesetzgebung, in: Susumu Shikano / Joachim Behnke / Thomas Bräuninger (Hg.), Jahrbuch für Handlungs- und Entscheidungstheorie 5, Wiesbaden, S. 149-179.

Leonardy, Uwe (1999), Deutscher Föderalismus jenseits 2000: Reformiert oder deformiert?, in: Zeitschrift für Parlamentsfragen 30 (1), S. 135-162.

Leunig, Sven (2003), Öl oder Sand im Getriebe? Der Einfluss der Parteipolitik auf den Bundesrat als Veto-Player im Gesetzgebungsverfahren, in: Zeitschrift für Parlamentsfragen 34 (4), S. 778-791.

Leunig, Sven (2009), Fazit: Zweite Kammern in föderalen Systemen, in: ders. (Hg.), Handbuch Zweite Kammern, Opladen / Farmington Hills, S. 285-312.

Leunig, Sven (2010), Der Bundesrat im politischen System der Bundesrepublik Deutschland, in: Klaus Detterbeck / Wolfgang Renzsch / Stefan Schieren (Hg.), Föderalismus in Deutschland, München.

Lhotta, Roland (2000), Konsens und Konkurrenz in der konstitutionellen Ökonomie bikameraler Verhandlungsdemokratie: Der Vermittlungsausschuss als effiziente Institution politischer Deliberation, in: Everhard Holtmann / Helmut Voelzkow (Hg.), Zwischen Wettbewerbs- und Verhandlungsdemokratie, Opladen, S. 79-103.

Lhotta, Roland (2003), Zwischen Kontrolle und Mitregierung. Der Bundesrat als Oppositionskammer, in: Aus Politik und Zeitgeschichte B 53, S. 16-22.

Lijphart, Arend (1999), Patterns of Democracy. Government Forms and Performance in Thirty-Six Countries, New Haven / London.

Meyer, Hans (2004), Überlegungen zur Abstimmungsregel des Art. 52 Abs. 3 Satz 1 GG für den Bundesrat (Kommission von Bundestag und Bundesrat zur Modernisierung der bundesstaatlichen Ordnung; Drucksache 26), Berlin.

Möllers, Christoph (2010), Wenn Abgeordnete nur noch Bahnhof verstehen, in: Frankfurter Allgemeine Zeitung vom 15. Februar 2010, S. 28.

Mughan, Anthony / Samuel C. Patterson (1999), Senates: A Comparative Perspective, in: Samuel C. Patterson / Anthony Mughan (Hg.), Senates. Bicameralism in the Contemporary World, Columbus, S. 333-349.

Mulert, Gerrit (2007), Der Bundesrat im Lichte der Föderalismusreform, in: Die Öffentliche Verwaltung 60 (1), S. 25-29.

Niclauß, Karlheinz (1998), Der Weg zum Grundgesetz. Demokratiegründung in Westdeutschland 1945 – 1949, Paderborn.

Papier, Hans-Jürgen (2003), Überholte Verfassung?, in: Frankfurter Allgemeine Zeitung vom 27. November 2003, S. 8.

Renzsch, Wolfgang (1999), Meist sinnvolle Ergänzung und nicht Konflikt, in: Frankfurter Allgemeine Zeitung vom 21. September 1999.

Riescher, Gisela / Sabine Ruß (2000), Zur Funktion von Zweiten Kammern in modernen Demokratien, in: dies. / Christoph Haas (Hg.), Zweite Kammern, München / Wien, S. 382-401.

Rührmair, Alfred (2001), Der Bundesrat zwischen Verfassungsauftrag, Politik und Länderinteressen, Berlin.

Schmidt, Julia (2006), Die Struktur der Zweiten Kammer im Rechtsvergleich. Ein Beitrag zur Reform des Bundesrates, Baden-Baden.

Schmidt, Manfred G. (2004), Art. „Senatsprinzip", in: ders., Wörterbuch zur Politik, 2. Aufl., Stuttgart, S. 637 f.

Schüttemeyer, Suzanne S. / Roland Sturm (1992), Wozu Zweite Kammern? Zur Repräsentation und Funktionalität Zweiter Kammern in westlichen Demokratien, in: Zeitschrift für Parlamentsfragen 23 (3), S. 517-536.

Schwarz-Liebermann von Wahlendorf, Hans Albrecht (1958), Struktur und Funktion der sogenannten Zweiten Kammer. Eine Studie zum Problem der Gewaltenteilung, Tübingen.

Sharman, Campbell (1987), Second Chambers, in: Herman Bakvis / William M. Chandler (Hg.), Federalism and the Role of the State, Toronto / Buffalo / London, S. 82-100.

Strohmeier, Gerd (2004), Der Bundesrat: Vertretung der Länder oder Instrument der Parteien?, in: Zeitschrift für Parlamentsfragen 35 (4), S. 717-731.

Stüwe, Klaus (2004), Konflikt und Konsens im Bundesrat. Eine Bilanz (1949-2004), in: Aus Politik und Zeitgeschichte B 50-51, S. 25-32.

Sturm, Roland (1999), Party Competition and the Federal System. The Lehmbruch Hypothesis Revisited, in: Charlie Jeffery (Hg.), Recasting German Federalism, London / New York, S. 197-217.

Sturm, Roland (2002), Vorbilder für eine Bundesratsreform? Lehren aus den Erfahrungen der Verfassungspraxis Zweiter Kammern, in: Zeitschrift für Parlamentsfragen 33 (1), S. 166-179.

Sturm, Roland (2009), Der Bundesrat im Grundgesetz: falsch konstruiert oder nur falsch verstanden?, in: Europäisches Zentrum für Föderalismusforschung Tübingen (Hg.), Jahrbuch des Föderalismus 2009, Baden-Baden, S. 138-148.

Süsterhenn, Adolf (1957), Senats- oder Bundesratssystem? Zum Problem der Gewaltenteilung innerhalb der Legislative, in: Hochschule für Verwaltungswissenschaften Speyer (Hg.), Staats- und verwaltungswissenschaftliche Beiträge, Stuttgart, S. 73-95.

Thiele, Carmen (2008), Regeln der Entscheidungsfindung innerhalb von Staaten und Staatenverbindungen. Staats- und kommunalrechtliche sowie europa- und völkerrechtliche Untersuchungen, Heidelberg.

Wachendorfer-Schmidt, Ute (2005), Politikverflechtung im vereinigten Deutschland, 2. Aufl., Wiesbaden.

Wagschal, Uwe / Maximilian Grasl (2004), Die modifizierte Senatslösung. Ein Vorschlag zur Verringerung von Reformblockaden im deutschen Föderalismus, in: Zeitschrift für Parlamentsfragen 35 (4), S. 732-752.

Wulfert-Markert, Gesine (2005), Stimmabgabe im Bundesrat. Von der Verfassung des Deutschen Reiches von 1871 bis zum Grundgesetz, Diss., FU Berlin.

Zohlnhöfer, Reimut (1999), Die große Steuerreform 1998/99. Ein Lehrstück für Politikentwicklung bei Parteienwettbewerb im Bundesstaat, in: Zeitschrift für Parlamentsfragen 30 (2), S. 326-345.

C. Die Regierungssysteme in den Ländern

1. Einleitung

Der Föderalismus gehört zu den politikwissenschaftlich am intensivsten erforschten Systemmerkmalen der deutschen Politik. Dabei haben allerdings nicht alle Facetten des Themas gleichermaßen Beachtung gefunden. Dominiert hat stets die gesamtstaatliche Perspektive auf das föderale System, während die Länder selbst als dessen Glieder eher stiefmütterlich behandelt wurden. Dies gilt sowohl für ihre materiellen Politiken als auch für die Verfassungen und Regierungssysteme. Zu den materiellen Politiken hatte Manfred G. Schmidt bereits im Jahre 1980 eine wegweisende Vergleichsstudie publiziert, die danach aber nicht mehr fortgeschrieben wurde (Schmidt 1980). Die Länderverfassungen und –regierungssysteme wiederum sind in erster Linie ein Beschäftigungsfeld für Verfassungsjuristen gewesen, das die Politologen merkwürdig kalt gelassen hat. Das Interesse erwachte erst in den achtziger Jahren, als sich die ersten Länder der Altbundesrepublik anschickten, ihre Verfassungen zu modernisieren. Spätestens mit den Verfassungsgebungsprozessen in Ostdeutschland ließ sich das Thema dann nicht mehr ignorieren.

Dass die Länder als politikwissenschaftlicher Forschungsgegenstand bis zu diesem Zeitpunkt keine größere Rolle spielten, war eine Konsequenz der unitarischen Entwicklung des deutschen Föderalismus, die auch in institutioneller Hinsicht zur Vereinheitlichung beitrug. Nachdem sich die Länder in ihrer Verfassungspraxis sowohl untereinander als auch im Verhältnis zum Bund immer mehr annäherten, lag es auf der Hand, die Verfassungen auch in formeller Hinsicht anzupassen. Vorhandene Besonderheiten wurden auf diese Weise beseitigt und die Bandbreite der konstitutionellen Arrangements reduziert. In den achtziger Jahren änderte sich dieses Bild. Angestoßen durch eine Öffnung des Parteiensystems setzte eine breite Reformbewegung ein, die sich die Demokratisierung der kommunalen und Landespolitik zum Ziel setzte. Das Hinzutreten der neuen Länder verlieh dieser Bewegung enormen Schub. Am (vorläufigen) Ende des Reformprozesses standen ausgangs der neunziger Jahre die Übernahme direktdemokratischer Beteiligungsrechte in sämtliche Länderverfassungen und – auf Gemeindeebene – die flächendeckende Einführung der bis dahin nur in Bayern und Baden-Württemberg vorgesehenen Direktwahl der Bürgermeister. Darüber hinaus haben einige Länder ihre kommunalen Wahlsysteme novelliert (Einführung des Kumulierens und Panaschierens).

Dass diese Bewegung zu einer neuerlichen Angleichung geführt hat, ist mit Blick auf die erwähnte Unitarisierung nicht ohne Ironie. Bemerkenswert bleibt aber, dass die Angleichung gegen den Bundestrend erfolgte, die Länder sich mit ihr also vom grundgesetzlichen Standardmodell des Regierungssystems entfernt haben. Dieselbe Ambivalenz des Unitarismus zeigt sich, wenn man die Veränderungen des föderalen Systems aus einer gesamtstaatlichen Perspektive betrachtet. Das kulturelle und ökonomische Gefälle zwischen den alten und neuen Bundesländern hat die grundgesetzliche Formel von einheitlichen oder gleichwertigen Lebensverhältnissen endgültig als Schimäre entlarvt. Deutschland zeigt sich heute vielgestaltiger und somit föderaler als vor der Wende. Dies hat sich zugleich in politischer Hinsicht ausgewirkt, indem die neuen Länder in den Bereichen ihrer Gesetzgebungszuständigkeit eigene Wege gegangen sind.

Gleichzeitig hat das Gefälle jedoch dazu geführt, dass die unitarischen Tendenzen gestärkt wurden. Weil die westdeutschen Länder nicht willens und in der Lage waren, genügend Mittel für den Aufbau in Ostdeutschland bereitzustellen, musste die Hauptlast der finanziellen Transfers vom Bund getragen werden, der seinen Anteil an den staatlichen Gesamtausgaben entsprechend erhöhte. Nachdem sich die Machtverhältnisse im deutschen Bundesstaat durch die Vereinigung zugunsten der ärmeren, finanzschwachen Länder verschoben hatten, waren die Erfolgsaussichten der 2003 eingeleiteten Föderalismusreform von vornherein begrenzt (Wachendorfer-Schmidt 2005: 105 ff.). Eine Rückverlagerung substanzieller Gesetzgebungskompetenzen, die primär im Interesse der finanzstarken Länder gelegen hätte, ließ sich – sieht man von wenigen Ausnahmen ab – nicht erreichen. Damit bleibt auch der Spielraum der Verfassungspolitik in den Ländern weiter eingeengt, der von der föderalen Aufgabenverteilung maßgeblich mit definiert wird.

Im nachfolgenden Beitrag sollen nach einer einleitenden Darstellung des (bundes)verfassungsrechtlichen Homogenitätsgebots zunächst die institutionellen Eigenheiten der Länderpolitik erörtert werden, die eine vom Modell des Bundes abweichende Gestaltung der Verfassungen und Regierungssysteme ermöglichen bzw. sinnvoll erscheinen lassen. Die Analyse konzentriert sich dann auf die drei zentralen Bestandteile der Staatsorganisation in den Ländern: die Volksgesetzgebung, das Wahlsystem und die parlamentarische Regierungsform. Die Volksgesetzgebung wird heute nicht mehr prinzipiell in Frage gestellt, sondern lediglich hinsichtlich ihrer konkreten Ausgestaltung weiterhin kontrovers diskutiert. Darüber hinaus bleibt umstritten, ob die direktdemokratischen Instrumente in den Ländern als Vorbild für den Bund taugen und auch dort eingeführt werden sollten. Mit Blick auf das parlamentarische System stellt sich die Lage genau umgekehrt dar: Hier haben die Länder die Regierungsform des Bundes weitestgehend adaptiert, obwohl dies von Verfassungs wegen keineswegs zwingend gewesen wäre. Ursächlich für die Angleichung war die Entwicklung der Verfassungspraxis und Regierungswirklichkeit, die wiederum entscheidend von den Strukturen des Parteiensystems geprägt wird. Bei der Frage nach der Zukunftsfähigkeit des parlamentarischen Systems in den Ländern nimmt dieser Punkt am Ende zentralen Raum ein.

2.   Länderverfassungsrecht im unitarischen Föderalismus

Mit Blick auf den unitarischen Charakter des deutschen Föderalismus ist es nicht weiter verwunderlich, dass auch die Verfassungen und Regierungsformen der Gliedstaaten eine nur geringe Variationsbreite aufweisen. Dies gilt zumindest, wenn man die Bundesrepublik mit Ländern wie den USA oder der Schweiz vergleicht, in deren föderalen Systemen der Gedanke der Vielgestaltigkeit eine weitaus größere Rolle spielt und in der bundesstaatlichen Tradition fest verankert ist.[1] Die Homogenitätsthese muss allerdings sogleich eingeschränkt werden: Bezogen auf den Bund trifft sie nur auf das parlamentarische Regierungssystem der Länder und nicht auf die direktdemokratischen Verfahren zu, die heute in allen 16 Bundesländern verfassungsrechtlich festgeschrieben sind. Weniger dramatisch sind die Unterschiede im Bereich des Wahlrechts, wo sich sämtliche Länder innerhalb des bundesgesetzlichen Verhältniswahlsystems bewegen, unterhalb dieser Ebene aber ebenfalls zahlreiche Variationen anzutreffen sind.

---

[1] So werden z.B. in der Schweiz die Regierungen in den Kantonen – abweichend von der Regelung auf Bundesebene – direkt vom Volk gewählt (Vatter 2002: 41 ff.). Dasselbe gilt in den meisten Staatenverfassungen der USA für die Wahl der Regierungsvertreter und Behördenleiter bis hin zur – vielerorts allerdings umstrittenen – Richterwahl. Darüber hinaus halten die Mehrzahl der US-Einzelstaaten direktdemokratische Einrichtungen vor, wozu man sich auf der nationalen Ebene bislang nicht durchringen konnte (Stelzenmüller 1994). In beiden Ländern weichen die Regierungssysteme der Gliedstaaten auch untereinander deutlich ab. So reicht z.B. das Spektrum der direkten Demokratie in den USA von weitgehender Enthaltsamkeit (die meisten Neu England-Staaten) bis breitestmöglicher Ausgestaltung (Kalifornien). Auch die Schweizerischen Kantonsverfassungen weisen diesbezüglich zahlreiche Varianten auf, die durch unterschiedliche Formen der Regierungsbildung (Konkordanz) zusätzlich verstärkt werden.

Folgt man dem Verfassungsrechtler Brun-Otto Bryde (1997), so liegen die Gründe für die Angleichung der Länderverfassungen und -regierungssysteme zum einen in der freiwilligen Selbstgleichschaltung der Länder, zum anderen in der unitarisierenden Wirkung der grundgesetzlichen Bestimmungen und ihrer Auslegung durch das Bundesverfassungsgericht. Für letzteres nennt er als Beispiele die Karlsruher Urteile zum kommunalen Ausländerwahlrecht, zum parlamentarischen Gesetzesvorbehalt und zur Abgeordnetenbesoldung, bei denen das Gericht durch eine überzogene Interpretation des Demokratieprinzips den eigenständigen Verfassungsraum der Länder über Gebühr beschnitten habe. Die so verhinderten Regelungen gehören allerdings nicht zum Kern der Länderregierungssysteme, weshalb ihre Bedeutung im Vergleich zur freiwilligen Unitarisierung eher gering sein dürfte.

Dass die Länder rechtlich über einen durchaus weiten Spielraum bei der Gestaltung des eigenen Regierungssystems verfügen, ergibt sich aus dem sogenannten Homogenitätsgebot des Art. 28 Abs. 1 Satz 1 des Grundgesetzes, das ihre verfassungsmäßige Ordnung lediglich an die allgemeinen Grundsätze des „republikanischen, demokratischen und sozialen Rechtsstaates" bindet. Die Einführung weitergehender direktdemokratischer Elemente, als sie das Grundgesetz in Art. 29 vorsieht, ist durch diese Bestimmung ebenso gedeckt wie der mögliche Wechsel von der Verhältnis- zu einer reinen Mehrheitswahl (Storr 1995: 257 ff.). Strittiger ist, ob das auch für eine Abkehr von der bestehenden parlamentarischen Regierungsform gilt. Das Bundesverfassungsgericht hat dies in einem frühen Urteil so bestätigt, das der ganz überwiegenden Auffassung der Staatsrechtslehre entspricht.[2] Gestützt wird seine Interpretation dadurch, dass Artikel 17 der Weimarer Reichsverfassung das parlamentarische Regierungssystem für die Gliedstaaten seinerzeit ausdrücklich vorgeschrieben hat (Menzel 1995: 256). Die Bundesrepublik bekräftigt die Staatsqualität ihrer Länder demgegenüber auch

---

[2] BVerfGE 9, 281. Die missverständlichen Formulierungen des Gerichts haben allerdings dazu geführt, dass es auch heute noch Autoren gibt, die das Gegenteil für richtig halten (z.B. Jun 1993: 490 und – bei einer verfassungsjuristischen Dissertation zum Thema besonders erstaunlich – Stiens 1997: 35). So heißt es zunächst scheinbar eindeutig, dass „durch Art. 28 Abs. 1 Satz 1 GG die Form des parlamentarischen Regierungssystems, in dem die parlamentarische Verantwortlichkeit der Regierung gegenüber dem Parlament im Misstrauensvotum Ausdruck findet, für die Landesverfassungen nicht zwingend vorgeschrieben (wird)." Wenige Sätze später hält das Gericht jedoch an der Vorstellung fest, dass die Regierung der Volksvertretung gegenüber verantwortlich sei und von ihr getragen werden müsse – für Politologen ist das gemeinhin die Umschreibung eines parlamentarischen Regierungssystems.

organisatorisch, indem sie ihnen bei der Verfassungsgebung weitreichende Autonomie einräumt. Darin unterscheidet sie sich z.B. von Österreich, wo die Länderverfassungen von der Bundesverfassung lediglich abgeleitet sind und bei der Gestaltung der Regierungssysteme durch diese bis ins Detail festgelegt werden (Koja 1988).

Die Angleichung der institutionellen Strukturen der Länderpolitik wurde und wird in Deutschland also weniger durch die Verfassungsnorm als durch die Verfassungspraxis erzwungen. Die freiwillige Unitarisierung folgt hier dem, was auch in den materiellrechtlichen Bereichen ausschließlicher Länderzuständigkeiten – z.B. in der Schulpolitik – als Tendenz festzustellen ist. Die Länder haben die Harmonisierung dort im Wege der Parallelgesetzgebung allzu oft selbst herbeigeführt – wohl auch aus der Überlegung heraus, zentralisierenden Übergriffen des Bundes auf diese Weise vorzubeugen. Auf dem Feld der Verfassungsgesetzgebung mag dieser Gedanke eine geringere Rolle gespielt haben. Hier dürfte es die Furcht gewesen sein, gegenüber den anderen Ländern ins Hintertreffen zu geraten, die das Bemühen um Reformen hauptsächlich geleitet hat. Die Zielsetzungen waren dabei durchaus unterschiedlich. Die Anpassung an das Standardmodell des parlamentarischen Systems, die ein Produkt der frühzeitig erfolgten Zentralisierung des Parteiensystems war, hatte in erster Linie Effizienzgründe, auch wenn dies nicht durchgängig zu einer Aufwertung der Position der Regierung (zu Lasten des Parlaments) führte. Für die Wahlrechtsreformen und die Einführung der plebiszitären Elemente waren demgegenüber vor allem demokratische Gesichtspunkte maßgeblich, die durch äußeren Druck und die Selbstinteressen der politischen Akteure in die Debatte eingespeist wurden. Teilt man diese Motive, wofür aus normativer Sicht vieles spricht, dann wird man auch in der Unitarisierung nichts Schlechtes sehen, im Gegenteil: Es kann ja gerade als positive Funktion des Föderalismus betrachtet werden, dass er durch die Chance eigenständiger Gestaltung einen produktiven Wettlauf um die besten Lösungen in Gang setzt. Wenn sich institutionelle Arrangements in einem Land bewähren, geraten die anderen Länder unter Druck, diese früher oder später zu übernehmen. Lern- und Nachahmungsprozesse fördern also eine gleichgerichtete Entwicklung (innerhalb derer Abweichungen aber weiterhin möglich bleiben).

3.   Eigenarten der Länderpolitik

Neben den funktionellen lassen sich auch demokratische Argumente für eine föderale Herrschaftsstruktur geltend machen. Ihren Ausdruck finden sie im sogenannten Subsidiaritätsprinzip, nach dem auf der oberen staatlichen Ebene nichts geregelt werden soll, was genauso gut oder besser von der unteren staatlichen Ebene – oder der Gesellschaft selbst – geregelt werden könnte. Je mehr Aufgaben die unteren Einheiten wahrnehmen, um so eher wird dem Ziel der Orts- und Betroffenennähe Rechnung getragen, das der Idee demokratischer Selbstbestimmung entspricht (Sturm 2004).

Sowohl die funktionelle als auch die demokratische Begründung setzen einen möglichst vielgestaltigen Föderalismus voraus, in dem die Gliedstaaten über substanzielle eigene Gesetzgebungskompetenzen verfügen. In der Bundesrepublik kann davon bekanntlich keine Rede sein. Die Staatsqualität der Länder, die in ihrer verfassungsrechtlichen Autonomie Niederschlag findet, ist in den Bereichen der materiellen Politik längst soweit ausgehöhlt, dass manche die Bundesrepublik als „verkappten Einheitsstaat" apostrophieren (Abromeit 1992). Besonders markant zeigt sich dies im Bereich der Finanzverfassung, wo die eigenen Handlungsmöglichkeiten der Gliedstaaten geringer sind als in jedem anderen Bundesstaat; dies gilt selbst für das ansonsten noch unitarischere Österreich. Nicht viel besser sieht es bei den inhaltlichen Politikfeldern aus. Hier sind den Ländern nur noch wenige „Restposten" ausschließlicher Zuständigkeit verblieben, in denen sie legislativ tätig werden können. Die beiden Föderalismusreformen haben an dieser unitarischen Schieflage im Kern nichts verändert.

Dass die Bundesrepublik dennoch die Attribute eines föderalistischen Systems verdient, verdankt sie dem hierzulande dominierenden Verbundprinzip. Den Ländern obliegt danach im Regelfall die administrative Durchführung der Bundesgesetze, da der Bund – von wenigen Bereichen abgesehen – über keinen eigenen Verwaltungsunterbau verfügt. Dies findet auch in der Finanzverfassung Entsprechung, die den Ländern einen bestimmten Anteil am gesamtstaatlichen Steueraufkommen fest zusichert. Dass der Bund die ausschließliche Regelungshoheit über die Steuern besitzt und sich durch die Einrichtung von Behörden und den Erlass allgemeiner Verwaltungsvorschriften einen weitgehenden Durchgriff auf das Verwaltungsverfahren gesichert hat, schmälert die Bedeutung des Verbundprinzips nicht, im Gegenteil: Weil solche Eingriffe immer nur mit Zustimmung des Bundesrates zulässig sind, haben die Länder die unitarische Überlagerung ihrer Zuständigkeiten ohne größere Gegenwehr akzeptiert. Den Verlust an eigenständiger Regelungsbefugnis konnten sie so durch einen Machtzuwachs auf der Beteiligungsebene wettmachen, der den Anteil der zustimmungspflichtigen Gesetze in der Spitze auf bis zu 60 Prozent ansteigen ließ.

Die Ausgestaltung des Bundesrates als Vertretungsorgan der Länderregierungen wird häufig mit der funktionalen Aufgabenverteilung im deutschen Bundesstaat begründet, die dem Bund das Übergewicht in der Gesetzgebung gibt und den Ländern dafür das Gros der Verwaltungskompetenzen zuspricht. Ein Vergleich mit dem noch stärker ausgeprägten Verwaltungsföderalismus der Schweiz, deren Ständerat aus gewählten Abgeordneten besteht, erweist diesen Zusammenhang als wenig stichhaltig. Tatsächlich wäre der Übergang zu einem Senatsmodell in der Bonner Republik durchaus möglich gewesen, doch hat sich die deutsche Verfassungstradition an diesem Punkt behauptet. Für die Politik in den Ländern heißt das, dass sie in doppelter Hinsicht exekutivisch geprägt ist: Die Mitwirkung an der Bundesgesetzgebung obliegt ausschließlich den Landesregierungen, die in ihrem Abstimmungsverhalten im Bundesrat weder an das Parlament noch an das Volk gebunden sind. Und die legislativen Befugnisse weisen mit Ausnahme der erwähnten „Restposten" eine starke Verwaltungslastigkeit auf, stellen also im Grunde nur nachgelagerte Funktionen der Bundesgesetzgebung dar. Auch hier entsteht das Problem, dass die Landtage die Durchführung von Gesetzen überwachen sollen, die sie selbst gar nicht beschlossen haben (Schenke 1989: 1515).

Welche Folgerungen ergeben sich daraus in institutioneller Hinsicht? Verfassungsrechtler wie der eben zitierte Brun-Otto Bryde oder Hans Herbert von Arnim (2000) konstatieren mit Blick auf die Verwaltungslastigkeit eine größere Nähe der Länderpolitik zur kommunalen als zur Bundesebene, die sich auch in der Organisation der Regierungssysteme ausdrücken müsse. Dieses Argument, das von Wilhelm Hennis (1956) und Theodor Eschenburg [1960] in ähnlicher Form bereits in den fünfziger Jahren vorgetragen wurde, hat an Plausibilität nichts eingebüßt. Nachdem die großen Komplexe der Landesgesetzgebung – die Organisation der Landesverwaltung und Gemeinden, des Rundfunks und des Schulwesens – seit langem abgearbeitet sind, ist die Neigung der Länder sogar noch gewachsen, in solche (Rand)gebiete der Gesetzgebung vorzustoßen, deren Regelung man getrost den Kommunen überlassen könnte (Sturm 2001: 73).

Hennis und Eschenburg hatten die Eigenart der verwaltungsbezogenen Länderpolitik seinerzeit daran festgemacht, dass sie der parteipolitischen Auseinandersetzung auf weite Strecken entzogen sei. Hennis' Diktum, wonach es „keinen christlich-demokratischen Straßenbau und keine sozialdemokratische Wasserwirtschaft" gebe, sollte den Sachverhalt auf den Punkt bringen. In dieser Generalisierung ist seine These zweifellos verfehlt. *Erstens* sind auch Verwaltungsentscheidungen ihrem Wesen nach nicht durchweg unpolitisch oder bloß technokratisch, so wie es der Begriff des „Vollzugs" suggeriert. Vielmehr erfordern sie sachliche oder zeitliche Prioritätensetzungen, die den zuständigen Organen manche Gestaltungsfreiheit eröffnen (Siegloch 1972: 370 ff.). *Zweitens* gilt für einen

Teil der den Ländern verbliebenen legislativen Restkompetenzen – insbesondere für die Schulpolitik –, dass sie sogar eminent politischen Charakter tragen und in der Vergangenheit stark ideologisiert worden sind. Die Folgen zeigen sich in den unterschiedlichen Schulsystemen bis heute. Und *drittens* lassen sich auch in anderen Bereichen der Landesgesetzgebung (etwa in der Struktur- oder Arbeitsmarktpolitik) unterschiedliche Profile ausmachen, je nachdem ob die Regierungen von der Union oder der SPD gestellt werden.

Dennoch bleibt es unter dem Strich richtig, dass sich Bund und Länder vom politischen Charakter ihres Aufgabenzuschnitts deutlich unterscheiden. Der Grad der parteipolitischen Durchwirkung ist in der Landespolitik geringer, was eine umstandslose Übertragung des parlamentarischen Wettbewerbsmodells auf die Länderebene schwierig macht. Die Analogie zur kommunalen Politik liegt hier in der Tat auf der Hand. Besonders schlagend ist sie in den drei Stadtstaaten, die ja als Bundesländer zugleich Gemeinden sind und damit eine nochmals andere Aufgabenstruktur aufweisen als die Flächenländer. Von daher drängt sich die Frage auf, ob die Kommunen auch bei der Gestaltung des Regierungssystems ein geeignetes Vorbild sein könnten.

Betrachtet man dessen drei Hauptmerkmale – die Volksgesetzgebung, das Wahlrecht und das Verhältnis von Regierung und Parlament –, so zeigen sich die größten Übereinstimmungen zwischen den heutigen Länder- und Kommunalverfassungen im ersten Bereich: bei der direkten Demokratie. Hier liegt zugleich die größte Differenz zur Bundesebene, wo man sich auf die Einführung des direktdemokratischen Instruments bislang nicht verstehen konnte. In Europa wird diese Enthaltsamkeit ansonsten nur noch von den Niederlanden und Belgien geteilt. Ein gemischtes Bild ergibt sich bei den Wahlsystemen. Der größte Teil der Länder hat sich hier an das personalisierte Verhältniswahlsystem des Bundes gehalten, das bei der Zweitstimme eine reine Listenwahl vorsieht. Nur ein einziges Land (Bayern) folgt dem Vorbild der meisten heutigen Kommunalwahlgesetze, indem es weitergehende personelle Auswahlmöglichkeiten durch offene Listen eröffnet. Ausschließlich dem Modell des Bundes verpflichtet bleiben die Länder schließlich bei der Gestaltung des Verhältnisses von Regierung und Parlament. Während die Kommunen nach dem Siegeszug der Süddeutschen Ratsverfassung sämtlich zur präsidentiellen Regierungsform übergegangen sind, hat das parlamentarische System hier weiterhin festen Bestand. Ob der Wunsch nach Reform sich auch an diesem Punkt irgendwann Bahn bricht, kann man heute noch nicht mit Gewissheit sagen. Zumindest lassen sich für eine solche Reform (die Direktwahl der Ministerpräsidenten) einige gewichtige Argumente ins Feld führen, die am Ende des Beitrags erörtert werden sollen.

4. Direkte Demokratie und Wahlsysteme

Mit der Einführung und Ausbreitung direktdemokratischer Verfahren haben die Verfassungsgeber in den Ländern aus der Eigenart der Länderpolitik Konsequenzen gezogen. Manche sehen denn auch den eigentlichen Grund für die ausgedehnte Volksgesetzgebung in dem Umstand, dass die Länder mangels legislativer Zuständigkeiten ohnehin nicht mehr viel zu entscheiden haben – in dem Fall könne das direktdemokratische Instrument auch keinen großen Schaden anrichten (Bryde 2000: 151). Durch die betont vorsichtige Ausgestaltung der plebiszitären Verfahren erlangt diese These zusätzliche Plausibilität. So ist in allen Bundesländern die sogenannte Finanztrias von Haushalts-, Besoldungs- und Abgabenregelungen von der Volksgesetzgebung ausgenommen. Die meisten Länder sehen darüber hinaus Beschränkungen bei jeglichen finanzwirksamen Gesetzen vor, wobei allerdings zwischen den unterschiedlichen Stadien des Verfahrens differenziert wird. Des Weiteren bleibt der gesamte Bereich des Vollzugs (von Bundes- wie Landesgesetzen), der ja den Schwerpunkt der Ländertätigkeit umschreibt, dem plebiszitären Zugriff entzogen (Weixner 2002: 98 ff.).

Sehr viel größere Abweichungen weisen die 16 Länderverfassungen bei der Festsetzung der Quoren auf. Hier lassen sich zwei Grundmodelle der Volksgesetzgebung unterscheiden. Das erste – nach seinem Erfinderland Schleswig-Holstein „Kieler Modell" genannt – sieht ein dreistufiges Verfahren vor, das aus Volksinitiative, Volksbegehren und Volksentscheid besteht. Die Beteiligungshürden sind dabei in der Eingangsphase eher klein gehalten und mit einer großzügig bemessenen Eintragungsfrist verbunden, während am Ende – bei der eigentlichen Volkabstimmung – ein vergleichsweise hohes Zustimmungsquorum erreicht werden muss. Diesem Modell sind alle neuen Bundesländer gefolgt sowie diejenigen Länder der alten Bundesrepublik, die ihre Verfassungen erst in jüngerer Zeit novelliert haben (die Stadtstaaten und Niedersachsen). Unter den älteren Landesverfassungen gehören auch Baden-Württemberg und das Saarland in diese Kategorie; letzteres hat mit 50 Prozent unter allen Ländern das höchste Zustimmungsquorum – ein Wert, der in der Praxis niemals erreicht werden dürfte. Die restlichen Bundesländer folgen dem umgekehrten Motto: hohe Einstiegshürden bei gleichzeitig kurzer Eintragungsfrist, dafür aber niedrigeres bzw. überhaupt kein Zustimmungsquorum beim Entscheid. Das Verfahren ist hier lediglich zweistufig, das heißt dem Volksbegehren ist keine Volksinitiative vorgeschaltet. Einzig Rheinland-Pfalz weicht an diesem Punkt mit seinem dreistufigen System ab; es ist zudem das einzige Land, das ein fakultatives Gesetzesreferendum kennt (Jung 2000: 78 ff.).

Abb. V.7   Verfahren der Volksgesetzgebung in den Ländern

Bundesland (Jahr der Einführung, Reform)	Volksbegehren		Volksentscheid	
	Einleitungsquorum	Sammelfrist (Amtseintragung / freie Unterschriftensammlung)	Zustimmungsquorum einfaches Gesetz	Zustimmungsquorum verfassungsänderndes Gesetz
Baden-Wü. (1953)	16,6 %	2 Wochen (Amt)	33 %	50 %
Bayern (1946, 1999)	10 %	2 Wochen (Amt)	kein Quorum	25 %
Berlin (1949, 1974, 1995)	10 %	2 Monate (Amt)	33 %[1]	nicht möglich
Brandenburg (1992)	ca. 4 %	4 Monate (Amt)	25 %	50 % + 2/3-Mehrheit
Bremen (1947, 1994, 1997)	10 % Verfassung 20 %	3 Monate (frei)	25 %	50 %
Hamburg (1996, 2001)	5 %	3 Wochen (Amt)	20 %	50 % + 2/3-Mehrheit
Hessen (1946)	20 %	2 Wochen (Amt)	kein Quorum	nicht möglich
Mecklenburg-Vorp. (1994, 2001)	ca. 10 %	2 Monate (Amt) keine Frist (frei)	33 %	50 % + 2/3-Mehrheit
Niedersachsen (1993)	10 %	12 Monate (frei)	25 %	50 %
NRW (1950, 2002)	8 %	2 Monate (Amt)	15 %	50 % + 2/3-Mehrheit
Rheinland-Pfalz (1947, 2000)	ca. 10 %	2 Monate (Amt)	25 %[2]	50 %
Saarland (1979)	20 %	2 Wochen (Amt)	50 %	nicht möglich
Sachsen (1993)	ca. 12 %	8 Monate (frei)	kein Quorum	50 %
Sachsen-Anhalt (1992, 1995)	ca. 12 %	6 Monate (frei)	25 %[3]	50 % + 2/3-Mehrheit
Schleswig-Holstein (1990, 1994, 2004)	5 %	6 Monate (Amt + weitere Eintragungsstellen)	25 %	50 % + 2/3-Mehrheit
Thüringen (1994, 2003)	10 % (frei) 8 % (Amt)	4 Monate (frei) 2 Monate (Amt)	25 %	40 %

[1] Bei einer Beteiligung von über 50 % entscheidet die Mehrheit.
[2] Beteiligungsquorum.
[3] Entfällt, wenn der Landtag eine Konkurrenzvorlage zur Abstimmung stellt.

Quelle: Mehr Demokratie 2009

Neben den Quoren spielen auch die zumeist unterhalb der Verfassung geregelten Ausführungsbestimmungen für die Anwendbarkeit des Plebiszits eine wichtige Rolle. Dazu gehören unter anderem die rechtliche Zulassungsprüfung, die Kostenerstattungsregelungen oder die Frage, ob ein Entscheid mit einer regulären Wahl zusammengelegt werden kann. Nicht minder erheblich sind die Modalitäten der Eintragung und Unterschriftensammlung in der Startphase. So nützen niedrige Hürden für eine Volksinitiative wenig, wenn Unterschriften nicht frei gesammelt werden dürfen, sondern von den Bürgern in Ämtern und Behörden zu hinterlegen sind – eine Variante, wie sie z.B. Brandenburg praktiziert (Kampwirth 2003: 663). Die Restriktionen liegen also auch hier allzu oft im Detail.

Nimmt man die genannten Punkte – Ausschlussgegenstände, Quoren und sonstige Verfahrensmodalitäten – zusammen, lässt sich die Ausgestaltung des plebiszitären Instruments in den deutschen Bundesländern kaum als „anwenderfreundlich" bezeichnen (Decker 2010: 507 ff.). Dass zwischen der Ausgestaltung und der tatsächlichen Inanspruchnahme der Plebiszite ein Zusammenhang besteht, wird durch die unterschiedlichen Regelungen in den einzelnen Verfassungen zwar belegt – dies allerdings auf einem denkbar niedrigen Gesamtniveau. So hat es im Zeitraum 1947 bis 2010 in allen Ländern ganze 17 Volksentscheide gegeben. Die geringe Zahl verblüfft auch dann, wenn man die präventiven Wirkungen mit einbezieht, die von einer angedrohten Initiative auf die staatlichen Entscheidungsorgane ausgehen können (Schiller 2002: 70). Betrachtet man die Abstimmungsgegenstände, so fällt auf, dass das plebiszitäre Instrument häufig selbst zum Thema gemacht wird (Mehr Demokratie 2009: 12 f.). Nach dem Bereich Bildung und Kultur folgt dieser Komplex gleich an zweiter Stelle. Auf diese Weise gelang es z.B. in Bayern, das Beteiligungsquorum für Volksentscheide vollständig zu beseitigen. Auch dort, wo die Initiativen am zu hohen Quorum scheiterten (wie in Hamburg 1998), wurden sie als Aufforderung an die Parteien verstanden, die Anwendbarkeit des plebiszitären Instruments künftig zu erleichtern.

Blicken wir als nächstes auf die Kommunen. Die Kommunalverfassungen gehören streng genommen nicht zu unserem Thema. Ihre Einbeziehung ist trotzdem sinnvoll: Zum einen fällt die Gestaltung der kommunalen „Regierungssysteme" in den Kompetenzbereich der Länderpolitik, zum anderen ist zu vermuten, dass die kommunalen zu den Länderregierungssystemen in einer wie immer gearteten Beziehung stehen. Wird die Verfassung auf der einen Ebene reformiert, hat das – mit anderen Worten – immer auch Rückwirkungen auf die andere Ebene. So korrespondierte die flächendeckende Einführung der direkten Demokratie in den Kommunen seit Beginn der neunziger Jahre eng mit den entsprechenden Reformen auf Länderebene.[3] Alle Kommunen praktizieren ein zweistufiges plebiszitäres Verfahren, bei dem nach erfolgreichem Bürgerbegehren ein Bürgerent-

---

[3] Lediglich Baden-Württemberg, Bayern und Berlin bilden hier charakteristische Ausnahmen. Im Südweststaat wurden die kommunalen Plebiszite bereits 1956 eingeführt, im Freistaat, wo die direkte Demokratie in der Landesverfassung von Beginn an verankert war, konnten sie hingegen erst 1995 mittels Volksentscheid durchgesetzt werden. Berlin wiederum blieb lange Zeit das einzige Bundesland, das auf Bürgerbegehren und Bürgerentscheid in seinen Bezirken ganz verzichtete und das Instrument nur auf der Landesebene vorhielt; seit 2005 verfügt es neben Bayern und Hamburg über die am offensten ausgestaltete kommunale Direktdemokratie (Eder 2010).

scheid folgt. Im Übrigen weisen die Regelungen eine größere Variationsbreite auf als auf Länderebene (Paust 1999). Wie die Praxis in Hamburg und Bayern lehrt, schlägt sich das auch hier unmittelbar in der Nutzungshäufigkeit nieder. Weil beide Länder relativ niedrige Hürden vorsehen und auf einen Themenausschluss weitgehend verzichten, verzeichnen sie im Durchschnitt pro Gemeinde deutlich mehr Begehren als andere Bundesländer (Mehr Demokratie 2008: 12 ff.).

Besteht zwischen der Einführung der direkten Demokratie auf Länder- und kommunaler Ebene eine enge Wechselbeziehung, so wurde der Siegeszug der Plebiszite in den Kommunen zusätzlich von der flächendeckenden Ausbreitung der Süddeutschen Ratsverfassung begleitet. Ob die darin enthaltene Direktwahl der Bürgermeister und Landräte systemlogisch zu den „plebiszitären" Instrumenten gehört, braucht an dieser Stelle nicht erörtert zu werden – zweifellos stellt sie ein Element der Demokratisierung dar. Beginnend mit Hessen 1992 hat ein Teil der Länder in seinen Kommunalverfassungen darüber hinaus Neuland betreten, indem sie gleichzeitig mit der Direktwahl die Möglichkeit der Abwahl durch das Volk (das sogenannte *recall*) einführten. Diese war in den Kommunalverfassungen Baden-Württembergs und Bayerns nicht vorgesehen und ist dort auch nachträglich nicht eingeführt worden. Der plebiszitäre Charakter des *recalls* unterscheidet sich je nach Ausgestaltung. Am stärksten ausgeprägt ist er in Brandenburg, Sachsen und Schleswig-Holstein, wo der Antrag nicht nur vom Rat, sondern auch von den Bürgern selbst gestellt werden kann.[4] In den neuen Bundesländern (mit Ausnahme Mecklenburg-Vorpommerns) erstreckt sich die Abwahlmöglichkeit zudem auf die ehrenamtlichen Bürgermeister, was ansonsten nur noch in Niedersachsen gegeben ist (Witte 2001).

Wie lässt sich dieser eminente Demokratisierungsschub an gleich mehreren Fronten erklären? Als wichtigste Hintergrundvariable muss hier sicherlich das allgemein gestiegene Bedürfnis nach Partizipation betrachtet werden, das sich seit den siebziger Jahren Bahn gebrochen und zu einer nachhaltigen Politisierung auch der kommunalen Selbstverwaltung geführt hatte. Die Notwendigkeit, die vor dem Grundgesetz entstandenen Landesverfassungen zu modernisieren, schuf

---

[4] Die bürgerfreundlichen Regelungen haben dazu geführt, dass das Instrument in einigen Ländern lebhaft genutzt worden ist. Dies gilt vor allem für Brandenburg, wo sich das „Bürgermeisterkegeln" ab 1993 zu einem regelrechten Volkssport entwickelte. In einem Zeitraum von fünf Jahren wurden hier nicht weniger als 150 ehrenamtliche Bürgermeister vorzeitig abgewählt bzw. durch öffentlichen Druck genötigt, ihren Posten zu räumen. Der brandenburgische Landtag sah sich daraufhin gezwungen, die Quoren für das Abwahlbegehren zu erhöhen, um die Kontinuität der Kommunalpolitik weiter zu gewährleisten (Thumfart 2002: 638).

günstige Gelegenheiten für eine Reform, die mancherorts durch politische Ereignisse noch verstärkt wurden. So war es kein Zufall, dass die Erneuerung ausgerechnet in Schleswig-Holstein ihren Ausgang nahm, das Ende der achtziger Jahre die Barschel-Affäre zu verkraften hatte. Die Veränderungen auf dem Gebiet der Bürgerbeteiligung und des Parlamentsrechts, die im nördlichsten Bundesland vorgenommen wurden, gewannen nicht nur für die ostdeutschen Verfassungsgeber Modellcharakter, sondern dienten auch den Reformen in anderen westlichen Ländern als Vorbild (Jung 1993: 36 ff.).

Nachhaltige Rückwirkungen auf diesen Prozess hatte die Verfassungsgebung in den neuen Ländern (Decker 2004a: 54 ff.). So wie die Erfahrung des Nationalsozialismus nach 1945 die plebiszitäre Enthaltsamkeit des Grundgesetzes und der meisten Länderverfassungen gespeist hatte, so wirkten das Erbe des SED-Regimes und die demokratische Aufbruchstimmung der Wende nun in die gegenteilige Richtung. Auch wenn die zum Teil radikalen Vorstellungen, die man in den Beratungen des Runden Tisches entwickelt hatte, im späteren parlamentarischen Entscheidungsprozess weitgehend abgeschliffen wurden, setzten die Verfassungen in Ostdeutschland einen neuen demokratischen Trend, der den Ruf nach Veränderung auch in der alten Bundesrepublik lauter werden ließ (Klages / Paulus 1996). Die Eile und Gleichzeitigkeit, mit der sich die Entwicklung anschließend vollzog, bleibt dennoch verblüffend. Sie lässt sich zum einen mit dem föderalen Nachahmungsdruck erklären, den die Vorreiter der Demokratisierung auf die Reformer ausübten. Zum anderen eignete sich das Thema aufgrund seiner Popularität in der Bevölkerung hervorragend für den Parteienwettbewerb (Scarrow 1997). Wo die Forderung nach mehr Demokratie von den Oppositionsparteien erhoben wurde, konnten sich die Regierungen ihr nicht einfach verweigern, wenn sie ihre Chancen in den anstehenden Wahlauseinandersetzungen wahren wollten. Ein zusätzlicher Verstärkungseffekt ging von den plebiszitären Elementen selbst aus, die – einmal eingeführt – Bürgern und Parteien Gelegenheit gaben, den Reformdruck weiter zu erhöhen. An der Durchsetzung der Bürgermeisterdirektwahl in Hessen, Nordrhein-Westfalen, Schleswig-Holstein, Niedersachsen und im Saarland kann exemplarisch studiert werden, wie das Zusammenwirken dieser Faktoren den Erfolg des Reformprojekts – auch gegen partei- und regierungsinterne Widerstände – ermöglichte. Folgt man der Kritik von Hans Herbert von Arnim (2000: 267 ff.), gelang es den beharrenden Kräften dabei allerdings, zentrale Bestandteile der Reform zu verwässern oder ganz unter den Tisch fallen zu lassen.

Dies macht es notwendig, die Rolle der Parteien in diesem Prozess etwas genauer zu beleuchten. Trotz der Beharrungstendenzen scheint die Demokratisierung der Landesverfassungen auf den ersten Blick gegen die einflussreiche „Kartellthese" zu sprechen, die Richard Katz und Peter Mair (1995) aufgestellt haben. Die Parteien entwickeln danach ein natürliches Interesse, den Wettbewerb untereinander zu begrenzen, um ihre Monopolmacht zu sichern und das Aufkommen lästiger Konkurrenten zu verhindern. Das Problem dieser These besteht darin, dass sie eine zweifellos nachweisbare Erscheinung – die „Kartellisierung" von Privilegien – verabsolutiert und die fortbestehenden Zwänge des „elektoralen" Parteienwettbewerbs darüber vernachlässigt (von Beyme 2000: 35). Die Befürchtung, durch die Einführung der Plebiszite eigene Macht zu verlieren, hat in den innerparteilichen Diskussionen gewiss eine Rolle gespielt. Sie wurde jedoch durch die erhofften Vorteile in der Wahlauseinandersetzung und das Interesse speziell der Oppositionsparteien aufgewogen, mit der direkten Demokratie ein zusätzliches Vetoinstrument in die Hand zu bekommen, das sich gegen die Regierung richten ließ. Zudem ist die von den internen Skeptikern befürchtete und von den Befürwortern der direkten Demokratie erhoffte Begrenzung der Parteienherrschaft in der Praxis so nicht eingetreten. Die vorliegenden Untersuchungen (z.B. Paust 2002) deuten eher auf das Gegenteil. Die plebiszitären Elemente eröffneten den Parteien neue Möglichkeiten der Einflussnahme. Gleichzeitig trug ihre Einführung dazu bei, den fortschreitenden Ansehensverlust der Parteiendemokratie in Grenzen zu halten.

Etwas anders stellt sich die Lage im Bereich des Wahlrechts dar, wo die Reformen bescheidener ausfielen. Hier greift die Kartellparteienthese besser. Zum einen eignet sich das Wahlsystem im Unterschied zur Volksgesetzgebung nicht sonderlich für die Wählermobilisierung, weil es als Thema zu sperrig ist. Zum anderen – und noch wichtiger – hat es unmittelbare Auswirkungen auf die Macht- und Wettbewerbsposition der Parteien, die das Interesse an einer durchgreifenden Demokratisierung begrenzen (von Arnim 2001: 127 ff.). Dies gilt sowohl mit Blick auf die Zugangschancen potenzieller Wettbewerber als auch für die personellen Auswahlmöglichkeiten des Wählers. Signifikante Abweichungen von diesem restriktiven Grundverständnis hat es bislang nur auf der kommunalen Ebene gegeben, wo sich die Wahlsysteme entsprechend vielgestaltig ausnehmen. So sind inzwischen die meisten Länder zu offenen Listen übergangen – nur Berlin, Nordrhein-Westfalen, das Saarland und Schleswig-Holstein halten weiterhin am Prinzip starrer Listen fest. Ähnlich sieht es bei den Sperrklauseln aus, auf die heute 13 von 16 Bundesländern ganz verzichten. In einigen Fällen (Berlin, Mecklenburg-Vorpommern und Nordrhein-Westfalen) bedurfte es dabei freilich der Nachhilfe durch das Landesverfassungsgericht, um die Parteien zu einer Korrektur der bestehenden Regelungen zu zwingen.

Abb. V.8   Wahlsysteme in den Ländern

Land	Wahl-periode	Mandate (davon direkt)	Ausgleichs-mandate	Stimmen	Listen	Umrechnungs-verfahren[1]	Sperrklausel / Grundmandate
BW	5	120 (70)	ja	1	unterlegene Wahlkreis-kandidaten	S-L	fünf Prozent
BY	5	180 (91)	ja	2	offen	H-N	fünf Prozent
BE	5	130 (78)	ja	2	geschlossen	H-N	fünf Prozent oder ein Direktmandat
BRA	5	88 (44)	ja	2	geschlossen	H-N	fünf Prozent[2] oder ein Direktmandat
HB[3]	4	83 (-)	nein	5	offen	S-L	fünf Prozent[4]
HH	4	121 (71)	ja[5]	10[6]	offen	S-L	fünf Prozent
HE	5	110 (55)	ja	2	geschlossen	H-N	fünf Prozent
MV	5	71 (36)	ja	2	geschlossen	H-N	fünf Prozent
NS	5	135 (87)	ja	2	geschlossen	D'H	fünf Prozent
NRW	5	181 (128)	ja	2	geschlossen	S-L	fünf Prozent
RP	5	101 (51)	ja	2	geschlossen	H-N	fünf Prozent
SL	5	51 (0)[7]	nein	1	geschlossen	D'H	fünf Prozent
SN	5	120 (60)	ja	2	geschlossen	D'H	fünf Prozent oder zwei Direktmandate
ST	5	91 (45)	ja	2	geschlossen	H-N	fünf Prozent
SH	5	69 (40)	ja	2	geschlossen	D'H	fünf Prozent[8] oder ein Direktmandat
TH	5	88 (44)	ja	2	geschlossen	H-N	fünf Prozent

[1] S-L = Sainte-Laguë; H-N = Hare/Niemayer; D'H = D'Hondt
[2] Gilt nicht für Parteien der sorbischen Minderheit
[3] Tritt ab 2011 in Kraft
[4] Die Hürde von fünf Prozent besteht für die Landesliste, nicht für die Wahlkreislisten
[5] Im Wahlkreis ja, auf Landesebene nein
[6] Fünf Wahlkreisstimmen und fünf Landesstimmen
[7] 41 der 51 Abgeordneten werden in drei Mehrpersonenwahlkreisen gewählt, die übrigen 10 auf Landeslisten
[8] Gilt nicht für Parteien der dänischen Minderheit

Quelle: Trefs 2008: 343 f., aktualisierte Darstellung

Wesentlich „parteienfreundlicher" und zugleich konformer gestalten sich die Wahlsysteme auf Landesebene (Leunig 2007: 69 ff.). Hier haben sämtliche Länder die Fünfprozentklausel übernommen (mit Modifikationen in Brandenburg, Bremen und Schleswig-Holstein). Die meisten von ihnen (darunter alle neuen Bundesländer) orientieren sich darüber hinaus am personalisierten Verhältniswahlrecht des Bundes, das eine Aufteilung in Erst- und Zweitstimme vorsieht. In einigen Ländern (Hessen, Niedersachsen und Rheinland-Pfalz) wurde das Zwei-

stimmensystem auf Drängen der – vom Stimmensplitting am meisten profitierenden – FDP erst später eingeführt. Andere wiederum (Hamburg und Bremen)
haben die auf der kommunalen Ebene verbreiteten offenen Listen neuerdings
auch in das Landtagswahlrecht übernommen, was bis dahin nur in Bayern der
Fall war. Das einzige Bundesland, das heute noch an der reinen Listenwahl mit
nur einer Stimme festhält, ist das Saarland (Trefs 2008).

Widerspricht eine Demokratisierung des Wahlsystems den Eigeninteressen
der politischen Akteure, so können Veränderungen nur durch vermehrten Druck
von unten herbeigeführt werden. Das erfolgreiche Eintreten des Vereins „Mehr
Demokratie" für ein neues Wahlsystem in Hamburg hat gezeigt, dass Reformen
auf diesem Wege auch gegen den Willen der Parteien möglich sind (Decker 2007).
Die Neuregelung, die die Initiative 2004 in einem Volksentscheid durchgesetzt
hatte, wurde zwar, noch bevor sie zur Anwendung gelangte, von der regierenden
CDU per Parlamentsbeschluss wieder rückgängig gemacht und durch ein partei-
enfreundlicheres Wahlrecht ersetzt. Die öffentliche Kritik an diesem Vorgehen
und die Drohung mit einem neuerlichen Volksbegehren veranlassten den Senat
aber, einen Kompromiss mit den Initiatoren zu suchen, der zu einer für beide
Seiten akzeptablen Lösung führte[5] und nebenbei auch die direkte Demokratie der
Hansestadt auf ein festeres Fundament stellte. Hamburg katapultierte sich damit
– was die Personalisierung der Parteienwahl betrifft – vom letzten auf den ersten
Platz aller Landtagswahlsysteme (sowie in die Spitzengruppe der Kommunal-
wahlsysteme). Diesen Platz wird es sich demnächst mit Bremen teilen, dessen
2006 beschlossene Reform eng an das Hamburger Modell angelehnt ist.

5.   Die parlamentarische Regierungsform

a)   Divergenzen und konstitutionelle Angleichung

Alle Landesverfassungen konstituieren heute rein parlamentarische Regierungssysteme mit einem Einkammerparlament und geschlossener Exekutive. Allein

---

[5] Das 2009 beschlossene System sieht vor, dass 71 von 121 Bürgerschaftsabgeordneten in 17
Mehrpersonenwahlkreisen gewählt werden, wobei der Wähler – je nach Wahlkreisgröße –
drei bis fünf Personenstimmen vergeben kann. Die restlichen 50 Mandate werden über
Listen verteilt; Kumulieren und Panaschieren ist hier ebenso möglich wie die Abgabe einer
reinen Parteistimme, die die Listenreihenfolge bestätigt. Dasselbe Wahlsystem wird – mit
einer auf drei Prozent reduzierten Sperrklausel – auf kommunaler Ebene für die Wahl zu
den sieben Bezirksversammlungen angewandt.

Bayern bildete hiervon bis 1998 eine Ausnahme, indem es sich neben dem Landtag einen Senat als Zweite Kammer leistete. Als berufsständisches Gegengewicht
zum parteipolitisch geprägten Landtag konzipiert, wurde der Senat wegen seiner
problematischen demokratischen Legitimation jedoch schon bald als Relikt empfunden (Mielke 1971: 43). Zudem hatte sich die Zweite Kammer in der Verfassungspraxis als wenig effektiv erwiesen, da sie im Gesetzgebungsprozess von der
Staatsregierung leicht umgangen werden konnte (wenn diese ihre Entwürfe über
die Fraktion einbringen ließ). Bei einer rechtzeitigen Strukturreform wäre die
Institution vielleicht zu retten gewesen. Durch ein erfolgreiches Volksbegehren
dazu gezwungen, unternahm die regierende CSU einen Versuch in dieser Richtung, der aber im abschließenden Volksentscheid 1998 nur von 23,7 Prozent der
Abstimmenden unterstützt wurde. Eine übergroße Mehrheit (69,2 Prozent) vo-
tierte für die Abschaffung des Senats (Mintzel / Wasner 2004: 102 f.).

Überlegungen, eine Zweite Kammer einzuführen, waren von den Verfassungsgebern auch in anderen Ländern (Baden-Württemberg, Nordrhein-Westfalen, Rheinland-Pfalz, Schleswig-Holstein) angestellt worden, blieben aber allesamt ohne Erfolg. Dasselbe gilt für die in dem ursprünglichen rheinland-
pfälzischen Verfassungsentwurf vorgesehene Einführung einer exekutiven Dop-
pelspitze, die sich am semi-präsidentiellen System der Weimarer Republik
orientierte (Koch-Baumgarten 2004: 332 f.). Dass die Funktionen des Staatsoberhauptes und Regierungschefs im Amt des Ministerpräsidenten[6] (bzw. in den Stadtstaaten: des Bürgermeisters) vereinigt sind, unterscheidet die Bundesländer von
den parlamentarischen Systemen auf nationaler Ebene. Lediglich Südafrika und
Botswana fallen hier mit ihrer einköpfigen Exekutive aus dem Rahmen.

Eine generelle Abkehr vom parlamentarischen System wurde nur in Baden-
Württemberg kurzzeitig erwogen, das bei seiner Gründung 1952 bereits auf die
Erfahrungen in anderen Bundesländern zurückblicken konnte. Hier hatte Theo-

---

[6] Sieht man vom – richtig übersetzten – britischen oder französischen „Premierminister"
einmal ab, ist es im deutschen Sprachraum leider üblich, jedweden Regierungschef eines
ausländischen Landes (das heißt: auch einen Regierungschef, der nicht zugleich Staatsoberhaupt ist) als „Ministerpräsidenten" zu titulieren, obwohl dies der ursprünglichen landes-
sprachlichen Bezeichnung zumeist nicht entspricht. So gibt es unter den 27 Mitgliedsstaaten
der EU lediglich vier (Bulgarien, Lettland, die Niederlande und Ungarn), die diesen Begriff
verwenden. Ein korrekter Sprachgebrauch, der die Zweiteilung der Exekutive berücksichtigt, müsste entweder auf die landesübliche Bezeichnung (Premierminister, Bundeskanzler
etc.) oder den neutralen Begriff des Regierungschefs zurück greifen. Der Begriff „Ministerpräsident" sollte demgegenüber – deutscher Verfassungstradition folgend – für die gliedstaatliche Ebene reserviert bleiben (Steffani 1999).

dor Eschenburg als damaliger Staatsrat im baden-württembergischen Innenministerium den Plan entwickelt, das Regierungssystem des neuen Südweststaates entlang einer Präsidialverfassung umzugestalten, deren Herzstück die Direktwahl des Ministerpräsidenten sein sollte (Eschenburg 1952: 59 ff.). Die CDU machte sich dies in den Verfassungsberatungen zu eigen, konnte mit dem Vorschlag aber letztlich nicht durchdringen (Feuchte 1989: 106). Eschenburgs Denkschrift geriet daraufhin in Vergessenheit. Erst in den neunziger Jahren wurde die Direktwahl als alternatives Regierungsmodell für die Länder erneut ins Spiel gebracht (s.u.).

Die Anpassung der Regierungssysteme an das parlamentarische Standardmodell des Grundgesetzes wurde in erster Linie durch die Verfassungspraxis erzwungen. Betrachtet man allein die Verfassungsnormen, waren die Unterschiede in der Regierungsform durchaus beträchtlich – und zwar sowohl im Verhältnis der Länder untereinander als auch im Verhältnis zum Bund. Erst später sollte es auch hier im Zuge von Verfassungsreformen zu einer Angleichung kommen. Für die ursprünglichen Unterschiede zeichnen im Wesentlichen vier Faktoren verantwortlich. *Erstens* sind in einem Teil der Länder (Bayern, Bremen, Hessen, Rheinland-Pfalz, Saarland) die Verfassungen bereits vor der Gründung der Bundesrepublik entstanden. (Die anderen folgten erst hinterher.) *Zweitens* konnten die Länder bei der Verfassungsgebung auf eigene konstitutionelle Traditionen zurückblicken. Am stärksten galt dies für Bayern und die beiden Hansestädte, die ihre territoriale Integrität – als einzige unter den westlichen Ländern – auch nach 1945 bewahrt hatten. *Drittens* muss der Einfluss der Besatzungsmächte auf die Verfassungsgeber berücksichtigt werden. So ging z.B. die Institutionalisierung des Oppositionsführers in Schleswig-Holstein auf britische Vorstellungen zurück, während die Öffentlichkeit der Landtagsausschüsse in Bayern die Handschrift der US-Amerikaner trug (Mielke 1971: 51). *Viertens* bestanden und bestehen institutionelle Unterschiede zwischen den Flächenländern und Stadtstaaten, da letztere zugleich die Aufgaben einer Kommune wahrzunehmen haben.

Siegfried Mielke (ebd.: 14 f.) hat in einer frühen Arbeit zum Länderparlamentarismus vier Modelle der parlamentarischen Regierungsform unterschieden, von denen sich drei – die Parlamentsregierung, die „echte" parlamentarische Regierung und der „disziplinierte" (abgeschwächte) Parlamentarismus – in den ursprünglichen Länderverfassungen wiederfanden. Grundlage der Unterscheidung ist das Machtverhältnis zwischen Parlament und Regierung, das Mielke zufolge von folgenden Bedingungen abhängt: den Modalitäten der Parlamentsauflösung (durch die Regierung oder nur als Selbstauflösung), der Bestellung und Entlassung der Minister bzw. Senatoren (mit oder ohne Zustimmung des

Parlaments) sowie der Möglichkeit des Regierungschefs, auch nach einem Misstrauensvotum oder einer verlorenen Landtagswahl im Amt zu bleiben. Es ist merkwürdig, dass diese Einteilung in einer neueren Veröffentlichung desselben Autors fast wortgleich übernommen wurde, obwohl sie von der Realität längst überholt ist (Mielke / Reutter 2004: 36 f.). So haben z.B. inzwischen alle Länderverfassungen das Selbstauflösungsrecht eingeführt, wobei diese entweder mit absoluter (fünf Länder) oder mit Zweidrittelmehrheit erfolgen muss (elf Länder).

Etwas unübersichtlicher ist das Bild bei der Bestellung und Entlassung der Regierungsmitglieder. Abweichend vom Modell des Grundgesetzes sehen hier die meisten Verfassungen weiterhin eine Bestätigung des gesamten Kabinetts durch das Parlament vor; auch die Entlassung der Minister ist in einigen Fällen an dessen Zustimmung gebunden (so in Bayern, Hessen, Niedersachsen, Rheinland-Pfalz und im Saarland). In Berlin und Bremen müssen die Senatoren vom Parlament vor ihrem Amtsantritt sogar einzeln bestätigt werden. (In Hamburg gilt dies seit der Verfassungsreform 1996 nur noch für im Laufe der Legislaturperiode neu bestellte Regierungsmitglieder.) Bremen und Hamburg sahen ursprünglich nicht einmal die Wahl des Senatspräsidenten bzw. Ersten Bürgermeisters durch die Bürgerschaft vor; dieser wurde vielmehr erst nach der Wahl des gesamten Senats als *primus inter pares* aus dessen Mitte bestellt. Die 1994 bzw. 1996 beschlossenen Verfassungsreformen haben mit dieser Tradition gebrochen.

Unterschiedliche Regelungen gibt es auch beim Misstrauensvotum (Stiens 1997: 149 ff.). In den meisten Ländern richtet sich dieses wie im Bund allein gegen die Person des Regierungschefs, mit dessen Abwahl die Amtszeit aller übrigen Regierungsmitglieder endet. Dabei ist in der Regel die gleichzeitige Wahl eines Nachfolgers erforderlich (Ausnahmen in Berlin und Bremen). In fünf Ländern (Baden-Württemberg, Berlin, Bremen, Rheinland-Pfalz, Saarland) ist ein Misstrauensvotum auch gegen einzelne Minister möglich, was man nach den negativen Weimarer Erfahrungen für das Grundgesetz ausdrücklich ausschließen wollte. Am anderen Ende der Skala steht Bayern, dessen Verfassung überhaupt kein förmliches Misstrauensvotum kennt. Allerdings muss der Ministerpräsident auch hier zurücktreten, „wenn die politischen Verhältnisse ein vertrauensvolles Zusammenarbeiten zwischen ihm und dem Landtag unmöglich machen" (Art. 44 Abs. 3 der Bayerischen Verfassung).[7]

---

[7] Ein Weiterverbleiben der Regierung im Amt nach einer verlorenen Vertrauensabstimmung ist theoretisch heute nur noch in Berlin möglich. Noch weitergehende Regelungen bestanden ursprünglich in Schleswig-Holstein und Hamburg, deren Verfassungen überhaupt keine Bindung der Amtszeit an die Wahlperiode vornahmen. Dies wurde erst 1990 bzw. 1996 beseitigt.

Abb. V.9   Parlament und Regierung in den Landesverfassungen

	Misstrauensvotum	Bestätigung / Wahl / Entlassung der Regierung bzw. Regierungsmitglieder	Auflösung des Landesparlaments
BW	konstruktiv	Bestätigung der Regierung	Selbstauflösung, bei gescheiterter Regierungsbildung, Volksabstimmung
BY	Rücktritt, wenn vertrauensvolle Zusammenarbeit unmöglich	Zustimmung zur Berufung und Entlassung der Minister und Staatssekretäre	Selbstauflösung, Auflösung bei gescheiterter Regierungsbildung, Volksentscheid
BE	einfach (21 Tage gültig)	Einzelwahl / -abwahl der Senatoren	Selbstauflösung; Volksentscheid
BRA	konstruktiv	–	Selbstauflösung, Auflösung möglich nach gescheiterter Vertrauensfrage und bei gescheiterter Regierungsbildung
HB	konstruktiv	Einzelwahl der (oder Abwahl einzelner) Senatoren	Selbstauflösung, Volksentscheid
HH	konstruktiv	Zustimmung für Senat (später Einzelwahl)	Selbstauflösung, Auflösung möglich nach gescheiterter Vertrauensfrage
HE	einfach	Bestätigung durch Landtag, Zustimmung zur Entlassung	Selbstauflösung; Auflösung, wenn Regierungsbildung nach Misstrauensvotum scheitert
MV	konstruktiv	–	Selbstauflösung, Auflösung möglich nach gescheiterter Regierungsbildung und automatisch nach gescheiterter Vertrauensfrage
NS	konstruktiv	Bestätigung durch Landtag, spätere Entlassung und Berufung mit Einzelbestätigung	Selbstauflösung, möglich nach gescheiterter Regierungsbildung
NRW	konstruktiv	–	Selbstauflösung, Auflösung möglich, wenn vom Landtag abgelehntes Gesetz per Volksentscheid angenommen wird
RP	einfach	Bestätigung durch Landtag, Zustimmung bei Entlassung	Selbstauflösung, Volksentscheid
SL	einfach	Entlassung und Ernennung mit Zustimmung des Landtags	Selbstauflösung, bei gescheiterter Regierungsbildung durch Landtagsbeschluss
SN	konstruktiv	–	Selbstauflösung bei gescheiterter Regierungsbildung
ST	konstruktiv	–	Selbstauflösung, bei gescheiterter Regierungsbildung durch Landtagsbeschluss, bei gescheiterter Vertrauensfrage
SH	konstruktiv	–	Selbstauflösung, bei gescheiterter Vertrauensfrage
TH	konstruktiv	–	Selbstauflösung, bei gescheiterter Vertrauensfrage

Quelle: Reutter 2004: 21, aktualisierte Darstellung

Die bayerische Regelung ist insofern interessant, als die Verfassung des Freistaates dem Ministerpräsidenten nicht die normalerweise übliche Richtlinienkompetenz einräumt, was ansonsten nur noch in Bremen und Berlin der Fall ist. Daran lässt sich zum einen ablesen, dass zwischen den Modalitäten der Bestellung bzw. Abberufung und der Richtlinienbefugnis kein zwingender Sachzusammenhang besteht; einige Landesverfassungen verweigern dem Regierungschef sogar die mit der Richtlinienkompetenz normalerweise einhergehende Organisationsgewalt, die hier entweder bei der gesamten Regierung liegt (Bremen, Hamburg) oder durch Regierung bzw. Regierungschef und Landtag gemeinsam ausgeübt wird (Baden-Württemberg, Bayern, Berlin, Hessen, Rheinland-Pfalz). Zum anderen macht es die überragende Bedeutung der Verfassungspraxis deutlich, in der sich die Prärogative des Regierungschefs auch gegen den Wortlaut der Verfassungen behauptet hat. So hatte z.B. Hamburgs Bürgermeister Henning Voscherau das Recht, die Senatoren selbst auszuwählen, bereits vor der Verfassungsreform 1996 für sich beansprucht, die insofern nur die Konsequenzen aus der bestehenden Praxis zog (von Blumenthal 2004: 216). Umgekehrt kommen die Ministerpräsidenten dort, wo sie über dieses Recht von Verfassungs wegen verfügen, nicht umhin, bei der Zusammenstellung des Kabinetts auf die Wünsche des Parlaments und der Abgeordneten Rücksicht zu nehmen. Auch hier reicht ihr faktischer Einfluss – wie man weiß – heute nur noch bis an die Grenze der eigenen Partei und Fraktion. Die Koalitionspartner sind bei der Besetzung der ihr zugesprochenen Ressorts weitgehend souverän (Leunig 2007: 221 f.).

Dies bedeutet keineswegs, dass die verbleibenden Unterschiede in der formalen Ausgestaltung des parlamentarischen Systems allesamt irrelevant wären. Jenseits der genannten, die Regierungsbestellung und -abberufung betreffenden Merkmale differieren die Länderverfassungen z.B. in der Länge der Wahlperioden, den parlamentarischen Kontrollrechten, der Kompatibilität von Regierungsamt und Abgeordnetenmandat, den Querverbindungen von parlamentarischer und Volksgesetzgebung sowie der Professionalisierung des Parlamentsbetriebs (Voll- oder Teilzeitparlament), um nur einige Beispiele zu nennen (vgl. die Einzelbeiträge in Mielke / Reutter 2004). Insofern ergibt sich ein durchaus vielfältiges Bild des deutschen Länderparlamentarismus, das die Betrachtung lohnt. Wenn diese Vielfalt in der Verfassungswirklichkeit wenig sichtbar geworden ist, so liegen die Gründe dafür vor allem bei den Parteien, die das Funktionieren des parlamentarischen Systems in der Bundesrepublik im Sinne eines einheitlichen – am britischen Westminster-Parlamentarismus geschulten – Regierungsmodells geprägt und die bestehenden verfassungsrechtlichen Unterschiede darüber abgeschliffen haben.

b)   Parteiensystem und Regierungsformate

Das mehrheitsdemokratische Modell des Parlamentarismus, wie es in annähernder Reinform in Großbritannien vorzufinden ist, basiert auf dem Prinzip der
alternierenden Regierung. Dass es sich auch in der Bundesrepublik frühzeitig
durchsetzen konnte, lag nicht ursächlich in der Konzeption des Grundgesetzes
begründet, dessen Autoren noch weitgehend an der klassischen Vorstellung der
Gewaltenteilung festgehalten hatten (Schütt-Wetschky 2000). Entscheidend war
vielmehr die Entwicklung des Parteiensystems, die bereits 1949 die Bildung einer
kleinen Koalition ermöglichte. Bei diesem Standardmodell der Regierung ist es
auf der Bundesebene bis auf drei Ausnahmen geblieben. 1957 gewann mit der
Union zum ersten und einzigen Male eine Partei bei der Bundestagswahl die
absolute Mehrheit. Obwohl sie die Regierung allein hätten stellen können, bildeten CDU und CSU damals eine „Überschuss-Koalition" mit der Deutschen Partei,
um ihre parlamentarische Basis zu verbreitern. 1966 kam es dann zur Bildung
einer Großen Koalition von Union und SPD, die knapp drei Jahre im Amt blieb,
ehe die Bundestagswahlen 1969 den Weg für die sozial-liberale Regierung frei-
machten. Auch die zweite Große Koalition, die 2005 mangels anderer Möglichkeiten gebildet werden musste, hatte nur eine Wahlperiode Bestand und machte
2009 erneut einem kleinen Bündnis Platz. Die Regierungsformate im Bund haben
also eine klare mehrheitsdemokratische Schlagseite.[8] Auf lediglich sieben Jahre
Große Koalition kommen 53 Jahre kleiner Koalitionen bzw. einer faktischen Ein-
parteienregierung, denen eine annähernd gleich starke Opposition aus einer oder
mehreren Parteien gegenübersteht.

Ganz anders verlief die Entwicklung anfangs in den Ländern. Von den 35
Regierungen, die hier im Zeitraum 1946 bis 1955 existierten, wurden nur fünf von
einer Partei gestellt, während in neun Fällen eine kleine Koalition amtierte. Dem
standen jedoch zehn Große Koalitionen und elf (!) Allparteienregierungen ohne
numerisch ernst zu nehmende Opposition gegenüber, die dem Prinzip der alternierenden Regierung widersprachen (Hennis 1956). Vor diesem Hintergrund war
es nachvollziehbar, dass Autoren wie Hennis und Eschenburg die Weisheit des
parlamentarischen Systems auf der gliedstaatlichen Ebene in Zweifel zogen und
stattdessen die Einführung eines Proporz- oder Präsidialsystems propagierten,

---

[8] Die bleibende Notwendigkeit der Koalitionsbildung, die eine Folge des Verhältniswahl-
rechts darstellt, relativiert dabei das Prinzip der alternierenden Regierung insofern, als sie
auch unvollständige Machtwechsel erlaubt (bei denen ein Koalitionspartner in der Regierung verbleibt). Wie die Beispiele 1966, 1969, 1982, 2005 und 2009 zeigen, sind diese in der
Bundesrepublik sogar der Normalfall.

um alle relevanten Kräfte an der Wahrnehmung der Regierungsfunktion zu beteiligen.

Der Kritik an den vermeintlich „systemwidrigen" Regierungsformaten wurde die Grundlage entzogen, als die Großen Koalitionen und Allparteienregierungen ab Mitte der fünfziger Jahre in rascher Folge verschwanden. Dafür gab es im wesentlichen drei Ursachen. Zum einen war die Krisensituation nicht mehr dieselbe, die in der Aufbauphase nach dem Krieg ein Zusammengehen aller politischen Kräfte sinnvoll erscheinen ließ. Zum zweiten durchlief das Parteiensystem einen rasanten Konzentrationsprozess. Aus der anfänglichen Vielparteienstruktur entwickelte sich bis Beginn der sechziger Jahre ein stabiles Zweieinhalbparteiensystem (mit Union, SPD und FDP), das von nun an zwei Jahrzehnte lang Bestand haben sollte. Und drittens lag es im Interesse der Bundesregierung, die Koalitionen in den Ländern weit möglichst „gleichzuschalten", um die Durchsetzung ihrer Politik im Bundesrat sicherzustellen (Jun 1994: 100 ff.). Ihrem Höhepunkt strebte diese Entwicklung im April 1972 zu. Nach dem Ende der Großen Koalition in Baden-Württemberg gab es ab diesem Zeitpunkt in den Ländern nur noch Einparteienregierungen (acht Fälle) oder kleine Koalitionen (drei Fälle), die alle entweder dem Regierungs- oder Oppositionslager des Bundes zuzurechnen waren. Zu einer „gemischten" Koalition kam es erst wieder 1977 (CDU / FDP in Niedersachsen), zu einem vom mehrheitsdemokratischen Modell abweichenden Regierungsformat sogar erst 1981 (CDU-Minderheitssenat in Berlin).

Die Entwicklung des Parteiensystems hat dafür gesorgt, dass sich das auf dem Gegenüber von regierender Mehrheit und Opposition basierende Parlamentarismusverständnis des Westminster-Systems in der Bundesrepublik auch normativ durchsetzte. Angesichts der immer noch wirkungsmächtigen Tradition des konstitutionellen Gleichgewichtsdenkens war das keineswegs selbstverständlich. Die Rechtfertigung des neuen Dualismus bleibt bis heute eine Daueraufgabe für die Politikwissenschaft (Patzelt 1998). Sie hat aber auch unter den Staatsrechtlern das Bedürfnis nach normativer Konkretisierung geweckt. Die Verfassungsreformprozesse in den Ländern boten dazu Gelegenheit. Nachdem sich Hamburg bereits 1971 entschlossen hatte, im neu eingefügten Art. 23a seiner Landesverfassung die Rolle der Opposition als „wesentlicher Bestandteil der parlamentarischen Demokratie" anzuerkennen, wurden ab 1990 in weiteren elf Ländern entsprechende Klauseln eingefügt, darunter allen neuen Bundesländern (Cancik 2000: 80 ff.). Lediglich Baden-Württemberg, Hessen, Nordrhein-Westfalen und das Saarland folgen hier weiter dem Grundgesetz, das auf eine solche Klarstellung bis heute verzichtet.

Es ist nicht ohne Ironie, dass die Verfassungsänderungen zu einem Zeitpunkt erfolgten, als das bundesdeutsche Parteiensystem in eine neue Phase der
Fragmentierung eintrat (Reutter 2008: 86 ff.). Mit den Grünen hatte sich schon in
den achtziger Jahren eine vierte Partei als feste Größe etabliert, die das Spektrum
möglicher Koalitionen ab 1985 – nachdem in Hessen die erste rot-grüne Landesregierung zustande gekommen war – bereicherte. An der bipolaren Grundstruktur des Parteiensystems änderte das zunächst wenig. Erst das Hinzutreten der
PDS nach der deutschen Vereinigung und die gelegentlichen Wahlerfolge rechts-
extremer bzw. -populistischer Parteien sorgten dafür, dass die Bildung einer
Mehrheitskoalition nach dem vertrauten Muster in den neunziger Jahren schwieriger wurde.

Abb. V.10   Koalitions- und Regierungsformate in den Ländern 1990 bis 2009
              (in Amtsjahren)

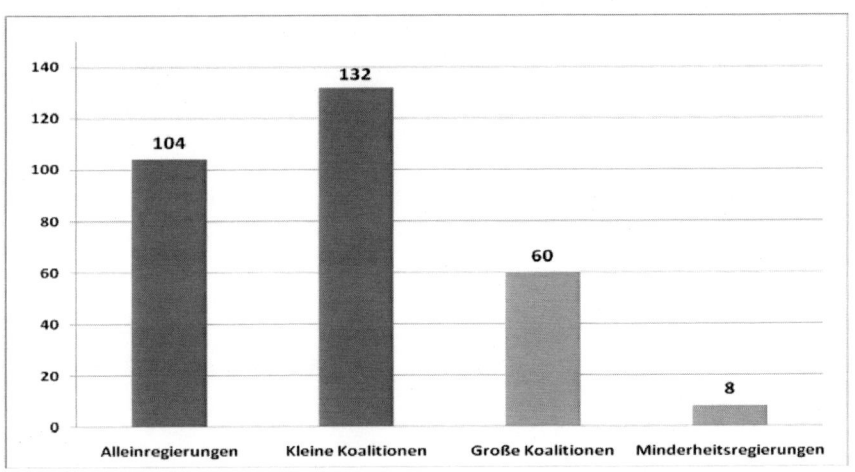

Quelle: eigene Berechnungen

Existierten in der Hochzeit der Stabilität in den siebziger Jahren gerade mal drei
Regierungsformate, so waren es von 1990 bis 2009 bereits 13. Von den insgesamt
304 Regierungsjahren in den Ländern entfielen in diesem Zeitraum 104 auf Uni-
ons- bzw. SPD-Alleinregierungen, 132 auf kleine Koalitionen (in acht verschiede-

nen Varianten), 60 auf Große Koalitionen[9] und acht auf Minderheitsregierungen. Die abweichenden Regierungsformate machten damit immerhin mehr als ein Fünftel aller Fälle aus. Die Pluralisierung schlug sich auch darin nieder, dass in 98 Regierungsjahren „gemischte" Koalitionen im Amt waren, die nicht den Mehrheitskonstellationen auf Bundesebene entsprachen.

Die Oppositionsregelungen in den Länderverfassungen nehmen sich vor diesem Hintergrund problematisch aus, gehen sie doch alle implizit von einer Einparteienregierung oder kleinen Koalition als Regierungsmodell aus. Anderweitige Formate wie die Große Koalition oder eine parlamentarisch gestützte Minderheitsregierung lassen sich durch sie nicht einfangen. Im ersteren Fall fehlt es der Opposition an Masse, um ihre Alternativfunktion wahrzunehmen, da sie keine realistische Chance hat, die Regierung nach der kommenden Wahl abzulösen. Eine zahlenmäßig schwache Opposition kann hier noch nicht einmal über das volle Arsenal parlamentarischer Kontrollrechte verfügen. So bedarf es z.B. in der Bundesrepublik eines Antrages von mindestens einem Viertel (sieben Länder und Bund) oder einem Fünftel der Abgeordneten (neun Länder), um einen Untersuchungsausschuss einzusetzen. Im Falle der Minderheitsregierung besteht das Problem darin, dass sich nicht alle Teile des Parlaments dem Lager der Regierung oder jenem der Opposition klar zuordnen lassen. Die in den meisten Oppositionsartikeln enthaltenen Legaldefinitionen charakterisieren letztere scheinbar eindeutig als diejenigen Fraktionen und Mitglieder des Landtages, welche die Regierung nicht tragen bzw. stützen. Was „stützen" bedeutet, ist in diesem Zusammenhang jedoch keineswegs ausgemacht. Versteht man darunter eine wie immer geregelte Form der Kooperation, würde der Oppositionsbegriff in der Tat keinen Sinn machen.[10] Wie aber verhält es sich, wenn der betreffende Teil die Regierung bloß „duldet", indem er auf die Einbringung eines Misstrauensvotums verzichtet bzw. ein solches nicht befürwortet? In dieser Situation könnte die Re-

---

[9] Aus Gründen der Vergleichbarkeit mit der Bundesebene wurden als Große Koalitionen alle Koalitionen von Union und SPD gewertet, obwohl diese Parteien in drei Fällen (Brandenburg 2004 – 2009, Sachsen 2004 – 2009 und Sachsen-Anhalt 2006 – 2009) nicht die beiden größten Fraktionen in den Landtagen stellten.

[10] Mit eben dieser Begründung wollte die CDU in Sachsen-Anhalt 1994 erreichen, dass der PDS, die sich zur Duldung der rot-grünen Landesregierung entschlossen hatte, der Oppositionsstatus aberkannt würde. Das Landesverfassungsgericht wies den Antrag ab, weil es keine koalitionspolitisch motivierte Zusammenarbeit mit der Regierung erkennen mochte – nur dann hätte es sich um ein „Stützen" gehandelt. Thomas (2003: 799) weist allerdings darauf hin, dass dieser Tatbestand spätestens ab 1997 erfüllt war und das Gericht nach seinen eigenen Kriterien dann hätte anders urteilen müssen.

gierung nicht sicher sein, dass sie für ihre Gesetzgebungsvorhaben im Parlament immer die notwendige Unterstützung findet (Kropp 1997).

Die Mehrheitsfixierung des bundesdeutschen Parlamentarismus, die sich in den Oppositionsklauseln ausdrückt, ist verständlich, wenn man an die instabilen Regierungsverhältnisse der Weimarer Republik zurückdenkt. Minderheitskabinette wie in Skandinavien oder das in Südeuropa gelegentlich gepflegte Regieren mit wechselnden Mehrheiten sind der parlamentarischen Kultur der Bundesrepublik bis heute fremd geblieben. Das einzige Format außerhalb des parlamentarischen Standardmodells, das auf eine gewisse Akzeptanz rechnen kann, ist die Große Koalition, in die sich Union und Sozialdemokraten allerdings erst dann „flüchten", wenn es rechnerisch oder politisch keine andere Möglichkeit gibt.[11] Geht auch die Große Koalition nicht, bleibt praktisch nur der Weg über vorgezogene Neuwahlen, um eine neue Mehrheit zu erzeugen. Dies war z.B. 1982 und 1986/87 in Hamburg der Fall, als die SPD die zur Senatsbildung erforderliche Mehrheit im ersten Anlauf verfehlt hatte. Um die drohende Unregierbarkeit zu beschwören, sprach man damals bezeichnenderweise von „Hamburger Verhältnissen."

Zum Testfall für die Flexibilität des parlamentarischen Systems wurde die 1994 gebildete Minderheitsregierung in Sachsen-Anhalt. Die von manchen Politologen gehegte Hoffnung, das „Magdeburger Modell" könne eine Art Zukunftsmodell des parlamentarischen Systems in Ostdeutschland sein (mit möglichen Rückwirkungen auch auf die westlichen Bundesländer) hat bekanntlich getrogen. Der „Nutzen" der Minderheitsregierung muss aus heutiger Sicht vor allem darin gesehen werden, dass sie ein Zwischenstadium auf dem Weg zur förmlichen Einbeziehung der PDS in die Regierungsverantwortung darstellte, die 1994 noch nicht durchsetzbar gewesen war. Hier liegt zugleich einer der Gründe dafür, warum das Experiment keine Nachahmer fand: Das Magdeburger Modell wurde auch von seinen Urhebern eher als Verlegenheitslösung denn als eigenständige Regierungsalternative betrachtet. Als die Postkommunisten ihre volle Salonfähigkeit erreichten, hatte es seinen Zweck erfüllt.

Für die Dogmatiker der Mehrheitsdemokratie war das Scheitern des Modells nur konsequent. Eine lediglich geduldete Minderheitsregierung bedeutete in ihren Augen eine Unterminierung der zentralen Funktionsbedingungen des par-

---

[11] Gelegentliche Ausnahmen wie in Bremen bestätigen die Regel. Aber auch hier kam die Erneuerung der Großen Koalition nach der Bürgerschaftswahl 2003 nur zustande, weil SPD-Spitzenkandidat und Bürgermeister Henning Scherf sein Verbleiben im Amt von dieser Entscheidung abhängig gemacht hatte. Die SPD musste sich dem beugen, obwohl sie ein rechnerisch mögliches Bündnis mit den Grünen mehrheitlich vorgezogen hätte.

lamentarischen Systems (Patzelt / Schirmer 1996). Wenn das stimmen würde, erhebt sich allerdings die Frage, warum das Modell in den europäischen Ländern so weit verbreitet ist und die normalen Mehrheitsregierungen zahlenmäßig sogar überwiegt (Thomas 2003: 792). Der Haupteinwand gegen das Duldungsmodell lautet, dass es die Zurechenbarkeit politischer Verantwortung erschwere, die im parlamentarischen System durch das klare Gegenüber von Regierungsmehrheit und Opposition gewährleistet sei. Gewiss stellt es ein Problem dar, wenn die tolerierende Partei für die Politik der von ihr mitgetragenen Regierung nicht voll in Haftung genommen werden kann. Dieses Problem fällt aber auf der Länderebene nicht allzu schwer ins Gewicht, weil die verwaltungslastigen Aufgaben hier einen konsensuellen Politikstil eher gestatten als die ideologisch stärker polarisierte Bundespolitik.

Dem stehen auf der anderen Seite die unbezweifelbaren Vorteile des Duldungsmodells gegenüber (Renzsch / Schieren 1997). Versäumt es die Minderheitsregierung, eine feste, koalitionsähnliche Zusammenarbeit mit einer oder mehreren Oppositionsparteien zu verabreden, so muss sie die parlamentarische Unterstützung für ihre Politik von Fall zu Fall besorgen. Dies führt dazu, dass der Einfluss der Fraktionen und einzelnen Abgeordneten zunimmt. Der Effekt ist also derselbe wie in einem präsidentiellen System, wo das Parlament durch seine unabhängige Stellung in der Lage ist, der Exekutive im Gesetzgebungsprozess auch faktisch Paroli zu bieten (Bolleyer 2001). Der mehrheitsdemokratische Parlamentarismus billigt dem Verfassungsorgan mit der höchsten Legitimation demgegenüber nur eine Nebenrolle im Regierungsgeschehen zu. Eine Stärkung der konsensuellen Entscheidungsmechanismen, wie sie das Magdeburger Modell angestrebt hat, könnte dem zumindest entgegenwirken.

c)   Das Leerlaufen des parlamentarischen Systems auf der Beteiligungsebene

Die Rede vom Bedeutungsverlust der Landesparlamente ist gängige Münze. Die oft beklagte „Entparlamentarisierung" ist einerseits eine Folge des mehrheitsdemokratischen Parlamentarismus, der in der Praxis auf ein System der exekutiven oder Regierungschefdominanz hinausläuft. Das Schicksal der Machtlosigkeit oder schwachen Beteiligungsposition teilen Opposition und Parlamentsmehrheit dabei gleichermaßen – die Opposition, weil sie mangels Mehrheit nicht regieren kann, und die parlamentarische Mehrheit, weil sie die Initiative „ihrer" Regierung überlassen muss, also nicht regieren darf. Letzteres gilt freilich mit der Einschränkung, dass die Regierungsfraktionen über das Potenzial verfügen, die Gesetzesentwürfe scheitern zu lassen und – wenn nötig – die gesamte Regierung zu Fall zu bringen. Für die Regierung ist es deshalb ratsam, die eigene Mehrheit in die legislativen Entscheidungsprozesse vorsorglich einzubinden.

Gilt diese Diagnose für die Länder wie den Bund, so wird die Auszehrung des Parlamentarismus auf der Länderebene auf der anderen Seite durch zwei Entwicklungen maßgeblich verstärkt. Erstens mangelt es den Ländern – wie gesehen – an eigenen Gestaltungsmöglichkeiten, nachdem das Gros der Gesetzgebungskompetenzen im deutschen Föderalismus auf der Bundesebene angesiedelt bzw. dorthin abgewandert ist. Zweitens obliegt die Mitwirkung an der Bundesgesetzgebung ausschließlich den Landesregierungen, die im Bundesrat und zahlreichen Bund-Länder-Konferenzen zusammenwirken. Auch die Selbstkoordination der Länder auf der sogenannten Dritten Ebene wird allein durch die Exekutiven besorgt. Die Regierungen und Ministerpräsidenten sind unter diesen Bedingungen eher gehalten, sich mit den Parteikollegen aus anderen Ländern bzw. dem Bund kurzzuschließen als mit der Mehrheit im eigenen Landtag.

Zwar greift die oben erwähnte Sanktionsmöglichkeit grundsätzlich auch für das Verhalten der Landesregierungen im Bundesrat, weshalb de jure von einem Leerlaufen des parlamentarischen Systems auf der Beteiligungsebene nicht die Rede sein kann. Dass der Landtag der Regierung keine rechtsverbindlichen Weisungen erteilen darf, ist in diesem Zusammenhang unerheblich, da es hier allein auf das politische Vertrauen ankommt (Steffani 1990: 50). In der Verfassungswirklichkeit wird den Parlamenten aber auch die Befugnis bestritten, die Regierungen auf ein bestimmtes Abstimmungsverhalten politisch festzulegen, wobei sich die Abgeordneten in ihre Machtlosigkeit scheinbar widerstandslos fügen.[12] Nicht nur, dass die Behandlung von Bundesratsthemen in der parlamentarischen Praxis kaum eine Rolle spielt. Auch die Wahrnehmung der Kontrollrechte seitens der Fraktionen wird auf diesem Feld als inopportun betrachtet. Die Landesregierungen beschränken sich in der Regel darauf, die Landtage nachträglich über die Bundesratsentscheidungen zu informieren. Einige Parlamente haben zur Verbesserung des Informationsflusses besondere Ausschüsse für Bundesratsangelegenheiten eingerichtet, die das grundsätzliche Kontrollproblem aber allenfalls lin-

---

[12] Ein markantes Beispiel dafür aus der jüngeren Vergangenheit ist die von der rot-grünen Regierung eingebrachte Dosenpfandregelung, die im Bundesrat mithilfe der Vertreter Bayerns zu Fall gebracht wurde, obwohl sich der bayerische Landtag kurz zuvor mehrheitlich für das Pfand ausgesprochen hatte (Mai 2001). Dass eine Bindung an den Willen des Landtags politisch möglich wäre, beweist im Übrigen die ganz anders geartete Praxis der Koalitionsvereinbarungen, in denen sich die Regierungspartner auf ein geregeltes Abstimmungsverhalten vertraglich festlegen. Es ist nicht einsehbar, warum das eine zulässig und das andere unzulässig sein sollte (Bryde 2000: 158).

dern. Von daher ist es durchaus nachvollziehbar, wenn Autoren wie Manfred Friedrich (1989: 1711) den Hauptgrund für den Bedeutungsverlust der Landtage nicht in der Abwanderung von Gesetzgebungszuständigkeiten sehen, sondern in der immer stärker gewordenen Beteiligungsposition des Bundesrates.

So gesehen hätte es ein willkommener Nebeneffekt der 2006 beschlossenen Bundesstaatsreform sein können, dass sie den Landesparlamenten wieder ein Stückweit zu ihrem Recht verhilft (Reutter 2008: 339 ff.). Diese Erwartung ist nach den bisher vorliegenden Erfahrungen nicht in Erfüllung gegangen. Ein Erfolg der Föderalismusreform hätte vorausgesetzt, dass das Interesse an einer durchgreifenden Entflechtung von allen Beteiligten geteilt wird, was aber gerade bei den kleineren, finanzschwachen Ländern nicht der Fall war. Und selbst wenn es gelungen wäre, die Länder zu einem Verzicht auf einen erheblichen Teil ihrer Zustimmungsrechte im Bundesrat zu bewegen, indem man ihnen im Gegenzug handfeste Kompetenzen aus den Bereichen der konkurrierenden und Rahmengesetzgebung zurückgibt, hätte das an dem eigentlichen Problem der Exekutivlastigkeit nur wenig geändert. Die Chancen, den Länderparlamentarismus durch eine Neuordnung der föderalen Zuständigkeiten zu revitalisieren, waren also von vornherein gering. Dies gilt umso mehr, als weitergehende Überlegungen, die Länderkammer auch in struktureller Hinsicht zu reformieren, in der Föderalismuskommission gar nicht erst zur Debatte standen.

d)   Alternativen zur parlamentarischen Regierungsform

Kann das parlamentarische System, so wie es sich in der Verfassungspraxis der Bundesrepublik entwickelt hat, noch als adäquate Regierungsform für die Länder bezeichnet werden? Nach der hier vorgenommenen Analyse sind zumindest Zweifel angebracht. Diese gründen zum einen auf den Eigenarten der Politik in den Ländern, in denen die sogenannte „gesetzesakzessorische" Verwaltung längst den Hauptanteil der legislativen Tätigkeit ausmacht, zum anderen lassen sie sich aus dem spezifischen Gepräge des bundesdeutschen Exekutivföderalismus ableiten, der die Länderregierungen zu Lasten der Landtage einseitig privilegiert. Beides wirft die Frage nach institutionellen Gegenmaßnahmen auf. Steht eine grundlegende Neuordnung des Bundesstaates nicht zu erwarten, bleibt den Ländern immer noch die Möglichkeit einer Reform des eigenen Systems. Gelingt ihnen dabei der Wechsel zu einer anderen Regierungsform, hätte das über die Beteiligungsebene zugleich Rückwirkungen auf den Föderalismus im Gesamtstaat, vor allem auf die Struktur der Zweiten Kammer.

Unter den möglichen Alternativen zum parlamentarischen System werden in der Literatur zwei besonders hervorgehoben: das Proporzmodell schweizerischer oder österreichischer Provenienz und das US-amerikanische Präsidialsystem. Das Proporz- oder Konkordanzmodell, das auf die Bildung einer Allparteienkoalition hinausläuft, wurde von Wilhelm Hennis bereits in den fünfziger Jahren als Regierungsform für die Gliedstaaten ins Spiel gebracht. Tatsächlich hatte es damals in einigen Ländern – am längsten in Baden-Württemberg – Bestand, ehe sich der mehrheitsdemokratische Parlamentarismus überall durchsetzte. Dass Hennis an seinem Vorschlag auch später trotzig festhielt, weist ihn als streitbaren Kritiker aus, ist aber nicht unbedingt überzeugend (Hennis 1990). Schwierigkeiten, eine Mehrheitskoalition nach üblichem Muster zu bilden, die durch die Entwicklung des Parteiensystems erzeugt werden, ändern daran ebenso wenig wie die in den Ländern zwischenzeitlich eingeführten Verfahren der Volksgesetzgebung. Erstere heben die Wettbewerbslogik des parlamentarischen Systems ja noch nicht auf, und letztere sind in den Verfassungen zu restriktiv ausgestaltet, als dass sie eine vergleichbare konsensuelle Wirkung auf die Entscheidungsprozesse entfalten könnten wie z.B. in der Schweiz. Eine Allparteienregierung unter solchen Bedingungen würde das demokratische Prinzip praktisch suspendieren. Dass eine so angelegte Regierungsform weder nützlich noch zeitgemäß wäre, beweisen auch die Erfahrungen aus Österreich, wo das Proporzmodell in den Bundesländern längst im Rückzug begriffen ist (Dachs 1995).

Eine besser geeignete Alternative zur parlamentarischen Regierungsform hält das präsidentielle Modell bereit. Hier kann man nicht nur auf die Vorschläge zurückgreifen, die Theodor Eschenburg (1952) seinerzeit für die baden-württembergische Landesverfassung gemacht hatte, sondern auch auf die Erfahrungen in den Kommunen, wo die Direktwahl der Bürgermeister in den neunziger Jahren flächendeckend eingeführt worden ist. Zwei Grundmodelle lassen sich unterscheiden: Die beiden Ursprungsländer der Süddeutschen Ratsverfassung – Bayern und Baden-Württemberg – orientieren sich bei der Ausgestaltung ihrer kommunalen Regierungssysteme an der amerikanischen Bundesverfassung, indem sie eine Abwahl des Regierungschefs (Bürgermeisters) während der laufenden Amtsperiode ausschließen. Die übrigen Länder haben sich für eine abgeschwächte, in gewisser Weise aber demokratisch konsequentere Variante entschieden, die das *recall* ausdrücklich vorsieht. Dieses Modell findet auch in den meisten US-Einzelstaaten Anwendung.

Für die Übertragung des präsidentiellen Systems auf die Länderebene lassen sich vor allem demokratische Gesichtspunkte ins Feld führen. Wenn die Hauptfunktion der Länder in der Durchführung der Bundesgesetze bzw. des europäischen Rechts liegt, scheint es nur folgerichtig, die Bürger an der Bestellung der mit den Verwaltungsaufgaben betrauten Exekutive unmittelbar zu beteiligen.[13] Die Direktwahl der Ministerpräsidenten verspricht aus dieser Sicht zwei Vorteile. Zum einen würde sie die ehrliche Konsequenz aus der bestehenden Verfassungslage ziehen, die den Länderregierungschefs bereits heute eine herausgehobene Position zuweist. Zum anderen wäre sie mit einer Stärkung des – ja ebenfalls direkt gewählten – Parlaments verbunden, das den Regierungschef nun nicht mehr im Amt halten müsste und ihm somit unbefangener als bisher gegenübertreten könnte. Das präsidentielle System würde es den Abgeordneten also ermöglichen, einen Teil ihrer verloren gegangenen Kontrollfunktionen zurückzugewinnen. Dies hätte auch eine Wiederbelebung des unter dem Druck der Fraktionsdisziplin „verkümmerten" freien Mandates zur Folge. Und wo sie über legislative Restkompetenzen verfügen, wären die Landtage nicht mehr genötigt, die faktische Gesetzgebungsarbeit allein der Regierung zu überlassen.

Die gleichzeitige Besserstellung von Regierung und Parlament hat natürlich ihren Preis. Sie erhöht die Wahrscheinlichkeit, dass beide Akteure politisch aufeinanderprallen und sich in ihren Handlungen gegenseitig blockieren. Gewaltentrennung und die Gefahr des Stillstands (*deadlock*) stellen im präsidentiellen System zwei Seiten derselben Medaille dar. Ob und in welchem Maße die daraus entstehenden Kompromisszwänge im Entscheidungsprozess befriedigt werden können, hängt unter anderem von der Rolle der Parteien ab. Handelt es sich bei den Parteien um wenig fest gefügte Vereinigungen mit flexiblem Abstimmungsverhalten, dürfte die Gefahr einer dauerhaften Blockade eher gering und das Regieren selbst bei divergierenden Mehrheitsverhältnissen möglich sein – in den USA stellt diese Konstellation bekanntlich fast schon den Regelfall dar. Anders verhält es sich in den parlamentarischen Demokratien Westeuropas: Die Parteien weisen hier einen weitaus größeren (weltanschaulichen und organisatorischen) Zusammenhalt auf, der auch bei einem Übergang zum präsidentiellen System nicht ohne weiteres verschwinden würde. Dies gilt zumal in der Bundesrepublik, wo sich die Strukturen des nationalen Parteienwettbewerbs bis auf die kommunale Ebene hinunter gebrochen haben und die Vertreter der Parteien heute in den größeren Städten nahezu sämtliche Mandate der Vertretungskörperschaften und Schlüsselpositionen der Verwaltung besetzen. Auf der Länderebene wird die

---

[13] Diesem Zweck können – unterhalb der Regierungswahl – natürlich auch andere Mitwirkungsorgane dienen. Erinnert sei z.B. an die hansischen Deputationen, die sich als – aus heutiger Sicht höchst moderne – Relikte einer kollegialen Verwaltungsführung in den Stadtstaaten Bremen und Hamburg bis in die Gegenwart gehalten haben (Bryde 2000: 156).

parteipolitische „Durchwirkung" durch den unitarischen Charakter des Föderalismus noch verstärkt: Einerseits sind die Landesregierungen über den Bundesrat an der Gesetzgebung des Gesamtstaates beteiligt, andererseits haben die Landtagswahlen immer mehr den Charakter von Zwischenwahlen angenommen, die von bundespolitischen Themen beherrscht werden. Ein reines Präsidialsystem, in dem der Ministerpräsident unter Umständen gegen eine ihm feindlich gesinnte Parlamentsmehrheit regieren muss, dürfte unter diesen Bedingungen nur schwer zu verwirklichen sein.

Die Funktionsweisen des „Parteienbundesstaates" haben also zur Folge, dass die parlamentarische Abhängigkeit der Regierung auch bei einer Direktwahl des Ministerpräsidenten nicht restlos beseitigt werden kann. Die anzustrebende Regierungsform in den Bundesländern weist insofern in Richtung eines präsidentiell-parlamentarischen Mischsystems (Decker 2001). Ihr Ziel müsste es sein, durch geeignete institutionelle Vorkehrungen einen annähernden politischen Gleichklang zwischen Exekutive und Legislative zu ermöglichen. Der Regierungschef wird zwar direkt gewählt, bleibt aber in den Willen der jeweiligen Parlamentsmehrheit eingebunden. Auf der kommunalen Ebene kommen Hessen und Nordrhein-Westfalen diesem Modell zur Zeit am nächsten (Banner 1999: 142 ff.). Im nationalen Rahmen hat sich bislang lediglich Israel daran versucht, wo man aber inzwischen zur rein parlamentarischen Regierungsform wieder zurückgekehrt ist (Decker 2006).

Die parlamentarische Anbindung des direkt gewählten Ministerpräsidenten könnte zum einen dadurch erfolgen, dass die Legislative das Recht behält, die Regierung(smitglieder) vor ihrem Amtsantritt zu bestätigen. In Eschenburgs Verfassungsentwurf für Baden-Württemberg ist sogar eine förmliche Wahl der Minister durch das Parlament vorgesehen, was in die Nähe der schweizerischen Kollegialregierungen führen würde (Eschenburg 1952: 66 f.). Zum anderen sollte der Regierungschef, wie es beim kommunalen *recall* heute schon der Fall ist, auch aus politischen Gründen abberufen werden können – dies allerdings unter höheren Hürden als im normalen parlamentarischen System. Vorstellbar wären z.B. ein spezielles Quorum und / oder eine automatische Verknüpfung von Abberufung und Parlamentsauflösung (mit anschließenden Neuwahlen). Letztere Vorkehrung, die zu den Kernbestandteilen der israelischen Reform gehörte, findet man ebenfalls bereits bei Eschenburg. Ihre Konsequenz wäre auch, dass das heutige Selbstauflösungsrecht der Landtage nach Einführung der Direktwahl fallen müsste; stattdessen könnte man die Abwahl- bzw. Auflösungsbefugnis dem plebiszitären Instrument überantworten.[14] Dabei sind unterschiedliche Kombinationsformen möglich. Der Landtag beruft den Ministerpräsidenten entweder von sich aus ab, oder er beantragt die Abberufung und unterwirft sie anschließend einem Volksentscheid. Denkbar wäre es auch, dem Volk selbst die Antragsbefugnis einzuräumen, was mit Blick auf die angestrebte Stärkung des Parlaments allerdings wenig sinnvoll erscheint.

Im Übrigen sind sowohl das Proporzmodell als auch die präsidentielle Regierungsform mit der Volksgesetzgebung besser kompatibel als ein parlamentarisches System – dies gilt zumindest für dessen mehrheitsdemokratische Variante (Decker 2010: 516 f.). Ausschlaggebend dafür ist der durch sie beförderte Konsensualismus der parlamentarischen Entscheidungsprozesse, der den Funktionsweisen der direkten Demokratie entspricht. Eine Einführung der Direktwahl würde also keine Änderung bei den plebiszitären Verfahren erforderlich machen. Anders verhält es sich mit Blick auf die Struktur der Zweiten Kammer, wo der Übergang zur präsidentiellen Regierungsform den Exekutivföderalismus endgültig perfektionieren würde. Im Grunde wäre auch das eine ehrliche Konsequenz, die aber unter demokratischen Gesichtspunkten nicht wirklich gewollt sein kann. Von daher ist es durchaus vorstellbar, dass nach Einführung der Direktwahl der Druck steigen würde, den heutigen Bundesrat durch ein Senatsmodell mit gewählten oder von den Landtagen abgesandten Vertretern zu ersetzen.

Auf absehbare Zeit wird der Direktwahlvorschlag sicherlich keine Realisierungschancen haben. Auch in der wissenschaftlichen Diskussion wurde die Idee erst in den neunziger Jahren wiederentdeckt und von Hans Herbert von Arnim (1995) öffentlich lanciert. Die unter der Federführung von Arnims zustande gekommene „Frankfurter Intervention" fand jedoch wenig Widerhall. Außerdem erfolgte sie zu einem Zeitpunkt, als man die Weichenstellung zugunsten des

---

[14] Eine Auflösung des Parlaments im Wege des Volksbegehrens ist heute in sieben Bundesländern verfassungsrechtlich möglich (Baden-Württemberg, Bayern, Berlin, Brandenburg, Bremen, Nordrhein-Westfalen und Rheinland-Pfalz). Zwei Länder gestehen dem Volk unter bestimmten Bedingungen sogar ein Abberufungsrecht der Regierung zu, was den üblichen Gepflogenheiten in einem parlamentarischen System widerspricht. So kann in Bremen laut Art. 110 der Landesverfassung theoretisch jede in die Zuständigkeit der Bürgerschaft fallende Frage dem Volk zur Abstimmung vorgelegt werden, also auch ein konstruktives Misstrauensvotum. In Nordrhein-Westfalen hat die Landesregierung die Möglichkeit, über einen vom Parlament abgelehnten Gesetzentwurf einen Volksentscheid herbeizuführen. Fällt dieser ebenfalls negativ aus, muss die Regierung zurücktreten (Art. 68 Abs. 3 der Landesverfassung). Beide Bestimmungen haben in der Verfassungspraxis bislang keine Bedeutung erlangt (Weixner 2002: 180 ff.).

parlamentarischen Regierungssystems in den neuen Bundesländern längst vorgenommen hatte, wo die Gelegenheit für eine Reform noch am ehesten bestanden hätte (Giersch 1999). An der schwachen Resonanz konnte auch der Siegeszug des präsidentiellen Modells auf der kommunalen Ebene nichts ändern. Lediglich in Thüringen kam es infolge der Initiative zu einer zaghaften Reformdebatte im Parlament, die aber weit davon entfernt war, den Direktwahlvorschlag auf die Tagesordnung zu setzen. Eine Verfassungsinitiative der Freien Wähler für die Einführung der Direktwahl im Land Rheinland-Pfalz, die von Arnim mit betrieben hatte, blieb ebenfalls folgenlos und wurde von den Initiatoren selbst zurückgezogen.

Ob sich die Verfassungsdiskussion in den neuen Ländern anders entwickelt hätte, wenn die Präsidentialisierung der Kommunalverfassungen im Westen früher erfolgt wäre, ist schwer zu sagen. Ein einziger Vorreiter hätte hier womöglich genügt, eine Welle loszutreten und andere zur Nachahmung des präsidentiellen Modells zu animieren. So wie beim Wahlrecht und den plebiszitären Verfahren stützen die Reformer ihren Optimismus heute vornehmlich auf die direkte Demokratie. Die größten Chancen dürften sich dabei in den Stadtstaaten bieten, deren Affinität zur kommunalen Politik am stärksten ausgeprägt ist. So würde z.B. die Dreieinhalbmillionen-Stadt Berlin automatisch in den Geltungsbereich der „präsidentiellen" Kommunalverfassung eines gemeinsamen Bundeslandes Berlin-Brandenburg gelangen, wenn die Fusion mit dem Nachbar im zweiten Anlauf gelingt. Auch in Bremen und Hamburg lassen die Umstände vergangener Bürgerschaftswahlen, deren Ausgang primär von der Persönlichkeit der Bürgermeister bestimmt wurde, den Übergang zu einem Präsidialsystem als folgerichtig erscheinen (Decker 2004b). Der Erfolg des Volksbegehrens über ein neues, demokratischeres Wahlrecht in Hamburg hat gezeigt, wie institutionelle Reformen gegen eine widerstrebende politischen Klasse durchgesetzt werden können. Warum sollte das nicht irgendwann auch bei der Direktwahl möglich sein?

Literatur

Abromeit, Heidrun (1992), Der verkappte Einheitsstaat, Opladen.

Arnim, Hans Herbert von (1995), Wege aus der Krise des Parteienstaates. Thesen der „Frankfurter Intervention", in: Recht und Politik 31 (1), S. 16-26.

Arnim, Hans Herbert von (2000), Vom schönen Schein der Demokratie. Politik ohne Verantwortung – am Volk vorbei, München.

Arnim, Hans Herbert von (2001), Das System. Die Machenschaften der Macht, München.

Banner, Gerhard (1999), Die drei Demokratien der Bürgerkommune, in: Hans Herbert von Arnim (Hg.), Adäquate Institutionen, Berlin, S. 133-162.

Beyme, Klaus von (2000), Parteien im Wandel. Von den Volksparteien zu den professionalisierten Wählerparteien, Wiesbaden.

Blumenthal, Julia von (2004), Freie und Hansestadt Hamburg. Das letzte Feierabendparlament, in: Siegfried Mielke / Werner Reutter (Hg.), Länderparlamentarismus in Deutschland, Wiesbaden, S. 195-224.

Bolleyer, Nicole (2001), Minderheitsparlamentarismus – eine akteurszentrierte Erweiterung der Parlamentarismus-Präsidentialismustypologie, in: Zeitschrift für Politikwissenschaft 11 (4), S. 1519-1546.

Bryde, Brun-Otto (1997), Verfassungsreform der Länder unter bundesstaatlichem Unitarisierungsdruck, in: Hans Eichel / Klaus Peter Möller (Hg.), 50 Jahre Verfassung des Landes Hessen, Opladen / Wiesbaden, S. 433-444.

Bryde, Brun-Otto (2000), Die Reform der Landesverfassungen, in: Hans Herbert von Arnim (Hg.), Direkte Demokratie, Berlin, S. 147-160.

Cancik, Pascale (2000), Parlamentarische Opposition in den Landesverfassungen. Eine verfassungsrechtliche Analyse der neuen Oppositionsregelungen, Berlin.

Dachs, Herbert (1995), Der Regierungsproporz in Österreichs Bundesländern – ein Anachronismus?, in: Andreas Khol / Günther Ofner / Alfred Stirnemann (Hg.), Österreichisches Jahrbuch für Politik 1994, München / Wien, S. 623-637.

Decker, Frank (2001), Direktwahl der Ministerpräsidenten?, in: Recht und Politik 37 (3), S. 152-161.

Decker, Frank (2004a), Systemrezeption und institutionelle Innovationen im deutschen Einigungsprozess. Eine Bilanz, in: Zeitschrift für Politikwissenschaft 14 (1), S. 31-67.

Decker, Frank (2004b), Direkte Demokratie auf hanseatisch. Warum das parlamentarische Regierungssystem im Stadtstaat überholt ist, in: MUT. Forum für Kultur, Politik und Geschichte Nr. 442, S. 14-17.

Decker, Frank (2006), Direktwahl des Premierministers. Das Scheitern des präsidentiell-parlamentarischen Systems in Israel, in: Zeitschrift für Politik 53 (3), S. 256-283.

Decker, Frank (2007), Parlamentarische Demokratie versus Volksgesetzgebung. Der Streit um ein neues Wahlrecht in Hamburg, in: Zeitschrift für Parlamentsfragen 38 (1), S. 118-133.

Decker, Frank (2010), Zwischen Placebo und Erfolgsmodell. Direkte Demokratie auf der Landesebene, in: Zeitschrift für Parlamentsfragen 41 (3), S. 504-519.

Eder, Christina (2010), Direkte Demokratie in den deutschen Kommunen. Regelungen zu Bürgerbegehren und Bürgerentscheiden im Vergleich, in: Markus Freitag / Adrian Vatter (Hg.), Vergleichende subnationale Analysen für Deutschland, Berlin, S. 65-95.

Eschenburg, Theodor (1952), Verfassung und Verwaltungsaufbau des Südweststaates, Stuttgart.

Eschenburg, Theodor [1960], Parlamentarische Regierung in den Ländern, in: ders., Zur politischen Praxis in der Bundesrepublik. Kritische Betrachtungen 1957 bis 1961, München 1964, S. 223-227.

Feuchte, Paul (1989), Verfassung und Verfassungspolitik in Baden-Württemberg, in: Hartmut Klatt (Hg.), Baden-Württemberg und der Bund, Stuttgart u.a., S. 100-118.

Friedrich, Manfred (1989), Entwicklung und gegenwärtige Lage des parlamentarischen Systems in den Ländern, in: Hans-Peter Schneider / Wolfgang Zeh (Hg.), Parlamentsrecht und Parlamentspraxis in der Bundesrepublik Deutschland, Berlin, S. 1707-1717.

Giersch, Carsten (1999), Föderalismus und Länderparlamentarismus nach der deutschen Einheit, in: Peter R. Weilemann / Günter Buchstab / Hanns Jürgen Küsters (Hg.), Macht und Zeitkritik. Festschrift für Hans-Peter Schwarz zum 65. Geburtstag, München / Wien / Zürich, S. 637-648.

Hennis, Wilhelm (1956), Parlamentarische Opposition und Industriegesellschaft. Zur Lage des parlamentarischen Regierungssystems, in: Gesellschaft – Staat – Erziehung 1, S. 205-222, wiederabgedruckt in: ders., Regieren im modernen Staat. Politikwissenschaftliche Abhandlungen I, Tübingen 1999, S. 1-23.

Hennis, Wilhelm (1990), Die Chance einer ganz anderen Republik, in: Frankfurter Allgemeine Zeitung vom 10. März 1990, wiederabgedruckt in: ders., Auf dem Weg in den Parteienstaat. Aufsätze aus vier Jahrzehnten, Stuttgart 1998, S. 93-106.

Jun, Uwe (1993), Landesparlamente, in: Raban Graf von Westphalen (Hg.), Parlamentslehre. Das parlamentarische Regierungssystem im technischen Zeitalter, München / Wien, S. 489-513.

Jun, Uwe (1994), Koalitionsbildung in den deutschen Bundesländern. Theoretische Betrachtungen, Dokumentation und Analyse der Koalitionsbildungen auf Länderebene seit 1949, Opladen.

Jung, Otmar (1993), Jüngste plebiszitäre Entwicklungstendenzen auf Landesebene, in: Jahrbuch des öffentlichen Rechts 41, S. 29-67.

Jung, Otmar (2000), Abschluss und Bilanz der jüngsten plebiszitären Entwicklung in Deutschland auf Länderebene, in: Jahrbuch des öffentlichen Rechts 48, S. 39-85.

Kampwirth, Ralph (2003), Der ernüchterte Souverän. Bilanz und Perspektiven der direkten Demokratie in den 16 Bundesländern und auf Kommunalebene, in: Zeitschrift für Parlamentsfragen 34 (4), S. 657-671.

Katz, Richard S. / Peter Mair (1995), Changing Models of Party Organization and Party Democracy. The Emergence of the Cartel Party, in: Party Politics 1 (1), S. 5-28.

Klages, Andreas / Petra Paulus (1996), Direkte Demokratie in Deutschland. Impulse aus der deutschen Einheit, Marburg.

Koch-Baumgarten, Sigrid (2004), Der Landtag von Rheinland-Pfalz. Vom Entscheidungsträger zum Politikvermittler?, in: Siegfried Mielke / Werner Reutter (Hg.), Länderparlamentarismus in Deutschland, Wiesbaden, S. 331-357.

Koja, Friedrich (1988), Das Verfassungsrecht der österreichischen Bundesländer, 2. Aufl., Wien / New York.

Kropp, Sabine (1997), Oppositionsprinzip und Mehrheitsregel in den Landesverfassungen. Eine Analyse am Beispiel des Verfassungskonflikts in Sachsen-Anhalt, in: Zeitschrift für Parlamentsfragen 28 (3), S. 373-390.

Leunig, Sven (2007), Die Regierungssysteme der deutschen Länder im Vergleich, Opladen / Farmington Hills.

Mehr Demokratie (2008), Erster Bürgerbegehrensbericht 1956 – 2007, erstellt in Kooperation mit der Forschungsstelle Bürgerbeteiligung und Direkte Demokratie der Universität Marburg, Berlin.

Mehr Demokratie (2009), Volksbegehrensbericht 2008, Berlin.

Menzel, Jörg (1995), Landesverfassungsrecht. Verfassungshoheit und Homogenität im grundgesetzlichen Bundesstaat, Stuttgart u.a.

Mielke, Siegfried (1971), Länderparlamentarismus, Bonn.

Mielke, Siegfried / Werner Reutter (2004), Länderparlamentarismus in Deutschland – eine Bestandsaufnahme, in: dies. (Hg.), Länderparlamentarismus in Deutschland, Wiesbaden, S. 19-51.

Mielke, Siegfried / Werner Reutter, Hg. (2004), Länderparlamentarismus in Deutschland, Wiesbaden.

Mintzel, Alf / Barbara Wasner (2004), Landesparlamentarismus in Bayern, in: Siegfried Mielke / Werner Reutter (Hg.), Länderparlamentarismus in Deutschland, Wiesbaden, S. 79-109.

Patzelt, Werner J. (1998), Ein latenter Verfassungskonflikt? Die Deutschen und ihr parlamentarisches Regierungssystem, in: Politische Vierteljahresschrift 39 (4), S. 725-757.

Patzelt, Werner J. / Roland Schirmer (1996), Parlamentarismusgründung in den neuen Bundesländern, in: Aus Politik und Zeitgeschichte B 27, S. 20-28.

Paust, Andreas (1999), Direkte Demokratie in der Kommune. Zur Theorie und Empirie von Bürgerbegehren und Bürgerentscheid, Bonn.

Paust, Andreas (2002), Wirkungen der direkten Demokratie auf das kommunale Parteiensystem, in: Theo Schiller / Volker Mittendorf (Hg.), Direkte Demokratie, Wiesbaden, S. 218-230.

Renzsch, Wolfgang / Stefan Schieren (1997), Große Koalition oder Minderheitsregierung. Sachsen-Anhalt als Zukunftsmodell des parlamentarischen Regierungssystems in den neuen Bundesländern?, in: Zeitschrift für Parlamentsfragen 28 (3), S. 391-407.

Reutter, Werner (2004), Landesparlamente im kooperativen Föderalismus, in: Aus Politik und Zeitgeschichte B 50-51, 18-24.

Reutter, Werner (2008), Föderalismus, Parlamentarismus und Demokratie. Landesparlamente im Bundesstaat, Opladen / Farmington Hills.

Scarrow, Susan E. (1997), Party Competition and Institutional Change. The Expansion of Direct Democracy in Germany, in: Party Politics 2 (4), S. 451-472.

Schenke, Wolf-Rüdiger (1989), Gesetzgebung zwischen Parlamentarismus und Föderalismus, in: Hans-Peter Schneider / Wolfgang Zeh (Hg.), Parlamentsrecht und Parlamentspraxis in der Bundesrepublik Deutschland, Berlin, S. 1485-1521.

Schiller, Theo (2002), Direkte Demokratie. Eine Einführung, Frankfurt a.M. / New York.

Schmidt, Manfred G. (1980), CDU und SPD an der Regierung. Ein Vergleich ihrer Politik in den Ländern, Frankfurt a.M. / New York.

Schütt-Wetschky, Eberhard (2000), Gewaltenteilung zwischen Legislative und Exekutive?, in: Aus Politik und Zeitgeschichte B 28, S. 5-12.

Siegloch, Klaus P. (1972), Kritik und Alternativen zum parlamentarischen Regierungssystem in den Bundesländern, in: Zeitschrift für Parlamentsfragen 3 (3), S. 365-384.

Steffani, Winfried (1990), Bund und Länder in der Bundesrepublik Deutschland, in: Falk Esche / Jürgen Hartmann (Hg.), Handbuch der deutschen Bundesländer, Frankfurt a.m. / New York, S. 37-51.

Steffani, Winfried (1999), Ministerpräsident und / oder Premierminister?, in: Tobias Dürr / Franz Walter (Hg.), Solidargemeinschaft und fragmentierte Gesellschaft, Opladen, S. 223-248.

Stelzenmüller, Constanze (1994), Direkte Demokratie in den Vereinigten Staaten von Amerika, Baden-Baden.

Stiens, Andrea (1997), Chancen und Grenzen der Landesverfassungen im deutschen Bundesstaat der Gegenwart, Berlin.

Storr, Stefan (1995), Verfassungsgebung in den Ländern. Zur Verfassungsgebung unter den Rahmenbedingungen des Grundgesetzes, Stuttgart u.a.

Sturm, Roland (2001), Föderalismus in Deutschland, Opladen.

Sturm, Roland (2004), Bürgergesellschaft und Bundesstaat. Demokratietheoretische Begründungen des Föderalismus und der Föderalismuskultur, Gütersloh / Berlin.

Thomas, Sven (2003), Zur Handlungsfähigkeit von Minderheitsregierungen am Beispiel des „Magdeburger Modells", in: Zeitschrift für Parlamentsfragen 34 (4), S. 792-806.

Thumfart, Alexander (2002), Die politische Integration Ostdeutschlands, Frankfurt a.M.

Trefs, Matthias (2008), Die Wahlsysteme der Länder, in: Achim Hildebrandt / Frieder Wolf (Hg.), Die Politik der Bundesländer, Wiesbaden, S. 331-344.

Vatter, Adrian (2002), Kantonale Demokratien im Vergleich. Entstehungsgründe, Interaktionen und Wirkungen politischer Institutionen in den Schweizer Kantonen, Opladen.

Wachendorfer-Schmidt, Ute (2005), Politikverflechtung im vereinigten Deutschland, 2. Aufl., Wiesbaden.

Weixner, Bärbel Martina (2002), Direkte Demokratie in den Bundesländern. Verfassungsrechtlicher und empirischer Befund aus politikwissenschaftlicher Sicht, Opladen.

Witte, Jan (2001), Das kommunale „Recall" in Deutschland – erste Anwendungserfahrungen, in: Zeitschrift für Parlamentsfragen 32 (1), S. 57-71.

VI. Das Präsidentenamt in der Parteiendemokratie

1. Einleitung

Seit 1979 ist es Tradition, die Wahl des Bundespräsidenten durch die Bundesversammlung am 23. Mai, dem Verfassungstag, vorzunehmen. Am 60. Geburtstag des Grundgesetzes versprach dieser Tag noch interessanter zu werden als sonst. Nicht nur, dass es zur Neuauflage desselben Duells kam, das mit seinem knappen Ausgang schon 2004 für Spannung gesorgt hatte. Noch brisanter war, dass zum ersten Mal in der Geschichte der Bundesrepublik ein amtierender Bundespräsident zur Wiederwahl antrat, der über keine sichere Mehrheit in der Bundesversammlung verfügte. Die überraschende Bewerbung von Gesine Schwan stieß bei Union und FDP auf Empörung, weil sie Horst Köhler vor eine schwierige Alternative stellte: Sollte er bei einer erneuten Kandidatur das Risiko der Abwahl auf sich nehmen oder es so halten wie Walter Scheel, Roman Herzog oder Johannes Rau, die – unter allerdings viel aussichtsloseren Bedingungen – ihren Verzicht auf eine zweite Amtszeit erklären mussten? Dass sich das Staatsoberhaupt für den ersten Weg entschied, nötigt Respekt ab, auch wenn das Risiko, abgewählt zu werden, im Nachhinein betrachtet überschaubarer war, als es mit Blick auf die knappen Mehrheitsverhältnisse zunächst erschien. Gesine Schwan setzte bei ihrer Kandidatur offensichtlich darauf, dass es ihr wie schon 2004 gelingen würde, eine Reihe von Stimmen aus dem Köhler-Lager zu sich herüberzuziehen. Dabei unterschätzte sie jedoch, dass die Wettbewerbssituation eine ganz andere war als bei ihrem ersten Anlauf. Obwohl sich die Mehrheitsverhältnisse günstiger gestalteten als 2004, hatte sie es nun mit einem amtierenden Präsidenten zu tun, der im inoffiziellen Präsidentschaftswahlkampf alle Vorteile des Amtes für sich einsetzen konnte und dies auch tat. Schwan, die 2004 in ihren Sympathiewerten noch vor Köhler gelegen hatte, gelang es nicht, dessen Popularitätsvorsprung während der Kampagne zu verringern. Selbst die Anhänger der Sozialdemokraten sprachen sich kurz vor der Wahl mehrheitlich für Köhler aus. (Dasselbe galt für die Anhänger von Grünen und Linkspartei.) Zusätzlich erschwert wurde die Kandidatur dadurch, dass sie von der SPD nicht einhellig getragen war. Teile der Parteispitze hätten eine Wiederwahl Köhlers vorgezogen – sie mussten von Schwan selbst und ihren Unterstützern erst zum Jagen getragen werden. Entsprechend halbherzig fiel der Rückhalt der Herausforderin in den eigenen Reihen

aus, die am Ende elf Stimmen weniger bekam als SPD und Grüne in der Bundesversammlung gemeinsam „kontrollierten". Das bürgerliche Lager stimmte demgegenüber annähernd geschlossen ab, sodass Köhler sich bereits im ersten Wahlgang durchsetzte.

2. Die Besetzung des Amtes

Im Parteienstreit um die Besetzung des Amtes rückten 2009 drei Fragen in den
Vordergrund, die in ähnlicher Form schon bei früheren Präsidentenwahlen eine
Rolle gespielt hatten: *Ist es ungehörig, einem populären und allseits respektierten
Amtsinhaber die Wiederwahl zu verwehren? Darf ein Kandidat auch auf die Stimmen
extremistischer oder radikaler Parteien setzen? Geht von der Bundespräsidentenwahl eine
Signalfunktion für die Bundestagswahlen aus?*

    Die erste Frage wird durch die normative Kraft des Faktischen beantwortet.
Der Charakter der nicht-parteilich[1] angelegten Funktion des Staatsoberhauptes
bringt es mit sich, dass die Bundespräsidenten sich schon sehr dumm anstellen
oder vom Schicksal gebeutelt sein müssen, um in der Bevölkerung *nicht* populär
zu sein. Dass die Bundesrepublik mit ihren neun Präsidenten Glück hatte und
insgesamt gut gefahren ist, wird als Urteil gemeinhin geteilt. Lediglich die zweite
Amtszeit Heinrich Lübkes, die von einem Zerfall der körperlichen und geistigen
Kräfte des Präsidenten überschattet war, ist davon auszunehmen. Tatsächlich
fielen Lübkes Umfragewerte in dieser Zeit rasch in den Keller und lagen niedriger als die alle seiner Vorgänger und Nachfolger (Rausch 1984: 185).

    Manche Präsidenten haben sich nicht mit dem Amtsbonus begnügt, sondern
ihrer Popularität noch nachzuhelfen versucht, indem sie ihr nicht-parteiliches
Amtsverständnis durch öffentlich geäußerte Kritik an der parteipolitischen Klasse würzten. Besonders prominent trat dieser Zug in der zweiten Amtsperiode
Richard von Weizsäckers hervor, dessen Schelte der „machtversessenen" Parteien
sich auch gegen den von ihm wenig geschätzten Kanzler Kohl richtete (Hofmann/
Perger 1992). Weizsäckers Vorhaltungen, die berechtigte Kritik mit verbreiteten
antiparteienstaatlichen Ressentiments verquickten, rührten zum Teil aus der
Enttäuschung, dass der Präsident ab 1989, als sich alles um die Wiederverein-

---

[1] „Nicht-parteilich" darf dabei nicht mit „überparteilich" gleichgesetzt werden. Der Präsident ist weder unpolitisch noch steht er als höhere Instanz über den Parteien. Er bleibt aber
mangels politischer Gestaltungsmacht dem unmittelbaren Parteienstreit entzogen und soll
seine Reservebefugnisse in parteipolitischer Neutralität ausüben (s.u.).

gung drehte, sowohl beim politischen Führungspersonal als auch in der Öffentlichkeit mit seinen Interventionen immer weniger Gehör fand. Die Parallele zu Horst Köhler sticht ins Auge. Dessen Wendung zum Populismus war 2004 noch nicht absehbar, als der soeben Gewählte versprach, er wolle ein „unbequemer" Präsident sein. Dieser Ankündigung ist er durchaus gerecht geworden, doch stieß er damit weder bei der rot-grünen Regierung noch bei seinen Parteifreunden auf positive Resonanz. Im Gegenteil: Als Köhler im Jahre 2006 kurz hintereinander die Ausfertigung von zwei Gesetzen verweigerte, schlug ihm gerade aus der Union unverhohlene Ablehnung entgegen. Umso emsiger schien das Staatsoberhaupt seither um die Gunst der Bürger zu buhlen. Dass Köhler die von ihm schon vorher erhobene Forderung nach einer Direktwahl des Bundespräsidenten ausgerechnet am Tag seiner Wiederwahl erneuerte, spricht Bände. Selbst Unionsvertreter zeigten sich ob dieser groben Taktlosigkeit, die wenig Respekt vor den demokratischen Institutionen verriet, irritiert und wiesen den Vorstoß prompt zurück.

Köhler steht mit seiner Forderung nach einer Änderung des Wahlmodus unter den bisherigen Amtsinhabern nicht allein. Auch Walter Scheel und Johannes Rau hatten sich den Direktwahlvorschlag zu Eigen gemacht. Dies war kein Zufall, handelte es sich doch bei beiden um populäre Präsidenten, die aufgrund der veränderten Mehrheitsverhältnisse in der Bundesversammlung ihre Wiederwahl abschreiben mussten. Mit Theodor Heuss und Richard von Weizsäcker sind bislang nur zwei Amtsinhaber nach Ablauf der ersten Wahlperiode ohne Gegenkandidaten bestätigt worden. Dem letztgenannten war es sogar – als bisher einzigem Präsidenten – vergönnt, bereits im ersten Wahlgang von der größten Oppositionspartei mitgewählt zu werden. Dem von der CDU vorgeschlagenen Heinrich Lübke gelang die Wiederwahl 1964 mit Unterstützung der oppositionellen SPD, nicht jedoch ihres Koalitionspartners FDP, die mit Ewald Bucher einen eigenen Kandidaten präsentierte. In anderen Fällen mussten populäre Präsidenten weichen, weil die neue Mehrheit die Chance nutzen wollte, den Posten selbst zu besetzen. Auf diese Weise gelangten 1979 der CDU-Mann Karl Carstens, 1999 der Sozialdemokrat Johannes Rau und 2004 der von Union und FDP aufgestellte Horst Köhler in das höchste Staatsamt. Bei einer Direktwahl durch das Volk wären sie ihren Vorgängern vermutlich unterlegen gewesen. Insofern hat sich die SPD mit der Kandidatur Gesine Schwans 2009 genauso gebührlich oder ungebührlich verhalten wie die Union, als diese 1979 die mögliche Wiederwahl von Walter Scheel und 2004 die mögliche Wiederwahl von Johannes Rau vereitelte.

Wann immer die Möglichkeit bestand, haben die Parteien also die Gelegenheit genutzt, einen eigenen Kandidaten als Präsidenten durchzusetzen. Kann man ihnen dies in einer parteienstaatlich organisierten Demokratie verargen?

Eine Bewertung der bisherigen Präsidentschaften zeigt, dass das parteiliche Bestellungsverfahren – mit der erwähnten Ausnahme Lübkes – weder den Amtsinhabern noch dem Amt geschadet hat (Oppelland 2001: 568). Dennoch löst es Unbehagen aus, weil es sich mit dem nicht-parteilichen Amtsverständnis scheinbar schlecht verträgt. Die Parteien sehen sich deshalb regelmäßig Vorwürfen ausgesetzt, sie würden das Amt missbrauchen: Statt es mit den dafür am besten geeigneten Personen zu besetzen – so heißt es –, ließen sie sich im Nominierungsprozess von sachfremden Motiven leiten, zögen sie diesen in den allgemeinen Kampf um die Regierungsmacht hinein. Dies könne soweit gehen, dass die Präsidentenfrage zu einem Teil des parteiinternen Rennens um die Kanzlerschaft gemacht werde.

Nach Belegen für die Richtigkeit dieser These muss man nicht lange suchen. Von einer „unwürdigen" Instrumentalisierung des Amtes zu sprechen, wäre in den meisten Fällen aber stark übertrieben. Einzig die „Präsidentschaftsposse" im Jahre 1959 dürfte diese Bezeichnung verdienen, als Kanzler Adenauer die Suche nach einem Nachfolger für Theodor Heuss benutzte, um dem von ihm als ungeeignet empfundenen Ludwig Erhard den Weg ins Kanzleramt zu verbauen (Schwarz 1991: 502 ff.). Die übrigen Verfahren bewegten sich demgegenüber im Normalbereich eines legitimen Findungsprozesses. Das galt für den gescheiterten Versuch Helmut Kohls, den sächsischen Justizminister Steffen Heitmann als Kandidat für die Präsidentschaftswahl 1994 durchzusetzen, ebenso wie für die Weigerung der FDP im Jahre 2004, den von Teilen der Union favorisierten Wolfgang Schäuble mitzutragen, die schließlich in die Kandidatur Horst Köhlers mündete. Auch Johannes Raus fehlende Bereitschaft 1994, zugunsten eines anderen sozialdemokratischen Bewerbers (oder der von der FDP aufgestellten Hildegard Hamm-Brücher) zu verzichten, war eine Folge der Parteipolitisierung des Bestellungsverfahrens, mit der sich die SPD selbst um die Möglichkeit brachte, die Wahl eines Unionspolitikers zum Präsidenten zu verhindern (Billing 1995: 611).

Obwohl der Bundespräsident über nur wenig politische Befugnisse verfügt und sein Amt in parteipolitischer Neutralität ausüben soll, haben die Parteien um die Besetzung des Postens in der Vergangenheit immer wieder heftig gerungen, weil sie sich davon eine Signalfunktion für die ungleich wichtigeren Bundestagswahlen versprachen. Trifft diese Erwartung zu? Zwei Aspekte, die in der politischen und wissenschaftlichen Diskussion häufig vermischt werden, gilt es hier zu unterscheiden. Zum einen geht es um die Vorwegnahme möglicher Regierungskoalitionen, zum anderen um die Auswirkungen auf das Wählerverhalten.

Mit Ausnahme der Bundestagswahl 1957, als es mit der Union zum ersten und einzigen Male einer Partei gelang, eine absolute Mehrheit zu erzielen, mussten auf der Bundesebene bislang stets Koalitionsregierungen gebildet werden. Für die Anbahnung der Koalitionen haben dabei neben der Länderpolitik auch die Bundespräsidentenwahlen häufig eine Rolle gespielt, indem sie die späteren Regierungsbündnisse vorzeichneten (Jesse 2004a). War die Entscheidung für den FDP-Mann Theodor Heuss als ersten Amtsinhaber ein Vorbote der kurz darauf gebildeten bürgerlichen Koalition, so wurde die von der SPD mitgetragene Wiederwahl Heinrich Lübkes, der als erklärter Befürworter einer Großen Koalition galt, 1964 als Hinweis auf ein Zusammengehen der beiden Volksparteien gedeutet, das denn auch zwei Jahre später tatsächlich zustande kam. Besonders ausgeprägt zeigte sich die Signalfunktion bei der Präsidentenwahl 1969, die den Sozialdemokraten Gustav Heinemann mit Hilfe der FDP ins Amt brachte und damit die koalitionspolitische Wende der Liberalen zur SPD indizierte. Diese mündete ein halbes Jahr später in die Bildung der sozial-liberalen Regierung unter Kanzler Willy Brandt (Baring 1982: 27 ff.). Koalitionspolitisch nicht minder interessant, wenn auch weniger ins Bewusstsein gedrungen, sind die Umstände der Wahl von Karl Carstens im Jahre 1979. Obwohl die FDP zu dieser Zeit in Bonn immer noch gemeinsam mit den Sozialdemokraten regierte, entschied sich die Partei, ihre Abgeordneten in der Bundesversammlung auf eine Stimmenthaltung festzulegen. Dies konnte als Absetzbewegung von der sozial-liberalen Regierung und Auftakt zu jener neuerlichen Wende interpretiert werden, die die FDP 1982 in eine Koalition mit den Unionsparteien zurückführen sollte (Szatkowski 2009).

Mit dem Hinzutreten der Grünen bildete sich in den achtziger Jahren eine veränderte bipolare Vierparteienstruktur heraus. Die ihrer Scharnierfunktion beraubten Liberalen standen fortan mit beiden Beinen fest im bürgerlichen Lager, während die Öko-Partei sich koalitionspolitisch einseitig in Richtung SPD orientierte. Dieses Muster fand auch in den Bundesversammlungen Niederschlag. Alle Präsidentenwahlen seit 1994, in denen CDU/CSU und SPD mit eigenen Bewerbern antraten, sahen die Liberalen am Ende an der Seite der Union, während die Grünen im Gegenzug die sozialdemokratischen Bewerber unterstützten. Eine Ausnahme bildet lediglich die Bundesversammlung 1999. Weil Union und FDP gegen das zahlenmäßig stärkere rot-grüne Lager hier von vornherein keine Siegchance hatten, dürften bei dieser Wahl auch ein Teil der FDP-Abgeordneten im entscheidenden zweiten Wahlgang für den SPD-Kandidaten Rau gestimmt haben.[2]

Die koalitionspolitische Überlagerung der Präsidentenwahl 2009 rührte daher, dass die SPD ihre Kandidatin nur mit Unterstützung der Linken hätte durchsetzen können, der sie als möglichem Koalitionspartner nach der Bundestagswahl zuvor eine klare Absage erteilt hatte. Bei früheren Präsidentenwahlen war die Frage nach dem angemessenen Umgang mit solchen „falschen" Unterstützern nicht so stark ins Gewicht gefallen, weil es für die Mehrheitsbildung auf diese letztlich nicht ankam. So ging der CDU-Kandidat Roman Herzog 1994 kein großes Risiko ein, als er ankündigte, die Wahl nur bei einem Vorsprung von mindestens 42 Stimmen annehmen zu wollen – dies entsprach dem Anteil der Vertreter, die PDS und Republikaner zusammen in der Bundesversammlung stellten. Hätte er auf das Amt andernfalls tatsächlich verzichtet? Der Unionsmann Gerhard Schröder hatte im Gegensatz dazu 1969 keine Probleme, die Unterstützung der rechtsextremen NPD bei seiner Kandidatur billigend in Kauf zu nehmen; von deren 22 Vertretern in der Bundesversammlung dürften im entscheidenden dritten Wahlgang sicherlich nicht viele für den am Ende knapp siegreichen Sozialdemokraten Gustav Heinemann votiert haben!

Auch die Konstellation bei der Wahl 2009 war keineswegs eine Premiere. Schon 2004 hätte Schwan nur mit Hilfe der damaligen PDS gewinnen können, deren Stimmen sie annähernd geschlossen erhalten hat. Johannes Rau hatte bei seiner erfolglosen Kandidatur gegen Roman Herzog 1994 von den PDS-Stimmen ebenfalls profitiert. Weil eine Mehrheit in beiden Fällen unwahrscheinlich war und die Unterstützung der PDS nicht ernsthaft als Vorbote einer sich abzeichnenden rot-rot-grünen Koalition im Bund betrachtet werden konnte, hielt sich die öffentliche Aufregung darüber freilich in Grenzen. Gewiss macht es einen qualitativen Unterschied, ob man die „kontaminierten" Stimmen als Unterlegener bekommt oder diesen tatsächlich den Sieg verdankt. Generell unstatthaft wäre eine Wahl mit Hilfe der Linken aber wohl nur dann gewesen, wenn diese – wie die NPD – als extremistisch eingestuft, also zum nicht-demokratischen Teil des

---

[2] Auch 1994 gab es eine starke Minderheit in der FDP (insbesondere aus Nordrhein-Westfalen), die Rau als Präsidenten vorgezogen hätte, weshalb die Partei sich entschied, mit einer eigenen Kandidatin ins Rennen zu gehen. Vor dem entscheidenden dritten Wahlgang legten sich die Abgeordneten in einer fraktionsinternen Abstimmung mehrheitlich (mit 69 zu 40 Stimmen) auf Herzog fest, nachdem sie sich zuvor mit klarer Mehrheit dafür ausgesprochen hatten, Hamm-Brücher als Kandidatin zurückzuziehen. Das Abstimmungsergebnis im dritten Wahlgang zeigt, dass von den unterlegenen Stimmen tatsächlich die meisten an Rau gegangen sein dürften (Billing 1995: 618 f.).

politischen Spektrums gerechnet werden müsste. Bei allen berechtigten Vorbehalten gegenüber den Postkommunisten konnte und kann davon keine Rede sein. Ob man die Stimmen nimmt oder nicht, ist insofern keine Frage der politisch-kulturellen Hygiene, sondern eine der machtpolitischen Opportunität. Eine Wahl der SPD-Kandidatin mit Hilfe der Linken hätte es den Sozialdemokraten im Wahlkampf erschwert, ein Zusammengehen mit derselben Partei nach der Bundestagswahl 2009 glaubhaft auszuschließen. Gerade um diesem Dilemma zu entgehen, hatten sich Teile der Parteispitze ja für eine Wiederwahl Köhlers ausgesprochen. Der missglückte Öffnungsversuch des hessischen SPD-Landesverbandes gegenüber der Linken nach der Landtagswahl 2008 mag sie darin zusätzlich bestärkt haben. Gewiss hätte die SPD vor der Wählerschaft zu Recht darauf hinweisen können, dass eine Abstimmungskoalition in der Bundesversammlung etwas ganz anderes darstellt als die Zusammenarbeit in einer künftigen Bundesregierung. Das nicht-parteiliche Amtsverständnis macht die Kür des Präsidenten eher zu einer Persönlichkeits- denn zu einer Parteienwahl. Weil die Bundestags- und Landtagswahlen, die über die Zusammensetzung der Bundesversammlung entscheiden, von den Präsidentenwahlen nahezu vollständig entkoppelt sind, geht von ihnen keine unmittelbare politische Verpflichtungswirkung aus.[3] Deshalb ist es in Ordnung (und unter den Bedingungen der geheimen Stimmabgabe auch problemlos realisierbar), wenn sich die Delegierten in der Bundesversammlung bei der Stimmabgabe der Parteidisziplin stärker entziehen, als sie das im Bundestag oder in den Landtagen tun würden.[4] Gesine Schwan hatte vergeblich gehofft, von diesem Effekt – wie schon 2004 – zu profitieren.

Die starke Verpflichtung auf die Parteidisziplin verweist auf die andere Seite der Signalfunktion. Diese besteht darin, dass die Parteien sich von der Durchsetzung des eigenen Kandidaten bei den Wählern zusätzlichen Rückhalt für die Bundestagswahlen versprechen. Dies gilt insbesondere dann, wenn der Bundes-

---

[3] Für die Landtagsseite muss diese Aussage insofern eingeschränkt bzw. ergänzt werden, als hier eine förmliche Bestellung der Delegierten zwischengeschaltet ist. Bei dieser versuchen sich eine Reihe von Ländern den Unwägbarkeiten des freien Mandats dadurch zu entziehen, dass sie die Wahl als Blockwahl durchführen. Gleichzeitig sehen sie für den Fall, dass auf der gemeinsamen Liste ein Kandidat ausfällt, getrennte Nachrückerlisten der einzelnen Parteien vor, um die Wahrung des Proporzes sicherzustellen. Diese Verbindung wird von Verfassungsrechtlern als Verstoß gegen das Bundespräsidentenwahlgesetz kritisiert. „Ist Köhlers Wahl ungültig?", in: Der Spiegel Nr. 23 vom 1. Juni 2009, S. 19.
[4] Hier liegt zugleich der Grund dafür, dass die geheime Stimmabgabe bei der Präsidentenwahl gerechtfertigt ist, während sie bei der Wahl des Kanzlers oder Ministerpräsidenten als Verstoß gegen demokratische Prinzipien erachtet werden muss (Decker 2008).

tagswahlkampf in relativer zeitlicher Nähe zur Präsidentenwahl stattfindet. Die „Rückenwindthese" mutet auf den ersten Blick plausibel an. In Wahrheit stellt sie freilich eher einen Mythos dar, denn für einen Ausstrahlungseffekt siegreicher Präsidentschaftskandidaten auf die nachfolgende Bundestagswahl gibt es bis heute keine wirklichen Belege. Die empirischen Befunde deuten in mancherlei Hinsicht sogar in die gegenteilige Richtung: So verhinderte die Wahl von Karl Carstens 1979 nicht die Niederlage der Union bei den im Jahr darauf stattfindenden Bundestagswahlen, für die sie Franz Josef Strauß als Kanzlerkandidaten nominiert hatte. Helmut Kohl hätte gegen Rudolf Scharping 1994 vermutlich auch dann gewonnen, wenn es der SPD gelungen wäre, Johannes Rau in der Bundesversammlung gegen Roman Herzog durchzubringen. Und Angela Merkel und Guido Westerwelle mussten am Wahlabend des 18. September 2005 schmerzhaft erkennen, wie wenig ihr vermeintlicher Coup bei der Bundespräsidentenwahl wert war, als sie Horst Köhler als gemeinsamen Kandidaten auf den Schild hoben.

So gesehen brauchte sich die Union 2009 nach ihrem Sieg in der Bundesversammlung keine großen Hoffnungen und die SPD nach ihrer Niederlage keine großen Sorgen zu machen. Die Auswirkungen der Wiederwahl Horst Köhlers auf die Bundestagswahlen waren so gering, dass beide Parteien besser daran getan hätten, die Bedeutung der Präsidentenwahl in der Öffentlichkeit von vornherein niedriger zu hängen. Die koalitionspolitische Überlagerung der Wahl und die Überschätzung ihrer Ausstrahlungswirkung sorgten dafür, dass dies auch 2009 ein frommer Wunsch blieb. In der öffentlichen Kommentierung des Ereignisses führte das zu manchen Blüten. So brachte es z.B. die Frankfurter Allgemeine Zeitung fertig, die Nominierung von Schwan gleichzeitig als machtpolitisches Spiel der SPD zu verteufeln (im Politik-Teil), um die Kandidatin wenige Seiten später (im Feuilleton) als deutlich bessere Alternative zu Köhler zu empfehlen.

3.   Alternativen zum jetzigen Wahlverfahren

Soll die Konsequenz aus alledem nun lauten, den Parteien das Amt wegzunehmen, wie es Jürgen Habermas (2004) nach der aus seiner Sicht unwürdigen Präsidentenkür 2004 in einem ZEIT-Artikel nahegelegt hat? Wenn das Verständnis des Amtes auf Nicht-Parteilichkeit zielt, drängt sich in der Tat die Frage auf, ob das parteiliche Bestellungsverfahren, das aus dem derzeitigen Wahlmodus folgt, dazu überhaupt passt? Doch wie könnten die Alternativen aussehen?

Die auf den ersten Blick einleuchtendste und am häufigsten geforderte Lösung geht dahin, die Wahl dem Volk zu übertragen (Seltenreich 1995, Kaltefleiter 1996, Wellkamp 2002, Diemert 2005, Patzelt 2009). Von den fünf (bzw. wenn man die CSU mitrechnet: sechs) Bundestagsparteien machen sich mit der FDP und den Linken zwei Parteien für eine entsprechende Verfassungsänderung stark. Auch in den Reihen von Union und SPD haben manche für die Volkswahl plädiert – etwa Jürgen Rüttgers oder der verstorbene Peter Glotz. Unter den Verfassungsrechtlern und Politikwissenschaftlern bleiben die Befürworter dagegen weiterhin klar in der Minderheit (z.B. Jesse 2004b, Ipsen 2008).

Ein Vorteil der Direktwahl bestünde zweifellos darin, dass sie dem Charakter der Präsidentenwahl als Persönlichkeitswahl besser Rechnung tragen würde als das heutige indirekte Verfahren, das die Bestellung ausschließlich in die Hände von Parteienvertretern legt. Die Wähler könnten sich ihrer natürlichen Parteibindung leichter entziehen als die Abgeordneten, indem sie z.B. bei der Präsidentenwahl anders votieren als bei einer Parlamentswahl. Die Wahrscheinlichkeit, dass sie sich in ihrer Entscheidung eher an der Person als an der Parteizugehörigkeit der Kandidaten orientieren, dürfte dabei umso größer sein, je mehr es dem Präsidentenamt an politischen Machtbefugnissen mangelt. Die entpolitisierende Tendenz, die Kritiker der Direktwahl unterstellen, ist von daher weniger dem Wahlverfahren als der Amtsausstattung geschuldet (Eberl 2004).

Was für die Wahl selbst gilt, trifft allerdings nicht unbedingt auf die Nominierung und Rekrutierung der Kandidaten zu. Diese obläge bei einer Direktwahl genauso den Parteien wie bei der Wahl durch das Parlament oder eine Versammlung. Es würden folglich dieselben Kriterien angelegt wie heute: Welcher Kandidat hat die besten Chancen, eine Mehrheit zu bekommen? Wen wird das gegnerische Lager vermutlich aufstellen? Gibt es die Möglichkeit, einen innerparteilichen Rivalen ins höchste Staatsamt wegzuloben? Eine Direktwahl hätte gewiss den Vorzug, dass sie die Chancen eines ideologisch einseitigen, polarisierenden Bewerbers mindern würde. Dem stünden auf der anderen Seite aber auch handfeste Nachteile gegenüber. Da es bei einer Direktwahl vor allem auf Popularität ankommt, würde das Rekrutierungsfeld kleiner sein als bei einer indirekten Wahl, hätten nicht-geborene Parteipolitiker wie Horst Köhler oder Gesine Schwan, die in der Öffentlichkeit 2004 wenig bekannt waren, nur geringe Chancen, aufgestellt zu werden. Auch Roman Herzog wäre unter diesen Voraussetzungen wohl kaum Bundespräsident geworden. Das plebiszitäre Wahlverfahren diskriminiert also gerade jenen Typus des parteifernen Bewerbers, der von seinem Zuschnitt her dem nicht-parteilichen Charakter des Amtes besonders gut entsprechen würde.

Dies führt zu einem weiteren, noch wichtigeren Gegenargument. Das heutige indirekte Verfahren des Art. 54 Abs. 1 impliziert, dass der Bundespräsident „ohne Aussprache" gewählt wird. Dies schließt eine vorherige öffentliche Diskussion über die Kandidaten selbstverständlich nicht aus. Bei der Direktwahl hingegen wäre eine solche Diskussion zwingend, müsste ein regelrechter Präsidentschaftswahlkampf stattfinden. Auch ein amtierender Präsident könnte sich dem nicht entziehen. Doch um welche Themen sollte dabei gestritten werden? Da das Grundgesetz dem Staatsoberhaupt nur wenig politische Kompetenzen zuspricht, würden die Kandidaten Gefahr laufen, im Wahlkampf Erwartungen zu wecken, die sie später gar nicht erfüllen könnten. Wahlverfahren und Amtsausstattung sind also eng aufeinander bezogen. Dieser Zusammenhang wird auch durch vermeintliche Gegenbeispiele wie Österreich nicht widerlegt. Die österreichische Verfassung billigt dem Bundespräsidenten deutlich mehr exekutive Befugnisse zu als die deutsche, doch haben die bisherigen Amtsinhaber weitgehend darauf verzichtet, diese in der Praxis einzulösen. Was das bedeutet, erfuhr Präsident Thomas Klestil Anfang 2000 leidvoll, als er die gegen seinen Willen zustande gekommene ÖVP/FPÖ-Regierung ernennen musste (Ipsen 2008: 208). Insofern passt die Direktwahl eigentlich nicht mehr zur rein parlamentarischen Regierungsform des Landes. Ihre Abschaffung wäre aber, nachdem sie nun einmal besteht und zur Verfassungstradition gehört, kaum legitimierbar.

Etwas ganz anderes ist es, eine nicht vorgesehene Direktwahl nachträglich einzuführen. Dies scheint nur dort angebracht, wo das Präsidentenamt gleichzeitig förmlich aufgewertet wird oder die von der Verfassungsnorm abweichende Verfassungspraxis eine legitimatorische Stärkung bedingt (wie in Frankreich 1962).[5] In der Bundesrepublik ist weder das eine noch das andere gegeben. Auch von den Befürwortern der Direktwahl wird in der Regel ja nicht gefordert, dem Staatsoberhaut zusätzliche Kompetenzen einzuräumen. Selbst wenn es zuträfe, dass die Direktwahl unter diesen Umständen keinen großen Schaden anrichten würde (so z.B. Fromme 2004), bliebe sie doch gemessen an der faktischen Machtlosigkeit des Amtes ein verfassungspolitischer Fremdkörper.

Das Festhalten an der indirekten Wahl bedeutet keineswegs, dass man mit ihr zugleich die bisherige Praxis der Kandidatennominierung gutheißen muss.

---

[5] Das kurioseste Beispiel einer nachträglichen Einführung stellt die im Jahre 2000 verabschiedete Verfassungsreform in Finnland dar. Hier wurde der Übergang zur Direktwahl paradoxerweise an eine Schwächung der Kompetenzen des Präsidenten gekoppelt, nachdem das semi-präsidentielle System in der Praxis schon vorher zur rein parlamentarischen Regierungsweise übergegangen war. In der Slowakei trug die 1999 nachträglich eingeführte Direktwahl demgegenüber der tatsächlichen Stellung des Präsidentenamtes Rechnung.

Wenn die Parteien – wie oben gezeigt – von der Durchsetzung ihrer Kandidaten nicht zwingend einen machtpolitischen Vorteil zu erwarten haben, könnten sie bei der Nominierung durchaus den Konsens mit dem gegnerischen Lager suchen und auf die Aufstellung eines eigenen Bewerbers gegebenenfalls verzichten. Wieso hätte die SPD 2009 den weithin anerkannten Amtsinhaber Köhler nicht mitwählen sollen? Dieselbe Frage konnte man 2004 der Union stellen, als sie sich weigerte, eine zweite Amtszeit von Johannes Rau zu unterstützen. Selbst wenn man der stärksten Fraktion in der Bundesversammlung das Recht des ersten Vorschlags zubilligt, hindert es sie doch nicht, eine parteiübergreifende Lösung anzustreben. Auch nach Raus Verzicht wäre die Einigung auf einen gemeinsamen Kandidaten gut möglich gewesen – immerhin hatte die SPD ihre Unterstützung für Klaus Töpfer ausdrücklich signalisiert. Und vielleicht hätte das Regierungslager sogar Köhler mitgetragen, wenn dieser als ein für alle Seiten akzeptabler Bewerber von vornherein ins Spiel gebracht worden wäre. So aber musste der Amtsnachfolger von Johannes Rau mit dem Stigma leben, selbst im eigenen Lager bei der Nominierung 2004 nur zweite oder dritte Wahl gewesen zu sein.

Mit einem bloßen Appell werden sich die Parteien zu einer solchen Verhaltensänderung sicher nicht bewegen lassen. Von daher stellt sich die Frage, ob man dem Konsens nicht durch ein höheres Quorum bei der Bestellung „nachhelfen" könnte (Decker 2004, Köhne 2008). Denkbar wäre z.B., dass statt der absoluten Mehrheit im ersten und zweiten Wahlgang eine Zweidrittelmehrheit vorgeschrieben wird und erst im dritten Wahlgang die absolute Mehrheit genügt (heute reicht bereits die relative Mehrheit). Solche erhöhten Konsensschwellen bei der Wahl des Staatsoberhauptes sind in einigen europäischen Ländern – Estland, Griechenland, Italien und Ungarn – vorgesehen (siehe Abb. VI.2). Außerhalb Europas kennen Indien und Indonesien vergleichbare Regelungen. Eine besonders weitreichende Variante wurde Mitte der neunziger Jahre in Australien erwogen, wo die Ablösung der monarchischen Staatsform bis heute allerdings nicht erfolgt ist. Hier war geplant, dass der Präsident auf Vorschlag des Premierministers von beiden Häusern des Parlaments mit Zweidrittelmehrheit gewählt wird. Dies sollte die Regierung zur Verständigung mit der Opposition zwingen und einen Wahlkampf um das höchste Amt vermeiden (Czada 1999: 139 f.).

Das zentrale Argument für die Konsenslösung lautet, dass sie zum nichtparteilichen Amtsverständnis des Präsidenten besser passt als das heutige „parteiliche" Bestellungsverfahren. Dieser Zusammenhang wird in der Bundesrepublik bei anderen Ämtern, die in ähnlicher Weise nicht-parteilich angelegt bzw. mit primär repräsentativen Funktionen betraut sind, durchaus anerkannt. So gilt z.B. bei der Wahl des Bundestagspräsidenten die ungeschriebene Regel, dass das

Amt von einem Vertreter der stärksten Parlamentsfraktion besetzt wird, während die Zusammensetzung des Bundestagspräsidiums nach Proporzgesichtspunkten erfolgt. Das Amt des Bundesratspräsidenten wird in einer festgelegten Reihenfolge jeweils halbjährlich von einem der Ministerpräsidenten der Länder wahrgenommen. Und die Wahl der Bundesverfassungsrichter, die je zur Hälfte vom Bundestag (in einem dafür eingerichteten Wahlausschuss) und Bundesrat bestellt werden, erfordert eine Zweidrittelmehrheit. Dies zwingt die Parteien gleichfalls, sich auf ein Personaltableau vorab zu verständigen.

Der Nachteil des erhöhten Quorums besteht darin, dass die Wahl selbst dann nur noch ein formeller Akt wäre. Der Wählereinfluss bliebe zwar über die Zusammensetzung der Bundesversammlung insoweit gegeben, als das Vorschlagsrecht bei der stärkeren Partei oder Formation liegt. Eine Auswahl zwischen verschiedenen Bewerbern mit womöglich vergleichbaren Siegchancen gäbe es jedoch nicht. Damit würde nicht nur das Spannungsmoment fehlen, das knappe Wahlausgänge zu seltenen „Sternstunden" der Demokratie macht. Es entfiele auch der Anreiz, die Öffentlichkeit am Präsidentschaftsrennen teilhaben zu lassen, der durch den inoffiziellen Wahlkampf im Vorfeld der Abstimmung erzeugt wird. Wer den parteiübergreifenden Konsens bei der Präsidentenwahl will, muss also auf ein Stück unserer heutigen Wettbewerbsdemokratie verzichten.

Die Erfahrungen aus Italien, wo das erhöhte Quorum seit Beginn der Zweiten Republik besteht, zeigen außerdem, dass solche Regelungen den Konsens nicht automatisch herbeizwingen – die meisten der zwölf Amtsinhaber, die dort bisher amtierten, wurden mit absoluter Mehrheit gewählt.[6] Übertragen auf die Wettbewerbssituation der Bundesrepublik scheint es ebenfalls zweifelhaft, ob eine Zweidrittelmehrheit im ersten und zweiten Wahlgang den Druck auf die politischen Akteure so stark erhöht, dass diese zu einer einvernehmlichen Lösung gelangen. In der Diskussion wird daher ein dritter Vorschlag immer wieder ins Spiel gebracht, der an den heutigen Mehrheitserfordernissen nicht rütteln, dafür aber die Möglichkeit der Wiederwahl beseitigen und die Dauer der (einmaligen) Amtszeit über fünf Jahre hinaus verlängern würde (so z.B. Isensee 1994: 1330). Damit wäre zumindest das Problem beseitigt, dass ein populärer und untadeliger Präsident seinen Posten nur aufgrund der geänderten parteipolitischen Kräfteverhältnisse räumen müsste – gerade daran hat sich die Kritik des Bestellungs-

---

[6] Das Erfordernis der absoluten (statt der relativen) Mehrheit führt in Verbindung mit der nicht vorgesehenen Stichwahl dazu, dass sich die Präsidentenwahl in Italien unter Umständen endlos hinzieht. Rekordhalter ist die Wahl von Giovanni Leone im Jahre 1978, die 23 Wahlgänge und 15 Tage benötigte.

modus in der Vergangenheit ja zumeist entzündet. Die Gefahr der verlängerten Amtszeit liegt in ihrer größeren Fehleranfälligkeit, wenn der Präsident sich als unfähig erweist oder die an ihn gestellten Erwartungen sonstwie enttäuscht. Dem könnte man im Zweifelsfall aber immer durch einen freiwilligen Amtsverzicht begegnen, der nötigenfalls politisch erzwungen werden muss.

Abb. VI.1   Bundesversammlungen 1949 bis 2010

Jahr	Datum Ort	Mitglieder / absolute Mehrheit	Stimmen im 1., 2. und 3. Wahlgang
1949	12.09.1949 Bonn	804/403	1. Wg.: Theodor Heuss (FDP): 377; Kurt Schumacher (SPD): 311; Rudolf Amelunxen (Zentrum): 28; Hans Schlange-Schöningen (CDU): 6; Karl Arnold (CDU): 1; Josef Müller (CSU): 1; Alfred Loritz (WAV): 1 2.Wg.: Theodor Heuss: **416**; Kurt Schumacher: 312; Rudolf Amelunxen: 30; Hans Schlange-Schöningen: 2
1954	17.07.1954 Berlin	1018/510	1.Wg.: Theodor Heuss (FDP): **871**; Alfred Weber (-): 12; Konrad Adenauer (CDU): 1; Karl Dönitz (-): 1; Louis Ferdinand von Hohenzollern (-): 1; Marie-Elisabeth Lüders (-): 1; Ernst-August von Hannover (-): 1; Franz-Josef Wuermeling (-): 1
1959	01.07.1959 Berlin	1038/520	1.Wg.: Heinrich Lübke (CDU): 517; Carlo Schmid (SPD): 385; Max Becker (FDP): 104 2.Wg.: Heinrich Lübke: **526**; Carlo Schmid: 386; Max Becker: 99
1964	01.07.1964 Berlin	1042/522	1.Wg.: Heinrich Lübke (CDU): **710**; Ewald Bucher (FDP): 123
1969	05.03.1969 Berlin	1036/519	1.Wg.: Gustav Heinemann (SPD): 514; Gerhard Schröder (CDU): 501 2.Wg.: Gustav Heinemann: 511; Gerhard Schröder: 507 3.Wg.: Gustav Heinemann: **512**; Gerhard Schröder: 506
1974	15.05.1974 Bonn	1036/519	1.Wg.: Walter Scheel (FDP): **530**; Richard von Weizsäcker (CDU) 498
1979	23.05.1979 Bonn	1036/519	1.Wg.: Karl Carstens (CDU): **528**; Annemarie Renger (SPD): 431
1984	23.05.1984 Bonn	1040/521	1.Wg.: Richard von Weizsäcker (CDU): **832**; Luise Rinser (-): 68
1989	23.05.1989 Bonn	1038/520	1.Wg.: Richard von Weizsäcker (CDU): **881**

Jahr	Datum Ort	Mitglieder / absolute Mehrheit	Stimmen im 1., 2. und 3. Wahlgang
1994	23.05.1994 Berlin	1324/663	1.Wg.: Roman Herzog (CDU): 604; Johannes Rau (SPD): 505; Hildegard Hamm-Brücher (FDP): 132; Jens Reich (-): 62; Hans Hirzel (REP): 12 2.Wg.: Roman Herzog: 622; Johannes Rau: 559; Hildegard Hamm-Brücher: 126; Hans Hirzel: 11 3.Wg.: Roman Herzog: **696**; Johannes Rau: 605; Hans Hirzel: 11
1999	23.05.1999 Berlin	1338/670	1.Wg.: Johannes Rau (SPD): 657; Dagmar Schipanski (CDU): 588; Uta Ranke-Heinemann (-): 69 2.Wg.: Johannes Rau: **690**; Dagmar Schipanski: 572; Uta Ranke-Heinemann: 62
2004	23.05.2004 Berlin	1205/603	1.Wg.: Horst Köhler (CDU): **604**; Gesine Schwan (SPD): 589
2009	23.05.2009 Berlin	1224/613	1.Wg.: Horst Köhler (CDU): **613**; Gesine Schwan (SPD): 503; Peter Sodann (-): 91; Frank Rennicke (NPD): 4
2010	30.06.2010 Berlin	1244/623	1.Wg.: Christian Wulff (CDU): 600; Joachim Gauck (-): 499; Luc Jochimsen (Die Linke): 126; Frank Rennicke (NPD): 3 2.Wg.: Christian Wulff: 615; Joachim Gauck: 490; Luc Jochimsen; 123; Frank Rennicke (NPD): 3 3.Wg.: Christian Wulff: **625**; Joachim Gauck: 494

Quelle: eigene Zusammenstellung

4. Machtlosigkeit und Nicht-Parteilichkeit des Präsidenten: ein Mythos?

Damit wendet sich der Blick zur Amtsführung des Präsidenten. Dem Staatsoberhaupt der Bundesrepublik werden in der Literatur üblicherweise zwei zentrale Funktionen zugeschrieben: eine Reserve- und eine Integrationsfunktion. Unter der „Reservefunktion" versteht man jene Befugnisse des Präsidenten im Bereich der Regierung und Gesetzgebung, die im Normalfall nicht virulent werden, sondern sich primär in Krisenzeiten zu bewähren haben. Darunter fallen die Mitwirkungsbefugnisse bei der Regierungsbestellung und Parlamentsauflösung, das formelle und materielle Prüfungsrecht bei der Gesetzesausfertigung sowie die Ausrufung des Gesetzgebungsnotstandes (Hartmann / Kempf 1989: 34 ff.). Die „Integrationsfunktion" manifestiert sich in den repräsentativen Aufgaben des

Staatsoberhauptes bzw. genauer: in den Aufgaben der symbolischen Repräsentation, da ja die materielle (politikinhaltliche) Repräsentation den eigentlichen Regierungsinstitutionen vorbehalten bleibt. Der Präsident soll das Staatsganze darstellen, die Einheit des Volkes nach innen wie nach außen verkörpern und nötigenfalls eine ausgleichende oder schiedsrichterliche Position im politischen Machtspiel einnehmen. Dazu steht ihm zum einen das Mittel der Rede zur Verfügung, von dem er allerdings nur in dem von der Regierung vorgegebenen politischen Rahmen freien Gebrauch machen kann. (Diese Einschränkung betrifft insbesondere die Außenpolitik.) Zum anderen erfolgt die Repräsentation durch zeremonielles und staatsnotarielles Handeln, was auf die monarchische Herkunft des Amtes zurückverweist. Weil die staatsnotariellen Befugnisse zugleich einen Teil der Reservemacht des Präsidenten ausmachen, werden sie in der Literatur manchmal auch als eigenständiger Funktionsbereich genannt.

Die These von der Machtlosigkeit des Präsidenten in der Bundesrepublik gründet sich im Wesentlichen auf drei Sachverhalte. *Erstens* verfügt das Staatsoberhaupt über keine pro-aktiven Gestaltungsbefugnisse, mit denen es selbständig politisch wirken und in das Regierungsgeschehen eingreifen kann. Notverordnungsrechte und der militärische Oberbefehl bleiben ihm im Unterschied zum Reichspräsidenten der Weimarer Republik versagt; auch besitzt es über das Prüfungsrecht hinaus keine weiteren Mitwirkungsmöglichkeiten im Gesetzgebungsprozess. *Zweitens* sind die Krisensituationen, in denen es auf die Entscheidung des Staatsoberhaupts ankommen könnte, im deutschen Regierungssystem bisher nicht eingetreten. Weder musste der Gesetzgebungsnotstand erklärt werden, noch war der Präsident gezwungen, von seinem Vorschlagsrecht bei der Wahl des Bundeskanzlers nach Art. 63 Abs. 1 des Grundgesetzes zugunsten eines von ihm selbst ins Spiel gebrachten Kandidaten Gebrauch zu machen oder einen Minderheitskanzler zu ernennen (Art. 63 Abs. 4 Satz 3). Und wo er über Handlungsspielräume verfügt, ist der Präsident *drittens* gehalten, diese nicht zu überdehnen und gegen den Willen der übrigen Staatsorgane auszuüben. Entsprechend rar gesät sind die Fälle, in denen die Inhaber des Amtes die Ernennung eines Ministers oder die Ausfertigung von Gesetzen verweigert haben. Auch bei der Anberaumung vorzeitiger Neuwahlen (1972, 1982 und 2005) sind die Präsidenten bisher stets dem Willen der jeweiligen Bundesregierungen gefolgt.

Von daher auf die Machtlosigkeit des Amtes zu schließen, wäre aber zu kurz gedacht. Die Reservebefugnisse des Präsidenten entfalten ihre Wirkung ja nicht allein oder in erster Linie dadurch, dass sie ständig zum Einsatz gelangen; sie wirken vielmehr bereits durch ihre schiere Existenz. Indem sie von den anderen Staatsorganen berücksichtigt und in deren Verhalten einkalkuliert werden, lassen

sich mögliche Konflikte so schon im Vorfeld politischer Entscheidungen bereini-
gen. Stellt man diese „Vorbeugungsfunktion" (Gu 1999) mit in Rechnung, verfügt
der Bundespräsident also durchaus über politische Gestaltungsmacht, die sich
freilich eher unmerklich mitteilt und deshalb im Unterschied zur effektiven Ent-
scheidungsmacht einer Regierung nur schwer fassen lässt. Dasselbe gilt für das
Mittel der Rede. Macht der Präsident davon in geeigneter Weise Gebrauch, kann
er den Mangel an *potestas*, den das Amt mit sich bringt, durch persönliche
auctoritas ausgleichen, wie es Theodor Eschenburg (1960: 650) einmal ausgedrückt
hat. Im günstigsten Falle wird er dadurch zu einer moralischen Instanz, deren
Mahnungen ähnlich „vorbeugend" wirken wie die politischen Reservebefugnisse. Ob die Amtsinhaber in eine solche Rolle hineinwachsen, hängt zum einen von
ihren eigenen Fähigkeiten, zum anderen von den situativen Umständen ab.

So wie die These der Machtlosigkeit bedarf auch die These der parteipolitischen Neutralität der Relativierung. Betrachtet man die Amtsführung der bisherigen Präsidenten genauer, so zeigt sich, dass die Amtsinhaber gelegentlich
durchaus im Interesse der Parteien oder Parteienkoalition agiert haben, die sie in
die Villa Hammerschmidt bzw. das Schloss Bellevue brachten. So setzte sich z.B.
Theodor Heuss 1956 massiv für den Fortbestand der Unions-FDP-Koalition ein,
die zu dieser Zeit kurz vor dem Bruch stand. Auch hatte Heuss 1952 in der Frage
der Wiederbewaffnung offen Partei gegen die damalige SPD-Opposition ergrif-
fen, indem er ein für die Regierung günstiges Gutachten beim Bundesverfassungsgericht „bestellte", was er später freimütig als Fehler einräumte (Baring
1984: 382 ff.). Nicht minder parteiisch ging Heuss' Nachfolger Lübke zu Werke,
der 1965 versuchte, einer Regierungsbeteiligung der SPD den Weg zu ebnen und
die Fortsetzung der bis dahin amtierenden christlich-liberalen Koalition zu verhindern – ein Vorhaben, das durch den klaren Wahlsieg Ludwig Erhards vereitelt
wurde (Oppelland 2001: 562 f.).

Es ist nicht ohne Ironie, dass ausgerechnet jene Präsidenten, deren Wahl am
ehesten als Vorbote einer koalitionspolitischen Neuorientierung erscheinen konnte, den Verdacht der parteiischen Amtsführung am wenigsten rechtfertigten:
Gustav Heinemann und Karl Carstens. Beide ließen ihre politischen Grundüber-
zeugungen in den Reden zwar erkennen, zeichneten sich ansonsten aber durch
eine betont korrekte Amtsführung aus, die die präsidialen Kompetenzen sehr
zurückhaltend interpretierte. Zumindest im Falle Heinemanns war dies insofern
überraschend, als er selbst seine Wahl zuvor – in einem schlecht beratenen Moment – als „ein Stück Machtwechsel" bezeichnet hatte, was die Voreingenommenheit seiner politischen Gegner unnötig beförderte (Baring 1982: 122 f.).

Aufschlussreich ist auch ein Vergleich der von beiden Präsidenten verfügten Parlamentsauflösungen. War Heinemanns Entscheidung, dem entsprechenden Begehren von Kanzler Willy Brandt nachzugeben, 1972 völlig unstrittig, so tat sich der gelernte Staatsrechtler Carstens nach eigenem Bekunden äußerst schwer, die von Helmut Kohl „fingierte" Vertrauensfrage durchgehen zu lassen, plagten ihn doch große Zweifel an deren Verfassungsmäßigkeit. Es besteht aber kein Grund zu der Annahme, dass die gemeinsame CDU-Parteizugehörigkeit bei Carstens' Entscheidung irgendeine Rolle gespielt haben könnte. Der Präsident hätte sich also nicht anders verhalten, wenn zu dieser Zeit ein Sozialdemokrat Regierungschef gewesen wäre. Entsprechend problemlos gestaltete sich Carstens' Zusammenarbeit mit der sozial-liberalen Koalition unter Kanzler Helmut Schmidt in den ersten drei Jahren seiner Amtszeit.

Als wesentlich schwierigerer Partner für die Regierung entpuppte sich Carstens' Vorgänger Walter Scheel, der die machtpolitischen Möglichkeiten des Amtes bis an die Grenzen auslotete. So stellte sich Scheel beispielsweise bei der Entlassung von Staatssekretären mehrfach quer, die er in einem Fall sogar ganz verweigerte (Oppelland 2001: 566). Auch Richard von Weizsäckers Amtsführung stieß bei der oppositionellen SPD im Ganzen auf mehr Wohlgefallen als bei seiner eigenen Partei, zu deren Politik er bisweilen in offenen Gegensatz geriet. Besonders augenfällig wurde dies bei der historischen Rede des Präsidenten zum 40. Jahrestag des Kriegsendes am 8. Mai 1985, die als bewusst angelegter Kontrast zu den missglückten geschichtspolitischen Gesten des Kanzlers erschien. Helmut Kohl sollte Weizsäcker diese Demütigung über das Ende von dessen Amtszeit hinaus nicht vergessen.

Anders gelagert sind die Präsidentschaften Roman Herzogs, Johannes Raus und Horst Köhlers, die sich in ihrer Amtsführung den eigenen Parteigängern deutlich stärker verpflichtet fühlten und deren Erwartungen damit entsprachen. So orchestrierte z.B. Herzogs berühmte „Ruck-Rede" im Berliner Adlon-Hotel nicht nur wirkungsvoll die von der FDP und Teilen der Union erhobenen Forderungen nach einer entschiedenen Reform der Sozialsysteme und des Arbeitsmarktes; sie konnte zugleich als Kritik der sozialdemokratischen Opposition aufgefasst werden, die mit ihrer Mehrheit im Bundesrat zentrale Reformvorhaben der Kohl-Regierung blockiert hatte. Auch Raus Akzentsetzungen fügten sich thematisch in den von der rot-grünen Regierung angestoßenen kulturellen Modernisierungsdiskurs gut ein, wobei der Präsident in seiner Kritik vor den „eigenen" Regierungsmitgliedern allerdings nicht Halt machte (etwa in Fragen der Einwanderungs- oder Asylpolitik).

Etwas komplizierter liegt der Fall bei Horst Köhler. Als dieser 2004 ins Schloss Bellevue einzog, war ihm von Union und FDP eine ähnliche Funktion zugedacht worden wie Herzog, nämlich die von der Regierung geplanten Reformen rhetorisch zu begleiten. Dieser Funktion wurde er zunächst vollauf gerecht. Weil Köhler aus seiner Präferenz für eine bürgerliche Koalition nach der 2006 anstehenden Bundestagswahl kein Geheimnis machte, begegnete ihm die rot-grüne Bundesregierung von Beginn an mit Argwohn. Zu einer handfesten Kraftprobe mit Kanzler Schröder kam es im November 2004, als der Präsident öffentlich gegen dessen Vorschlag Stellung bezog, den 3. Oktober als arbeitsfreien Feiertag abzuschaffen (und sich am Ende durchsetzte). Ob Köhler seine parteipolitische Befangenheit bei einer längeren Amtszeit von Rot-Grün abgelegt hätte, bleibt eine müßige Frage. Mit dem Übergang zur Großen Koalition veränderten sich die Parameter seiner Amtsführung jedenfalls gewaltig. Das Staatsoberhaupt schien nun Gefallen an der Rolle eines überparteilich agierenden Vetospielers zu finden, der die Schwäche der regulären parlamentarischen Opposition dadurch auszugleichen sucht, dass er die institutionellen Möglichkeiten des eigenen Amtes stärker ausschöpft. Zum Testfall dieser Bestrebungen wurde die zweimalige Weigerung des Präsidenten, ein vom Parlament beschlossenes Gesetz auszufertigen, die zumindest in einem Fall nicht zwingend war (Strohmeier 2008: 181).

5.   Ist das Präsidentenamt entbehrlich?

Köhlers Gesetzesveto löste ein enormes Echo aus. Die Reaktionen waren dabei erwartungsgemäß geteilt. Während die einen den Bundespräsidenten dafür lobten, dass er seine notarielle Wächterfunktion selbstbewusst wahrnahm und auf diese Weise ein Gegengewicht zur Bundesregierung bildete, warfen ihm die anderen vor, die Befugnisse des Amtes überschritten und das „von der Verfassung vorgesehene Institutionengefüge in Frage" gestellt zu haben (so der parlamentarische Geschäftsführer der Unionsfraktion Norbert Röttgen). In Zeitungsartikeln war in diesem Zusammenhang gar von einer „neuen APO" die Rede, die gegen die Politik der Bundesregierung Front mache; manche wähnten in Köhlers Verhalten wiederum einen „Hauch von Weimar."[7] Auch Politikwissenschaftler ließen sich von der Stimmung mitreißen, indem sie die grundsätzliche Frage auf-

---

[7] Matthias Geis / Bernd Ulrich, „Die neue APO macht mobil", in: Die Zeit vom 18. Januar 2007, S. 4; Claus Leggewie, „Ein Hauch von Weimar", in: die tageszeitung vom 18. Dezember 2006, S. 11.

warfen, ob eine Vetokompetenz des Präsidenten mit dem parteiendemokratischen parlamentarischen System überhaupt vereinbar sei (Lhotta 2008).

Die in diesen Äußerungen enthaltenen Mahnungen dürften nicht ohne Wirkung auf den Präsidenten geblieben sein, womöglich haben sie ihn vor einer
Wiederholung in vergleichbaren Fällen zurückschrecken lassen. Dennoch mutet
die Kritik nach etwas zeitlichem Abstand als stark übertrieben an. Zum einen
stellte Köhlers Ausfertigungsverweigerung keine Premiere dar – auch frühere
Bundespräsidenten haben von ihrem formellen und materiellen Prüfungsrecht in
ähnlicher Weise Gebrauch gemacht (Rau 2004, Jekewitz 2007). Zum anderen
muss sie vor dem Hintergrund einer außergewöhnlichen Regierungskonstellation
betrachtet werden. Die restriktive Wahrnehmung des präsidentiellen Prüfungsrechts durch sämtliche bisherige Amtsinhaber rührt ja daher, dass die Funktion
eines „Hüters der Verfassung" im deutschen Regierungssystem nahezu vollständig auf das Verfassungsgericht übergegangen ist. Dessen Anrufung ist aber unter
den Bedingungen der Großen Koalition erschwert, da ein Normenkontrollverfah-
ren nur von einer Landesregierung oder einem Viertel der Mitglieder des Bundestages beantragt werden kann.[8] Das Prüfungsrecht des Präsidenten kommt von
daher zwangsläufig stärker ins Spiel (Pehle 2009: 10). Gewiss stellt eine Große
Koalition keine politische Krisensituation dar, die die Reservemacht des Staatsoberhaupts automatisch auf den Plan rufen müsste, handelt es sich bei ihr doch
um ein – zumindest im parlamentarischen Rahmen – ausgesprochen stabiles
Regierungsformat. Betrachtet man sie aber als eine demokratiepolitisch fragwürdige Abweichung von der herkömmlichen, auf dem Dualismus von regierender
Mehrheit und Opposition beruhenden Funktionsweise des parlamentarischen
Systems, dann liegt es durchaus nahe, die Reservemacht des Präsidenten gegen
eine solche „Störung" der Gewaltenbalance stärker zu betonen.

Damit ist abschließend die grundsätzliche Frage nach der Rolle des Staatsoberhaupts in der parlamentarischen Parteiendemokratie aufgeworfen. Könnte
man auf den Bundespräsidenten nicht ganz verzichten? Die Frage ist keineswegs
ketzerisch gemeint. Sie bezieht ihre Berechtigung aus der historischen Genese des
Amtes, dessen Einführung sich *nicht* in erster Linie funktionalen Überlegungen
verdankte. Das von der Funktion des Regierungschefs abgetrennte Staatsoberhaupt ist ein generelles Erkennungsmerkmal des parlamentarischen Regierungssystems (im Unterschied zum präsidentiellen System, wo beide Funktionen in
einem Amt vereinigt sind). Es stellt ein Relikt der monarchischen Regierungsform

---

[8] Grundsätzlich offen steht dagegen der Weg über die Verfassungsbeschwerde, die als
„Jedermannsrecht" aber nur bei Grundrechtsverletzungen greift.

dar. Die Herausbildung des parlamentarischen Systems in Großbritannien, die sich Ende des 17. Jahrhunderts mit der *Glorious Revolution* ankündigte, führte zu einer kontinuierlichen Entmachtung der Monarchie. Dies begann damit, dass die formelle Regierungsgewalt vom Monarchen auf ein Ministerium übertragen wurde, welches für alle königlichen Akte die rechtliche Verantwortung übernahm (gemäß der Devise, wonach der König kein Unrecht begehen könne).[9] Aus dem Ministerium entwickelte sich dann ausgangs des 18. Jahrhunderts das Amt des Premierministers. Die schrittweise Verlagerung der Regierungsmacht auf den Premierminister und dessen Kabinett hatte zur Folge, dass die Monarchie ihre damals noch vorhandenen Prärogativen vollständig einbüßte. Wo die Parlamentarisierung zeitig erfolgt war – wie in Großbritannien, den Niederlanden, Belgien und den skandinavischen Ländern –, konnte die Krone deshalb als politisch machtlose Institution weiter existieren, während sie in den verspäteten Demokratien (Frankreich, Italien und Deutschland) durch ein republikanisches Staatsoberhaupt ersetzt wurde. Zum ersten Mal geschah dies 1875 in der Dritten Französischen Republik, die in ihrer vom Zweiten Kaiserreich übernommenen parlamentarischen Verfassung das Amt des Präsidenten der Republik einführte. Dem eiferten in Europa später sämtliche republikanischen Staatsverfassungen nach (Lehmbruch 1999: 117 ff.).

Die Integration des Staatsoberhauptes in das parlamentarische System bereitete in den Republiken größere Probleme als in den Monarchien. Weil die Präsidenten hier durch Wahl ins Amt gelangten, also über eine direkte oder indirekte demokratische Legitimation verfügten, war es nicht möglich, ihnen jegliche Beteiligung an der Regierungsmacht zu verwehren. Manche Verfassungen haben dem Präsidenten sogar die eigentliche politische Führungsrolle zugebilligt und damit eine potenzielle Konkurrenzsituation zwischen Staatsoberhaupt und parlamentarisch verantwortlichem Premierminister heraufbeschworen. Diese „semi-präsidentiellen" Systeme, wie man sie später genannt hat, sollten sich als die eigentlichen „Wiedergänger" der konstitutionellen Monarchie erweisen (Decker 2009: 184 ff.). Prominenteste Beispiele sind die Weimarer Reichsverfassung und die Fünfte Französische Republik.

---

[9] Förmlich verbürgt wurde dies durch die ministerielle Gegenzeichnung (Kontrasignatur), die als Institut später auch in den parlamentarischen Republiken Verbreitung fand, um die fehlende parlamentarische Verantwortlichkeit des Staatsoberhauptes auszugleichen. Das Grundgesetz regelt die Gegenzeichnungspflicht in Art. 58. Sie umfasst alle schriftförmigen Anordnungen und Verfügungen des Bundespräsidenten. Ausgenommen sind allein die Prärogativen bei der Regierungsbestellung und Parlamentsauflösung (Art. 63 des Grundgesetzes).

Abb. VI.2 Staatsoberhäupter im europäischen Vergleich (EU 27 + Schweiz, nur Republiken)

Land	Regierungsform	Wahl erfolgt durch …	Quorum	Wahlperiode	Wiederwahl
Bulgarien	parl.	Volk	1.Wg.: mind. 50% Wahlbeteiligung + AM; 2.Wg.: SW + RM	5 Jahre	einmal
Deutschland	parl.	Bundesversammlung[1]	1.Wg.: AM; 2.Wg.: AM; 3.Wg.: RM	5 Jahre	einmal
Estland	parl.	Parlament / ab 4. Wg. Wahlversammlung[2]	1.Wg.: 2/3 Mehrheit; 2.Wg.: 2/3 Mehrheit; 3.Wg.: SW mit 2/3 Mehrheit; 4.Wg.: AM; 5. Wg.: SW	5 Jahre	einmal
Finnland	parl.	Volk	1.Wg.: AM; 2.Wg.: SW + RM	6 Jahre	einmal
Frankreich	s-p	Volk	1.Wg.: AM; 2.Wg.: SW	5 Jahre	einmal
Griechenland	parl.	Parlament	1.Wg.: 2/3 Mehrheit; 2.Wg.: 2/3 Mehrheit; 3. Wg.: 3/5 Mehrheit	5 Jahre	einmal
Irland	parl.	Volk	AM (nach Präferenzstimmverfahren)	7 Jahre	einmal
Italien	parl.	Parlament (beide Kammern) + Vertreter der Regionen	1.Wg.: 2/3 Mehrheit; 2.Wg.: 2/3 Mehrheit; 3.Wg.: 2/3 Mehrheit 4.Wg.: AM	7 Jahre	unbegrenzt
Lettland	parl.	Parlament	1.Wg.: AM; ab dem 2. Wg.: AM und Ausscheiden des schwächsten Kandidaten	4 Jahre	einmal
Litauen	s-p	Volk	1.Wg.: Bei Wahlbeteiligung über 50%: AM, bei Wahlbeteiligung unter 50%: RM, jedoch mindestens 1/3 der Stimmen; 2.Wg.: SW	5 Jahre	einmal
Malta	parl.	Parlament	1.Wg.: AM	5 Jahre	unbegrenzt
Österreich	parl.	Volk	1.Wg.: AM; 2.Wg.: SW	6 Jahre	einmal
Polen	s-p	Volk	1.Wg.: AM; 2.Wg.: SW	5 Jahre	einmal
Portugal	parl.	Volk	1.Wg.: AM; 2.Wg.: SW	5 Jahre	einmal
Rumänien	s-p	Volk	1.Wg.: AM; 2.Wg.: SW	5 Jahre	einmal
Slowakei	parl.	Volk	1.Wg.: AM; 2.Wg.: SW	5 Jahre	einmal
Slowenien	parl.	Volk	1.Wg.: AM; 2.Wg.: SW	5 Jahre	einmal
Tschechien	parl.	Parlament (beide Kammern)	1.Wg.: AM; 2.Wg: SW mit AM[3]: 3.Wg.: SW mit AM[4]	5 Jahre	einmal
Ungarn	parl.	Parlament	1.Wg.: 2/3 Mehrheit; 2.Wg.: 2/3 Mehrheit; 3.Wg.: SW	5 Jahre	einmal
Zypern	präs.	Volk	1.Wg.: AM; 2.Wg.: SW	5 Jahre	unbegrenzt
Schweiz	quasi-präs.	Parlament (beide Kammern)	RM	1 Jahr	unbegrenzt[5]

Zu Abb. VI.2:

[1] Mitglieder des Bundestages plus eine gleiche Anzahl an Mitgliedern, die von den Länderparlamenten nach Proporz bestellt werden.
[2] Mitglieder des Parlaments plus Vertreter der Kommunen und Städte.
[3] Dabei stellen sich nur die Kandidaten zur Wahl, die im Abgeordnetenhaus und Senat jeweils die meisten Stimmen erhalten haben.
[4] Falls alle drei Wahlgänge scheitern, beginnt der Prozess der Präsidentenwahl von vorn.
[5] Das Amt des Bundespräsidenten rotiert zwischen den Bundesräten.

Parl. – parlamentarisch; s-p – semi-präsidentiell; präs. – präsidentiell; RM: relative Mehrheit; AM: absolute Mehrheit; Wg: Wahlgang; SW: Stichwahl zwischen den beiden im vorangegangenen Wahlgang erfolgreichsten Kandidaten.

Quelle: eigene Zusammenstellung

Auch dort, wo der Präsident in der politischen Bedeutung zurückgestuft wurde, war man um eine funktionelle Rechtfertigung des Amtes nicht verlegen. So wie die Urheber der amerikanischen Bundesverfassung die Ämterverbindung von Regierungschef und Staatsoberhaupt als Mittel betrachteten, um der befürchteten Übermacht der Legislative entgegenzuwirken, so sollte die Ämtertrennung im parlamentarischen System ein Gegengewicht zur Gewaltenfusion von Regierung und Parlamentsmehrheit schaffen. Prononciert hervorgehoben wurde der Gewaltenteilungsaspekt im deutschen und französischen Verfassungsdenken, wo man dem Staatsoberhaupt die Rolle einer über den Parteien schwebenden neutralen Kraft (*pouvoir neutre*) zuschrieb. Auch wenn die „Gleichgewichtskonzeption" auf einer Fehlinterpretation des britischen Parlamentarismus beruhte, findet sie in den Integrations- und Reservemachttheorien des Präsidenten bis heute ihren Niederschlag. Kein einziges parlamentarisches System, das als Republik verfasst ist, hat sich bislang durchringen können, das Amt abzuschaffen oder eine solche Abschaffung auch nur erwogen.[1]

Dies erspart uns allerdings nicht die Frage, ob die funktionellen Zuschreibungen heute noch tragen. Blicken wir dazu zuerst auf die gewaltenteilenden

---

[1] Parlamentarische Regierungssysteme mit einer geschlossenen Exekutive existieren gegenwärtig lediglich in Botswana und Südafrika. Nach der Unabhängigkeit von Großbritannien bzw. dem Austritt aus dem Commonwealth haben beide Länder auf die Schaffung eines vom Regierungschef abgetrennten, eigenständigen Staatsoberhaupts verzichtet und die Funktionen stattdessen in einem Amt zusammengeführt. Dasselbe System soll demnächst in Kenia eingeführt werden.

Effekte der Reservebefugnisse. Hier zeigt bereits ein Blick auf die deutschen Gliedstaaten, deren parlamentarische Systeme ausnahmslos ohne separates Staatsoberhaupt auskommen, dass diese Befugnisse leicht auf die anderen Staatsorgane verteilt werden könnten. So wie die materielle Prüfungsfunktion der Gesetze den Verfassungsgerichten obliegt, so müsste der Regierungschef, wenn er ein Gesetz ausfertigt, auch für dessen formelle Korrektheit bürgen. Ob eine weitere Kontrollinstanz, die als „Mithüter der Verfassung" fungiert, im Gesetzgebungsprozess wirklich notwendig ist, bleibt von daher eine legitime Frage. Ähnliches gilt für die Regierungsbestellung und Parlamentsauflösung, die man vollständig dem Parlament (oder subsidiär dem Volk) überantworten könnte. Auf der nationalen Ebene kommt Schweden zur Zeit dieser Lösung am nächsten. Hier liegt die formelle Ernennungs- und Entlassungsbefugnis des Regierungschefs nicht beim Monarchen, sondern beim Parlamentspräsidenten.

Auch mit Blick auf die Integrationsfunktion lässt sich die Notwendigkeit eines von der Regierung institutionell abgetrennten Staatsoberhaupts nicht zwingend begründen. Roman Herzogs Kommentierung der Grundgesetz-Artikel 54 bis 61 im Maunz-Dürig, deren 2009 erfolgte Neubearbeitung er trotz seiner Befangenheit als früherer Amtsinhaber keinem anderen Autor überlassen wollte, wähnt im Bundespräsidenten eine über den Parteien schwebende, superiore Gemeinwohlinstanz, die als Ein-Personen-Organ die „Einheit des Staates" verkörpere. Diese Interpretation ist in der Literatur zu Recht als Überhang eines autoritären Staatsdenkens kritisiert worden, das den Grundprinzipen der pluralistischen Demokratie widerspreche (Van Ooyen 2009). Auch konservative Verfassungsjuristen wie Josef Isensee haben sich dagegen gewandt, der Repräsentations- und Integrationsfunktion des Staatsoberhaupts eine höhere demokratische Dignität zuzusprechen, als sie den Vertretern der übrigen Staatsorgane gebühre.[2] Der Unterschied bestehe darin, dass die sich daraus ergebenden Anforderungen

---

[2] „Den textgleichen Amtseid wie der Bundespräsident leisten der Bundeskanzler und die Bundesminister, nur dass sie mehr praktische Gelegenheit haben, ihn zu bewähren. Das Amtsethos des Gemeinwohls gilt nicht nur für die parteipolitisch rekrutierten Ämter der Parlamentarier und Regierungsmitglieder, sondern auch für die fachfundierten der Beamten und Richter. Der Inhalt des Gemeinwohls ist aber offen und diskutabel. Eben deshalb sagt die gewaltenteilige Demokratie deutlich, welches Staatsorgan jeweils verbindlich darüber befindet, was das Gemeinwohl erheischt. Wer immer entscheidet, muss in der Demokratie auf Zustimmungsfähigkeit achten. Wenn aus politischer Polarisierung durch Mehrheitsentscheid das für alle verbindliche Gesetz hervorgeht, will dieses integrieren. Integration ergibt sich in der Regel aus Funktion. Die funktionsfreie Integrationsaufgabe bleibt Dilemma" (Isensee 1994: 1329).

an das Amt bei den letzteren durch Rechts- und Sachzwang mehr oder weniger festgelegt seien, während die Präsidenten über die Inhalte und den Stil der Repräsentation weitgehend selbst entscheiden könnten. Die Rechtfertigung des Amtes hänge deshalb in hohem Maße von den Fähigkeiten derjenigen ab, die es führten. Darin liege ein Reiz, aber auch ein Risiko.

Folgt aus dem Gesagten nun, dass man die Abschaffung des Präsidenten tatsächlich erwägen sollte? Legt man die Erfahrungen der bisherigen Amtspraxis zugrunde, spricht kaum etwas dafür. Die Verfassungsgeber des Grundgesetzes hatten allen Grund, die Kompetenzen des Staatsoberhaupts auf das aus ihrer Sicht unerlässliche Minimum zu begrenzen (Uhl 2008). Nach den Erfahrungen von Weimar war ihnen bewusst, dass eine zu starke Reservemacht des Präsidenten den Anreiz mindern würde, über eine entsprechende Strukturierung des Parteiensystems auf der parlamentarischen Ebene dauerhaft stabile Regierungsmehrheiten zu erzeugen. Ob die komplizierter werdenden Bedingungen der Koalitionsbildung auf Bundesebene den Bundespräsidenten demnächst stärker fordern könnten, wie manche Politikwissenschaftler mutmaßen, bleibt abzuwarten (Korte 2009). Der Übergang zu einem wie immer gearteten „Semi-Präsidentialismus" steht in der Bundesrepublik jedenfalls nicht zu befürchten. Dafür spricht auch die betont zurückhaltende Handhabung des Prüfungsrechts durch sämtliche Amtsinhaber, die aus dem Bundespräsidenten gerade keinen legislativen Vetospieler gemacht hat, auch wenn sie sich in die gewaltenteilige Ordnung des Grundgesetzes ansonsten gut einfügt (Höreth 2008).

Zu einem ähnlich positiven Urteil wird man mit Blick auf die Integrationsleistung kommen müssen. Auch wenn die Präsidenten die Funktion der symbolischen Repräsentation nicht für sich alleine reklamieren können, so sprechen doch bereits Gesichtspunkte einer sinnvollen Arbeitsteilung mit dem Regierungschef für das separate Amt. Hier liegt zugleich ein deutlicher Unterschied zu den Ministerpräsidenten auf subnationaler Ebene, deren Repräsentationspflichten im Ausland hinter jenen des Präsidenten und Kanzlers weit zurückbleiben. Auch was den Stil und die Inhalte der Repräsentation angeht, birgt die Ämtertrennung Vorteile. Wie korrekturbedürftig die Vorstellung eines unpolitischen, dem Parteienstreit entrückten Präsidenten auch sein mag, unterscheidet sich das Staatsoberhaupt vom Regierungschef doch darin, dass es sich nicht (bzw. nicht mehr) für eine bestimmte parteipolitische Richtung exponiert. Gerade dies gibt ihm aber die Möglichkeit, in öffentlicher Rede Themen anzusprechen und Meinungen zu vertreten, die ein Regierungschef aus Rücksicht auf die eigene Partei, den Koalitionspartner oder die Bevölkerungsmeinung so nicht ansprechen oder vertreten könnte. Das Präsidentenamt wirkt also auch in dieser Hinsicht „entlastend".

Indem es die Basis der Repräsentation verbreitert, trägt es dazu bei, die Legitimationsgrundlagen der Politik und des Staates zu stärken. Weshalb sollte die Republik auf diesen Beitrag, den alle bisherigen Bundespräsidenten auf ihre Art geleistet haben, ohne triftigen Grund verzichten?

Literatur

Baring, Arnulf (1982), Machtwechsel. Die Ära Brandt-Scheel, Stuttgart.

Baring, Arnulf (1984), Im Anfang war Adenauer. Die Entstehung der Kanzlerdemokratie, 3. Aufl., München.

Billing, Werner (1995), Der Kampf um die Besetzung des höchsten Staatsamtes. Auswahl und Wahl des Bundespräsidenten 1994, in: Zeitschrift für Parlamentsfragen 26 (4), S. 595-620.

Czada, Roland (1999), Kommentar: Amt ohne Zukunft? Anmerkungen zum Staatsoberhaupt in parlamentarischen Demokratien, in: Eberhard Jäckel / Horst Möller / Hermann Rudolph (Hg.), Von Heuss bis Herzog, Stuttgart, S. 129-144.

Decker, Frank (2004), Hände weg vom Präsidenten!, in: Berliner Republik 6 (3), S. 12-16.

Decker, Frank (2008), Regierungswahl als Geheimsache?, in: Frankfurter Allgemeine Zeitung vom 11. November 2008, S. 36.

Decker, Frank (2009), Ist die Parlamentarismus-Präsidentialismus-Dichotomie überholt? Zugleich eine Replik auf Steffen Kailitz, in: Zeitschrift für Politikwissenschaft 19 (2), S. 169-203.

Diemert, Dörte (2005), Direktwahl des Bundespräsidenten? Anmerkungen zur Funktion von Wahlverfahren, in: Recht und Politik 41 (2), S. 108-113.

Eberl, Oliver (2004), Vom Ersatzkaiser zum Demokratieersatz, in: Blätter für deutsche und internationale Politik 49 (4), S. 391-393.

Eschenburg, Theodor (1960), Staat und Gesellschaft in Deutschland, 4. Aufl., Stuttgart.

Fromme, Friedrich Karl (2004), Die Volkswahl des Bundespräsidenten ist kein Risiko, in: Recht und Politik 40 (1), S. 18-22.

Gu, Xuewu (1999), Die „Vorbeugungsfunktion" des Bundespräsidenten, in: Zeitschrift für Parlamentsfragen 30 (3), S. 761-771.

Habermas, Jürgen (2004), Die Wahl ist frei bis zum Schluss, in: Die Zeit Nr. 21 vom 13. Mai 2004, S. 3.

Hartmann, Jürgen / Udo Kempf (1989), Staatsoberhäupter in westlichen Demokratien. Strukturen, Funktionen und Probleme des „höchsten Amtes", Opladen.

Herzog, Roman (2009), Art. 54 –61, in: Maunz /Dürig, Grundgesetz-Kommentar, 54. Ergänzungslieferung, München.

Höreth, Marcus (2008), Das Amt des Bundespräsidenten und sein Prüfungsrecht, in: Aus Politik und Zeitgeschichte B 16, S. 32-38.

Hofmann, Gunter / Werner A. Perger, Hg. (1992), Die Kontroverse. Weizsäckers Parteienkritik in der Diskussion, Frankfurt a.M.

Ipsen, Jörn (2008), Volkswahl des Bundespräsidenten?, in: Friedhelm Hufen (Hg.), Verfassungen: zwischen Recht und Politik. Festschrift zum 70. Geburtstag von Hans-Peter Schneider, Baden-Baden, S. 197-209.

Isensee, Josef (1994), Braucht die Republik einen Präsidenten?, in: Neue Juristische Wochenschrift 47 (20), S. 1329-1330.

Jekewitz, Jürgen (2007), Der Bundespräsident und die Gesetzgebung des Bundes. Was kann, darf, muss das Staatsoberhaupt bei der Ausfertigung der Gesetze nach Art. 82 GG leisten?, in: Recht und Politik 43 (1), S. 11-17.

Jesse, Eckhard (2004a), Die Wahl zum Bundespräsidenten 1949 bis 2004, in: Gesellschaft – Wirtschaft – Politik 53 (2), S. 143-155.

Jesse, Eckhard (2004b), Soll der Bundespräsident direkt gewählt werden?, in: liberal 46 (2), S. 16-18.

Kaltefleiter, Werner (1996), Die Wahl des Bundespräsidenten durch Plebiszit?, in: Günther Rüther (Hg.), Repräsentative oder plebiszitäre Demokratie – eine Alternative?, Baden-Baden, S. 160-169.

Köhne, Michael (2008), Direktwahl des Bundespräsidenten?, in: Recht und Politik 44 (2), S. 95-99.

Korte, Karl-Rudolf (2009), Die Stunde des Staatsoberhauptes, in: Süddeutsche Zeitung vom 18./19. April 2009, S. 2.

Lehmbruch, Gerhard (1999), Das Staatsoberhaupt in den parlamentarischen Demokratien Europas, in: Eberhard Jäckel / Horst Möller / Hermann Rudolph (Hg.), Von Heuss bis Herzog, Stuttgart, S. 108-128.

Lhotta, Roland (2008), Der Bundespräsident als „Außerparlamentarische Opposition"? Überlegungen zur Gewaltenteilung und Typologisierung des parlamentarischen Regierungssystems, in: Zeitschrift für Parlamentsfragen 39 (1), S. 119-133.

Oppelland, Torsten (2001), (Über-)Parteilich? Parteipolitische Konstellationen bei der Wahl des Bundespräsidenten und ihr Einfluss auf die Amtsführung, in: Zeitschrift für Politikwissenschaft 11 (2), S. 551-572.

Patzelt, Werner J. (2009), Unsere Verfassung verträgt keine Basteleien, in: Frankfurter Allgemeine Zeitung vom 5. Juni 2009, S. 9.

Pehle, Heinrich (2009), Der Bundespräsident und die Große Koalition. Anmerkungen zu Wahl und Amtsführung des Staatsoberhaupts, in: Einsichten und Perspektiven 7 (1), S. 4-13.

Rau, Johannes (2004), Vom Gesetzesprüfungsrecht des Bundespräsidenten, in: Deutsches Verwaltungsblatt 119 (1), S. 1-8.

Rausch, Heinz (1984), Der Bundespräsident. Zugleich eine Darstellung des Staatsoberhauptes in Deutschland seit 1919, 2. Aufl., München.

Seltenreich, Stephan (1995), Zur Volkswahl des Bundespräsidenten, in: Kritische Justiz 28 (2), S. 238-251.

Schwarz, Hans-Peter (1991), Adenauer. Band 2: Der Staatsmann 1952-1967, Stuttgart.

Strohmeier, Gerd (2008), Der Bundespräsident: Was er kann, darf und muss bzw. könnte, dürfte und müsste, in: Zeitschrift für Politik 55 (2), S. 175-198.

Szatkowski, Tim (2009), Auftakt zur Wende. Koalitionspolitik und Bundespräsidentenwahl im Jahr 1979, in: Die politische Meinung 54 (5), S. 67-72.

Uhl, Gernot (2008), Vom Kaiser der Deutschen zum Bundespräsidenten. Verfassungsrecht und Verfassungswirklichkeit der deutschen Staatsoberhäupter seit 1849 am Beispiel ihrer innenpolitischen Kompetenzen, Wiesbaden.

Van Ooyen, Robert Chr. (2009), Der Bundespräsident als „Integrationsfigur"? Antiparlamentarismus und Antipluralismus von Rudolf Smend in der Staats- und Regierungslehre, in: Archiv des Öffentlichen Rechts 57, S. 235-254.

Wellkamp, Ludger (2002), Die Volkswahl des Bundespräsidenten, in: Bayerische Verwaltungsblätter 48 (9), S. 267-270.

Personenregister

Nachweise

Das Volk als Gesetzgeber? Zur Diskussion um die Einführung plebiszitärer Elemente auf Bundesebene, in: Uwe Backes / Alexander Gallus / Eckhard Jesse (Hg.), Jahrbuch Extremismus & Demokratie Band 21 (2009), Baden-Baden 2010: Nomos, S. 72-97 (erweiterte Fassung).

Mehr Asymmetrie im deutschen Föderalismus? Die neue Abweichungsgesetzgebung, in: in: Europäisches Zentrum für Föderalismus-Forschung Tübingen (Hg.), Föderalismus-Jahrbuch 2007, Baden-Baden 2008: Nomos, S. 205-223 (überarbeitete und aktualisierte Fassung).

Die Regierungssysteme in den Ländern, in: Frank Decker (Hg.), Föderalismus an der Wegscheide? Optionen und Perspektiven einer Reform der bundesstaatlichen Ordnung, Wiesbaden 2004: VS Verlag, S. 169-201 (überarbeitete und aktualisierte Fassung)

Das Präsidentenamt in der Parteiendemokratie, in: David Gehne / Tim Spier (Hg.), Krise oder Wandel der Parteiendemokratie? Festschrift für Ulrich von Alemann, Wiesbaden 2010: VS Verlag, S. 49-65 (erweiterte Fassung)

Neu im Programm
Politikwissenschaft

Andreas Kost /
Hans-Georg Wehling (Hrsg.)

**Kommunalpolitik in den
deutschen Ländern**

Eine Einführung
2., akt. u. überarb. Aufl. 2010. 413 S. Br.
EUR 34,95
ISBN 978-3-531-17007-7

Dieser Band behandelt systematisch die
Kommunalpolitik und -verfassung in allen
deutschen Bundesländern. Neben den
Einzeldarstellungen zu den Ländern werden auch allgemeine Aspekte wie kommunale Finanzen in Deutschland, Formen
direkter Demokratie und die Kommunalpolitik im politischen System der Bundesrepublik Deutschland behandelt. Damit ist
der Band ein unentbehrliches Hilfsmittel
für Studium, Beruf und politische Bildung.

Hans-Joachim Lauth (Hrsg.)

Vergleichende Regierungslehre

Eine Einführung
3., akt. u. erw. Aufl. 2010. 437 S. Br.
EUR 29,95
ISBN 978-3-531-17309-2

Dieser Band gibt einen umfassenden
Überblick über die methodischen und
theoretischen Grundlagen der Subdiszi-
plin und erläutert die zentralen Begriffe
und Konzepte. In 16 Beiträgen werden
hierbei nicht nur die klassischen Ansätze
behandelt, sondern gleichfalls neuere

innovative Konzeptionen vorgestellt, die
den aktuellen Forschungsstand repräsentieren. Darüber hinaus informiert der
Band über gegenwärtige Diskussionen,
Probleme und Kontroversen und skizziert
Perspektiven der politikwissenschaftlichen Komparatistik.

Wolfgang Schroeder /
Bernhard Weßels (Hrsg.)

**Handbuch Arbeitgeber-
und Wirtschaftsverbände
in Deutschland**

2010. 552 S. Geb. EUR 59,95
ISBN 978-3-531-14195-4

Arbeitgeber- und Wirtschaftsverbände
organisieren kollektives Handeln von wirtschaftlichen Konkurrenten, indem sie versuchen, gemeinsame Interessen gegenüber dem Staat, den Gewerkschaften und
der Wirtschaft selbst zu artikulieren, zu
repräsentieren und durchzusetzen.
Dieses Handbuch stellt Geschichte, Funktionen, Strukturen und Perspektiven der
Arbeitgeber- und Wirtschaftsverbände in
den Mittelpunkt. Hierbei werden die
Reaktionen dieser Verbände auf die veränderten Umweltbedingungen aufgezeigt
sowie der Frage nachgegangen, inwieweit
zu konstatierende Veränderungsprozesse
bei den Arbeitgeber- und Wirtschaftsver-
bänden zu einer weitgehenden Transformation des deutschen Modells insgesamt
beitragen.

Erhältlich im Buchhandel oder beim Verlag.
Änderungen vorbehalten. Stand: Juli 2010.

www.vs-verlag.de

VS VERLAG

Abraham-Lincoln-Straße 46
65189 Wiesbaden
Tel. 0611.7878-722
Fax 0611.7878-400